U0800461

铁路科技图书出版基金资助出版

黄土地区铁路勘察设计研究与实践

陈则连　吕　菲　许再良　著

中国铁道出版社有限公司

2019年·北　京

内容简介

本书结合石太、太中银、大西、晋中南等黄土地区铁路勘察设计和系列科研课题研究成果，揭示了黄土常规物理力学性质及湿陷、振陷、微结构、应力应变等工程特性；介绍现场大型原状黄土试坑试验、灰土垫层试坑浸水试验、野外大型人工降雨模拟试验的成果，揭示了降雨作用对黄土边坡稳定性的影响机制，提出了潜蚀易发段、潜蚀程度强的地段优化设计措施与地基处理技术；介绍不同条件下黄土边坡稳定性分析、黄土边坡与地基的防护加固技术的研究成果，提出了黄土高边坡加固防护措施的组合模式等。书中介绍典型工点实际观测案例，检验了黄土区相关工程措施的可靠性。

本书研究、试验成果丰富，可为同类地区铁路、公路等工程勘察设计人员提供参考借鉴。

图书在版编目(CIP)数据

黄土地区铁路勘察设计研究与实践/陈则连，吕菲，许再良著. —北京：中国铁道出版社有限公司，2019.8

ISBN 978-7-113-25302-8

Ⅰ.①黄… Ⅱ.①陈… ②吕… ③许… Ⅲ.①黄土区-铁路工程-工程地质勘察-研究 Ⅳ.①U412.22

中国版本图书馆 CIP 数据核字(2019)第 101903 号

书　　名：**黄土地区铁路勘察设计研究与实践**
作　　者：陈则连　吕　菲　许再良

策　　划：江新锡　傅希刚
责任编辑：陈小刚　　　　**编辑部电话**：010-51873193
封面设计：高博越
责任校对：孙　玫
责任印制：高春晓

出版发行：中国铁道出版社有限公司(100054，北京市西城区右安门西街 8 号)
网　　址：http://www.tdpress.com
印　　刷：北京柏力行彩印有限公司
版　　次：2019 年 8 月第 1 版　2019 年 8 月第 1 次印刷
开　　本：787 mm×1 092 mm　1/16　印张：19.5　插页：1　字数：457 千
书　　号：ISBN 978-7-113-25302-8
定　　价：100.00 元

前言

我国黄土分布广泛，西起甘肃祁连山脉的东端，东至山西、河南、河北交接处的太行山脉，南抵陕西秦岭，北到长城，跨越陕西、河南、山西、宁夏、甘肃、青海、内蒙古等多个省区，其中以西北地区的黄土地层最厚、最完整。黄土作为一种特殊的第四系松散堆积物，具有大孔隙、垂直节理、干燥时坚硬、遇水受侵蚀、湿陷性等特殊的工程特性。国家实施“西部大开发”战略以来，铁路作为关乎国计民生的重要基础设施需要在黄土地区大量建设，而黄土这种独特而复杂的工程特性对基础工程建设起着举足轻重的作用，也成为黄土地区铁路建设的难题。

铁路客运专线、重载货运铁路建设标准高，黄土地基的沉降控制与边坡的防护处理措施尤为重要。本书结合石太客运专线、太中银铁路、大西客运专线、晋中南铁路等黄土地区铁路勘察设计和系列科研课题研究成果，系统总结了湿陷性黄土的基本性质与动力学特征，并通过对边坡治理与防护、地基处理、黄土改良、排水系统设置等土建技术的研究与实践，形成了黄土地区铁路勘察设计与施工的成套技术，代表了我国铁路建设的先进水平。为了系统总结我国黄土地区铁路勘察设计技术，为科研、设计施工、教学运营管理等人员全面了解、学习提供参考，也为了与国内外同行交流，中国铁路设计集团有限公司组织多年从事黄土地区铁路勘察设计的专家及技术人员编著了《黄土地区铁路勘察设计研究与实践》。

本书从铁路勘察设计的角度，诠释了现代铁路在黄土地区修建面临的各种工程难题、技术要点、科研进展与工程实践，涵盖了黄土湿陷、潜蚀、微结构、动强度等关键工程特性，野外大型试坑试验、边坡人工模拟降雨试验等重要科研手段，边坡防护、地基处理、填料改良、防排水措施等典型工程措施，并附有较翔实的实际工程案例。

本书在编写中,引用了较多的参考文献,总结了中国铁设多项黄土地区科研成果,在此向原作者单位和个人表示感谢。

铁路勘察设计综合技术发展日新月异,由于编写者视野和水平有限,书中难免存在疏漏和谬误,恳请读者指正。

作　者

2019 年 3 月

目录

1 绪　　论

一个半世纪以来，铁路运输作为一种最重要的运输方式得到了长足的发展。尤其是高速铁路客运列车的问世，因为环境污染少、速度快、运行准点、运营环境适应性强、安全可靠等优点，在很多国家得到了重视和发展。1964 年日本东海道新干线建成，最高时速为 210 km，标志着高速铁路技术进入实用化阶段。目前，时速 200 ~ 250 km 的高速铁路在欧、美、日已经是比较成熟的技术，取得了巨大的经济效益和社会效益。我国高速铁路虽然起步比较晚，但近年来发展很快，中国标准动车组“复兴号”奔驰在中国广袤的大地上，已实现了时速 350 km 的商业运营。2018 年底，中国高速铁路运营里程已达到 2.9 万 km，占世界高速铁路运营总里程的三分之二；到 2020 年，我国铁路运营里程将达到 15 万 km 左右，基本覆盖 20 万人口以上城市，覆盖 80% 以上的大城市。

我国地域广阔，地形、地貌、地质条件复杂多样，铁路建设过程中会遇到各种各样的不良地质灾害和特殊岩土问题，其中我国分布有黄土的区域面积达 64 万 km^2，特别是在西北地区、黄河中游一带的黄土高原最为著名。由于黄土结构疏松、具大孔隙性，在水、列车振动及地震等外界因素作用下黄土的物理力学性质更是发生急剧的变化，可产生沉陷变形（包括黄土湿陷、振陷、液化和潜蚀等）和边坡失稳（崩塌、溜坍、错落以及滑坡）等一系列相互关联的灾害与病害，成为制约黄土地区铁路路堑边坡、黄土地基、路堤填料、路桥隧过渡段以及排水系统等工程顺利建设的关键性难题。而支撑我国西北地区客运、货运的主要干线，石太客运专线、大西客运专线、太中银铁路以及山西中南部铁路通道等均通过黄土地区。

本书从铁路勘察设计的角度，结合石太客运专线、大西客运专线、太中银铁路以及山西中南部铁路通道等项目的实践经验，诠释了现代铁路在黄土地区修建面临的各种工程难题、技术要点、科研进展与工程实践，涵盖了黄土湿陷、潜蚀、微结构、动强度等关键工程特性，野外大型试坑试验、边坡人工模拟降雨试验等重要科研手段，边坡防护、地基处理、填料改良、防排水等典型工程措施，并附有较翔实的实际工程案例，对黄土地区工程地质特性及工程对策进一步研究与创新实践具有重要意义。

1.1　黄土地区铁路工程勘察设计现状

1.1.1　黄土地区的范围与黄土特性

1. 黄土地区的范围

黄土高原（Loess Plateau）位于中国中部偏北部，为中国四大高原之一，也是地球上分布最集中且面积最大的黄土区，横跨中国青、甘、宁、内蒙古、陕、晋、豫七省区大部，东西长 1 000 余公里，南北宽 750 km，包括中国太行山以西，青海省日月山以东，秦岭以北，长城以南的广大地区，位于中国第二级阶梯之上，海拔高度800~3 000 m。黄土高原主要由山西高原、陕甘晋高原、陇中高原、鄂尔多斯高原和河套平原组成，总面积约64万km^2。黄土高原属干旱大陆性季风气候区，大地构造单位主要包括陕北陇东地台、华力西褶皱带、太平洋式燕山褶皱带、陇西地块、中条山地块、吕梁山地块和汾渭下游沉带等，并以秦岭地轴和鄂尔多斯地台为南北二大界线。黄土高原也是世界上水土流失最严重和生态环境最脆弱的地区之一，地势由西北向东南倾斜，除许多石质山地外，大部分为厚层黄土覆盖，经流水长期强烈侵蚀，逐渐形成千沟万壑、地形支离破碎的特殊自然景观。地貌起伏大，山地、丘陵、平原与宽阔谷地并存，四周为山系所环绕。

2. 黄土特性

国际上对于黄土的研究先后经历了地理学研究、工程地质学研究和多学科专项研究等发展阶段。国外以美国庞佩利（R. Pumpelly）、英国德比希尔（Edward Derbyshire）等为代表的学者，国内杨钟健、张伯生、张宗祜、刘东生、王永炎、孙广忠等学者对黄土的成因、沉积年代、沉积环境、工程地质性质等进行了系统研究，揭示了黄土这一特殊地质体的基本性质，其中，与工程建设相关的主要包括黄土的潜蚀、湿陷、振陷等特性。

（1）黄土的潜蚀

黄土潜蚀是地表水、地下水对黄土的渗透、冲刷及溶蚀作用所产生的侵蚀。黄土潜蚀主要在黄土层地表以下进行，水流主要沿着黄土层中的孔洞、裂隙运移，进行渗透、冲刷和溶蚀。形成黄土碟、黄土陷穴、黄土柱和黄土桥等黄土潜蚀地貌。我国对黄土地区潜蚀问题的研究始于20世纪50年代，出发点是黄土高原水土流失和土壤侵蚀，一些土壤学家和地理学家曾在总结野外考察和群众经验的基础上进行了一些研究工作，他们针对黄土洞穴的侵蚀及成因分布方面提出了许多有意义的见解。按照成因可以分为地质作用黄土洞穴和生物作用成因洞穴，而地质作用成因黄土洞穴可细分为冲蚀成因的冲穴、潜蚀成因的暗穴以及湿陷作用下形成的碟形地，其中以潜蚀成因的暗穴为主。李喜安等通过野外现场调查，将黄土洞穴的形成模型概化为：冲蚀—贯通型模式、冲蚀—潜蚀—贯通型模式、湿陷—潜蚀—贯通型模式、冲蚀—潜蚀—湿陷—潜蚀—贯通型模式和复合型模式等五大类型；黄土洞穴的形成与地下水有着密切的关系，地下水的作用是黄土洞穴形成的决定性外因，在洞穴形成过程中，地下水的作用方式包括物理作用、化学作用和力学作用。李喜安、彭建兵等对黄土洞穴工程灾害问题进行了尝试性研究，得出了很多切实可行的经验公式。

（2）黄土的湿陷

黄土湿陷是黄土的一种特殊的工程地质性质。黄土具有在自重或外部荷重下，受水浸湿后结构迅速破坏，发生突然下沉的性质。我国对黄土的湿陷性研究也在20世纪50年代开展，孙广忠（1957）较早讨论了黄土的湿陷机理，认为水膜的加厚破坏了黄土的结构连接是造成湿陷的原因。孙建中（1957）研究了湿陷系数与压力和湿度的关系，认为湿陷的原因是黄土颗粒与水作用时形成水—胶连接，加强了黄土的压缩性的结果。郭见杨（1958）认为湿陷为内部连接的削弱和破坏，大孔隙的破坏是内部连接破坏的结果。随着试验仪器的发展，学者们开始利用显微镜或者扫描电镜对黄土的微观结构进行直接的观察、研究。1962年，林崇义利用双目放大镜对黄土颗粒的连接特征和受力变形特征进行了研究。张宗祜（1964）通过显微观察划分了我国黄土的微结构类型。1972年，高国瑞利用扫描电子显微镜研究了兰州黄土的显微结构特征，提出黄土的架空结构对湿陷具有控制意义，并进行了一系列后续研究。其后，杨运来、雷祥义基于黄土微观结构特征对黄土湿陷机制进行了系统研究，此时，黄土湿陷机制的结构理论基本完善。

(3)黄土的振陷

黄土由于其孔隙大、松散、遇水易变形的性质，在水和动荷载作用的条件下黄土的物理力学性质发生急剧的变化，往往产生振陷和液化现象，成为工程条件很差的土体。郁寿松、石兆吉等研究认为：影响振陷值大小的主要因素为动荷载幅值、作用次数、初始固结压力以及土的类型。何光等研究发现黄土在不浸水试验中，动应变随着振次的增加由基本的线性关系逐步达到黄土结构屈服，残余变形急剧增大的非线性关系；在浸水试验中，土样则存在一个较为明显的塑性变形阶段。石玉成、李兰等利用电镜扫描研究了 Q_3 振陷性黄土的微结构、形态等对振陷的影响，结果表明振陷对黄土的微结构有较大的影响，且振陷与动荷载的临界动应力关系密切。随着列车行车速度与牵引重量的增加，机车振动这一重要因素也势必对路基及周围的边坡产生影响。在铁路循环荷载的长期作用下，边坡会出现不同程度的疲劳损伤，局部土体会出现液化和变形，甚至会出现整体失稳，极大地危害着铁路的运营安全。

1.1.2 黄土地区铁路地基处理工程

黄土地区修建的郑西、石太等客运专线标准高，沉降控制严，黄土地基的沉降控制极为重要。对于黄土路段是否需要处理，采取何种处理工艺更经济有效，如何根据不同路段地基特点选择不同的处理工艺(例如垫层法、冲击碾压、重锤夯实、强夯以及挤密桩等)，已成为工程设计与施工技术人员普遍关注的问题。所以，结合铁路建设，对湿陷性黄土路基处理技术进行应用比较和试验评价，从经济和社会意义来讲，都是十分必要的。

黄土的湿陷性是自然历史的产物。然而，人们对其真正的认识，却是从 20 世纪 30 年代开始的。在我国，特别是从建国到现在，结合国家基本建设，对湿陷性黄土的研究取得了不少成果。

从 20 世纪 50 年代到 60 年代，我国水电、铁路、冶金、机械、建工和地质等系统，结合当时的基础建设，对黄土的时代成因、基本性质及变形强度特性等在广度和深度上的变化规律，对黄土的湿陷变形特性、湿陷类型及评价标准等研究和实践都积累了相当丰富的经验。1966 年，我国首次颁发了《湿陷性黄土地区建筑规范》(BJG 20—66)，系统地总结了我国在这方面的成果，建立起比较适合我国国情的一整套湿陷性黄土地区工程勘察、设计、施工和使用、维护等方面的原则，提出了黄土湿陷性评价的理论和方法。

从 20 世纪 60 年代到 70 年代，我国对湿陷性黄土的研究取得了显著的成果。对于黄土湿陷类型的划分，湿陷起始压力的判定，黄土地基承载力与变形和处理方法，如夯实、挤密及不同类型的桩箱基础的研究与实践，都取得了显著成果，解决了许多实际工程问题。特别是 1973 年～1976 年这段时间，配合当时规范的修订，我国广大生产和科研单位的黄土工作者开展了大量的调查研究和科学试验。工程实体调查的范围和数量，场地试验的规模和内容，现有资料的搜索和整理等都是前所未有的。

从 20 世纪 80 年代到 90 年代，黄土的微结构问题得到了深入的研究。研究表明，黄土的骨架颗粒成分、形态、排列方式、孔隙特征、胶结物种类以及胶结程度等对黄土的工程地质性质有着重要影响，并从微结构特征阐明黄土的结构强度与湿陷性本质；黄土在动静载荷作用下的应力应变关系和本构模型，在不同湿度、密度条件下的振陷与动强度特性等方面的研究也取得了创新成果。

最近一个时期对黄土的研究又有了新的进展，如对非饱和土力学特性的理论和吸力测试技术的研究，湿陷性黄土增减湿度后湿陷性的变化和结构强度的研究，湿陷性黄土地基处理新技术等都取得了令人瞩目的成果。

1.1.3 黄土地区铁路边坡工程

1. 黄土高边坡变形破坏特征

西部地区铁路建设不可避免地遇到黄土边坡灾害，黄土边坡变形破坏特征、机理及稳定性研究分析是其预测预报的基础，虽然国内外对边坡变形破坏已进行了不少研究，也取得了很大的进步，但以边坡加固为目的的黄土高边坡变形破坏类型划分、黄土高边坡变形破坏模式和机理等仍没有一个成熟完善的研究成果。

在国外，20 世纪 80 年代，国际工程地质协会滑坡委员会建议采用伐纳斯的滑坡分类方案作为国际标准，将边坡按运动方式划分为崩落（塌）、倾倒、滑动（落）、侧向扩离和流动等 5 种基本类型。

在国内，孙广忠将边坡破坏类型概括为圆弧滑动、沿层面滑动、块体滑动、追踪节理面破坏、倾倒变形、溃屈破坏、崩塌和水平滑动 8 类，并讨论了各种破坏类型的特点。金德濂根据水利工程特点将边坡变形分为 6 种类型，滑动变形、蠕动变形、张裂变形、崩塌变形、坍塌变形、剥落变形，并结合岩性、结构和变形机制划分了 17 种亚类，对各种变形边坡的工程地质特征、变形破坏机理、稳定性评价和治理原则进行了分析。汪益敏、陈辉根据滑动面的形态、数目、组合特征及边坡破坏的力学机理并参照霍克的分类方法，将岩体边坡破坏划分为平面滑动、楔状滑动、圆弧形滑动及倾倒破坏 4 类，前 3 类以剪切破坏为主，常表现为滑坡形式，第 4 类为拉断破坏，常以崩塌形式出现。

2. 黄土高边坡稳定性评价

在国外，关于黄土高边坡稳定性评价方法，工程上常用的是费伦纽斯（W. Fellenius）的简化条分法，其最大缺点为静不定问题，毕肖普（Bishop）对此虽作了改进，但计算较复杂。Janbu，Morgensterm，Price，Sarma 等人提出的基于刚体极限平衡理论的一些边坡稳定性评价方法计算稍简单，但主要问题还是静不定问题。Dor Leshbinsky 对 Baker 和 Gathers 的变分极限平衡法进行了修正，提出了一套可以考虑地震的拟静力法土坡稳定分析图，应用较为方便，同时也解决了土坡稳定分析的静不定问题。陈祖煜对 Morgensterm-Price 法、Sarma 法和能量法进行改进，提出以积分形式表达的安全系数公式。

在国内，近年用于土质边坡稳定性计算理论的研究已较为深入，除传统的二维极限平衡条分法以外，Leshchinsky、陈祖煜及李同录提出三维极限平衡解法，李同录将二维极限平衡条分法改为积分法以便工程方便应用；以有限元为主的数值分析法更是广泛应用于边坡稳定性分析。尤其是连镇营、张鲁渝、关立军等在有限元计算中引入了强度折减法，可求得土坡的稳定系数，对土坡稳定性分析更具有实际意义；贾厚华利用模糊变量与可靠度分析相结合,建立边坡稳定性计算方法;孙祥、王艳红及郭社锋将神经网络算法应用于黄土边坡稳定性分析;柴贺军将遗传算法用于土质边坡稳定性分析;李靖建立了黄土边坡稳定性图解法。

上述涉及刚体极限平衡、弹塑性理论、模糊数学理论及优化算法等各种方法,都希望对边坡稳定性分析提供更好的解答。但各种方法中,都需要提供土性参数,主要有重度 γ、黏聚力 c 和内摩擦角 φ。c、φ 值对稳定性计算结果的敏感性很高,目前工程中对 c、φ 值的测试,多采用室内直剪试验。由于我国巨厚的黄土层实质上是黄土、古土壤和钙质结核互层,成因复杂,又是非饱和土,导致横、纵向强度极大的变异性,参数测试结果的离散性大,取值较为困难。导致各种确定性计算理论应用于黄土边坡与实际情况有一定差距。因此,单从稳定性计算理论和优化算法上不能完全解决黄土边坡稳定性评价问题,只有计算理论与具有丰富研究基础的黄土工程地质相结合,才能提出较合理可行的方法。

3. 黄土高边坡加固防护技术

国内边坡加固技术的发展自 20 世纪中叶开始就有了发展,经过半个多世纪的不断深化和探索,目前边坡加固技术已有了不少成就,其发展可归结为以下几个阶段:

20 世纪 50 年代以前,由于对高边坡作用因素、产生的条件、发生和运动机理以及它的危害性缺乏认识,基本上属于被动治理——“发生滑坡,想法治理”,常采用清方减重、填土反压、地表排水、抗滑挡墙等措施。由于滑坡推力大,抗滑挡墙体积庞大、胸坡缓,墙基必须置于滑面以下一定深度,施工开挖对滑体稳定影响大。因此,经验和实例都表明采用这些措施仅能使高边坡暂时处于稳定状态,难以根治。

20 世纪六七十年代,开始采用抗滑桩支挡。国外多采用直径小的钢筋混凝土钻孔桩和钢桩,以及群桩加承台共同受力的结构。国内采用矩形截面的钢筋混凝土挖孔桩,最大截面为 3.5 m×7.0 m,桩长达 50 m。抗滑桩所提供的抗力大,施工对滑体扰动小、安全、见效快,被广泛采用。

20 世纪 80 年代以后,随着岩土锚固技术的发展,预应力锚索在边坡加固中得到了广泛的应用。预应力锚索技术的应用在工程实践中演化出了各种各样的结构形式,主要包括:①预应力锚索墩或地梁;②预应力锚索抗滑挡墙;③预应力锚索抗滑桩;④预应力锚索抗滑桩墙;⑤预应力锚索框架。预应力锚索的应用大大地改善了抗滑结构的受力状态,降低了工程造价。

1.2　黄土地区铁路勘察设计研究内容

1.2.1　黄土工程特性

依托太中银铁路、大西客运专线与山西中南部铁路通道工程项目,沿线选取试验段,通过对黄土潜蚀地貌野外实地调查、取样,综合室内试验(颗粒、成分、含盐量、湿陷等级、湿陷量等试验)与现场试验(黄土崩解试验、湿陷坑试验、浸水试验)对黄土潜蚀机理进行定量研究,并就其影响因素(包括内因和外因)进行定性分析,以研究黄土潜蚀的分布、发育规律以及潜蚀强度,解决潜蚀易发段、潜蚀程度强的地段排水措施,以及排水系统的设置方案。

研究黄土地基在列车长时间、单方向、小振幅的作用下的振陷、下沉、液化以及滑移特征,研究解决黄土松软及饱和地基加固处理的最优方法及组合措施。

研究黄土填料在动、静荷载下,不同密实度、不同含水率状态下的湿陷、振陷与液化特征;研究不同配比的改良黄土在动、静荷载下,不同含水率状态下的湿陷、振陷与液化特征,提出黄土新的改良措施与方法。

1.2.2 黄土地基变形特征与加固处理技术

依托石太客运专线与山西中南部铁路通道工程项目,沿线选取湿陷性黄土路基试验段,采用不同的加固处理措施开展试验。在路基设计施工前进行详细勘察,现场取土样,进行地基承载力测试,绘出各个断面的详细地质剖面图,通过室内土工试验,获取地基土层的物理力学及湿陷性质。地基处理施工结束后,再进行地基承载力原位测试,与处理前原位测试结果进行比较,研究各种处理措施的效果和质量控制方法;同时,随路基填土进行路基沉降观测和地基土含水率变化情况监测,建立以实测沉降曲线为基础数据的路基工后沉降预测模型,对路基的工后沉降量进行预测。最终确定湿陷性黄土地基上的客运专线地基处理合理方法,为客运专线建设服务。

1.2.3 黄土边坡稳定性与加固防护技术

依托大西客运专线与山西中南部铁路通道工程项目,选取铁路沿线多处典型黄土高边坡(包括自然边坡、人工边坡、深路堑边坡),综合室内试验(黄土基本物理、力学试验、动三轴试验)、现场试验(降雨试验)以及理论计算(极限平衡法、强度折减法、数值模拟计算法)等多种研究手段,研究黄土地区边坡、陡坡在天然工况(不同综合坡比)、不同降雨强度、列车振动条件下的边坡与陡坡稳定性问题,并对其稳定性进行分析与评价。在边坡稳定性评价的基础上,针对不稳定斜坡提出合理有效的工程防护措施,以解决黄土堑坡的防护与支护措施,陡坡地段桥梁基础深度与边坡防护措施,并研究新型、轻型的防护措施。

2 研究区域自然地理环境与工程地质条件

2.1 自然地理环境

2.1.1 研究区域项目概况

石太(石家庄—太原)客运专线,是中国开工最早的高速铁路,线路设计时速 250 km,起自石家庄北站,途经阳泉北站,止于太原站,线路全长 225 km。

大西(大同—西安)客运专线,线路设计时速 250 km,起自山西省大同市,自北向南贯穿山西省中部,止于西安,线路全长 859 km。

太中银[太原—中卫(银川)]铁路,线路设计时速 160 km,东起太原南站,西达包兰线中卫地区迎水桥编组站(支线至银川站),跨越山西省西南部、陕西省北部、宁夏回族自治区中北部地区,横穿 23 个县市区,三跨黄河,线路全长 944 km。

山西中南部铁路通道,设计为 30 t 轴重,开行万吨大列,西起山西省吕梁市兴县瓦塘镇,途经济宁、泰安、莱芜、淄博、临沂、日照 6 市 15 个县(市、区),线路全长 1 260 km。山西中南部铁路通道试验研究区集中在瓦塘—洪洞段。

2.1.2 气象、水文

1. 气象特征

石太、太中银、大西、晋中南铁路沿线所经地区属中温带亚干旱区和暖温带亚湿润区,两者以恒山分界,恒山以北为中温带亚干旱区,以南为暖温带亚湿润区,表现为显著的大陆型气候。春季干旱多风,蒸发量大;夏季盛行东南风,降水主要集中在 7 ~ 9 三个月;秋季降水减少,气温骤减;冬季雨雪稀少。由于降水在时间和空间分布上的不均匀性,使得洪灾和旱灾成为山西省最主要的自然灾害,干旱缺水和局部性暴雨洪水频繁发生。气温的分布与变化受地理纬度、太阳辐射和地形等条件的综合影响,呈由盆地向山区递减的规律。

沿线受极地大陆性冷空气团控制时间长,受海洋热带暖气团影响时间短,冬季长,热天短,日照富,温差大,降水少,风沙大。季风气候特征明显,四季干湿冷热分明,近年来,气候趋向转暖。

2. 水文特征

(1)地表水

石太、太中银、大西、晋中南铁路沿线河流分属海河及黄河水系,其中桑干河、滹沱河流域属海河水系,汾河及其支流属黄河水系。河流水流量受季节影响变化大,河流均具有典型的雨洪特征,流量、水位与降水量成正比,动态极不稳定。除较大河流常年有水,流量较大外,山间沟谷多为深沟峡谷,呈树枝状,旱季流量很小甚至干涸,雨季流量大,甚至引起山洪爆发。

(2)地下水

地下水主要为第四系孔隙潜水、基岩裂隙水、碳酸盐岩裂隙岩溶水。

①第四系孔隙潜水

第四系孔隙潜水主要分布在盆地及其他河流河床、漫滩及阶地。含水层为粉土、砂类土、砂砾石、卵石、胶结的砾岩层及砂质黏土层等,地下水补给主要为大气降水,两岸基岩裂隙水及河水入渗,由于渗透性好,含水较丰富。当下伏基岩为灰岩时,潜水便渗入下部含水层,一般不具承压性质。当下伏基岩为砂岩夹泥岩、泥岩地层,地下水则在沟谷处沿着土石分界面渗出,水量不大。水量动态季节变化大,受大气降水制约。水质化验多数不具侵蚀性,局部地段具侵蚀性。

②碳酸盐岩裂隙岩溶水

碳酸盐岩裂隙岩溶水主要分布在吕梁山区,主要受岩溶发育程度控制。沿线奥陶、寒武系地层中,石灰岩、白云质灰岩、角砾状灰岩、灰质白云岩以及白云岩中溶洞较发育,赋有较多岩溶水,尤其是断层带附近构造裂隙发育,岩石破碎,岩溶及裂隙岩溶水较发育。

③基岩裂隙水

混合花岗岩、砂岩、砂质页岩等赋水地层中含少量基岩裂隙水,受大气降水等补给。水量大小受裂隙发育程度控制,裂隙发育程度受构造发育程度控制,岩石表层风化裂隙中也有少量裂隙水。

2.2 工程地质条件

2.2.1 地形地貌

石太、太中银、大西、晋中南铁路试验研究区跨越山西、陕西两个行政区域。山西省内铁路沿线主要通过吕梁山脉中南段的黄土丘陵区及低山区,吕梁山西侧的黄土丘陵及低山区,在构造上属于吕梁山背斜的西翼,是吕梁山地向黄河峡谷的延伸部分,地势总体由东向西倾斜。上部覆盖厚层黄土,由于长期水流侵蚀和切割作用,形成黄土丘陵地貌。地形以黄土梁峁和深切冲沟为主,基岩以条带状或零星出露于沟谷底部及两侧。陕西省内铁路沿线地貌大致以黄土高原为主。黄土高原地势自西北向东南缓倾斜,沟壑纵横,地形破碎,海拔一般为 800 ~1 500 m,在东部黄河河谷区降至 620 m。沿线地貌为黄土高原。

按组成地貌的地层岩性、地质构造和组合形态特征,可将研究区工程沿线的主要黄土地貌划分为以下三类:

1. 黄土高原中低山丘陵地貌

吕梁山脉西侧主要为黄土高原低山丘陵地貌,在构造上属于吕梁山背斜的西翼,是吕梁山地向黄河峡谷的延伸部分,地势总体由东向西倾斜。上部覆盖厚层黄土,由于长期水流侵蚀和切割作用,形成黄土丘陵地貌。地形以黄土梁峁和深切冲沟为主。吕梁山脉中南段,为构造侵蚀、剥蚀基岩中山区地貌。其形成受中生代燕山期构造控制,以侵蚀作用为主,剥蚀作用次之,是构造运动上升区。分水岭呈北东向,山坡以中 ~ 缓坡为主,残坡积覆盖层一般

1 m 左右，植被发育。由于在构造运动中西侧吕梁山背斜隆起抬升，东侧太原盆地断块下降，致使吕梁山东西两坡极不对称。东坡断崖广布，山势陡峭。西坡大面积覆盖黄土，地势相对平缓。由于地处中山及低中山地区，植被茂密，植物以自然生长的灌木丛林为主。地貌上属侵蚀—剥蚀区，部分山脊和沟谷两侧有灰岩出露。

2. 黄土高原梁峁沟壑地貌

绥德与吴堡县呼家山以西以及横山、子洲、绥德县境内属黄土高原梁峁沟壑地貌。如图 2-1 所示。峁多梁窄，峁梁起伏，峁呈馒头状。梁峁间 V 形及 U 形冲沟十分发育，切割深度为 30 ~ 100 m 不等，多数切入基岩，两侧沟坡坡度一般为 15° ~ 50°。沟壑密度为 4 ~ 6 条/km^2。地形破碎，流水侵蚀活跃，水土流失严重，崩塌、滑坡发育。

图 2-1　绥德县义合镇黄土梁峁地貌

吴堡县呼家山以东至黄河沿岸地带为基岩裸露的黄土高原梁峁沟壑地貌。如图 2-2 所示。海拔为 627 ~ 1 065 m。土壤流失严重，梁峁顶部黄土甚薄，大量红土出露，基岩裸露，形成“石山戴土帽”。沟深坡陡，地形破碎，切割深度大于 200 m。

图 2-2　吴堡宋家川镇土石梁峁沟壑地貌

3. 河谷阶地地貌

研究区沿线河流分属海河、黄河水系。河谷深切，基岩裸露，岸边侧蚀冲刷严重，均发育阶地，河床及河漫滩宽 50～200 m 不等，一般较平坦，两侧有Ⅰ、Ⅱ和Ⅲ级阶地分布（图 2-3、图 2-4）。

图 2-3　吴堡县宋家川镇黄河河谷地貌

图 2-4　绥德县无定河河谷地貌

2.2.2　地层岩性

1. 地层岩性

研究区地层出露较齐全，太古界、元古界、古生界、中生界、新生界均有分布。现由新至老简述如下：

（1）第四系（Q）

①第四系全新统人工堆积层（Q_4^{ml}）

填土：主要为填筑土和杂填土。

填筑土：褐黄色，主要成分为粉质黏土、粉土及碎石土等，主要分布于公路、铁路既有路堤，厚约 0～7 m。

杂填土主要分布于城市及村庄附近，厚约 0～5 m，成分复杂，多以建筑垃圾、生活垃圾为主，软硬不均。

②第四系全新统冲积层（Q_4^{al}）

主要分布于黄河及其他河流漫滩。

粉土：黄褐色，稍湿～饱和，中密～密实，厚度 0～>15.0 m，夹粉质黏土薄层。

粉质黏土：黄褐色、灰褐色，硬塑～流塑，厚 0～>20.0 m，夹粉土薄层。

黏土：黄褐色、灰褐色，硬塑～软塑，厚 0～>6.1 m，夹粉土薄层。

淤泥质粉质黏土：灰褐色，流塑，含有机质，厚 0～3.5 m。

粉砂：黄褐色，松散～密实，潮湿～饱和，夹黏性土，厚 0～>9.8 m。

细砂：黄褐色，松散～密实，潮湿～饱和，夹黏性土，厚 0～>24.7 m。

中砂：黄褐色，松散～中密，潮湿～饱和，夹黏性土，厚 0～>9.4 m。

细圆砾土：黄褐、棕红等色，潮湿～饱和，中密～密实，厚 0～25.0 m。

粗圆砾土:黄褐色,潮湿~饱和,中密~密实,厚0~25.0 m。

③第四系全新统冲洪积层(Q_4^{al+pl})

新黄土:褐黄色,坚硬,夹少量砂,零星分布于河谷阶地。

卵石土:褐灰色,中密,稍湿~饱和,厚0~8.7 m,主要分布在黄河冲积平原和无定河、大理河河流阶地及局部冲沟内。

④第四系全新统洪积层(Q_4^{pl})

新黄土:黄褐色,硬塑~软塑,具大孔隙,具湿陷性。

粉土:黄褐色,稍湿~饱和,中密~密实,厚度0~>25.0 m,夹粉质黏土薄层。

粉质黏土:黄褐色、灰褐色,硬塑~流塑,厚0~>15.0 m,夹粉土薄层。

粉砂:黄褐色,松散~密实,潮湿~饱和,夹黏性土,厚0~4.0 m。

细砂:黄褐色,松散~密实,潮湿~饱和,夹黏性土,厚0~8.8 m。

中砂:黄褐色,松散~中密,潮湿~饱和,夹黏性土,厚0~3.7 m,呈透镜体分布。

细圆砾土:灰褐色及黄褐色,中密~密实,潮湿~饱和,主要成分以石灰岩为主,一般粒径为2~20 mm,最大粒径为40 mm,夹黏性土,厚0~25 m,呈透镜体分布。

粗圆砾土:灰褐色及黄褐色,中密~密实,潮湿~饱和,主要成分以石灰岩为主,一般粒径为20~50 mm,最大粒径为60 mm,夹黏性土,厚0~25 m,呈透镜体分布。

碎石土:灰褐色及黄褐色,中密~密实,潮湿~饱和,主要成分以石灰岩为主,一般粒径为20~60 mm,最大粒径为100 mm,夹黏性土,厚0~>4.3 m,呈透镜体分布,局部大块集中。

⑤第四系全新统坡积层(Q_4^{dl})

新黄土(Q_4^{dl}):褐黄色,坚硬,含少量菌丝及孔隙,表层含植物根系,具湿陷性,湿陷系数为0.015~0.075。

碎石土:灰褐色,稍湿,稍密~中密,零星分布于低山丘陵山坡前,厚度为0~2.0 m。

⑥第四系上更新统风积层(Q_3^{eol})

新黄土:浅黄色、黄褐色,坚硬~硬塑,含姜石,局部夹砾石层,直立性好,厚度约0~30.0 m,具湿陷性。

⑦第四系上更新统坡积洪积层(Q_3^{dl+pl})

新黄土:浅黄色、黄褐色,坚硬~硬塑,含姜石,直立性好,具湿陷性。底部可见卵砾石层。主要分布于文水以西的广泛地区,河谷高阶地也有分布,厚可达30 m。

⑧第四系中更新统洪积层(Q_2^{pl})

老黄土:棕黄、微红色,具垂直节理,夹砂砾透镜体,底部有钙质结核层。夹有红棕色古土壤层,显示深浅鲜明的条带。古土壤层一般为3~5层,最多可达18层,厚1.0~3.0 m。在古土壤层的底部往往有钙质结核层,还夹有薄层及透镜状砾石层,砾石以灰岩为主,分选性及磨圆度均差。因属洪积类型,厚度变化较大,一般为20~30 m,局部厚度超过40 m。

细圆砾土:灰褐色及黄褐色,密实,局部半胶结,稍湿~潮湿,主要成分以石灰岩为主,一般粒径为10~20 mm,最大粒径为60 mm,夹黏性土,局部含漂石,厚0~18.0 m,呈透镜体分布。

粗圆砾土:灰褐色及黄褐色,密实,局部半胶结,稍湿~潮湿,主要成分以石灰岩为主,一般粒径为 30 ~ 60 mm，最大粒径为 100 mm，夹黏性土，局部含漂石，厚 0 ~ >22.0 m，呈透镜体分布。

细角砾土：灰褐色及黄褐色，密实，稍湿 ~ 潮湿，主要成分以石灰岩为主，一般粒径为 10 ~ 20 mm，最大粒径为 50 mm，夹黏性土，厚 0 ~ 3.5 m，呈透镜体分布于低山坡脚附近。

粗角砾土：灰褐色及黄褐色，密实，稍湿 ~ 潮湿，主要成分以石灰岩为主，一般粒径为 20 ~ 40 mm，最大粒径为 60 mm，夹黏性土，厚 0 ~ 3.1 m，呈透镜体分布于低山坡脚附近。

卵石土：灰褐色及黄褐色，主要成分以石灰岩为主，密实，局部半胶结，一般粒径为 40 ~ 80 mm，最大粒径为 200 mm，夹黏性土，局部夹大漂石，厚 0 ~ >15.1 m，呈透镜体分布。

⑨第四系中更新统风积层（Q_2^{eol}）

老黄土：棕黄色、褐黄色，坚硬 ~ 硬塑，直立性好。因上部被上更新统地层覆盖，多在冲沟两侧及底部出露。

（2）第三系（N）

主要出露第三系上新统（N_2）。主体岩性为紫红色、棕红色黏土夹砂砾石层，一般黏土与砂砾互层，界限清楚。砾石层呈半胶结状。胶结物以钙质胶结为主，次为砂泥质胶结。总体该统之岩性的颜色较深，多在冲沟中出露，一般出露 10 ~ 20 m，与第四系岩性截然不同，两者之间存在着明显的侵蚀面。

黏土：棕褐色、红褐色，坚硬 ~ 硬塑，可见明显层理，一般夹钙质结核层，具弱膨胀性，自由膨胀率为 47% ~ 66%，厚度为 0 ~ 20.0 m，在中低山丘陵区零星分布。

砾岩：灰褐色，泥钙质胶结，强风化 ~ 弱风化，厚度为 0 ~ 10.0 m。

（3）白垩系（K）

主要为下统的洛河组（K_1l）和环河组（K_1h），岩性以紫红、灰紫色的厚层砂岩为主，夹蓝灰色、咖啡色薄层的砂质泥岩、泥页岩等。

（4）侏罗系（J）

主要为中统的延安组（J_2y）、直罗组（J_2z）及安定组（J_2a）地层。岩性为灰白、灰绿、灰黄、紫红色的砂岩、泥岩和页岩等，呈互层状，夹煤线或煤层。

（5）三叠系（T）

①三叠系上统（T_3）

主要岩性紫红色、灰绿色、青灰色砂岩，泥质胶结，薄 ~ 中厚层状，局部夹页岩、泥岩及煤层，或与泥岩互层，节理发育，强风化 ~ 弱风化，强风化层厚 2 ~ 3 m。

②中统（T_2）

主要岩性为紫红色、橘黄色、灰绿色砂岩，局部夹薄层泥岩。粗粒结构，块状构造，泥质胶结，节理发育，强风化 ~ 弱风化。

③下统（T_1）

主要岩性为紫红色、肉红色、灰绿色砂质泥岩、砂岩、砾岩。

（6）二叠系（P）

①二叠系上统（P_2）

由棕红色钙质、砂质泥岩与砖红色细粒长石砂岩组成，下部为黄绿色、灰白色中粗粒砂岩，泥钙质胶结，砂岩中多具大型交错层，薄 ~ 中厚层状，局部夹中厚层状泥岩，节理发育，强风化~弱风化，强风化层厚8.0~10.0 m。

②二叠系下统(P_1)

由灰、灰黑色砂岩，砂质页岩，页岩及煤层组成的陆相含煤建造。底界以灰黑色页岩与石炭系上统顶界灰岩分界。下部一般含煤，其中大部分不可采。上部含有薄层煤线，均不可采，主体岩性为灰黄色、黄绿色砂岩、砂质页岩、页岩、铝土质页岩组成。近顶部或顶部有灰白、紫红、黄绿色铝土质页岩，呈鲕状结构，铁质含量较高。与下伏地层呈平行整合接触。

(7)石炭系(C)

出露的主要为石炭系中统(C_2)，与下伏奥陶系中统地层呈平行不整合接触。

石炭系中统由铝土质泥岩、页岩、灰岩及铁质结核层组成的海陆交互相沉积地层，厚度为16~35 m，与下伏奥陶系地层呈平行不整合接触。上部为灰白、灰黑色砂岩、页岩、铝土质页岩、灰岩，局部夹煤线。灰岩1~2层，常相变为页岩。下部为灰白、深灰、灰绿色含铁铝土质泥岩、黏土岩、鲕状铝土质泥岩，底部有窝状山西式铁矿。地层厚度一般在28~35 m之间。

(8)奥陶系(O)

奥陶系为一套灰岩、泥质灰岩、泥灰岩、砂岩、页岩、含燧石白云岩等组成的海相碳酸岩沉积地层。与下伏寒武系地层呈整合接触。

1)中统上马家沟组(O_2s)

①上马家沟组二段(O_2s^2)

以深灰色厚—中厚层豹皮灰岩为特征。下部夹少量褐色中厚层状白云岩，中部夹中厚层含生物屑灰岩、含砾石结核灰岩。厚度为80~90 m。

②上马家沟组一段(O_2s^1)

主要为灰黄色、浅灰色角砾状白云质泥灰岩，底部为灰色纹层状白云质泥灰岩夹薄层灰红色泥质白云岩。具网格状，蜂窝状构造。地貌呈缓坡，露头连续性较差，厚度为55 m左右。

2)中统下马家沟组(O_2x)

①下马家沟组二段(O_2x^2)

岩性下部为灰、浅灰色中厚—厚层灰岩、灰岩夹灰黄色薄层白云岩，中上部为灰黄色薄—中层白云岩、厚层灰岩。厚度为70 m左右。

②下马家沟组一段(O_2x^1)

岩性为灰白、浅黄色角砾状白云质泥灰岩夹中厚层泥质白云岩，白云质灰岩。平行不整合于三山子组之上，以细粒石英砂岩或薄层含石英白云岩为底界。由下往上，白云质成分逐渐增高。可能夹针状、薄层状石膏。横向上底部岩性变化较大，地貌显缓坡，厚度为20 m左右。

3)下统三山子组(O_1s)

主要为中厚—厚层白云岩、含燧石结核白云岩，以及灰绿色白云质页岩。该组整合于崮山组之上，底部薄层含泥质白云岩。厚度为196.8 m左右。

(9)寒武系($\in$)

①上统崮山组($\in_3g$)

岩性上部为白云质灰岩或灰质白云岩、灰色薄板状灰岩,泥质条带灰岩。中部为浅灰色薄层状泥质条纹灰岩、灰岩,波状层理、沟模发育;底部岩性一般为灰红、暗红色白云质泥岩;下部为灰黄色微薄层灰岩夹薄—中厚层灰岩透镜体及白云质页岩。厚度为 40 m 左右。

②中统张夏组($\in_2 z$)

岩性主要为浅灰色薄层含泥质条带灰岩,含核形石灰岩、竹叶状灰岩、鲕状灰岩等,受断层影响,地层出露局限,连续性差。根据岩性组合特征划分为上下两部分。

下部:岩性主要为灰色薄层泥质条带灰岩夹浅灰色中厚层含核形石生物碎屑鲕状灰岩。波状及水平层理发育。

上部:以灰色厚—巨厚层鲕状灰岩、白云石化鲕状灰岩夹少量灰色薄—中厚层灰岩,含生物碎屑灰岩为特征,发育鱼骨状交错原理。低角度冲洗层理。

③下统馒头组($\in_1 m$)

岩性主要为暗紫红色薄层砂岩、灰绿色钙质页岩夹紫红色页岩。其中粉砂岩层面上不对称波痕发育;灰绿色钙质页岩面上见大量水平虫迹和少量垂直潜穴。横向上由东向西变薄。区内厚度一般为 25 m 左右。

(10)长城系(Ch)

长城系位于寒武系不同层位之下,不整合于太古界之上的一套滨海相碎屑岩,即“霍山砂岩”,为吕梁山区内第一个沉积盖层。主要出露在中阳县柏洼坪一带,呈南北向展布。上部岩性主要为灰白色薄—厚层状中粗粒石英岩状砂岩,下部为浅肉红色厚层状含砾石英岩状砂岩及灰紫、灰黄、灰白色砂砾岩。该套地层在柏洼坪剖面中出露总厚 18 m 左右。与下伏太古界吕梁山群呈角度不整合接触。

(11)滹沱系(Ht)

主要分布于原平至忻州五台山余脉的低山丘岭区,地层主要为白色厚层硅质结晶白云岩、千枚岩、钙质石英岩、变质砂砾岩、大理岩、结晶灰岩、长石石英砂岩。

(12)太古界(Ar)

①吕梁期侵入岩(γ_2)

主要分布于匣口—贾家墕大断裂以南,呈北北东向带状展布,其北西与下古生界寒武系呈断层接触。其变质程度达绿片岩相。

岩石呈肉红色、灰红色,中粗—细粒变晶结构,块状构造受吕梁期区域变质作用影响,石英有裂纹、磷片状黑云母呈弯曲状。

②五台期侵入岩(Ar_1)

主要岩石类型为混合花岗岩,主要分布于吴城镇以西一带。

2.2.3　地质构造

研究区整体属于华北地台,沿线跨越了山西断隆、鄂尔多斯台拗、贺兰—六盘台褶带三个二级构造单元,主要构造如下:

山西断隆属华北地台二级构造单元,晚元古代以隆起剥蚀为主,古生代处于相对上隆状态,中生代以来以断块上隆为主,内部形成沁水、大同、宁武等陆相盆地。燕山运动形成的盖层褶皱较平缓,断裂较发育。

鄂尔多斯台拗是华北地台西部的一个巨型中生代显著拗陷区,陆相地层厚度巨大,可达5 000 ~7 000 m。燕山运动形成平缓褶皱,南北边缘形成新生代地堑式断陷盆地。石太、太中银、大西、晋中南铁路陕西境内段落沿线所在区域的大地构造部位多属鄂尔多斯台拗之陕北台拗,区域内构造简单,褶皱及断层稀少。

贺兰—六盘台褶带为华北地台西缘的台缘拗陷带,也是华北地台与祁连山地槽之间的构造过渡带。中元古代—古生代为近南北向的拗陷带,中、新生代南北差异升降显著。燕山运动形成梳状褶皱,岩浆活动较微弱。

根据国家标准《中国地震动参数区划图》(GB 18306—2015)(1/4 000 000),结合沿线地质条件分析,石太、太中银、大西、晋中南铁路主要试验场地地震动峰值加速度见表2-1。

表2-1　地震动峰值加速度表

方　案	位　置	地震动峰值加速度
石太客运专线	东陵井	0.20*g*(Ⅷ)
大西客运专线	运城	0.15*g*(Ⅶ)
	阳曲	0.20*g*(Ⅷ)
	太原	0.20*g*(Ⅷ)
山西中南部铁路	石楼	0.05*g*(Ⅵ)
太中银铁路	绥德	0.05*g*(Ⅵ)

研究区所在的山西断陷带为鄂尔多斯周缘地区活动强烈的地带,有史以来发生过多次大震,包括洪洞1303年8级地震、洪洞1695年7.8级地震、代县512年7.5级地震、定襄1038年7.3级地震、原平1683年7级地震等,地震活动较强。

鄂尔多斯向斜之陕北台拗区构造简单,褶皱及断层稀少。区域内未见岩浆侵入活动,中部盆地内堆积了数千米厚的中生代陆相碎屑岩。晚白垩世盆地结束沉积转为缓慢上升,第三纪早、中期夷为准平原,第四纪隆升形成高原,堆积了中晚更新世黄土和晚更新世河湖相萨拉乌苏组和全新统风积砂。

陕北黄土高原拱起地块新构造运动整体表现为间歇性缓慢上升,中、新生代地壳垂直形变不明显,地震活动水平低。据历史记载:自1591年延长县发生过5级地震以后,再未发生过4级以上地震,小震也很少发生。

综合分析上述构造环境和地震活动性,忻定断陷中的原平凹陷和临汾凹陷具有发生8级地震的构造条件,大同断陷、忻定断陷中的繁峙凹陷、定襄凹陷和太原断陷具有发生7~7.5级地震的构造条件,其余多个地区具有发生6.5~7级地震的构造条件。

3 黄土工程特性

3.1 黄土工程地质常见问题

黄土地区植被稀疏，地面受水流切割作用十分严重，形成了千沟万壑的地形、地貌形态，加之湿陷性黄土具大孔隙性、结构性、水敏感性，自身力学强度差，在外界因素（水、列车振动及地震等）作用下黄土的物理力学性质更易发生急剧的变化，往往产生沉陷变形和边坡失稳等一系列相互关联的灾害与病害，给铁路工程带来的各种危害十分突出。

黄土地区常见的工程地质问题包括：黄土湿陷，黄土振陷，黄土潜蚀，黄土滑坡，黄土滑塌、错落、崩塌，欠稳定黄土陡坡等。

1. 黄土湿陷

黄土湿陷是指在自重或外部荷重下，受水浸湿后结构迅速破坏发生突然下沉的现象。引起湿陷的原因是黄土以粉粒和亲水弱的矿物为主，具有大孔隙结构，天然含水率小；具有黏粒的强结合水黏结和盐分的胶结黏结，在干燥时可以承担一定荷重而变形不大，但浸湿后，土粒黏结显著减弱，引起土结构破坏产生湿陷变形。

2. 黄土振陷

黄土振陷是指在动荷载作用下黄土密度增大，孔隙减小，结构产生崩溃性破坏，从而形成土层或建筑物的附加下沉，它与土的残余变形密切相关。由地震波引起的振陷较为普遍、破坏性也较大，受到了较多的关注。但是，关于列车长持时、小振幅动荷载引起的振陷研究较少。然而，高速铁路对路基的沉降变形要求较高，路基工后沉降不得超过 15 mm。因此，黄土振陷对于控制路基沉降变形极其不利。

3. 黄土潜蚀

黄土潜蚀是地表水、地下水对黄土的渗透、冲刷及溶蚀作用所产生的侵蚀。黄土潜蚀主要在黄土层地表以下进行，水流主要沿着黄土层中的孔洞、裂隙运移，进行渗透、冲刷和溶蚀，形成黄土碟、黄土陷穴、黄土柱和黄土桥等黄土潜蚀地貌。铁路沿线黄土分布十分广泛，黄土的湿陷现象普遍，且局部区段湿陷程度较高，湿陷层厚度大。经过铁路沿线详细调查发现，潜蚀的分布特点与黄土湿陷性的程度相关，随着湿陷程度的增加，潜蚀的分布范围与分布密度均呈上升趋势。黄土的湿陷性对潜蚀作用的发生有着明显的控制性作用。

4. 黄土滑坡

黄土梁峁沟壑区沟谷深切，多数切入基岩形成由黄土与基岩组成的双层或多层结构斜坡，地下水常常从土岩接触带溢出，致使岩层顶面风化层软化，抗剪强度降低，使得黄土沿此面下滑形成滑坡。在支沟、毛沟及分水岭地带，多数沟谷尚未下切至基岩，沟谷仍以下切作用为主，地下水常常富集于新黄土与下伏相对隔水的老黄土或黏性土层接触带，致使接触带处土体软化，抗剪强度降低，使得黄土沿此面下滑形成滑坡。

5. 黄土滑塌、错落、崩塌

黄土在干燥时黏聚力高、结构性强、直立性好，但在雨水入渗及冻融作用等因素的作用下，水沿节理下渗，黄土节理裂隙面强度衰减，在重力的作用下，容易形成黄土崩塌灾害。黄土滑塌，是指黄土斜坡特别是高陡斜坡在自然因素或人类工程活动影响下所引发的突发性兼有滑动与倒塌、崩塌特点的特殊地质灾害类型，具有滑坡和崩塌两种机制与先滑后塌的变形破坏过程。

6. 欠稳定黄土陡坡

黄土梁峁区，沟壑纵横，除少量河谷区其形较平坦外，其余地区地形起伏大。由于黄土直立性好，垂直节理发育，在沟谷边多形成陡立的自然边坡，坡度在30°以上；由于老黄土、第三系黏土、泥岩的阻水作用，在交界面地下水会渗出，边坡稳定性较差，如果不采取有效的防护、加固措施，在气候、人为等因素的影响下，极易发生边坡溜塌等灾害，对铁路运输产生极大的影响。

3.2 黄土一般特性研究

在干旱的大陆性气候条件下，疏松的黄土物质受到强大的反旋风作用，从中部呈离心状吹向荒漠边缘地区，当遇到异向风或降雨沉落于地面，经沉积固结作用形成黄土。通常认为我国黄土物质是从中亚西亚搬运来的，并形成于干旱或半干旱荒漠草原气候。

我国黄土的颗粒组成、矿物和化学成分都有自东南向西北逐渐变化的趋势。在同一区域内，高山和低地都有黄土分布，而且黄土堆积常有坡向性，在迎风面堆积量大，背风面少。黄土地形与下伏基岩有密切关系，常随古地形起伏而起伏，而与下伏基岩性质无关，成分复杂，呈不整合或假整合接触。在构造上，黄土无层理，柱状节理发育，这与具有层理的冲、洪积形成的黄土状土有明显区别。

3.2.1 黄土的物理性质

1. 颗粒组成

黄土的颗粒组成是查明黄土物质成分的来源地、搬运、沉积环境及其变化的重要依据。同时，颗粒组成的特征还是影响黄土物理力学性质及水文地质性质的关键，对评价其工程地质性质有着重要意义。通过资料（表3-1、表3-2）可得出结果如下。

表3-1 中国各地马兰黄土颗粒成分变化范围及平均值（刘东生等，1965）

地区	粒级含量（%）变化范围及平均值								中值 M_d	分选系数 S_o
	中粗砂	细砂	微砂	砂	粗粉土	细粉土	粉土	黏土		
	>0.25	0.25～0.1	0.1～0.05	>0.05	0.05～0.01	0.01～0.005	0.05～0.005	<0.005		
山西		0.05～1.92	10.0～58.75	11.92～59.5	24.05～58.6	0.55～11.60	24.6～66.4	11.7～33.0	0.019～0.028	1.930～3.03
		1.02	26.17	27.2	46.35	7.20	53.56	19.09		

续上表

地区	粒级含量(%)变化范围及平均值								中值 M_d	分选系数 S_o
	中粗砂	细砂	微砂	砂	粗粉土	细粉土	粉土	黏土		
	>0.25	0.25~0.1	0.1~0.05	>0.05	0.05~0.01	0.01~0.005	0.05~0.005	<0.005		
陕西		0.30~3.80	10.0~71.1	11.1~72.4	16.8~56.6	1.10~12.65	17.9~64.6	7.6~28.8	0.016~0.076	1.35~2.92
		1.11	29.18	30.29	45.88	6.73	52.61	17.0		
陇东①		0.30~3.90	11.0~50.2	11.7~51.6	38.7~64.4	2.5~10.5	4.12~70.0	7.0~30.4	0.018~0.05	1.56~3.79
		1.05	22.57	23.62	54.06	6.63	60.69	15.69		

①包括子午岭六盘山间甘肃及宁夏陕西各地。

表 3-2　中国各地离石—午城黄土粒度成分变化范围及平均值(刘东生等,1965)

地区	粒级含量(%)变化范围及平均值								中值 M_d	分选系数 S_o
	中粗砂	细砂		砂	粗粉土	细粉土	粉土	黏土		
	>0.25	0.25~0.1	0.1~0.05	>0.05	0.05~0.01	0.01~0.005	0.05~0.005	<0.005		
山西	—	0.20~3.4	7.5~38.5	9.2~40.0	30.25~62.3	3.7~13.4	37.75~67.6	9.2~43.6	0.007~0.037	1.675~5.080
	—	1.25	30.9	32.16	33.75	7.50	41.25	26.68	—	—
陕西	-	1.25~1.7	9.0~39.5	10.25~40.98	37.2~53.5	7.00~11.45	44.2~64.95	15.0~38.42	—	—
	1.47	20.6	22.1	43.61	9.87	53.5	24.47		—	—
甘肃	—	0.2~1.5	9.25~22	9.75~23.5	47.18~57.97	7.5~13.05	56.48~65.47	20.02~25.8	—	—
	—	0.92	13.2	14.11	52.84	10.0	62.84	23.04	—	—

黄土颗粒在地域上有明显的西北粗,东南细,马兰黄土分选度均>2.5,离石黄土分选度在2.5以下,黄土在广大面积及不同时代中分选性良好,可见黄土是经过长途搬运的。

(1)矿物成分

黄土主要由轻矿物组成,主要造岩矿物约15种,占总碎屑矿物的90%以上;重矿物一般占4%~7%,主要集中在微砂和粗粉砂中。黄土中所含的轻矿物有:石英、正长石、斜长石、微斜长石、白云母、方解石、白云石、石膏、玉髓等;所含的重矿物有:绿泥石、黑云母、磁铁矿、褐铁矿、绿帘石、硅灰石、黝帘石、角闪石类矿物等,其中含量最大的是金属矿物。

黄土以粗粉粒为主,构成了特有的大孔隙骨架结构。其中,粒径为0.05~0.005 mm的粗粉粒含量最大,一般在50%~60%范围,其浸水活动性也最强,黄土中细粉粒和黏粒所构成的团粒能赋予黄土不同的湿陷性。黄土中的黏粒部分(<0.005 mm)含量相对较少,基本上由黏土矿物组成,如蒙脱石、高岭石和水云母。因为各种矿物的亲水性不同,黏土矿物成分和比例在某种程度上体现着黄土的湿陷性,如高岭石和水云母等能促使黄土湿陷的发生

和发展,而蒙脱石、绿高岭石等具有特殊的膨胀性,可阻止湿陷过程的发展。

(2)化学成分

黄土中含大量 SiO_2、Al_2O_3、CaO、K_2O、NaO 等成分,与黄土中的矿物以石英、云母、长石为主一致;马兰黄土(Q_3)的可溶盐以钙质结核的形式出现,而离石黄土(Q_2)的可溶盐则以钙质结核、雁尾式石膏、白色盐霜、碱土等形式出现;黄土中易溶盐含量的变化与气候及地区降雨量有关,石太线、太中银线等铁路沿线黄土中的易溶盐含量由西北向东南逐渐减少。

2. 土粒比重、密度

土的密度按土孔隙中充水程度和土所处的位置不同可分天然密度(ρ)、干密度(ρ_d)和饱和密度(ρ_{sat})。天然密度为实测指标,干密度为换算指标。黄土土粒比重一般为 2.51 ~2.84,平原地区黄土则大多在 2.62 ~2.76 间。比重的大小与土的颗粒组成有关,当粉粒和砂粒含量较多时,比重常在 2.69 以下;如黏粒含量较多,则比重多在 2.72 以上。干密度值的大小反映了土粒排列的密实程度,土愈密实,土粒愈多,孔隙体积愈小,干密度越大。

我国黄土的干密度常为 1.31 ~1.5 g/cm^3,湿陷性黄土天然重度一般在 13.3 ~18.1 kN/m^3 之间,它不仅取决于颗粒的大小和含量的多寡,还与土的含水率有关,一般工程常用干重度和孔隙比反映土的密实度。

3. 含水率、孔隙比

黄土的含水率是影响黄土工程性质的重要物理指标。湿陷性黄土的天然含水率在 3.31% ~25.3% 之间变化,其大小与场地的地下水位深度和年平均降雨量有关。在大多数情况下,黄土的天然含水率都较低。我国部分地区湿陷性黄土的物理性质见表 3-3。

表 3-3 我国部分地区湿陷性黄土的几个物理性质指标

地 区	地 带	天然含水率(%)	孔隙比	天然容重(g/cm^3)	塑性指数(%)
陇西地区	低阶地	9 ~ 18	0.90 ~ 1.15	1.42 ~ 1.69	8.0 ~ 11.0
	高阶地	7 ~ 17	0.98 ~ 1.24	1.33 ~ 1.55	8.4 ~ 11.0
陇东陕北地区	低阶地	12 ~ 20	0.97 ~ 1.09	1.43 ~ 1.60	8.0 ~ 11.0
	高阶地	12 ~ 18	0.80 ~ 1.15	1.43 ~ 1.62	9.0 ~ 12.2
关中地区	低阶地	15 ~ 21	0.94 ~ 1.09	1.50 ~ 1.67	9.5 ~ 12.0
	高阶地	14 ~ 20	0.95 ~ 1.12	1.47 ~ 1.64	10.2 ~ 12.2
山东地区	—	15 ~ 23	0.85 ~ 0.96	1.64 ~ 1.74	9.6 ~ 13.0
河南地区	—	18 ~ 23	0.85 ~ 1.02	1.54 ~ 1.72	10.0 ~ 13.0
河北地区	—	14 ~ 18	0.85 ~ 1.00	1.55 ~ 1.70	9.0 ~ 13.0

由于黄土的生成与存在条件比较特殊,富含孔隙是黄土区别于其他土类的主要特征之一。孔隙是黄土体内未被骨架颗粒和胶结材料占据的那部分空间。黄土的工程性质如湿陷性、压缩性、含水率和渗透性等与黄土的孔隙有着密切的关系。孔隙是研究黄土问题的重要内容之一。许多学者都研究过黄土孔隙的形态、大小和性质,并从不同角度

提出了黄土的孔隙分类。朱海之、王永琰、雷祥义等按大小对黄土孔隙进行分类；张宗祜等按成因对黄土孔隙进行分类；高国瑞等按结构将黄土孔隙分为架空孔隙和粒间孔隙。而大孔隙比例的多少在一定程度上决定了黄土湿陷性的大小，大孔隙多的黄土湿陷程度大，反之则小。

由表3-3可以看出，我国黄土自西向东颗粒逐渐减小，宝鸡陇西至陇东陕北地区颗粒骨架较大，孔隙比高，天然含水率逐渐增加，塑性指数也随着增加，平均值在8～12之间，属低塑性至中塑性。这与黄土成因有密切关系，黄土属风成黄土，风化作用将颗粒自西向东搬运且下沉堆积，颗粒越小被搬运得越远。由此，西部地区黄土颗粒相对较大，颗粒骨架较松散，孔隙比较大，黏粒含量相对较低；故可塑程度相对较低，而关中地区塑性指数明显增加，呈中塑性；山东、河南、河北地区由于颗粒骨架较密实，孔隙比相对较小，黏粒含量相对较高，故塑性指数较高，呈中塑性。

以太中银铁路为例，由图3-1可以看出：铁路沿线黄土含水率自东向西表现为先增高再降低的趋势，其中峰值出现在吴堡县附近，吴堡县靠近黄河。该处为地表水汇入点，此区黄河蒸发较大，雨量相对充沛，黄土含水率相对较高，而沿线东部地区含水率较西部地区高。这是由于山西吕梁地区属于中山地带，空气较陕北地区潮湿，且植被覆盖较好；而陕北特殊的干旱半干旱气候使得降雨量很少，黄土含水率较低。

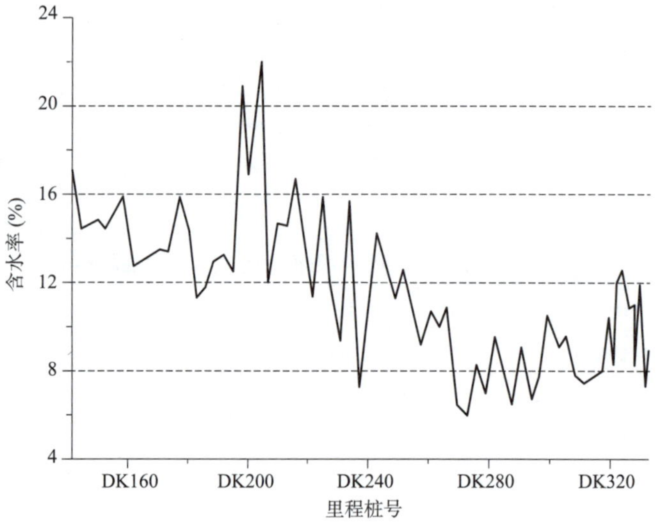

图3-1　太中银铁路沿线含水率变化图

太中银铁路沿线黄土的孔隙比基本处于0.6～1.2之间。图3-2揭示了铁路沿线由东到西黄土的孔隙比表现为递增趋势，在局部地段有显著增大的趋势，经过分析认为产生这种结果主要有两方面的原因：

其一，西部含水率较低，含水率与孔隙比具有一定的负相关关系，因此由东向西由于地下水埋深、降雨量的原因造成含水率减小的同时，黄土孔隙比增大。

其二，黄土物质组成的变化，由东向西，黄土黏粒含量减少，砂粒增多，逐渐转换为砂质黄土，尤其是绥德以西地段，靠近沙漠地带，黄土中的砂质含量大。

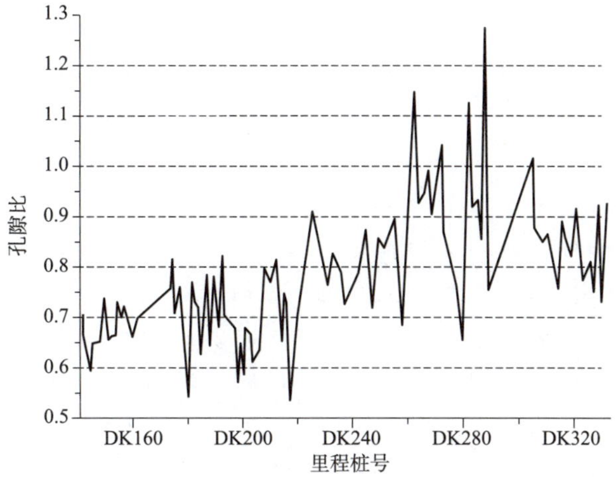

图 3-2 太中银铁路沿线孔隙比变化图

在这两方面因素的影响下，黄土的孔隙比表现为递增趋势。

对试验数据进行统计，所得研究区黄土的一般物理力学性质如下：

①天然密度基本在 1.9 g/cm^3 左右；天然孔隙比 e 较大，一般为 0.7～1.0；压实程度较差。

②含水率在山西段为 14% 左右，而在陕西段则为 9% 左右，且以黄河为界，自东向西沿线含水率呈递减趋势。

③尽管孔隙率较高，但仍具有中等抗压缩能力，抗剪强度较高。新近堆积黄土(Q_4)土质松软、强度低、压缩性高、抗剪强度较低。

④黄土为典型的不饱和土，且陕西段处于黄土高原腹地，降雨稀少，因此在局部地段黄土湿陷系数较高，具有强湿陷性。

由于山西、陕西地区黄土具有代表性，并具有很大的不同，且对铁路影响较大，因此在研究中按区域性将沿线黄土划分为山西地区黄土、陕北地区黄土分别研究（表 3-4、表 3-5）。

表 3-4 山西地区黄土工程特性指标统计汇总表

名称	时代	成因	湿陷性	项目	天然含水率 w %	天然密度 ρ g/cm^3	土粒比重 s	天然孔隙比 E_0	液性界限 w_P %	塑性界限 w_L %	塑性指数 I_P	液性指数 I_L	压缩系数 $\alpha_{0.1-0.2}$ (MPa)$^{-1}$	压缩模量 E_s MPa	内摩擦角 φ (°)	凝聚力 c kPa
新黄土	Q_4	冲洪积层	无	最大值	25.3	2.0	2.70	0.9	28.2	19.7	10.2	0.9	0.7	21.8	39.0	67.0
				最小值	6.0	1.5	2.70	0.6	22.2	13.7	5.6	−1.8	0.1	2.7	8.0	35.0
				平均值	15.3	1.8	2.70	0.7	25.5	17.1	8.4	−0.2	0.2	12.1	22.9	49.3
新黄土	Q_4	洪积层	Ⅰ级非自重	最大值	17.9	1.8	2.70	1.1	30.3	19.8	12.6	0.1	0.4	15.3	40.0	63.0
				最小值	5.2	1.4	2.70	0.7	21.2	14.0	7.2	−1.5	0.1	4.6	12.0	31.0
				平均值	11.2	1.6	2.70	0.9	25.4	16.6	8.9	−0.6	0.3	8.3	20.9	45.2

续上表

名称	时代	成因	湿陷性	项目	天然含水率	天然密度	土粒比重	天然孔隙比	液性界限	塑性界限	塑性指数	液性指数	压缩系数	压缩模量	内摩擦角	凝聚力
					w	ρ	s	E_0	w_P	w_L	I_P	I_L	$\alpha_{0.1-0.2}$	E_s	φ	c
					%	g/cm³			%	%			(MPa)$^{-1}$	MPa	(°)	kPa
新黄土	Q_3	冲洪积层	Ⅰ级非自重	最大值	29.0	2.1	2.80	1.3	48.8	28.5	26.2	0.8	1.1	27.8	86.0	52.0
				最小值	4.2	1.2	2.60	0.5	16.2	8.4	2.3	-2.05	0.13	1.9	9.4	8.0
				平均值	11.8	1.7	2.72	0.8	25.4	16.8	8.9	-0.6	0.35	9.2	30.2	28.2
新黄土	Q_3	冲洪积层	Ⅱ~Ⅳ级自重	最大值	22.8	1.7	2.78	1.2	33.0	23.6	12.6	0.6	0.97	24.61	39.4	53.0
				最小值	2.4	1.4	2.69	0.5	16.6	8.5	4.5	-1.6	0.05	2.1	12.4	4.0
				平均值	9.8	1.6	2.70	0.9	25.6	16.8	8.8	-0.8	0.3	7.9	26.8	21.9
新黄土	Q_3	冲洪积层	无	最大值	25.8	1.8	2.72	1.1	38.3	24.3	18.1	0.8	0.6	26.4	37.6	69.4
				最小值	3.5	1.5	2.65	0.4	20.0	10.5	5.7	-2.0	0.1	3.3	11.8	7.0
				平均值	13.0	1.7	2.70	0.7	26.9	17.1	9.9	-0.5	0.2	11.2	24.3	34.2
老黄土	Q_2	冲洪积层	无	最大值	28.6	1.9	2.77	1.1	48.0	29.4	19.8	0.7	0.6	36.6	40.5	107.6
				最小值	4.2	1.5	2.61	0.4	21.3	11.4	5.5	-2.0	0.15	3.0	11.2	17.0
				平均值	16.8	2.2	2.70	0.6	30.0	18.5	11.5	-0.2	0.2	12.0	22.1	42.2

表 3-5　陕西地区黄土工程特性指标统计汇总表

名称	时代	成因	湿陷性	项目	天然含水率	天然密度	土粒比重	天然孔隙比	液性界限	塑性界限	塑性指数	液性指数	压缩系数	压缩模量	内摩擦角	凝聚力
					w	ρ	s	E_0	w_P	w_L	I_P	I_L	$\alpha_{0.1-0.2}$	E_s	φ	c
					%	g/cm³			%	%			(MPa)$^{-1}$	MPa	(°)	kPa
新黄土	Q_3	风积层	Ⅰ级非自重	最大值	21.8	2.7	2.7	1.2	35.2	22.8	12.4	0.6	0.6	60.6	37.0	90.0
				最小值	1.1	1.3	2.7	0.5	21.4	13.1	6.2	-2.3	0.0	3.5	17.1	5.0
				平均值	9.0	1.6	2.7	0.8	25.1	16.7	8.4	-0.9	0.2	13.7	29.8	29.3
新黄土	Q_3	风积层	Ⅰ~Ⅲ级自重	最大值	30.0	2.1	2.8	1.4	34.2	23.9	27.7	1.5	0.8	71.1	41.3	97.0
				最小值	1.4	1.2	2.7	0.4	17.7	0.0	4.3	-2.5	0.0	2.6	15.6	3.0
				平均值	9.0	1.6	2.7	0.8	25.2	16.7	8.5	-0.9	0.2	11.2	29.5	26.4
新黄土	Q_3	风积层	无	最大值	24.2	2.2	2.7	1.3	33.5	20.9	12.6	0.8	0.8	94.9	45.9	128.0
				最小值	1.9	1.2	2.7	0.4	20.0	12.9	3.8	-2.2	0.0	2.3	10.2	-30.0
				平均值	11.6	1.7	2.7	0.7	25.7	17.1	8.6	-0.7	0.1	20.7	29.1	38.4
新黄土	Q_4	冲洪积层	无	最大值	30.5	2.1	2.7	1.3	39.6	25.5	15.7	1.1	0.5	22.0	35.5	66.0
				最小值	1.5	1.2	2.7	0.4	21.4	12.7	6.1	-1.9	0.1	3.8	8.9	6.0
				平均值	14.8	1.8	2.7	0.7	25.3	16.4	8.9	-0.2	0.2	8.4	29.1	25.3
新黄土	Q_4	冲洪积层	Ⅰ级非自重	最大值	25.9	2.1	2.7	1.4	32.5	20.6	13.4	1.1	0.4	21.9	36.0	41.0
				最小值	2.0	1.2	2.7	0.6	21.8	14.4	6.6	-1.7	0.1	4.5	21.8	6.0
				平均值	13.6	1.7	2.7	0.8	25.4	16.7	8.7	-0.4	0.2	8.6	28.4	20.7

(1)山西地区

太中银铁路 DK141 ~ DK216 段途径吕梁、柳林,沿线为第四系全新统、上更新统地层,地表 0 ~ 15 m 深度内存在层状湿陷性黄土层,湿陷系数为 0.015 ~ 0.054,湿陷性起始压力为 50 ~ 279 kPa,多属非自重湿陷性黄土。对山西沿线试验数据统计汇总获得沿线含水率变化图以及含水率同液限、塑限之间的相互关系如图 3-3、图 3-4 所示。

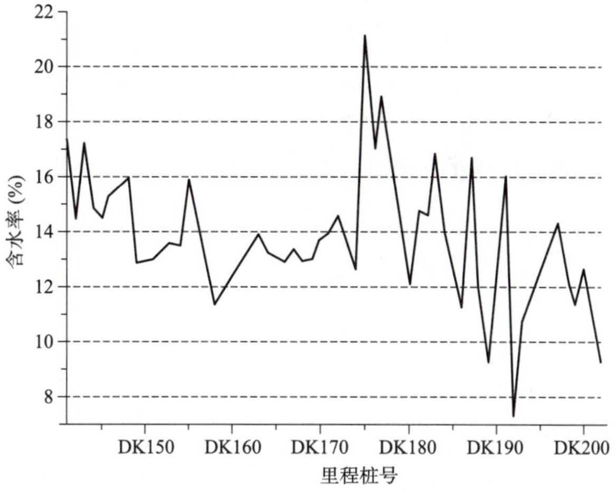

图 3-3 山西沿线含水率变化图

自山西吕梁市起,沿线地貌逐渐从中山地区向黄河倾斜,再从黄河地区过渡到黄土高原区,这一过程气候从温暖气候变化为半干旱气候。山西境地靠近东端的吕梁市,气候潮湿,含水率较高;向西延伸到黄河东岸,黄河附近年降水量大,蒸发量高,故含水率明显增大。

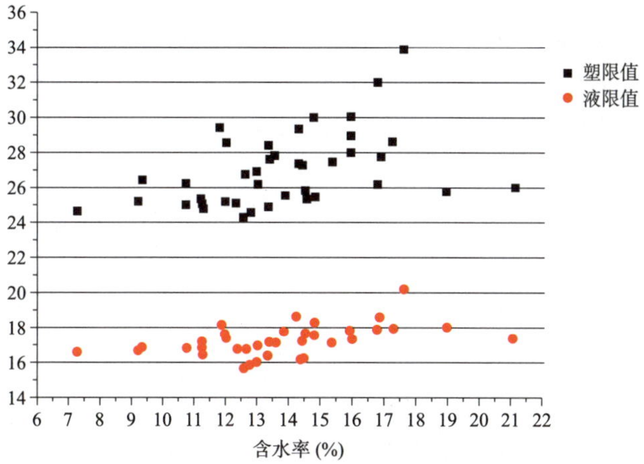

图 3-4 山西地区含水率与液限、塑限变化图

由图 3-4 可以看出,液限与塑限随含水率变化而变化的规律较一致,均呈递增趋势,而液限变化稍大。这是由于可塑程度由黏粒含量决定,黏粒含量越高,塑性指数越大,塑限值就越小,黄河地区含水率较高,液限值变化大,出现峰值,而塑限值也随着增大。因此,黄土液塑限随含水率的增加而增加,当含水率达到 17% ~18% 时,液限、塑限随含水率的变化已

不明显,恢复到正常范围内。

(2)陕西地区

陕西沿线黄土指标试样常规试验统计汇总见表 3-5。由表可看出,一级阶地表层的黄土以Ⅰ级非自重湿陷性为主,湿陷土层厚 2 ~ 8 m;自重湿陷性黄土主要分布于高阶地、黄土梁峁,湿陷等级Ⅱ ~ Ⅳ级,湿陷性土层厚 10 ~ 25 m。主要分布于吴堡西、芦河以东地区,湿陷性黄土厚度一般大于 10 m,湿陷系数为 0. 015 ~ 0. 136。

由图 3-5 看出,陕西段含水率基本稳定,黄土高原特有的干旱半干旱气候决定了此区降雨量相对较小,且黄土厚度大,地下水位较深,黄土含水率不高,在 7% ~ 14% 之间。但由于陕北地区受地表水冲刷作用,使得黄土高原成为黄土丘陵沟壑地貌,而黄土含水率的波动与地形地貌息息相关,地势越高,含水率较低,地势较低,汇水较多,因此黄土含水率较高。

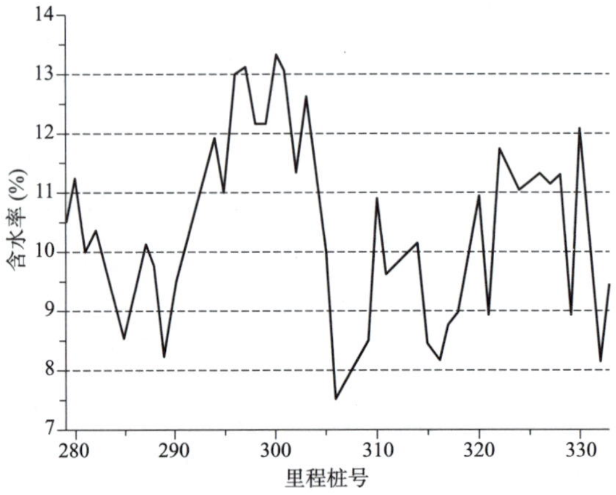

图 3-5　陕西地区含水率图

陕西地区黄土液限、塑限随含水率变化而变化(图 3-6),即随含水率的增大基本呈线性增加趋势。陕西地区铁路沿线为典型的黄土高原地貌,从黄土成因学上讲,黄土自西向东颗粒逐渐减小,黏土含量增高,塑性加强,而风成黄土有颗粒排列递增或递减的规律,因此总体趋势呈线性变化。

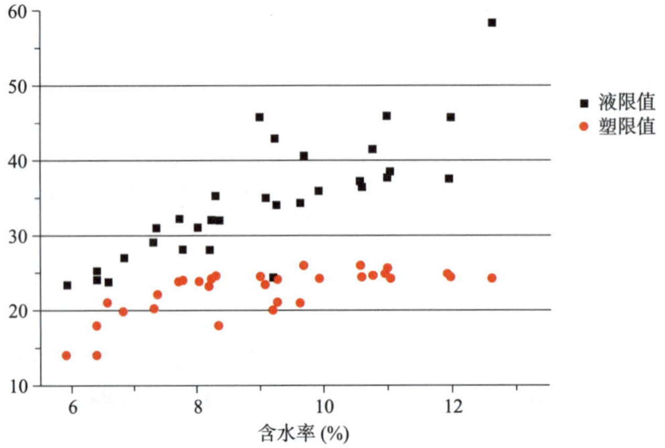

图 3-6　陕西地区含水率与液限、塑限关系

由图 3-7 看出，黄土含水率越高，孔隙比相对降低，当含水率增加到 12% ~14% 时，孔隙比不再随含水率的增加而降低，而维持在 0.6 ~ 0.8 之间，达到一个平衡状态。这是因为当黄土含水率较小时，含水率越大，水充填黄土空隙比例越大，黄土孔隙比就越小；当含水率达到某一值时，黄土需维持自身内部静水压力平衡，因此含水率增加也不会引起空隙比减小。

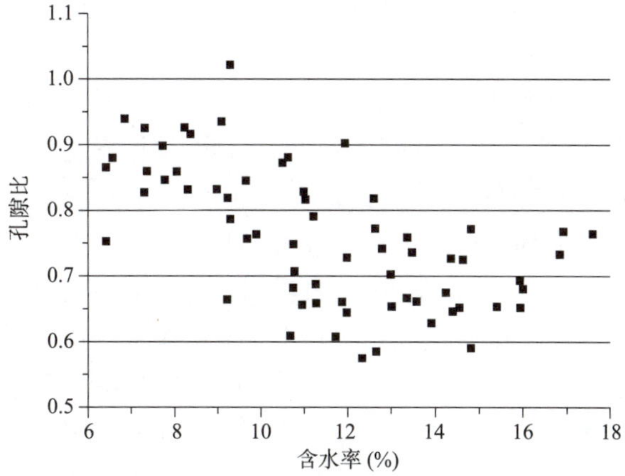

图 3-7　含水率与孔隙比关系图

(3) 太中银铁路沿线黄土基本物理性质比较

综合太中银铁路在山西、陕西两地的黄土特性，结合各地区黄土常规土工试验数据总结分析得出，黄土的土粒比重一般为 2.51 ~ 2.84，平原地区的黄土则大多在 2.62 ~ 2.76 之间。比重的大小与土的颗粒组成有关，当粉粒和砂粒含量较多时，比重常在 2.69 以下；如黏粒含量多，则比重多在 2.72 以上。

①太中银铁路沿线黄土比重(G_s)平均值大多为 2.70，数据中比重的变化范围在 2.60 ~ 2.80 之间，黄土天然密度基本处于 1.5 ~ 2.1 g/cm^3之间。综合以上分析，可以得出，由东向西，天然密度、土粒比重基本保持稳定，与我国其他地区黄土相比数值较大。

②孔隙比则由 0.6 递增至 1.2 左右，与我国其他地区相比，黄土孔隙比略大。

③含水率基本处于 9% ~17%，沿线具有很明显的变化性，呈递减的趋势，与我国其他地区相比处于中间位置。

④随着含水率的增加，黄土的液限和塑性指数稍有增大，压缩系数则逐步减小。

⑤研究表明孔隙比与含水率二者具有一定的关联性(图 3-7)，孔隙比随含水率的增加而降低，当含水率增加到 12% ~14% 时，孔隙比不再降低，而维持在某一稳定区间内。同样，含水率同黄土的液限、塑限也具有一定的联系，根据图 3-4、图 3-6 得出：随着含水率增大，液限、塑限也随之增大，但是当增大到一定程度后便开始减小，即液限、塑限值具有一个特征含水率值，其在该点达到最大值，在本地区该值在 16 左右；含水率小于该特征值时液限、塑限呈逐步递增趋势，但越过该值后液限、塑限都有一个迅速下降的趋势，即曲线右侧比左侧陡。

3.2.2 黄土的力学性质

黄土不仅具有特殊的物理性质和水理性质，其力学性质（抗剪性、抗拉性、压缩性等）也具有自身的特点。对其力学特性进行系统研究，不仅能够更加深刻的认识黄土地区诸多不良地质现象形成机理，而且更能有效地指导黄土地区的工程建设。其中黄土的抗剪强度是黄土强度的重要指标之一，黄土抗剪强度具有明显的特殊性，受应力、含水状态、土体结构等众多因素的影响。

黄土作为一种典型的非饱和土，与饱和土体相比，由于基质吸力的存在，使传统的饱和土强度理论在应用于黄土时，产生了一定的偏差。对此，理论界不少学者正致力于非饱和土理论研究，并提出了各自的非饱和土强度公式。

非饱和土抗剪强度理论都要求测定基质吸力，但由于基质吸力测量对一般生产单位而言不但仪器设备、技术力量上不具备条件，而且测得的数值还有较大的不确定性。因此，这些非饱和强度公式仅有理论价值而在工程实际中少有应用。为此，比较实际的做法还是把强度分成两部分（即黏结强度和摩擦强度），测定土样在不同含水率下的强度，由此计算出 c、φ 随含水率的变化规律。因为，从根本上来说，饱和度的变化是含水率变化的结果，在目前的技术、试验设备条件下，研究 c、φ 随含水率的变化规律对于工程建设更有实际意义。

黄土的抗剪强度除与土的颗粒组成、矿物成分、黏粒和可溶盐等有关外，主要取决于土的含水率和密实程度。含水率越低，密实程度越高，抗剪强度越大。

1. 含水率与抗剪强度的关系

当黄土的天然含水率低于塑限时，水分变化对强度影响最大，含水率由 7.8% 增加到 18.2% 时，内摩擦角和黏聚力都降低 1/4 左右。当天然含水率超过塑限时，抗剪强度降低幅度小，而在天然含水率超过饱和含水率时，抗剪强度变化不大。

2. 密实程度与抗剪强度关系

土的含水率相同，则密实程度越大，抗剪强度越大。湿陷过程中与饱和后的抗剪强度比较：在浸水过程中土的抗剪强度比同种土在同样压力下处于饱和状态时要低 10% ~15% 。黄土在某一应力状态下受水浸湿后，湿陷处于发展过程中的强度最低，地基在湿陷变形过程的稳定性最差。

3. 压实黄土的抗剪强度

当黄土作为路堤材料，或天然黄土用重锤夯实、土垫层、土桩挤密处理后，常需要了解黄土在原状结构破坏后的强度。有关研究资料及试验表明，当压实黄土的干重度达到 16 kN/m^3 时，内摩擦角可达 23° ~26°，黏聚力为 260 ~350 kPa；当干重度达到 17 kN/m^3 时，内摩擦角可达 29°，黏聚力为 600 kPa。

为此，通过对黄土在不同含水率下的直剪试验数据来研究黄土的强度与含水率之间的关系，并在此基础上建立黄土抗剪强度指标与含水率之间的计算公式。

从图 3-8 中可以看出，黏聚力 c 随含水率 w 变化呈现一定的曲线变化关系，且含水率在 10% ~12% 时达到峰值，将这个范围的含水率称为特征含水率。当含水率小于特征含水率时，黏聚力 c 随含水率 w 增加而增大；当含水率大于特征含水率时，随含水率增加的黏聚力 c 迅速减小；当含水率超过 15% 时，黏聚力 c 减小速度变慢。引起这种变化主要是由于固化黏聚力变化的原因，固化黏聚力决定于存在颗粒之间的胶结物质的胶结作用。土粒间通过黏土矿物、游离氧化物、碳酸盐和有机质等胶体而黏结在一起，而这种胶结作用是在有水的情况下进行，当土中的含水率非常低时，这种胶结作用就不能完全发挥作用，导致固化黏聚力降低；而当含水率不断增大时，胶结物质也在不断发挥作用，使黏聚力不断增加；当含水率继续增大时，这些胶结物质就会逐步溶解在水中，使其胶结作用又在逐渐消失，导致黏聚力不断降低。

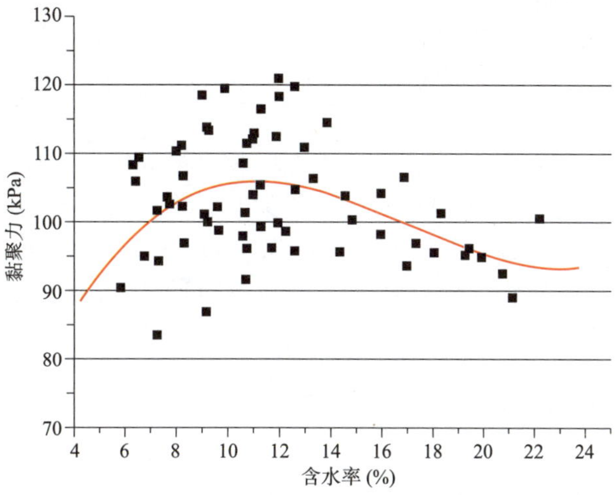

图 3-8 黏聚力与含水率关系图

由图 3-9 中可以看出，随着含水率的增加，在特征含水率之前，内摩擦角并没有多大变化，在特征含水率之后则逐渐减小。

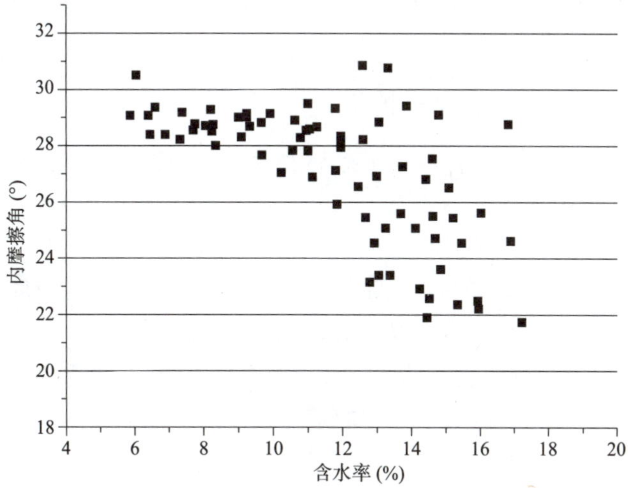

图 3-9 内摩擦角与含水率关系图

从以上试验结果分析,含水率的变化对黄土的黏聚力和内摩擦角有较大的影响,随着含水率的增加,黏聚力是先增大后减小,而内摩擦角则逐渐减小。综上分析,当含水率在4% ~8%时,土的抗剪强度参数 c 随含水率的增大而增大,内摩擦角 φ 基本不变;当含水率大于特征含水率时,抗剪强度参数 c、φ 均随含水率的增加而明显下降。通过试验分析,相关性分析结果表明:黏聚力和内摩擦角与含水率呈指数相关关系。

回归分析的相关关系表达式为

$$c = a_1 e^{b_1 w} \tag{3-1}$$

$$\varphi = a_2 e^{b_2 w} \tag{3-2}$$

式中,常数取值 $a_1 = 374.98$;$b_1 = -0.175$;$a_2 = 47.99$;$b_2 = -0.047$。

即研究区黄土抗剪强度公式为

$$\tau = 374.98 e^{-0.175w} + \sigma \tan(47.99 e^{-0.047w}) \tag{3-3}$$

其相关系数为0.972 5。

根据调查资料和试验数据得出,沿线黄土在区域上抗剪强度具有一定规律性。总体上看分布规律符合东高西低的规律,这也符合现代黄土学说,但在局部地段由于含水率的原因出现局部的增高和减小。如在山西段向黄河沿岸靠近时由于含水率的增大,抗剪强度也随之变小;在陕北绥德段随着含水率减小至峰值含水率附近,抗剪强度也相应变大,越过峰值含水率之后又开始递减。

3.3 黄土湿陷性研究

黄土湿陷性是黄土工程特性研究的主要课题。湿陷性通常用湿陷系数(δ_s)表征。其内因主要是土体本身的物质成分(颗粒组成、矿物成分和化学成分)及其结构,外因则是水和压力的作用。

由于太中银铁路沿东西向跨越了山西、陕西地区,沿线黄土的湿陷性极具代表性,以太中银铁路沿线黄土湿陷性研究为例,分析黄土湿陷性与黄土化学性质、物理性质、力学性质、孔隙比、天然含水率等因素之间的关系。

3.3.1 黄土化学性质与湿陷性关系分析

黄土的化学性质与黄土湿陷性有着本质的联系,化学性质主要包括化学成分、水溶盐、酸碱特征、离子交换、有机质五部分。

1. 化学成分

湿陷性黄土的化学成分包括:SiO_2、Al_2O_3、CaO、Fe_2O_3、MgO、K_2O、Na_2O、FeO、MnO、TiO、SO_3、P_2O_5等,其化学物质主要为二氧化硅、氧化物、碳酸盐类。二氧化硅存在于由粗颗粒到胶粒的各级粒组中,主要成分钙、镁呈固态、液态存在于黄土中,为重要胶结物,三氧化二铝、三氧化二铁以镁、铝胶体形式存在,一部分能被盐酸溶解的二氧化硅以无定形硅酸盐形式存在,都属胶体物质。

2. 水溶盐

水溶盐根据其在20℃水中的溶解度分为易溶盐(氧化物、硫酸镁、碳酸钠)、中溶盐(石膏)、难溶盐(碳酸钙)三类。

水溶盐与土的湿化、收缩、膨胀和透水性关系密切,并影响土的黏性和强度。

(1)易溶盐:含量在 0.003% ~1.74% 之间,个别在 4% ~8%,常见值为 0.32%,含量不大,当土中易溶盐含量 <0.5%,对黄土的性状影响甚微。易溶盐含量由西向东、由北向南逐渐减少,因为降雨量大,地下水、地表水活动强,一部分易溶盐溶解并流失。

(2)中溶盐:含量在 0.01% ~1.44% 之间,平均 0.3%,含量不大,偶见 3% 的,研究表明,浸水压缩试验前后土中石膏含量为 0.24% ~0.67%,似乎对湿陷性有一定影响。当石膏呈碎屑颗粒分布时,对土粒既无胶结作用,受水浸湿时也不易溶解,对黄土的湿陷性影响不大。

(3)难溶盐:碳酸钙占全部碳酸盐的 90% 以上,碳酸镁占 10% 以下。碳酸钙含量在 0.38% ~25.5% 之间,平均 10%,呈多种形态存在,有碎块状、颗粒状、膜壳状、细晶状、菌丝状、结核状等,一般碳酸钙含量大时,土的强度也高。

3. 酸碱特征

黄土的酸碱特征以水土比为 1:5 的悬液 pH 值表示,pH 值取决于黏粒所吸附的离子类型和黄土所含的可溶盐成分。黄土的 pH 值在 6.0 ~9.2 之间,平均 7.8,大多数在 7.5 以下,一般干旱地区 pH 值大,湿润地区 pH 值小。pH 值高的湿陷性强。

4. 离子交换

黏土矿物和有机质是黄土中胶体颗粒的组成部分,胶体物质都有离子交换的特征,胶体表面吸附着一定量的阳离子,由于胶粒表面电荷不平衡便引起交换现象。黄土中的阳离子交换量随矿物类型、含量和有机物含量不同而不同,交换量定义为介质 pH 值等于 7 时,每 100 g 土样中所吸附阳离子的当量数。黄土的阳离子交换量为 8.1 ~27.61 mg 当量每 100 g 土,主要矿物为伊利石。

5. 有机质

黄土中有机质含量在 0.02% ~2% 之间,平均值为 0.64%,在各级粒组中的含量随粒径减小而增多。有机物持水性强,表面能大,常能与二价钙离子结合而产生凝聚现象,多凝聚在大孔壁上,也有分散于黏粒中,当呈分散分布时,则成为土中的胶结成分,受水浸湿时会吸收大量水分而崩解。

3.3.2 黄土物理性质与湿陷性关系分析

黄土是由固、液、气三相组成的,其三相组成间重量和体积的比例关系,可以反映出一系列物理性质。以下主要就黄土的颗粒组成、土粒比重和天然重度、干密度和孔隙比、含水率与饱和度、稠度五方面对黄土湿陷性进行讨论。

1. 颗粒组成

颗粒组成在碎屑沉积物研究中占有非常重要的地位,它是影响松散碎屑沉积物的物理力学性质和水文地质性质的关键,对评价黄土工程特性有着重要意义。

颗粒本身可以是矿物的结晶构造,也可以是非结晶构造,如二氧化硅和氢氧化铁。不同地质时代的黄土,其颗粒组成不同,第四纪早期的黄土比晚期黄土中的黏粒含量高,而砂含量则低。组成黄土的矿物有60多种。轻矿物的含量占粗矿物总量的90%以上,主要成分是石英、长石、白云母,最多的是石英。上述矿物有一个基本规律,不论是矿物的种类和含量,各地的黄土基本一致。研究表明伊利石、蒙脱石含量对黄土湿陷性影响很大,随着其含量的增大湿陷性也随之增大。

湿陷性黄土以粉粒为主,含量达60%以上,其中细粉粒(0.005~0.01 mm)占7%~9%,粗粉粒(0.01~0.05 mm)占45%~65%。黄土的颗粒成分,对湿陷性有一定的影响。这种影响,表现在各个方面,譬如颗粒的组合结构状态、颗粒的含量等。虽然黏粒含量成分占的比例较小,但其对黄土湿陷性的影响有着较大的影响。这是因为黏粒,特别是粒径小于0.001 mm的黏粒其胶结能力较强,对增强土体结构强度产生不可忽视的作用。在大区域上黄土的黏粒含量增多,湿陷性减弱。黏粒含量从东向西逐渐减小,而湿陷系数随着黏粒含量的减小正好相反,呈逐渐增大状态。

从空间结构体系的力学强度和稳定性角度分析,构成黄土结构体系的支柱是骨架颗粒。黄土的骨架颗粒主要是由>0.05 mm的碎屑粉粒及>0.01 mm的粗粉砂颗粒构成的。骨架颗粒的形状可分为粒状和凝块状。粒状又分为单粒和全由黏胶微细碎屑碳酸盐胶结的集粒。集粒在西北地区具有较大的刚性,也起着骨架支撑作用。这些骨架颗粒影响着黄土结构的稳定性,进而对黄土的工程性质的好坏(包括湿陷性的强弱)有着直接的关系。扫描电镜和偏光镜下所见不同时期的黄土骨架颗粒形态是多种多样的,棱角状和次棱角状的颗粒最为常见。骨架颗粒的连接方式为点接触和面胶结两种。黄土中碎屑颗粒形态尤其是磨圆程度直接影响着黄土的物理力学性质。集粒的传力刚度不如碎屑颗粒,但仍具有一定的刚度。在黄土浸水受力发生变形过程中,集粒一般不易变形或被破坏。集粒的形态决定于当地的气候条件。气候干旱,集粒中的碳酸钙保存得较好,集粒就具有刚性,容易形成架空松散结构,颗粒主要为点接触,为产生湿陷创造空间条件;气候湿润,集粒中的碳酸钙被淋湿,集粒变软,甚至成流胶状,常常成凝块,比较牢固地胶结了骨架颗粒,颗粒为面胶结连接,使湿陷性减弱甚至消失。因而,西北地区黄土有强烈的湿陷性和自重湿陷性,而东南地区黄土的湿陷性轻微或不具湿陷特征。

研究区黄土的颗粒组成有两大特点:①绝大多数颗粒均小于0.25 mm。②以粉土颗粒(0.075~0.005 mm)为主。湿陷性黄土的颗粒成分同样也以粉土颗粒为主,沿线黄土的颗粒组成存在很大的差异,如在山西地区黄土黏粒含量较多,而且孔隙比也较小,向西砂粒含量逐渐增大的同时,孔隙比也在不断增大(在局部地区由于含水率的关系孔隙比呈异常)。从研究成果可看出该区黄土粉粒的含量占总含量的54%~68%,黏土颗粒成分(<0.005 mm)占14%~29%;砂土颗粒成分(>0.05 mm)占10%~30%,由东向西增大。

2. 土粒比重和天然重度

黄土的土粒比重一般为2.51~2.84,平原区为2.62~2.76。比重大小与土的颗粒组成有关,当粗粉粒和砂粒含量较多时,比重常在2.69以下;黏粒含量多,则在2.72以上。黄土的颗粒组成与其液限、塑限有一定关系(表3-6)。

表 3-6 土粒比重与塑性指数关系表

土粒比重 G	塑性指数 I_P
2.67	<7
2.69	7~10
2.71	10~13
2.72	13~17
2.73~2.74	>17

湿陷性黄土天然重度一般在 13.3~18.1 kN/m^{3}之间，它不仅取决于颗粒的大小和含量的多少，还与土的含水率有关，一般工程常用干重度和孔隙比反映土的密实度。

3. 干重度和孔隙比

干重度是衡量黄土密实度的一个重要指标，与土的湿陷性有较明显的关系，一般干重度小，湿陷性强，反之，则弱。其变化范围在 11.4~16.9 kN/m^{3}之间。干重度除与本身密实度有关外，还与土中各种矿物成分的含量和含盐量有关。一般而言，当干重度超过 15 kN/m^{3}以上，一般属于非湿陷性黄土。

湿陷性黄土孔隙比在 0.85~1.24 之间，大多数在 1.0~1.1 之间。一般以孔隙比 0.8 作为划分湿陷性和非湿陷性的界限。当然，对于某些砂粒含量较多的次生黄土是例外，大多数情况下，土的孔隙比随埋藏深度增加而降低，但也有例外。

4. 含水率和饱和度

湿陷性黄土的天然含水率在 3.3% ~25.3% 之间，其大小与场地地下水位埋深和年平均降雨量有关。大多数情况下，黄土的天然含水率都较低，在塬、梁、峁上的黄土地下水位较深，含水率在 6% ~8% 之间；低级阶地上的黄土；含水率较高，在 11% ~21% 之间。不同季节取样含水率可相差 2% ~5% 之间。经验表明，含水率在 >25% 时就不具有湿陷性，而压缩性则恰恰相反。

湿陷性黄土的饱和度在 15% ~77% 之间，多数在 40% ~50%，处于稍湿状态，随饱和度增加，湿陷性减弱；当饱和度接近 80% 时，湿陷性基本消失。

5. 稠度指标

稠度指标包括液限、塑限、液性指数和塑性指数，它们反映了水对土的性状的影响。湿陷性黄土的液限、塑限分别在 20% ~35% 和 14% ~21% 之间；塑性指数为 3.3~17.5，大多在 9~12 左右；液性指数在 0 上下波动。大多数湿陷性黄土处于坚硬和硬塑状态，承载力较高，压缩性属中等或偏低，少部分(新近堆积黄土)属于可塑或软塑状态。当液限在 30% 以上时，湿陷性一般较强，国外有认为液限是用扰动土测定的，它并不能反映与原状土强度的关系。

由西向东，由北向南，含水率、重度逐渐增加，孔隙比逐渐减小，液限、塑性指数稍有增大，湿陷系数减小，湿陷性降低。

6. 小结

综合上述，各指标与湿陷性间的关系，可以得出黏粒含量增多，湿陷性减弱；湿陷性黄土天然重度一般在 13.3~18.1 kN/m^{3}之间；一般干重度小，湿陷性强；湿陷性黄土孔隙比在

0.85～1.24之间，大多数在1.0～1.1之间，将孔隙比0.8作为划分湿陷性和非湿陷性的界限；湿陷性黄土的天然含水率在3.3%～25.3%之间，饱和度在15%～77%之间，多数在40%～50%；黄土处于稍湿状态，随饱和度增加，湿陷性减弱，当饱和度接近80%时，湿陷性基本消失；湿陷性黄土的液限、塑限分别在20%～35%和14%～21%之间，大多数湿陷性黄土处于坚硬和硬塑状态，承载力较高，压缩性属中等或偏低，少部分(新近堆积黄土)属于可塑或软塑状态。

3.3.3 黄土力学性质与湿陷性关系分析

湿陷性黄土的力学性质主要包括压缩性、抗剪强度、透水性等。

1. 压缩性

反映地基土在外荷载作用下产生压缩变形的大小。对湿陷性黄土地基而言，压缩变形是指地基土在天然含水率条件下受外荷载作用时所产生的变形，它不包括地基土受水浸湿后的湿陷变形。一般在中更新世末期和晚更新世早期形成的湿陷性黄土多为中等偏低压缩性土，少量为低压缩性土；晚更新世末期和全新世黄土多为中等偏高压缩性土，有的甚至为高压缩性土，新近堆积黄土的压缩性多数较高。

2. 抗剪强度

黄土的抗剪强度除与土的颗粒组成、矿物成分、黏粒和可溶盐等有关外，主要取决于土的含水率和密实程度。含水率越低，密实程度越高，抗剪强度越大。抗剪强度成为黄土湿陷的又一个重要指标，在黄土受水浸湿，结构遭到破坏时，抗剪强度成为抗湿陷性的重要指标，黏聚力先增大后减小，而内摩擦角呈递减趋势，因此，抗剪强度可作为评价湿陷性的重要指标。

3. 透水性

透水性反映水在土中通过的速度，黄土的渗透系数变化较大，一般黄土竖向和水平方向的渗透系数分别为$0.16\times10^{-5}\sim0.3\times10^{-5}$ cm/s和$0.8\times10^{-6}\sim0.1\times10^{-5}$ cm/s之间。

透水性随时间的变化：黄土的渗透系数不是一个常数，它随渗透溶液的性质、水力梯度、渗透时间等变化。水力梯度越大，渗透系数越大。

透水性与孔隙比和原始含水率的关系：渗透系数随孔隙比的减小而降低，二者之间呈对数函数关系。原始含水率越大，渗透系数越小；当原始含水率增加到某一数值时，渗透系数就不再降低。

土的各向异性对渗透系数的影响：黄土竖向渗透系数总大于水平方向渗透系数，二者之比在3～30之间变动。当浸水湿陷后，由于土体压密，竖向渗透系数显著降低，二者之差也将大大缩小。

起始水力梯度问题：黄土既属于黏性土，是否与一般黏性土一样，只有当水力梯度超过某一数值后，才开始在土中流动。试验表明，黄土中不存在起始水力梯度，当水力梯度大于0时，水就开始在土中渗透，这是由于土中存在角度大孔隙的缘故。因此，与砂土一样，水在黄土中的渗透符合达西定律。

以上对湿陷性黄土的物理指标、力学性质在理论上进行了分析，得出了黄土产生湿陷现象与各指标间的相互关系，结合课题的研究成果，又分别对研究区黄土孔隙比、天然含水率与湿陷性的关系做了详细分析。

3.3.4 黄土孔隙比与湿陷性关系分析

土的孔隙比是反映土的疏密程度的指标，是土中孔隙与固体体积之比。黄土的一大特点是富含孔隙，正因此特点，黄土具备了许多其他土类所没有的工程特性，如湿陷性等。孔隙比的大小和结构上的差别对黄土本身的强度、湿陷性都有很大影响。例如孔隙比大、大孔架空结构的黄土在外力和内力作用下容易破坏，容易产生湿陷；相反，孔隙比小、结构胶结程度好的黄土在相同力的作用下不易产生湿陷。

1. 粒间孔隙

粒间孔隙是黄土孔隙的主体，占黄土孔隙量的45% ~84%，是骨架颗粒组成格架之间的空间。一般认为是在黄土原始碎屑物质堆积过程中形成的，因此为原生孔隙。按骨架颗粒的排列组合方式，粒间孔隙可分为支架孔隙和镶嵌孔隙。

支架孔隙是骨架颗粒互相支架构成的孔隙，一般较大，孔径有时大于构成孔隙的颗粒直径，孔壁主要由构成土体的碎屑颗粒组成，一般没有或有少量次生黏土物质围绕孔壁，孔壁形状多样，很不规则。支架孔隙很不牢固，当水进入土体，削弱了颗粒间的连接强度时，在一定压力下失去稳定，孔隙周围的颗粒就陷入孔内，产生湿陷现象，支架孔隙越发育，湿陷越容易发生。

镶嵌孔隙是骨架颗粒互相穿插、紧密堆积所形成的。孔隙较小，比较稳定，一般不易产生湿陷。

2. 胶结物孔隙

黄土中的粒间孔隙一旦被黏性物质充填，就可能出现胶结物孔隙。它包括存在于土体中起骨架作用的集粒内的孔隙。由于黄土中的细粒充填材料是随骨架颗粒同时堆积的（原生的）和在黄土物质堆积后的风化成土作用中形成的（次生的），所以在成因上介于原生和次生之间。此类孔隙数量多，体积微小，很稳定，不产生湿陷变形。

3. 根孔

根孔是在黄土原始物质堆积之后风化成土作用过程中由植物生长形成的次生孔隙。由于植物根系的生长特点是沿着粒间缝隙或其他薄弱部位向下延伸增长，同时增大变粗，不断向四周扩张，结果使这类孔隙的孔壁密实整齐，我们所见的大孔隙主要是这类。

4. 虫孔

虫孔是食泥的蠕虫动物（如蚯蚓）或其他节肢动物（如蚁类）在土体中穴居留下的孔洞，孔径一般为0.5 ~5 mm，主要分布在表层黄土中，虽对湿陷性有影响，但影响深度有限。

5. 鼠穴

鼠穴呈圆筒状，直径一般大于5 cm，主要分布在晚更新世黄土顶部，粗大，不坚固，易被破坏。

6. 节理和裂隙

节理分布普遍，与工程建设关系密切。裂隙在黏性黄土中多见，在砂质黄土中少见。它们严重威胁路基及边坡的稳定性。

7. 溶蚀孔洞

溶蚀孔洞是含有氯化物、硫酸盐及碳酸盐等矿物溶解后残留的空腔,它对工程性质的影响是微不足道的。

随着黄土研究的深入发展,发现不同类型、不同大小的孔隙在黄土湿陷变形过程中起着不同的作用。研究结果指出,黄土浸水受压时结构遭到破坏而产生湿陷,在这个变化过程中,主要是孔隙和孔壁未被胶结的大孔隙遭受了破坏且普遍减少,而小、微孔隙则普遍增加。这表明,黄土骨架颗粒相互支架所构成的中孔隙,是黄土在压力下浸水时产生湿陷变形的必要条件,而大孔隙在湿陷后存在与否要取决于其孔壁的胶结程度,若胶结程度好,则有利于抵抗湿陷变形。而由骨架颗粒呈镶嵌排列所形成的粒间缝隙,由于比周围颗粒小得多,因此比较稳定,一般不会发生湿陷。

黄土中孔隙有如此之多的种类,但对湿陷性有显著影响的只是骨架颗粒间的孔隙,孔隙比这一指标是黄土中总孔隙的反映,由此看来,黄土的湿陷性评价以孔隙比来评价是不够精确的。因为湿陷性不仅与孔隙的总体积有关,也与其大小和形态有关。但基于目前的资料及技术手段的限制,定量评价孔隙的大小与形态有很大的困难。

以沿线试验数据绘制散点图(图 3-10)并利用数据挖掘方法中的相关性分析,可以得出沿线黄土湿陷性与孔隙比呈正相关关系,具体公式为

$$\delta_s = 0.084e - 0.051 \tag{3-4}$$

相关系数 $R = 0.834$。

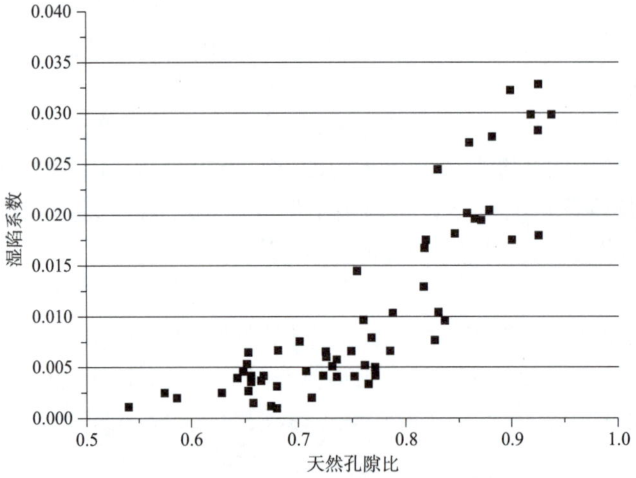

图 3-10 湿陷性系数与天然孔隙比关系图

试验结果表明,湿陷系数与孔隙比有相当好的正相关,即孔隙比越大,湿陷系数越大。西北黄土颗粒主要以支架架空结构为主;东南地区的黄土颗粒主要以凝块、镶嵌胶结式结构为主,黄土的湿陷性由西北向东南逐渐减弱,黄土的湿陷性与其结构有密切的联系。西北黄土颗粒以点接触为主,容易形成支架结构孔隙;东南黄土颗粒以面胶结结构为主,颗粒接触紧密,孔隙体积较小。黄土湿陷产生变形,体积减小,需要一定的空间条件,而支架结构孔隙具备了空间条件,凝块、镶嵌胶结式结构中的孔隙空间条件比较微弱,因而,支架结构孔隙为黄土湿陷提供了空间条件。

根据非饱和土粒间吸力理论,孔隙间存在着广义吸力,即结构吸力和湿吸力,而结构吸力和湿吸力随着土中含水状态的变化而变化,并且在饱和状态广义吸力几乎为0。在未受水入侵时,土中粒间孔隙可变结构吸力和湿吸力均很大,而大孔隙及架空孔隙中,由于缺少水分,既不存在结构吸力也没有湿吸力,土体具有较高的强度及较小的压缩性,黄土结构比较稳定。而当水浸入后,土体中的粒间孔隙首先趋于饱和状态,架空孔隙随之达到饱和状态,其中的可溶盐类大部分溶解于水中,广义吸力迅速降低,削弱了连接强度;但大孔隙在含水率增长的起始到中期阶段的广义吸力在增长,这就造成了广义吸力随含水率的变化在土体中的分布不均匀,从而在黄土浸水的过程中受上覆土压力或与外荷载共同作用下,土颗粒产生滑动并落入大孔隙之中,孔隙体积减小,达到一定程度时,整个土体的结构发生破坏,产生塌陷。随着孔隙体积的减小和含水率的增加,土体中的孔隙达到了饱和状态,大孔隙中的广义吸力在减小并逐渐接近于架空孔隙和粒间孔隙中的广义吸力,从而使得土体中的广义吸力达到平衡,土颗粒不再滑动,并逐步建立起比较稳定的结构,土体不再变形湿陷。因此,孔隙比作为孔隙特征指标用来评价黄土的湿陷性仍具有重要意义。

3.3.5 黄土天然含水率与湿陷性关系分析

国内外许多实践资料都证明,含水率对湿陷性黄土的工程性能影响显著,主要表现在如下几个方面:

(1)当含水率增加到一定程度时,黄土结构变化,产生湿陷变形,湿陷前后工程性能截然不同。

(2)湿陷性黄土被水浸湿饱和之后,在失去原来湿陷特性的同时,它的水理和力学性质均发生了变化,变成了另外一种土。

引起这些变化主要是由于固化黏聚力变化的原因,固化黏聚力决定于存在颗粒之间的胶结物质的胶结作用。土粒间通过黏土矿物、游离氧化物、碳酸盐和有机质等胶体而黏结在一起的,而这种胶结作用是在有水的情况下进行的,当土中的含水率非常低时,这种胶结作用就不能完全发挥作用,导致固化黏聚力降低;而当含水率不断增大时,胶结物质也不断在发挥作用,使黏聚力不断增加;当含水率继续增大时,这些胶结物质就会逐步溶解在水中,使其胶结作用又在逐渐消失,导致黏聚力不断降低。

(3)湿陷性黄土随着含水程度的不同,在压缩性和湿陷性相互转化上各有侧重。当含水率大的时候,压缩性大,湿陷性小;反之则湿陷性大,压缩性小。究其原因可以认为含水率的增加削弱了黄土的结构强度,从而反映为压缩性增大。

(4)低含水率的湿陷性黄土有较高的稳定性和承载力,然而一旦浸水,强度将急剧减小,往往发生工程事故。因为黄土浸水饱和后,如遇动荷载在动应力和水的共同作用下,孔隙水压力就可能上升,有效应力降低,抗剪强度减小,甚至还会发生液化。

但黄土湿陷并不是达到浸水饱和时才发生的,而是当浸水到一定程度便开始湿陷。因此土样的天然含水率对湿陷值有显著的影响。一般地,含水率越高,黄土湿陷性越低,当含水率达到25%时,基本没有湿陷性,它们之间呈反比例关系,这已被国内外许多资料证实。研究区自东向西天然含水率由于地下水埋深及降雨量影响呈减小趋势,这也就造成湿陷系数由东向西有增大的趋势,对本地区的试验数据进行分析也得到相同的结论。

对沿线试验数据绘制散点图(图 3-11),运用数据挖掘分析中的相关分析方法,可以得出铁路沿线黄土湿陷系数与含水率具有一定的负相关关系,具体公式为

$$\delta_s = -0.00172w + 0.0321 \tag{3-5}$$

其相关系数为 0.89。

证明含水率与湿陷系数之间具有良好的关联性,此关联性表现在随含水率的增加,湿陷系数逐渐降低,且当含水率较低(<塑限)时,含水率的变化对湿陷系数的影响较大,土体湿陷系数随含水率的增加而迅速减小,当含水率 >12% 时,含水率的增加对湿陷系数的影响作用变小。

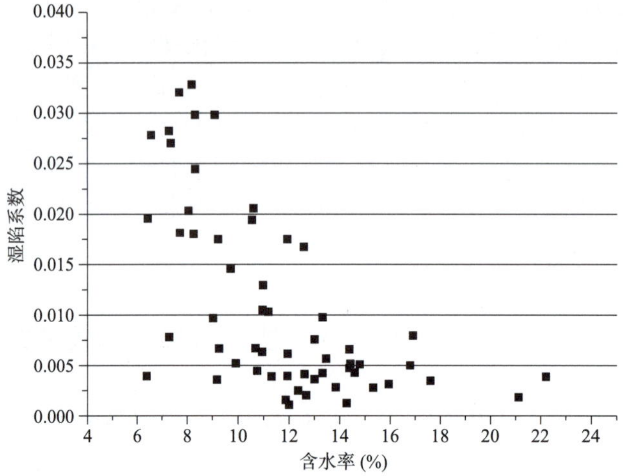

图 3-11　湿陷系数与天然含水率关系

3.3.6　黄土湿陷机理探讨

根据室内试验数据,通过异常值处理,对研究区黄土湿陷系数进行统计,得出沿线湿陷性系数变化趋势图(图 3-12),分析可以得出:

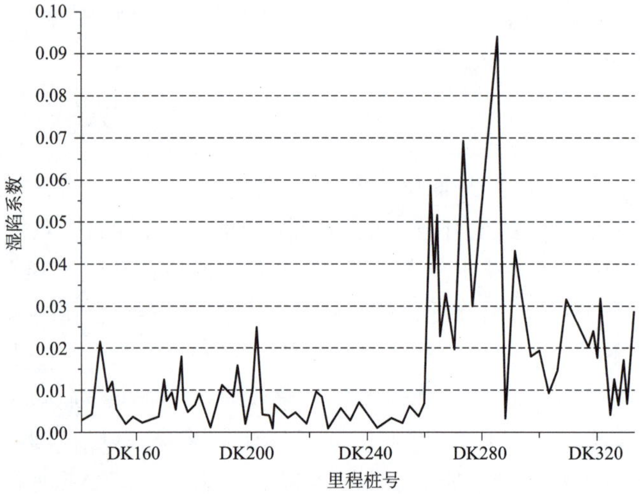

图 3-12　沿线湿陷系数变化趋势图

自西向东，由北向南，含水率、重度逐渐增加，孔隙比逐渐减小，液限、塑性指数稍有增大，湿陷系数减小，湿陷性降低。黄土湿陷性在黄土高原的区域范围内具有从西北向东南逐渐降低的特点。

太中银铁路沿线黄土的湿陷系数自东向西逐渐增高，与黄土物质成分（黏粒含量）、孔隙比、天然含水率等具有一定的相关关系。由于气候、地貌及岩性原因，山西段湿陷系数基本小于0.015，且除局部地段大部分路段湿陷系数小于0.01，属于非湿陷性黄土。越过黄河进入陕西境内，由于黏粒含量、孔隙比、含水率等，以及黄土高原自身沉积的原因，湿陷系数显著增大，在绥德、子洲段达到0.04以上，属于强湿陷区；越过子洲之后由于黄土土性渐变为砂黄土，物质组成发生改变，湿陷性再次减小但幅度不大，仍属于湿陷性黄土。因此该铁路沿线黄土湿陷性呈抛物线式，即两端黄土湿陷性较小，而中部（绥德、子洲段）黄土则为高湿陷性黄土。

黄土为什么具有湿陷性一直是国内岩土工作者所探求的重要课题。关于黄土湿陷原因与机理，有过各种各样的假说，如：毛管假说、可溶盐假说、胶体不足说、水膜楔入说、欠压密理论以及结构理论。这些假说有一个共同认识是水削弱了骨架颗粒间的连接力而导致湿陷，但因对骨架颗粒间胶结物成分及其作用认识不同，试验手段各异，得出不同的结论。它们都能说明问题的一个方面，但不能充分地解释黄土所有的湿陷现象和本质。根据现有资料的综合分析，结合上面对黄土湿陷性影响因素的试验研究及分析，对黄土的湿陷机理进行如下的探讨。

黄土湿陷的原因具有外因和内因之分，且外因是通过内因起作用的。因此，外因作用于内因的作用方式成为黄土湿陷的机理。

湿陷性黄土的物质组成以粒径 >0.005 mm 的粉粒含量为主，起着骨架颗粒的作用，由于黄土是在干旱半干旱的气候条件下堆积，骨架颗粒间的摩擦力阻碍颗粒紧密排列，而造成大量的架空孔隙；粒径 <0.005 mm 的物质在黄土中起着胶结作用，这些物质主要为黏土矿物，和氧化物及碳酸钙一起作用，使颗粒间产生一定的黏结强度；黄土具有一定的孔隙水，它们主要集聚在颗粒黏结处呈不连续分布。这是湿陷性黄土的主要结构特征。黄土结构体系的强度主要取决于黄土的黏结强度。黏结强度主要是上覆荷重所传递的有效法向应力，粒间的摩擦力与胶结物的黏结强度。

黄土的湿陷性随含水率的变化而变化，因为黄土的黏结强度都随着其含水率的变化而变化。黄土遇水后，有效法向应力因孔隙水压力增加而减小；由于水的润滑作用，粒间的摩擦系数降低，粒间摩擦力相应地降低；非抗水的黏粒胶结物由于水膜楔入而距离拉大，黏结强度变小。总之，水大大削弱了黄土的黏结强度，黄土的强度自然会降低。

通过试验并在扫描电镜下观察表明，在一般的工程荷载下，黄土发生湿陷时，宏观上的大孔，如根孔、虫孔等并不发生破坏，主要发生破坏的是构成黄土架空结构的粒间孔隙。所以粒间孔隙是黄土湿陷的主要空间条件。

综上所述，可以得出结论：黄土的湿陷性并不是受某个单一因素控制，而是多因素综合控制的结果。黄土的多孔性、架空结构，特别是其中的结构性孔隙的存在是土湿陷的空间条件；黄土在水与压力的共同作用下发生的化学、物理化学作用导致黏胶结的强度降低，是黄土产生湿陷的基本原因。黄土湿陷性机理如图3-13所示。

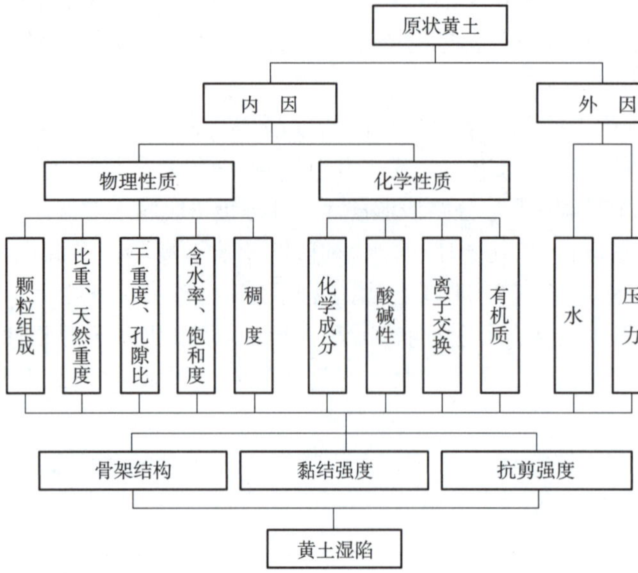

图 3-13　黄土湿陷性机理框图

3.4　黄土微结构研究

黄土微观结构是影响黄土工程性质十分重要的因素之一。由于黄土具有特殊的结构性，在地震时容易产生破裂、滑移和沉陷等灾害。黄土的结构可视为一个由单粒、集粒或凝块等组成的特殊骨架体系。骨架单元的形态（单粒矿物碎屑、集粒或凝块）确定了力的传递性能和土的变形性质，骨架单元的接触方式（点接触、面接触）确定了土的结构强度，骨架单元的排列方式（大孔隙、架空孔隙、粒间孔隙）确定了土的稳定性。单粒点接触、架空孔隙占优势的结构湿陷性大；集粒或凝块，面接触、粒间孔隙占优势的结构，湿陷性小。

3.4.1　黄土微结构室内试验

在微结构研究中，关键问题是如何保证在制作土样照片的过程中，使其结构持原状；采取何种图像处理技术和标准，精确提取土样的各种定量参数，从而指导实践。因此，在微结构研究中，应注意以下问题：

（1）土样：土样必须干燥、导电且体积较小，才能用电镜进行分析。

（2）制备拍照样品：制样时将试样小心地掰开，保持其新鲜面不被碰撞；用小刀削平或用砂纸磨光，而又保持其天然结构；最后将样品制成 1 cm 左右长条状，且厚度很小，通过导电胶粘到专用的金属基座上，待其干燥后置于特定的仪器中进行喷金，使其导电。根据经验，样品越薄，电镜分析的效果越好。因此，在制样品时应尽量降低样品的厚度。

（3）图像的拍摄：采用日本 JEM21200X 电子扫描电镜进行拍摄。由于土样很干燥，关键要注意镀金的厚度，太薄容易造成放电，影响图像质量。电镜所观察的面必须是土样掰开的自然断面，先从高放大倍数选取典型的黄土结构单元，从 X10000 到 X300 逐步进行。照片一般5~7片，以X300的土样图像进行量化分析。

（4）数字图像处理：通过光电扫描仪将图像输入计算机，利用微结构图像处理软件进行图像处理。针对土体显微图片特征，选定处理区域，选灰度较均匀的照片进行处理。由于该软件是为测量颗粒参数设计的，而试验所测量的是孔隙参数，须对孔隙和颗粒的灰度进行相互转换，亦即使处理系统将孔隙当作颗粒来处理。首先对图像实施分割；再对图像二次编辑，以获得较高的处理精度；最后选择自动测量，提取待研究土样的各种定量参数，如孔隙总个数、孔隙总面积、孔隙总周长、孔隙平均直径及一些相关的指标等。

3.4.2 黄土试验前后微结构分析

黄土结构主要需考虑颗粒类型、颗粒形态、颗粒大小、颗粒接触方式、胶结物类型、孔隙类型和大小等因素。

集粒：由许多矿物颗粒经碳酸盐、黏土等胶结而成的集结体。集粒大小不一，大的大于0.2 mm，小的不到0.007 mm，一般在0.02~0.09 mm左右，是黄土骨架的组成部分。

1. 原状马兰黄土

原状马兰黄土如图3-14所示。

图3-14 原状马兰黄土

（1）支架大孔微胶结结构

颗粒多呈板状、长柱状、次棱角状，部分为次圆状，多为单粒结构，有少数集粒出现，颗粒之间接触多为点—点接触、点—棱接触，少量点—面接触；颗粒棱角分明，相互之间摩擦力大，易相互支架形成支架架空结构，颗粒间的孔隙清晰可见，无或只有零星的胶结物，或粒间孔隙有单个的集粒。颗粒接触面积较小，且颗粒接触之间无或只有很少的胶结物，在连接点处承受的应力较大。

马兰黄土的这种结构极不稳定，遇到地震或受到其他作用，极易破坏，转向面—面接触结构。在一定动强度的作用下，其架空孔隙点接触的骨架被破坏，由于架空孔隙远大于组成骨架的单粒，破坏后的骨架颗粒落入孔中，形成新的排列组合形式，即落入孔中的颗粒使颗粒之间接触方式变为相对较稳定的面—面接触方式，从而形成了架空孔隙向粒间孔隙的转化过程。

经动三轴试验后的马兰黄土如图 3-15 所示。

图 3-15　经动三轴试验后的马兰黄土

(2)镶嵌微孔微胶结结构

在动荷载作用下，马兰黄土支架架空结构发生破坏，较小的土颗粒被挤进孔隙中，同时大孔结构进一步变为微孔结构，颗粒之间接触方式也由点—点接触、点—棱接触转为棱—面接触或面—面接触为主，宏观表现为土体变为致密。土体结构也由原来的支架架空微胶结构转为镶嵌微孔微胶结结构。

2. 原状离石黄土

原状离石黄土如图 3-16 所示。

(1)支架架空孔隙半胶结结构

颗粒多呈次棱角状，部分为长柱状、次圆状，多为集粒结构，可见有明显的颗粒接触关系

图 3-16 原状离石黄土

特征，颗粒以点—面接触为主，部分面—面接触，粗颗粒相互支架形成架空结构，形成架空孔隙，孔隙之中充填有集粒、胶结物等，胶结物清晰可见。离石黄土的这种结构使其无或仅部分有较小的湿陷性。

经动三轴试验后的离石黄土如图 3-17 所示。

图 3-17

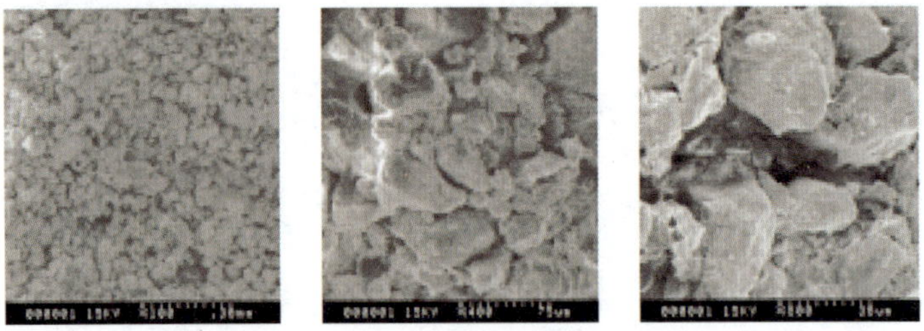

图 3-17　经动三轴试验后的离石黄土

(2)镶嵌微孔半胶结结构

颗粒形态已不是很清楚,在动荷载作用下,小颗粒落入大孔隙中,同时孔隙进一步变小,离石黄土的架空大孔结构转向镶嵌微孔结构,颗粒之间的孔隙充填有大量的小颗粒及胶结物。颗粒之间接触方式以面—面接触为主。

3. 原状古土壤

原状古土壤如图 3-18 所示。

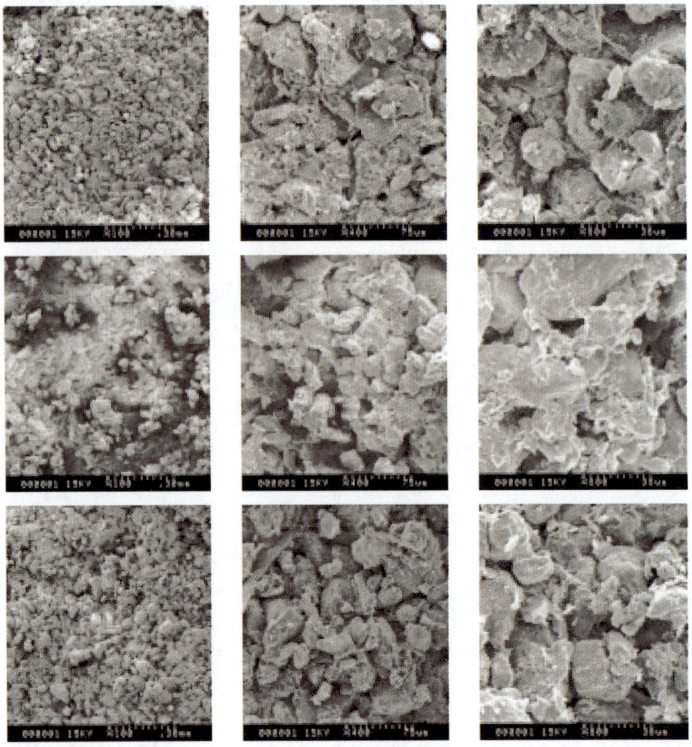

图 3-18　原状古土壤

(1)絮凝胶结结构

扫描图像以胶结物为主体,使颗粒轮廓不清,颗粒形态不是很清晰,可见部分颗粒呈次圆状、圆状,颗粒之间接触以面—面接触为主,矿物颗粒之间的孔隙基本已充填了胶结物,可见少量小孔隙存在于胶结物之间和胶结物与颗粒连接处，古土壤的这种结构，使其非常稳定，土质坚硬，不具湿陷性。土体的坚硬程度决定于胶结成分和胶结程度。古土壤的这种结构使其不具有湿陷性。

经动三轴试验后的古土壤如图 3-19 所示。

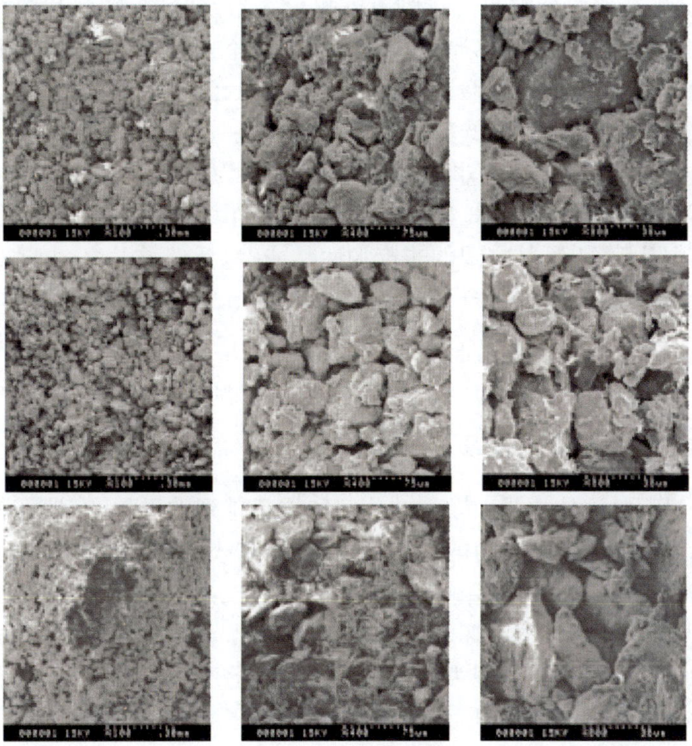

图 3-19　经动三轴试验后的古土壤

(2)凝块胶结结构

颗粒之间接触方式为面—面接触，已很难见到完整的颗粒，孔隙进一步变小，同时被细小颗粒及胶结物完全充填，土体也由絮凝状转向凝块状，尤其是在围压为 100 kPa 情况，颗粒甚至被严重挤压发生变形，絮凝状转向凝块状现象尤为明显，土体变得异常致密坚硬。

3.4.3　黄土微结构与湿陷性关系

对于黄土微结构与湿陷性的关系，高国瑞曾做过深入研究，他将黄土中的孔隙分为四种，即架空孔隙、粒间孔隙、粒内孔隙和大孔隙，而其中只有架空孔隙与黄土湿陷有直接关系。西北大学雷祥义也曾对黄土湿陷性与黄土结构进行了大量的研究工作，研究认为晚更新世黄土的微结构类型由支架大孔微胶结结构逐渐过渡为絮凝胶结结构和凝块胶结结构，相应的黄土湿陷系数及自重湿陷系数明显由大变小。在黄土湿陷过程中，土中孔隙变化也是有一定规律的：随着湿陷性的发展，大孔隙变化不明显，中孔隙数量锐减，小孔隙和微孔隙数量剧增，可见，试验中中孔隙(直径为 0.008 ~ 0.032 mm)为湿陷的主要贡献者，一般而言全部的细粉砂和多数粗粉砂都可以自由穿过这些中孔隙。由于中孔隙主要是架空孔隙，因此可以说架空孔隙是湿陷性的主要空间条件。

在过去的研究中，一些学者用微结构稳定来解释黄土湿陷，认为黄土湿陷的根本原因在于它具有独特的粒状架空结构体系，提出了“结构理论”概念模型，把黄土的湿陷视为微结构的失稳。进一步的研究发现：

(1)土中的孔隙按照骨架颗粒的排列方式可分为架空孔隙、镶嵌孔隙和粒内孔隙。其中架空孔隙是造成黄土湿陷的基本原因。土中不同孔径的孔隙对于黄土的湿陷性的影响是不同的。孔径大于 20 μm 的孔隙含量的增加，可以引起黄土湿陷性的增高；而孔径小于 20 μm 的孔隙含量的增加，则可降低黄土的湿陷性。

(2)黄土产生湿陷的原因虽然非常复杂，但可归纳为内部和外部两种因素。内因是黄土的自身结构，即组成黄土的颗粒骨架为单个的粉粒及由碎屑颗粒黏结成的集粒、骨架颗粒之间的大孔隙及中孔隙、土颗粒之间的非抗水性黏结(包括分子引力、由薄膜水和毛细管水产生的吸力、由可溶于水的盐类结合、黏类结合的胶结以及由水引起胶体化学变化的胶体胶结)。而土体中的吸力和非水稳定性胶结力的破坏，及由此而引起的水稳定性胶结力和摩阻力的超载，所导致的土体结构破坏，则是黄土湿陷性的外因。

3.4.4 黄土微结构与振陷性的联系

黄土的振陷过程是土体中骨架颗粒的分解和重新排列的过程，在地震荷载作用下产生的振陷特称震陷。碎屑颗粒在外力的作用下，其结构方式由支架接触向镶嵌接触过渡。由粒点接触的架空孔隙由于在每个接触点上所承受的力较大，在振动作用下这些接触点产生错位，使得土骨架产生崩溃性的破坏，同时一些颗粒在振动力的作用下变得粉碎，落入原先的大孔当中。因此这一过程也表现为大、中孔隙被破坏变形，小孔隙增多，孔隙比减小的过程。此外黄土由无胶结颗粒组成也有助于振陷发生。

随着振动力的进一步作用，颗粒之间的接触愈加紧密，最后就变为较稳定的以面接触形式为主的表现为粒间孔隙的结构形式。通过这一系列的变化，产生了残余应变，使土体变得更为密实，客观上表现为塌陷或地面的沉陷酥裂现象。振陷性黄土最重要的特征是具有架空孔隙结构，这是产生振陷的基本内因。

前人曾指出振陷和湿陷有着相似的形成条件，它们都受显微结构架空孔隙特性所控制。进一步研究认为：

(1)黄土的振陷性主要是由其独特的弱胶结大、中孔隙微结构所造成的。根据黄土骨架颗粒的形态、排列方式和连接形式等显微结构特征，可以对黄土微结构进行分类。试验结果表明，以粒状架空结构为主的黄土振陷性明显；而以粒状镶嵌、粒状胶结为主的黄土，振陷性较低。

(2)显微结构对振陷系数影响较明显，并与临界动应力关系密切。典型粒状架空孔隙结构的黄土临界动应力很低，仅 20 ~ 30 kPa，而对架空结构不明显的黄土，临界动应力大于 100 kPa 时略有变化的趋势。孔隙比与振陷性联系紧密，黄土的孔隙比越大及干重度越小，它的振陷性越高，反之越小。黄土的孔隙比直接反映结构性特征，控制着残余变形的大小，当孔隙比小于 0.85 时，黄土不发生振陷；当孔隙比大于 0.9 时，黄土在动应力作用下会产生不同大小的振陷量。对同一场地而言，一般是孔隙比越大振陷性越高。

振陷的微结构特征参数包括颗粒的粒度级配、架空孔隙面积以及粒度分布峰度三方面，具体针对此三方面的黄土微结构特征分析其与振陷性的相关性。

1. 颗粒的粒度级配

首先将微结构图像下的可观测颗粒粒径进行测量，调好图像分析标尺(调到 500 倍)，在图中所取图像视野范围内，随机测量出颗粒横向轴的粒径大小标于图中，取值时，集粒中由于颗粒较清楚，易崩散，取单独的粉粒或黏粒；凝块则取完整的粒径，中间不再取；单独的砂粒和粉粒必须取。在电镜放大倍数为 500 ~ 700 倍之间，一般可取到 20 ~ 50 个数据左右，观察到最多的是粉粒，尤其是 10 ~ 40 μm 之间的粉粒，此外还有黏粒和凝块、粒径较大的砂粒等。将这几种颗粒在一张电镜照片中尽可能多取，对量好的数据进行统计分析。以上方法的微结构粒度分布与黄土振陷性的分析，能较为直观地研究原状土的动力性能。与激光粒度仪的粒径分布不同的是，后者是在破坏了原状土、土样稀释，颗粒完全分散以后做出的粒径分布图。事实上，峰度值越高，表示黄土粒径分布越集中，不均匀性越高，级配差，颗粒之间孔隙的可充填性差，孔隙相对发育，所以其振陷性也较强。

2. 架空孔隙面积分析

需要指出的是所取土样地域不同，胶结程度和天然含水率也不同。

(1)经分析架空孔隙的面积与振陷系数具有较好的相关性，如表 3-7 所示，相关系数达到 0.9 以上，可以认为振陷发生的主要原因之一是因为架空孔隙的破坏所致。

(2)振陷与粒径分布统计得到的偏斜度有较好的相关性，相关系数为 0.87。偏斜度的统计意义是数据偏离正态分布的程度。偏态系数是对分布偏斜程度的测度，公式为离差三次方的平均数再除以标准差的三次方，是一种数据统计量。具体来说就是粒径分布不对称的指标。而偏斜度越大，粒径分布对称性越差，也即颗粒粒径的级配较差。这样，由于颗粒分布集中在粉粒范围之内，颗粒分布不均匀，这样使得它们形成的孔隙的填充能力较差，形成的孔隙相对多，相应地大孔隙增加，最终导致振陷系数相对增大。图 3-20 为振陷系数与粒径偏斜度的对比图。

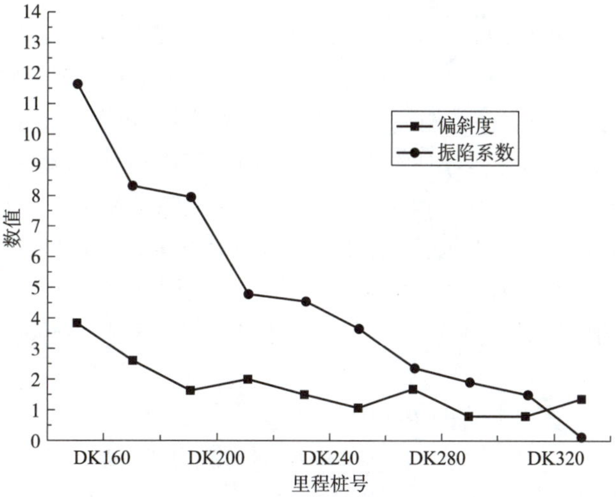

图 3-20 振陷系数和粒径偏斜度关系图

3. 粒径分布的峰度和振陷系数

粒径分布的峰度和振陷系数也具有相关性，相关系数达到0.78。峰度反映分布集中程度，若分布的形状比正态分布更高更瘦，则称为尖峰分布；若比正态分布更矮更胖，则称为平峰分布。黄土的粒径分布有的较圆滑，峰度较低；而多数较为尖锐，峰度值较高。

经分析，振陷系数与粒径峰度的相关系数较小（表3-7）。相关系数较大的是偏斜度和架空孔隙面积。由图3-20可以看出，单独由颗粒粒径的偏斜度来说明振陷系数效果不是很好，因此引入了动力性质的另一个影响因素——架空孔隙面积，得到综合的微结构参数，称之为"微观特征参数"。振陷系数值与对应的微观特征参数的相关系数增加到0.98。当架空孔隙较大时，孔隙面积在塑性变形中占有很大比重，但是受力后孔隙变小时，颗粒的分布参数由于挤压排列而对振陷系数有较大的贡献，所以两者结合的"微观特征参数"的相关系数较高。

表3-7　振陷与结构数据的相关系数表

相关关系	相关系数
振陷系数和架空孔隙面积	0.92
振陷系数与粒径偏斜度	0.87
振陷系数与粒径峰度	0.78
振陷系数和（架空孔隙面积+偏斜度）	0.98

3.4.5　黄土微结构与液化的关系

黄土液化是在人类的生活和生产实践中对土体突然丧失承载能力和强度，并发生流动现象的认识过程中产生的。王兰民曾根据液化试验的应力、应变及液化前后的孔隙微结构的电镜照片和液化前后孔隙水中离子浓度的变化，从黄土微结构角度分析了黄土液化的机理。

当黄土浸水处于饱和状态时（饱和度一般为80%～95%），中、大孔隙中充满了水，部分小孔隙和绝大多数微孔隙未充水，易溶盐部分溶解，中溶盐也有溶解。在一定强度的动荷载作用下，开始时黄土由于原有微结构未遭破坏，应变以弹性为主，其孔压为弹性孔压。随着振次的增加，易溶盐继续溶解，溶出的 Cl^- 离子又加速了中溶盐的大量溶解；而中溶盐则大多呈次生结晶分布在黄土孔隙中，它的溶解会使中、大孔隙结构强度降低而崩溃，粉粒物质散离并落向这些孔隙中。在此过程中，黄土中的孔隙体积减小，孔隙水来不及排出而导致孔压上升，作用于土骨架的有效应力急剧降低，土的强度大幅度丧失，应变急剧增大，特别是残余应变由于微结构的破坏而得到充分增长，使得黄土表现出低抗剪性和高流动性，从而导致大面积的下沉或流动。

黄土微结构是影响黄土液化的主要因素之一。

（1）黏粒含量是影响黄土液化重要因素。通过对不同黏粒含量进行的黄土液化试验，得到按 $K_c=1$，轴向动应变 $\varepsilon_d=5\%$ 的破坏震次时绘出的 $\sigma_d/(2\sigma_0)-\log N$ 的关系曲线（图3-21）。从图中可以看出，在均压不同的固结压力下，试验点可以用一条曲线拟合，具有良好的归一性；黄土的液化强度随黏粒含量的增加而增加，含黏粒的黄土抗液化性能随黏粒含量的增加而增加；在固结压力 $\sigma_3=80$ kPa，$\sigma_3=200$ kPa，黏粒含量 $P_c=9\%$ 的液化强度曲线总位于$P_c=10\%$ 的液化强度曲线的上方；即在相同的破坏标准时，黏粒含量 $P_c=9\%$ 黄土的抗液化强度比 $P_c=10\%$ 的黄土抗液化强度稍高；当 $\sigma_3=140$ kPa 时，$P_c=9\%$、$P_c=10\%$ 两条曲线很接近，说明液化强度相当接近。由此可见，黏粒含量对黄土的液化势影响很大。

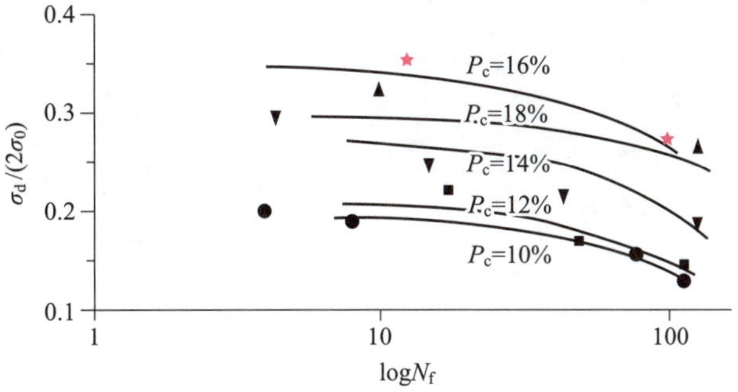

(a) 固结压力σ_3=140 kPa

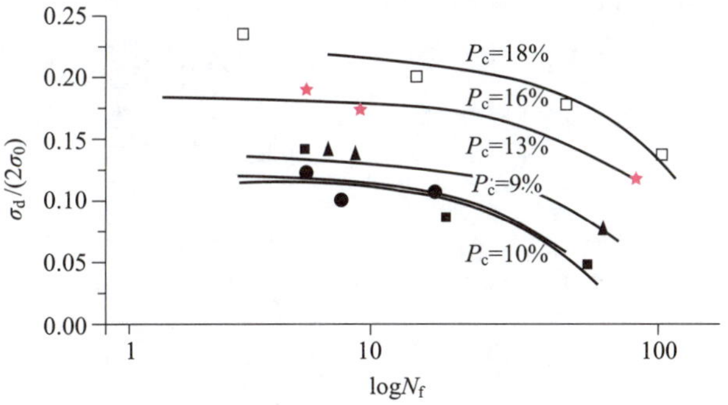

(b) 固结压力σ_3=80 kPa

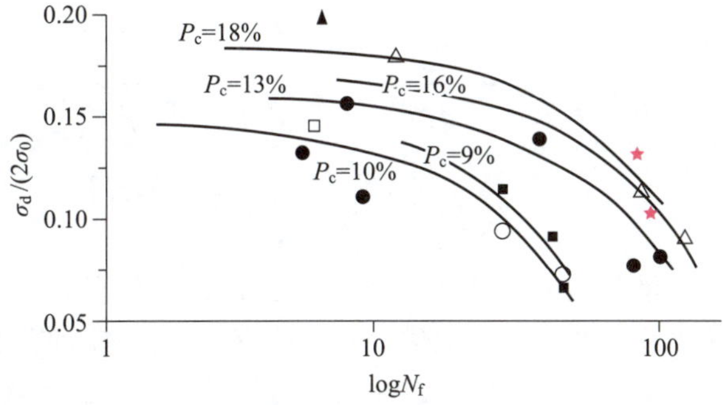

(c) 固结压力σ_3=200 kPa

图 3-21　不同固结压力时黏粒含量对抗液化强度的影响

(2)黄土孔隙微结构对黄土液化势有显著影响。通过对黄土液化前后的孔隙微结构与液化试验有关资料进行对比分析后发现：黄土液化前后大、中孔隙量减少，而微孔隙增加，其中中孔隙的减小和微孔隙的增加尤为明显。而且孔压比、液化应力比与中小孔隙的变化量有一定关系，如图 3-22 所示，图中表明液化应力比随着液化前后中孔隙的减小和微孔隙的增加而线性减小。而液化振次则与液化应力比相反，它随着中孔隙的减少和微孔隙的增加呈指数规律增长，如图 3-23 所示。图 3-23 还表明大、中孔隙的减少和微孔隙的增加是密切相关的。由于液化时，粉粒物质落入大、中孔隙，而造成了大、中孔隙的减少，微孔隙的增多。但由于黄土中中孔隙含量远大于大孔隙含量，所以，黄土液化与中孔隙有着更为密切的关系。

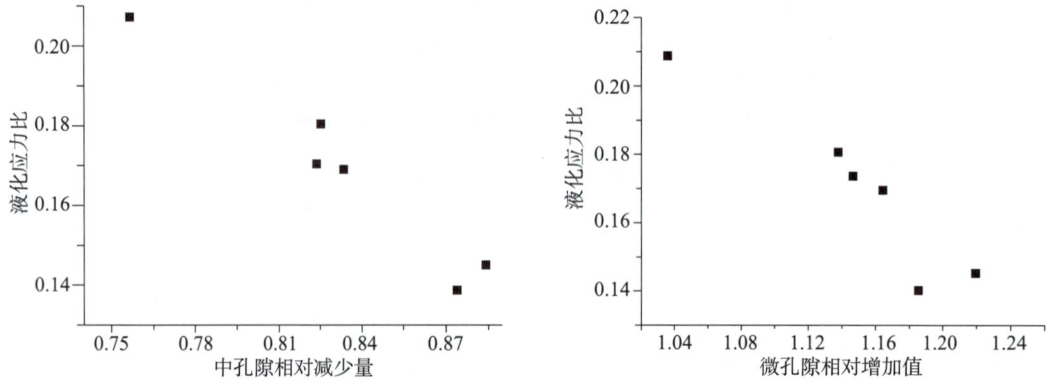

图 3-22　孔隙变化量对液化应力比的影响

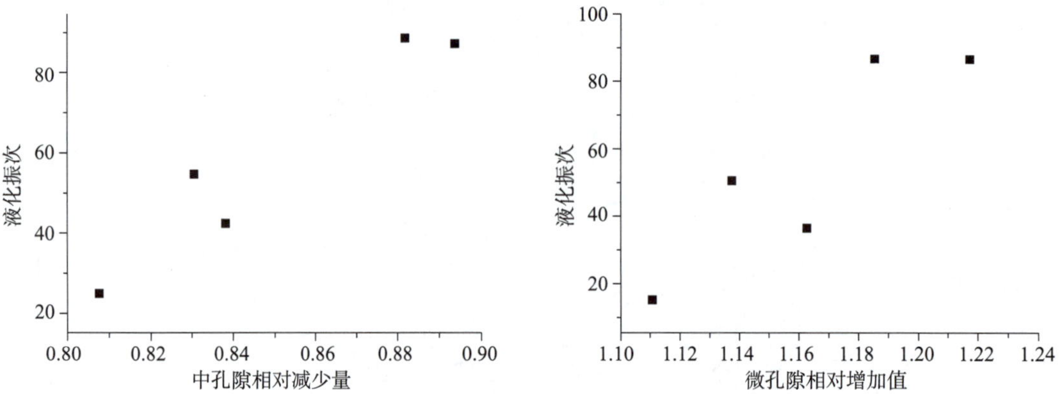

图 3-23　孔隙变化量对液化振次的影响

（3）粒度成分对黄土液化也有一定的影响。黄土的粒度组分以粉粒为主，同时含有一定的砂粒和黏粒，通过对各地区的黄土液化的对比研究，发现这 3 种粒度组分在液化中所起的作用是有差异的。砂粒的主要成分为石英、长石等压缩性较小的矿物，颗粒间基本是摩擦接触，其结构稳定性相对较好。砂粒之间形成的孔隙较大，这些孔隙部分被粉粒和黏粒填充，液化时孔压比可以很高，试验中，由于黄土的结构稳定性较好、气封闭孔隙较少，黄土液化时的孔压比较高。黏粒有黏聚力，会使黄土的抗液化能力有所提高。黄土的黏粒含量较高，在一定振次下，其液化应力比较高。粉粒，特别在干旱环境下的粉粒成分含有可溶盐类，而且颗粒排列松散，相互之间不像砂粒靠摩擦力也不像黏粒靠电性引力，而是容易形成架空结构。粉粒的这种疏松孔隙结构导致黄土的孔隙比一般都很高。在饱和试验中，黄土中相当一部分孔隙仍然是“气封闭”状态，没有进水，因而黄土的饱和度通常在80% ~90%之间。当孔隙水压力升高，可溶盐类的溶解度增加，同时架空结构受力破坏而崩溃，原来气封闭的孔隙进水，阻止了孔隙水压力的进一步上升。黄土液化的低孔压比和大应变特征正是黄土所含大量粉粒的反映。

可以把不同粒度组分在黄土液化中的作用简单归纳如下：①砂粒间的摩擦接触，减少了气封闭孔隙的数量，增加了土骨架的稳定性。黄土的砂粒含量越高，孔压比越高。②黏粒由于其黏聚力作用，增加了黄土的抗液化能力。黄土的黏粒含量越高，一定振次下其液化应力比越高。③粉粒容易形成不稳定的大孔隙结构（架空结构）和气封闭系统，这使得黄土的土骨架稳定性差，动荷载作用下容易发生变形，饱和试验中饱和度不能达到很高。黄土的粉粒含量越高，一定振次下其液化应力比越低，液化时其孔压比较低，参与应变较大。

（4）由于黄土独特的结构和弱胶结构特征，使得黄土的孔压增长模式与砂土的增长模式有所不同，主要区别于震动早期黄土孔压比。震动末期地震动和静剪应力的共同作用可造成黄土大规模的滑移。另外，强度变化主要受黄土微结构变化控制。颗粒的“聚合”和“分裂”是造成强度单峰型变化的根源，其直接的原因在于土粒尺寸和取向的非均匀化发展以及微观损伤的再度扩大。

3.5 黄土振陷试验研究

黄土由于其孔隙大、松散、遇水易变形的工程特性，在水和动荷载作用的条件下黄土的物理力学性质发生急剧的变化，往往产生湿陷、振陷和液化等现象，成为工程条件很差的土体。随着列车行车速度与牵引重量的增加，机车振动这一重要因素也势必对路基及周围的边坡产生影响。在铁路循环荷载的长期作用下，边坡会出现不同程度的疲劳损伤，局部土体会出现液化和变形，甚至会出现整体失稳。

大同—西安客运专线是我国在黄土地区修建的一条无砟轨道高速铁路（设计时速250 km），沉陷变形不能超过1.5 cm。因此黄土振陷是路基设计中必须考虑的重要问题之一。

以大西客运专线为对象开展黄土振陷研究，模拟原状黄土与路基边坡在长持时、小振幅条件下的振陷情况，以得到不同深度、不同振次、不同振动频率、不同动应力幅值下的黄土振陷曲线和应力应变等各种试验参数，并建立黄土边坡的动力分析模型，分析机车振动荷载作用下边坡的变形规律。

3.5.1 原状黄土振陷试验设计

试验在GDS高级动态三轴测试系统上进行，这一试验系统可将任意波形的轴向荷载通过加荷活塞的上下运动直接施加到试样上。仪器包括：制动单元，三轴压力室，围压控制器，反压控制器，高速数据采集和控制卡（IEEE卡）。三轴压力室结构内有轴向制动器，上接三轴压力室底座。该底座内包含所有通向压力室的水力接头和孔压、围压传感器，土样安装在三轴压力室内。围压控制器的腔体容积为 200 000 mm^3,顶部有管道连接三轴压力室,通过活塞运动实现加压,最大压力可达 3 MPa。围压控制器与三轴压力室和发动机之间形成循环系统,可以在试验过程中实现自动补偿,从而实现连续工作。反压控制器最大容积为 200 000 mm^3,最大压力可达 2 MPa,它与三轴压力室的上下排水阀门相连,既可以施加反压又可以作为试验装置的排水通道,可以通过固结过程中反压控制器体积的变化计算土样体积变化。

试验样品取自大西客运专线山西境内阳曲、太原、霍州、侯马四段的原状黄土。14 个取样点分别为 DK175 + 450、DK195 + 963、DK208 + 536、DK221 + 610、DK230 + 615、DK242 + 798、DK408 + 998、DK448 + 250、DK473 + 548、DK545 + 050、DK575 + 600、DK605 + 600、DK627 + 739、DK650 + 821;每个取样点在 5 个不同深度处取样,取样深度为 1 m、3 m、5 m、7 m、9 m 或 2 m、4 m、6 m、8 m、10 m,每个深度处取 6 个样品,每个取样点取原状样 30 个,14 个取样点共计 420 个样品。室内将土样切削成标准尺寸 $\phi 50 \times h100$ 的三轴试样;切削余土测定含水率和液限、塑限;利用环刀法测试样密度;环刀制取完成后用 4 个环刀进行直剪试验,测定试样 c、φ 值;并对三轴试样按以下试验方案进行三轴试验。

1. 初始压力加载

根据试样埋深、密度计算出原状土的竖向荷载,围压根据固结比 k_0($k_0 = 1 - \sin\varphi$)计算。试验过程中先加围压,在控制应变条件下施加竖向荷载,直至竖向荷载不再随应变增加为止。

2. 动荷载确定

根据日本东海道新干线动荷载计算公式以及铁科院的系数取值有如下公式:

$$P_d = P_s(1 + 0.3v/100)$$

式中 P_s——中活载,取值为 220 × 5 kN;

v——列车时速,大西客运专线线路设计行车速度为 250 km/h。

则

$$P_d = 220 \times 5 \times (1 + 0.3 \times 250/100) = 1\,925(\text{kN})$$

假定动荷载在基础板上均匀分布,路基板宽度为 3.2 m,荷载纵向作用深度为 7.5 m,乘以小于 1 的扩散系数(考虑荷载扩散的影响),故作用在路基面上的动应力为

$$0.98 \times 1\,925 \div (7.5 \times 3.2) = 78.6(\text{kPa}) \approx 80(\text{kPa})$$

以往研究结果表明地面动荷载随着深度增加呈衰减趋势,拟合方程为 $\lambda = 0.97e^{\frac{-H}{1.13}} + 0.013$。由此推算出试样在不同埋深处的动荷载,详见表 3-8。

表 3-8 不同埋深处动荷载的衰减系数及动应力

取样深度(m)	衰减系数	地面振动荷载(kPa)	试样动荷载(kPa)
-1	0.413 4	80	33.07
-2	0.178 2	80	14.26
-3	0.081 2	80	6.49
-4	0.041 1	80	3.28

续上表

取样深度(m)	衰减系数	地面振动荷载(kPa)	试样动荷载(kPa)
-5	0.024 6	80	1.97
-6	0.017 8	80	1.42
-7	0.014 9	80	1.19
-8	0.013 8	80	1.11
-9	0.013 3	80	1.07
-10	0.013 3	80	1.05

3. 动荷载加载

加压变形稳定后,不同深度处的样品按表 3-8 施加动荷载。动荷载形式为正弦波。

4. 加载频率

因为车辆荷载的频率不是固定值,为了研究机车频率对路基振陷的影响,进行了不同频率下(f=1,2,5,10)相同埋深下路基的动三轴振陷试验。

5. 破坏标准

试验标准采用《土工试验规程》(SL 237—1999),当弹性应变和塑性应变之和 $\varepsilon=5\%$ 时,认为试样破坏。但由于黄土结构疏松、具大孔隙性、力学强度低,在外界动荷载作用下,极易产生破坏,据多数学者研究结果认为:当弹性应变和塑性应变之和 $\varepsilon=2\%\sim3\%$ 时,试样产生震(振)陷。根据本次黄土振陷试验结果表明,大多数试样在振次为 8 000 ~ 10 000 次时,振陷曲线趋势基本上趋于稳定。

3.5.2 原状黄土振陷特性

在 14 个取样点上分别进行了不同埋深下原状黄土的三轴振陷试验。以 DK175 + 450 取样点为例,相同频率不同振次不同埋深处原状土的累积振陷量变化情况如图 3-24、图 3-25 所示。由图中曲线可以发现黄土振陷程度是随着埋深增加而减小。拟合曲线显示振陷量与振次呈二次函数关系。(注:图中和表中 DK175 + 450 表示里程,1-1、2-1、3-1……中前一个数字表示土样的埋深为 1 m、2 m、3 m、…、10 m,后一个数字表示震动频率,如 2-5 表示埋深为 2 m,频率为 5。在图中,不同形状的点代表试验数据;实线代表拟合曲线;函数表达式代表拟合曲线的拟合方程。)

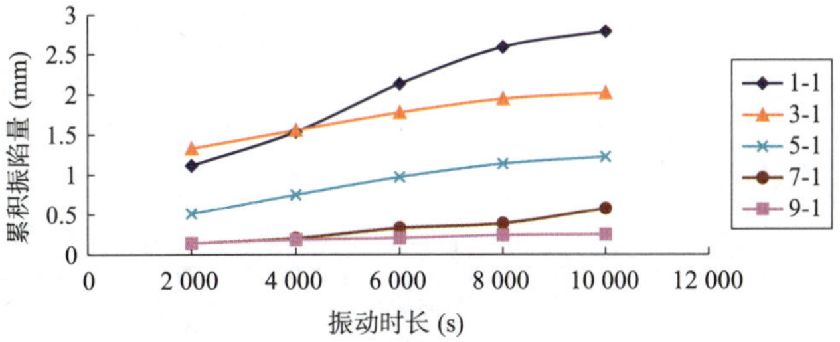

图 3-24 (DK175 + 450)频率为 1 时不同振次下不同埋深处原状土的累积振陷量

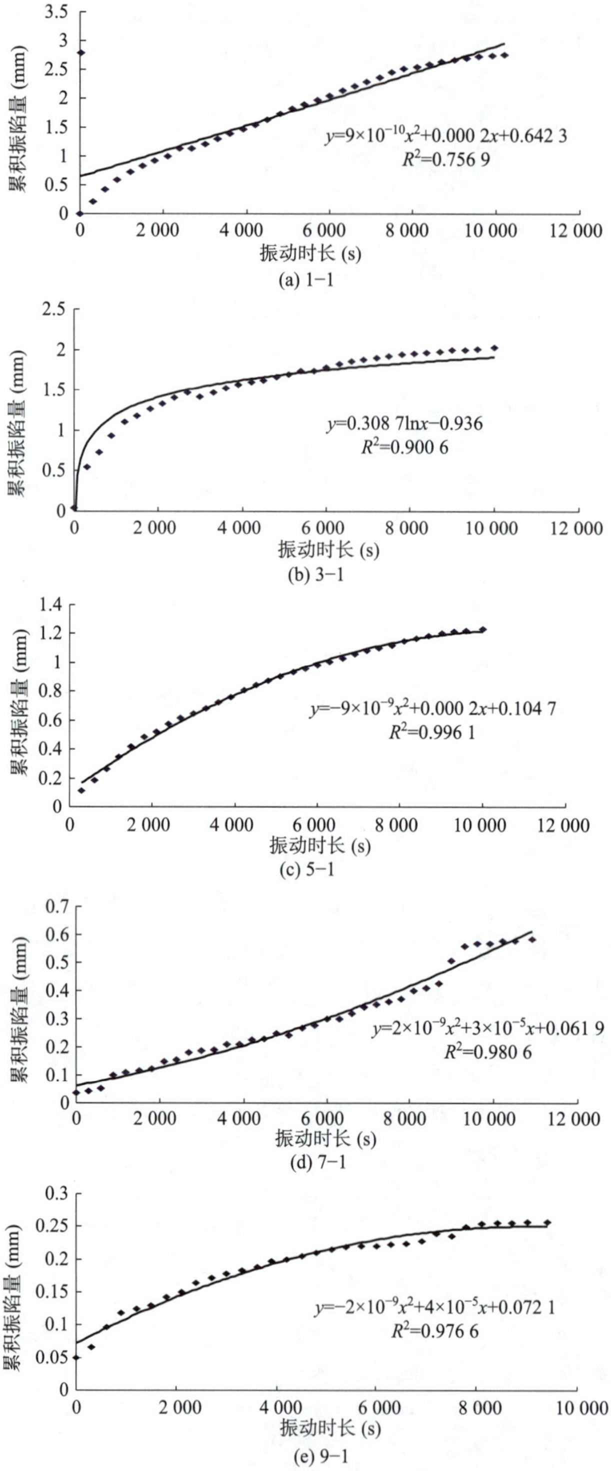

图 3-25 （DK175 +450）频率为 1 时不同振次不同埋深处原状土的累积振陷量与深度拟合曲线

由三轴试验结果(表 3-9)可以发现,黄土振陷程度是随着振动次数的增多而增大,随着振动频率的增大而增大,随着动应力的增大而增大。

表 3-9 相同埋深处不同振次下不同频率原状土的累积振陷量(DK175 +450)

振陷量(mm) 振次 / 埋深-频率	2 000	4 000	6 000	8 000	10 000	备 注
1-1	1. 124	1. 544	2. 138	2. 594	2. 791	振陷
1-2	1. 413	1. 659	2. 147	2. 613	2. 959	振陷
1-5	1. 748	2. 235	2. 603	2. 765	2. 814	振陷
1-10	2. 852	3. 968	4. 882	5. 146	5. 488	振陷
3-1	1. 335	1. 563	1. 784	1. 950	2. 023	振陷
3-2	1. 353	1. 574	1. 798	1. 989	2. 235	振陷
3-5	1. 545	1. 886	2. 032	2. 183	2. 231	振陷
3-10	2. 071	3. 197	3. 869	4. 538	5. 21	振陷
5-1	0. 523	0. 762	0. 982	1. 146	1. 232	
5-2	0. 535	0. 869	1. 075	1. 186	1. 298	
5-5	0. 768	0. 986	1. 146	1. 353	1. 466	
5-10	1. 441	1. 865	2. 137	2. 376	2. 498	
7-1	0. 149	0. 211	0. 336	0. 395	0. 584	
7-2	0. 218	0. 263	0. 367	0. 455	0. 596	
7-5	0. 434	0. 519	0. 588	0. 674	0. 706	
7-10	0. 725	0. 864	0. 93	1. 033	1. 145	
9-1	0. 149	0. 192	0. 213	0. 247	0. 256	
9-2	0. 189	0. 211	0. 256	0. 285	0. 296	
9-5	0. 202	0. 245	0. 271	0. 285	0. 291	
9-10	0. 396	0. 482	0. 533	0. 575	0. 606	

3. 5. 3 原状黄土振陷机理探讨

以上分析结果表明,路基黄土在长持时、小振幅的情况下会发生振陷,其影响因素讨论如下。

1. 黄土体的物理力学性质对振陷的影响

本次试验结果可以看出随着深度的增加路基黄土振陷量减小。而路基黄土深度与黄土自身的情况包括黄土的密度、孔隙比、含水率、地应力情况以及形成时代等方面密切相关。因此可以推论黄土体的物理力学性质对振陷有一定影响,其中,黄土的含水率和孔隙比对其振陷残余变形的影响较大。

据巫志辉等(1990)的研究,含水率与起始动应力呈反比的双曲线关系:含水率越大,发生振陷需要的起始动应力就越小,就越可能发生振陷现象。然而这种关系仅仅在一定的含水率和应力范围内适用。在对最终振陷残余变形量影响上,表现出在同等的起始压力下,高含水率的黄土振陷的残余应变较低含水率的土大。且起始压力越大,此种差别越明显(图 3-26、图 3-27)。

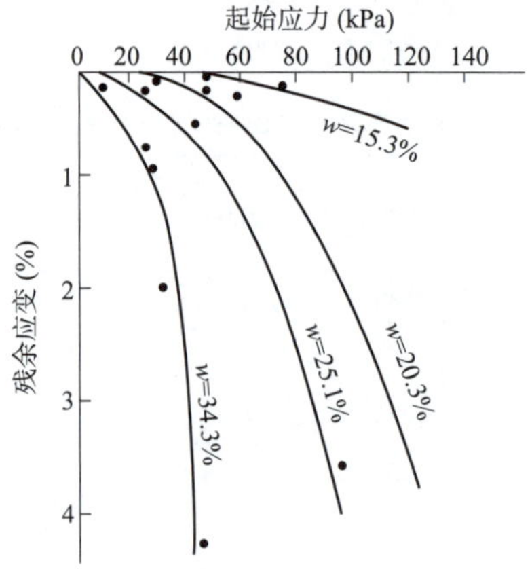

图 3-26　含水率对振陷残余应变的影响（巫志辉等，1990）

李启鹞等（1985）在研究孔隙比与黄土振陷残余应变的关系中发现：只有当孔隙比大于等于0.8左右时，黄土才可能产生振陷，这与产生湿陷的临界孔隙比为0.8几乎完全吻合，并且孔隙比对振陷发展的影响只有在动应力较大时（大于100 kPa）才比较明显（图3-28）。

黄土的形成时代和地应力状况对于振陷残余变形的影响同样不可忽视。事实上，振陷多发生于松散堆积的第四系全新世黄土和马兰黄土中，而不出现或很少出现于离石黄土和午城黄土中。

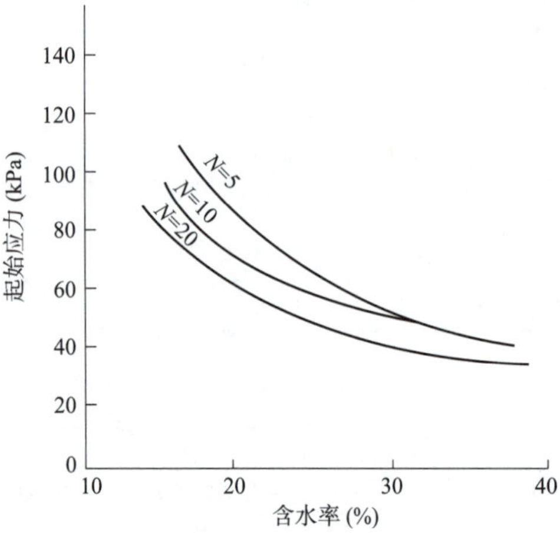

图 3-27　含水率对起始应力的影响（巫志辉等，1990）

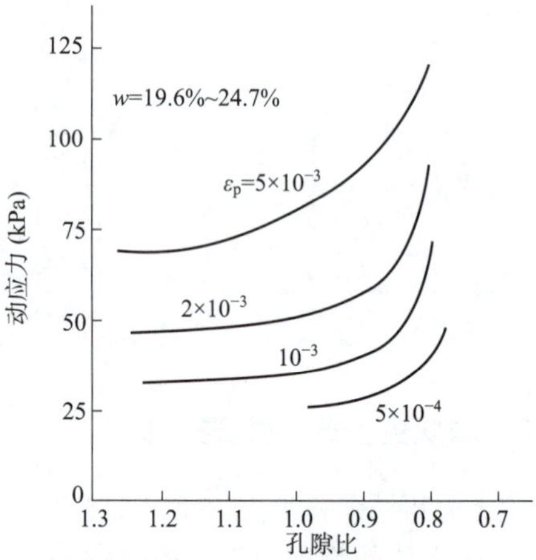

图 3-28　孔隙比对振陷残余应变的影响（李启鹞等，1985）

2. 黄土振陷与动荷载有关

从本次试验结果可以看出，振陷程度是随着振动次数的增多而增大；随着振动频率的增大而增大；随着动应力的增大而增大。动荷载起始应力的大小与振陷量的大小呈非线性关系变化。王兰民曾经对振陷曲线进行拟合，得到了相关系数达到0.96的非线性模型：

$$\varepsilon_{\mathrm{P10,196}} = C\left[\frac{\sigma_{\mathrm{d}} - \sigma_{\mathrm{d0}}}{98}\right]^{B} \tag{3-6}$$

式中 σ_d——动应力(kPa);

$\varepsilon_{P10,196}$——轴向固结应力 $\sigma_{1C}=196$ kPa 时,在任一 σ_d 下振动 10 次产生的残余应变比分比;

σ_{d0}——产生残余应变的起始动应力(kPa);

C,B——黄土物理力学指标相关的参数。

3.5.4 机车振动作用下黄土边坡稳定性研究

目前,人们对机车振动的研究主要集中在车辆与路基的相互作用问题上,已取得了不少具有理论及实际应用价值的成果。研究成果表明:列车荷载产生的竖向轮轨力主要出现在3个频率范围内,①低频范围(0.5~10 Hz);②中频范围(30~60 Hz);③高频范围(100~400 Hz)。高频范围主要影响车体的动力响应,中低频范围则对轮轨作用力影响较大;列车经过时,地基土处于以压应力为主的循环荷载作用下,由于土体的阻尼作用,影响地基土变形的主要是低频部分。虽然也有学者注意到铁路对边坡的扰动问题,并通过数值方法分析了列车振动荷载作用下边坡的动力反应,但这类研究成果很少,且其研究对象也非黄土。

与地震荷载、波浪荷载等循环荷载不同,客运专线铁路荷载有低振幅、作用时间稍短的特点,而重载铁路则有振幅相对较高、作用时间较长的特点。因此,研究列车在高速、重载作用下黄土边坡的变形问题,是一个既有理论意义,又有实用价值的问题。鉴于这种情况,本研究利用有限差分软件 FLAC 3D 建立黄土边坡的动力分析模型,分析机车振动荷载作用下边坡的变形规律。

1. 机车振动作用下边坡的初步动力分析

(1)初步分析模型

利用 FLAC 3D 建立初步分析模型(图 3-29),路基采用单线断面、双块式轨道结构,轨道混凝土基础板宽 3.2 m、厚 0.6 m,路堤顶面宽 7.7 m。路堤表层为 40 cm 厚级配碎石,其下为填料。为了便于分析,分别在上下边坡上各取两个点(图中 A、B、C、D 点),分别记录各点的速度、加速度、位移等随时间的变化。

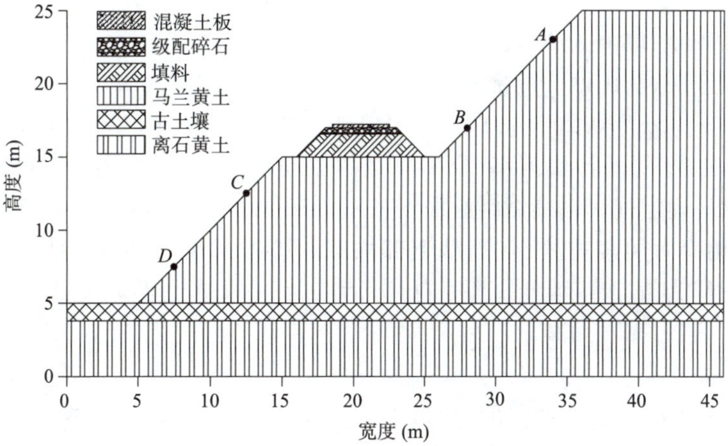

图 3-29 数值计算模型

模型中铁路道床按弹性体考虑，路基采用弹塑性本构关系（Mohr-Coulomb）。根据《铁路工程抗震设计规范》（GB 50111—2006）以及相关文献确定材料参数，如表 3-10 所示。

表 3-10　路基材料参数表

材　　料	密度(g/cm^3)	泊松比	体积模量(MPa)	剪切模量(MPa)	黏聚力(kPa)	内摩擦角(°)
级配碎石	2. 30	0. 25	260	120		
路基	1. 81	0. 30	118	54	—	40

黄土采用 Mohr-Coulomb 材料，根据室内试验及现场测试，黄土泊松比取 0. 35，黏聚力取 24 kPa，内摩擦角取 23°。

进行动力分析前，首先进行静力计算，待静力求解完成后，将各节点速度、位移归 0，然后设置动力边界、阻尼、施加动应力后，即可进行动力分析。

由于列车荷载是自上而下传播，动荷载的竖向衰减很快，而横向传递是从轨道板两侧以 45°角向下扩散，故其横向和纵向的影响范围是有限的，因此边界可以采用自由场边界。模型采用瑞利阻尼，阻尼系数为 0. 03。

①大西客运专线

根据日本东海道新干线的动荷载计算公式以及铁科院的系数取值有如下公式：

$$P_d = P_s(1 + 0.3v/100) \tag{3-7}$$

式中　P_s——活载；

v——列车时速。

大西客运专线活载取 1 100 kN，车速取 250 km/h，计算得 P_d = 1 925 kN。

假定动荷载在基础板上均匀分布，路基板宽度为 3. 2 m，荷载纵向作用长度为 7. 5 m，考虑荷载扩散的影响，乘以小于 1 的扩散系数，故作用在路基面上的动应力为 $0.98 \times 1925 \div (7.5 \times 3.2) = 78.6(\text{kPa}) \approx 80(\text{kPa})$。

②山西中南部铁路通道

根据铁科院关于有砟轨道动应力计算的公式：

$$\sigma_d = 0.26 \times P \times (1 + 0.004v) \tag{3-8}$$

式中　P——净轴重，取值为 30 t，即 300 kN；

v——列车时速，山西中南部铁路通道设计行车速度为 120 km/h。

则

$$\sigma_d = 0.26 \times 300 \times (1 + 0.004 \times 120) = 115.4\ (\text{kPa})$$

Picoux 等研究了舒适特快列车（CORAIL）的振动特征，本研究参考 Picoux 监测到的列车振动时程曲线，确定列车动荷载时程曲线如图 3-30 所示。

动荷载采用应力加载方式，在路基上部加载。模拟列车振动时最大动应力为 80 kPa（以大西客运专线为例），每列列车通过的时间为 7 s，采取连续循环加载方式，不考虑行车间隔的影响。

（2）结果分析

图 3-31 给出了第 1 列车通过时，边坡上 A、B、C、D 点速度随时间变化曲线。从 A 点可以看出，在振动初期速度出现负向极值，这说明土体变形主要集中在前几次振动中，水平向的速度明显小于垂直向。B、C、D 点的速度变化趋势与 A 点基本一致，但也有差异，B 点的

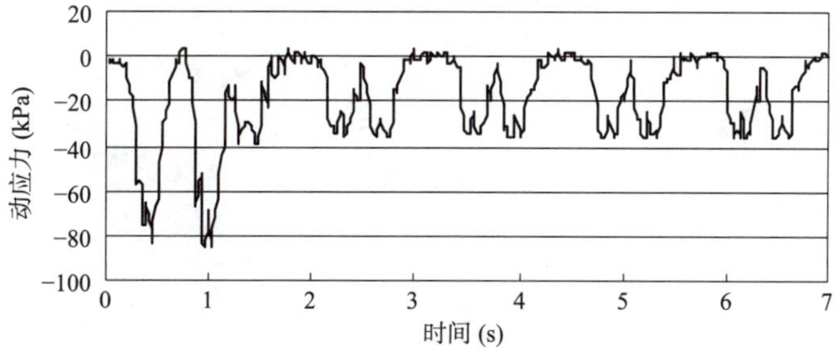

图 3-30 列车振动时程曲线

水平速度与垂直速度大小基本一致，C 点水平方向的速度大于垂直方向的速度，而 D 点水平方向的速度则小于垂直方向的速度。A、B、C、D 点水平方向的负向的速度要大于正向速度，尤其是 D 点，负向的速度是正向速度 4 ~5 倍，说明 D 点将出现水平向负向的变形。C、D 的速度明显大于 A、B 点的速度，说明下边坡受到的动应力要远大于上边坡受到的动应力。B 点速度大于 A 点速度，说明对于上边坡而言，距离路基越近受到列车振动的影响越大。

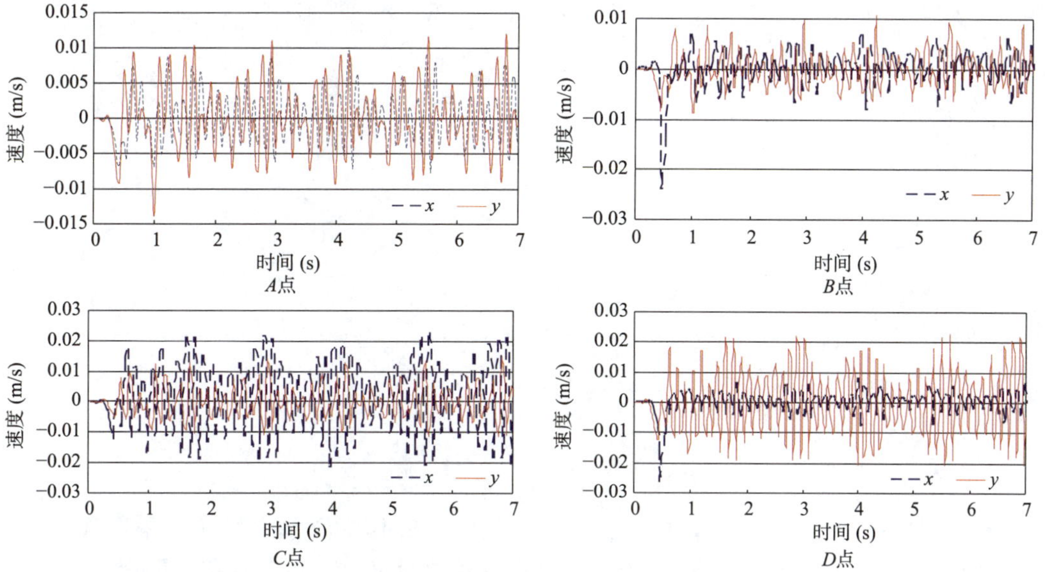

图 3-31 各监测点速度时程曲线

图 3-32 分别给出了 1 列(7 s)、10 列(70 s)、100 列(700 s)列车通过后边坡的水平向(x 方向)和竖向(y 方向)位移等值线图。水平方向上，位移主要集中在下边坡；垂直方向上，在路基下方，随着深度的增加位移逐渐减少，而在下边坡的下部，由于挤压出现反翘。70 s 末、700 s 末边坡位移等值线图可以看出，行车时间增加，变形量增大。由于动荷载的作用，下边坡的变形量要远远大于上边坡的变形量，说明下边坡受到的列车扰动要大于上边坡受到的扰动。同理，可得出吕临支线与山西中南部铁路通道黄土边坡随行车时间的增加，变形量增大。且重载铁路的动应力比客运专线大，因而在重载铁路动荷载作用下，下边坡受到的列车扰动要大于上边坡受到的扰动，程度上要比客运专线稍大。

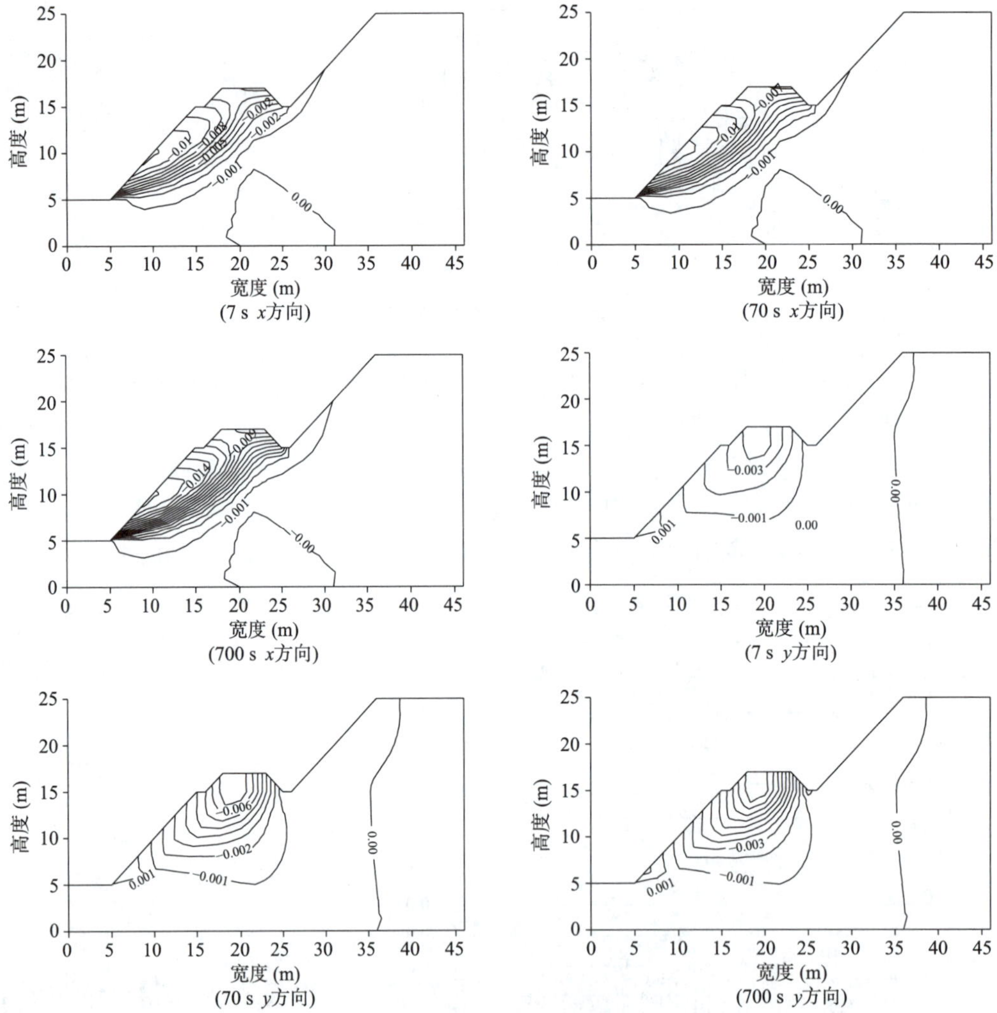

图 3-32　位移等值线图

利用强度折减法对上述边坡的稳定性进行分析。在不考虑动荷载,黄土采用静强度参数的情况下,下边坡的稳定系数为 1.52;将动荷载等效为 80 kPa 的静荷载,黄土采用静强度参数,下边坡的稳定系数为 1.22。可见,在不受机车荷载作用时,边坡还是稳定的,但由于机车荷载产生的附加应力作用,以及循环动荷载造成的黄土的动强度下降,引起下边坡的稳定性降低。

2. 机车振动作用下黄土边坡变形研究实例

(1)分析模型建立

以大西客运专线 DK221 + 570 处及山西中南部铁路通道 DK39 + 381 处边坡为研究对象,进行机车振动作用下的稳定性分析。根据边坡的实际情况,利用 FLAC 3D 分别建立分析模型(图 3-33、图 3-34);动力模型与静力分析模型相同,为进一步研究路堑边坡的应力应变状态,对放坡部位进行了单元细化。分别在边坡不同部位设立监测点(监测点位置图中已标明)，分别记录各点的速度、加速度、位移等随时间的变化，以便于分析边坡的振动规律。

模型材料采用 Mohr-Coulomb 材料，根据室内试验及现场测试结果，计算土层力学参数见表 3-11。

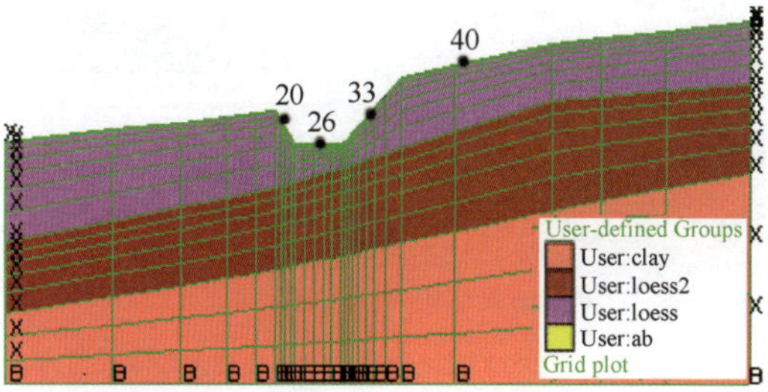

图 3-33 大西客运专线 DK221 +570 计算模型

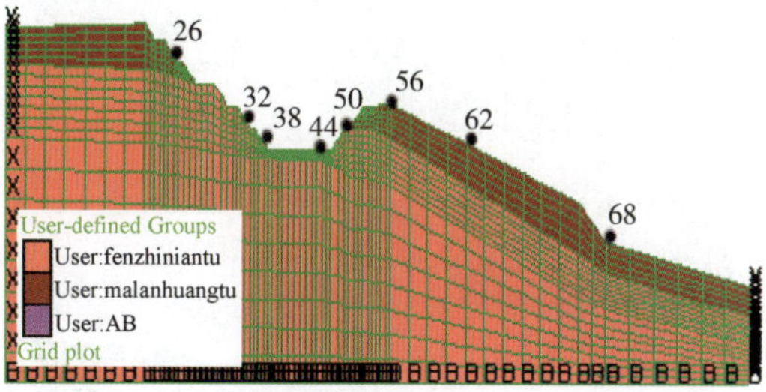

图 3-34 山西中南部铁路通道 DK39 +381 计算模型

表 3-11 机车振动作用下高边坡计算土层参数表

线　路	断面里程	土　层	泊松比	黏聚力(kPa)	内摩擦角(°)
大西客运专线	DK221 +570	AB 组土	0.28	200	32
		马兰黄土	0.35	25.3	23
		粉质黏土	0.35	34.2	30
山西中南部铁路通道	DK39 +381	AB 组土	0.28	200	32
		马兰黄土	0.35	30.1	23
		粉质黏土	0.35	53	24

进行动力分析前先进行静力计算，待静力求解完成后，将各节点速度、位移归 0，然后设置动力边界、阻尼、施加动应力后，即可进行动力分析。

为了减少反射波的影响，模型的边界条件设置如下：顶部边界为自由表面；底部边界为吸收边界，施加水平和竖直方向位移约束；左右两侧边界为吸收边界，施加水平方向位移约束。模型采用局部阻尼，阻尼系数为 0.16(因模型较大，采用瑞利阻尼时步极小，局部阻尼可增加时步)。

参考 Picoux 监测到的列车振动时程曲线，确定列车动荷载时程曲线。动荷载采用应力加载方式，在路基上部加载。模拟列车振动时最大动力为 60 kN，每列列车通过的时间为 7 s，采取连续循环加载方式，不考虑行车间隔的影响。

考虑到列车具有持时振动的特点，采用增加振动时步的办法，分别计算一列车(7 s)，二列车(14 s)，五列车(35 s)，十列车(70 s)通过边坡的变形特征，通过分析列车通行时，边坡各监测点的位移、速度、加速度变化情况，以及通行后边坡的应力状态及边坡的变形状态；以得到列车持时振动作用下边坡的变形规律。以一列车(7 s)及十列车(70 s)计算结果图为例，其他未附图。

(2)结果分析

1)大西客运专线 DK221 +570

①列车通过后边坡应力状态分析

由图 3-35 可以看出，坡体内水平、竖直方向应力均随深度的增大而增加，水平应力表现出向坡脚处集中的特性，竖直应力表现为愈靠近临空面，愈接近平行于临空面的特性。随着机车的持续振动，坡体内部的应力状态没有明显变化。说明竖向振动荷载对边坡没有产生较大的附加应力。

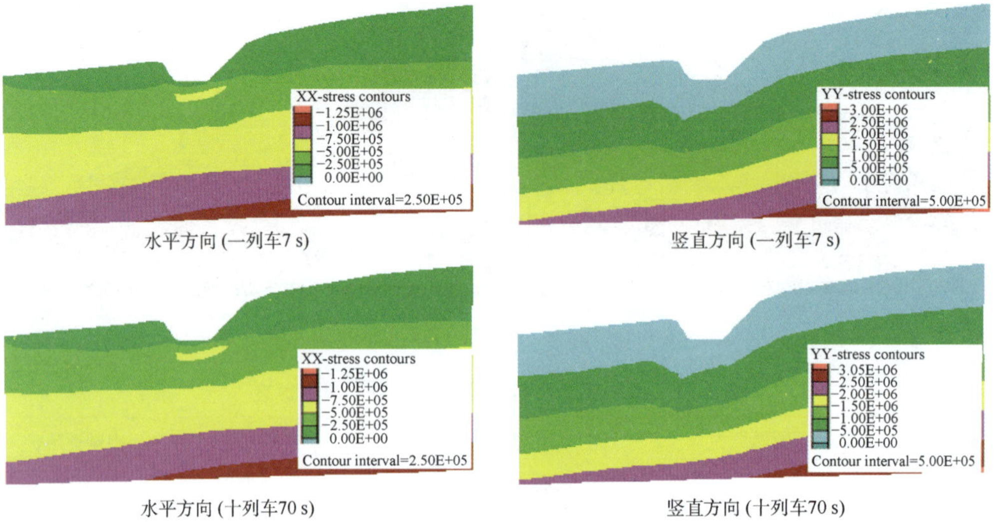

图 3-35　水平、竖直方向应力等值线图

②列车通过后边坡位移状态分析

由图 3-36 可以看出，水平向位移主要集中在边坡两侧，由于左侧边坡较右侧陡，最大位移位于路基左侧边坡坡肩处，离振源越远，变形量越小；竖直向位移主要集中在路基下方，随深度增加变形量逐渐减小，而两侧边坡受竖直向的影响较低。随着列车的持续振动，水平与竖直方向最大变形量均逐渐增大，其影响区域也有所扩大。由于列车荷载自上而下传播，竖直位移衰减较快，而横向传播是从轨道两侧以 45°传播，横向与侧向的影响范围有限。

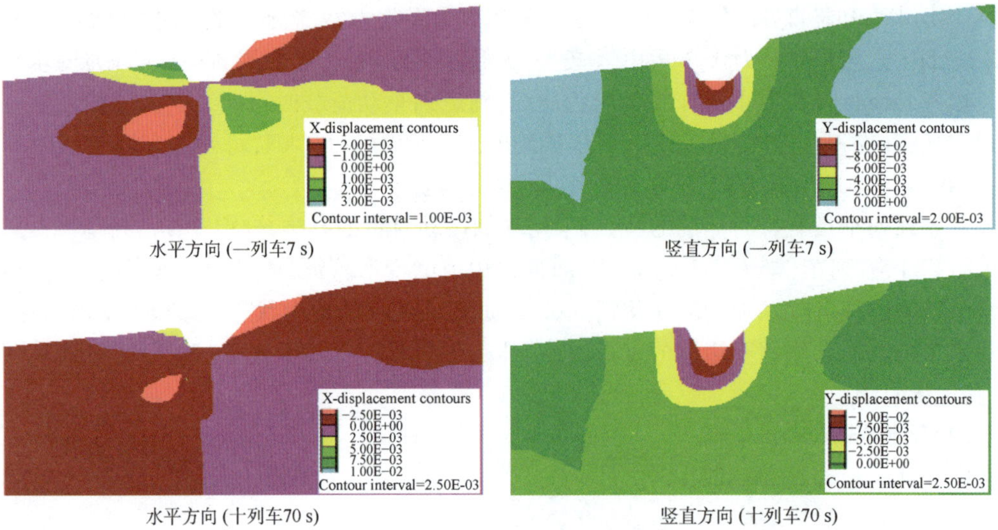

图 3-36　水平、竖直方向位移图

③列车通行过程中坡面各监测点加速度、速度、位移

由图3-37～图3-39时程曲线可以看出,不同测点的响应随高程及振动时间的变化而变化,呈一定的周期性。首先,从加速度随时间的变化看,水平向最大加速度位于左侧坡肩处,最小加速度位于路基处;竖直向最大加速度位于路基处,最小加速度位于离振源较远的点;在路基两侧随着高程的增加二者均逐渐减小,整体来看,振动对左侧边坡的影响大于右侧。在前7 s内(第一列车通过时),随着时间的增加,水平与竖直方向加速度均呈现先减少,其后基本保持不变的趋势,在0～2 s之间,水平向最大加速度由0.21 m/s^2降低至0.16 m/s^2左右,竖直向最大加速度由2.2 m/s^2降低至1.2 m/s^2左右;2～7 s之间均基本保持不变,随着列车通行次数的增加,加速度时程曲线呈周期性反复,变化不大;与水平向相比,竖直向加速度幅值较大,变化规律也较明显。坡面各点速度时程的变化规律与加速度时程的变化规律基本相同。由此,可以看出,每列车的振动对边坡各点加速度及速度的影响,主要集中在前2 s之内,2～7 s基本保持不变;列车通行次数的增加,对各点的加速度及速度的影响很小,其基本呈周期性反复。

从位移随时间的变化看,结合水平、竖直方向位移云图(图3-36),水平向最大位移位于左侧边坡坡肩处,最小位移位于路基处;竖直向最大位移位于路基处,在路基两侧随着高程的增加二者均逐渐减小,但竖向位移的衰减较横向快;整体来看,振动对左侧边坡的响应大于右侧。在前7 s内(第一列车通过时),随着时间的增加,水平与竖直方向位移均呈现先增大,其后基本保持不变的趋势,在0～2 s内,水平向最大位移由0.0 cm增加至0.27 cm左右,竖直向最大位移由0.0 cm增加至1.21 cm左右;2～7 s之间均基本保持不变。随着列车通行次数的增加,各测点的位移产生了累进性的增加,例如水平向最大位移,在第二列车通过后,产生的变形约0.12 cm,之后每列车通行所产生变形的幅值不断降低,曲线逐渐趋于平缓。竖直向位移也产生了累进性变形,但其变化的幅度低于水平向。由此可以看出,在机车振动作用下,振动对边坡各点位移的影响,主要集中在前2 s左右,2～7 s基本保持不变;随着列车通行次数的增加,各点水平及竖直向均产生了累进性的变形,这点与加速度的变化规律有所不同。

利用强度折减法对上述边坡的稳定性进行分析。在不考虑动荷载,黄土采用静强度参数的情况下,边坡的稳定系数为1.22;将动荷载等效为80 kPa的静荷载,黄土采用静强度参数,边坡的稳定系数为1.19。可见,在不受机车荷载作用时,边坡还是稳定的,但由于机车荷载产生的附加应力作用,以及循环动荷载造成的黄土的动强度下降,引起下边坡的稳定性降低。

2)山西中南部铁路通道DK39+381

①列车通过后边坡应力状态分析

由图3-40可以看出,坡体内水平、竖直方向应力均随深度的增大而增加,水平应力表现出向坡脚处集中的特性,竖直应力表现为愈靠近临空面,愈接近平行于临空面的特性;随着机车的持续振动,坡体内部的应力状态没有明显变化。说明竖向振动荷载对边坡没有产生较大的附加应力。

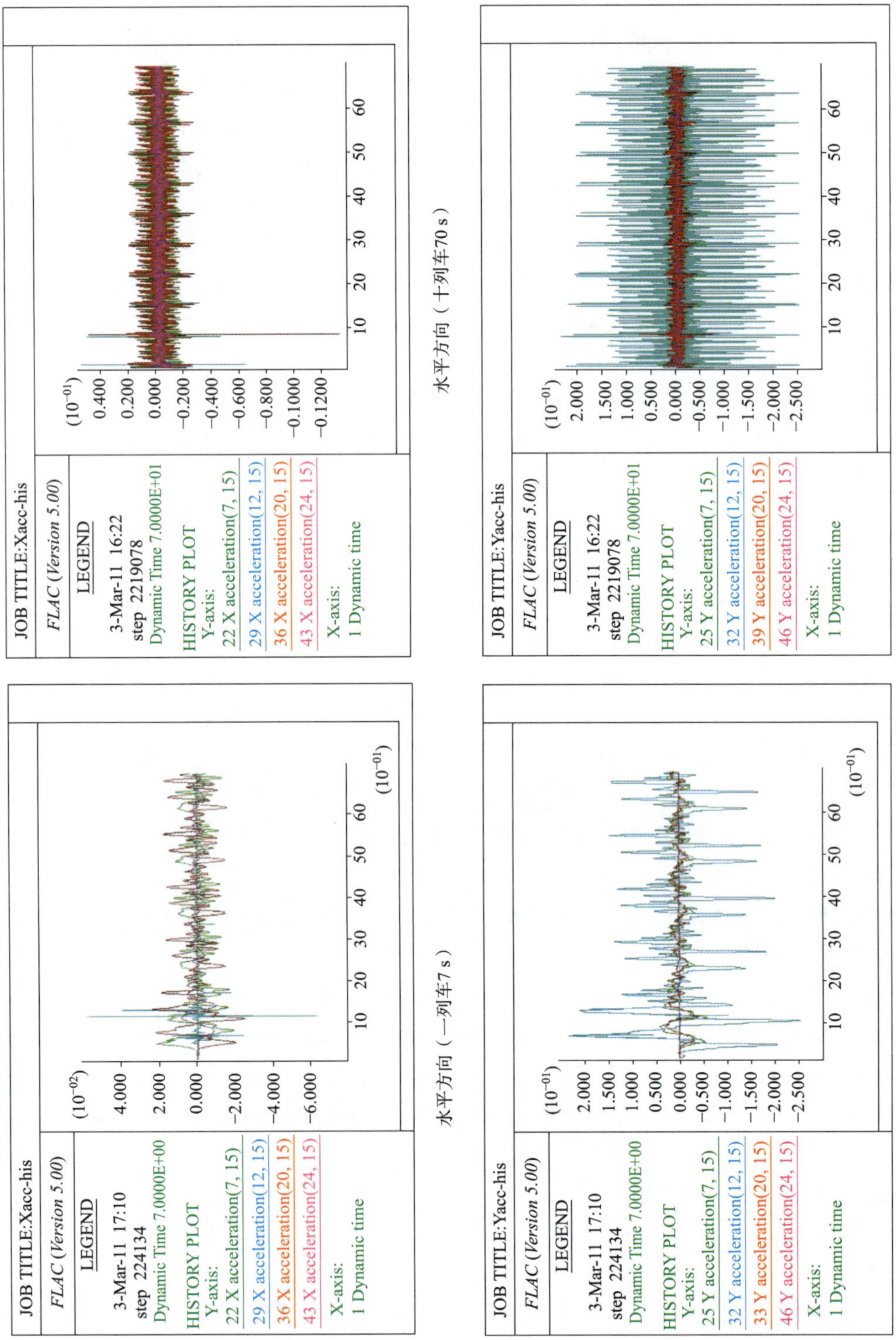

水平方向（一列车7 s）　　水平方向（十列车70 s）

竖直方向（一列车7 s）　　竖直方向（十列车70 s）

图3-37　坡面监测点加速度时程曲线

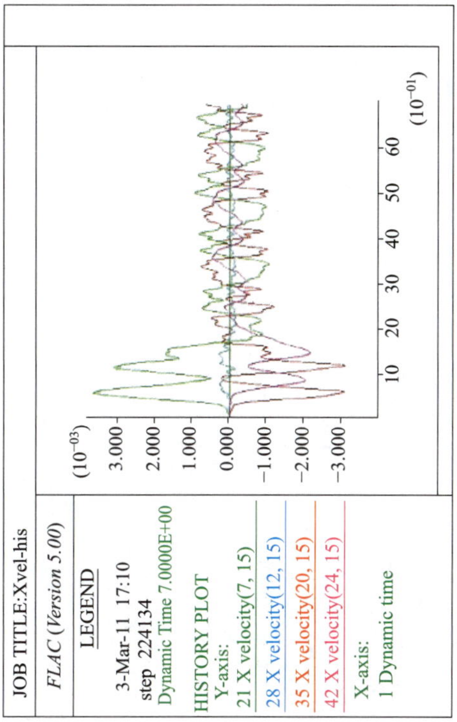

水平方向（一列车7 s）

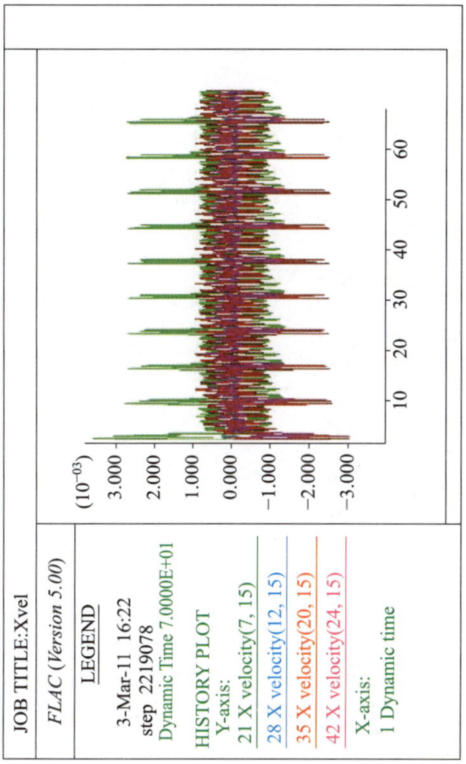

水平方向（十列车70 s）

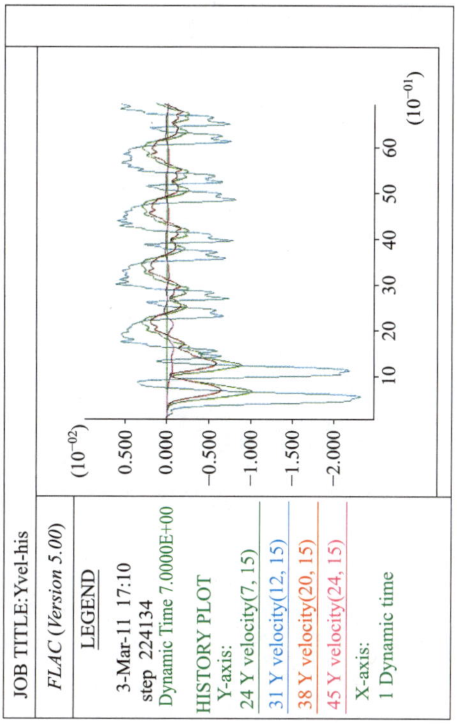

竖直方向（一列车7 s）

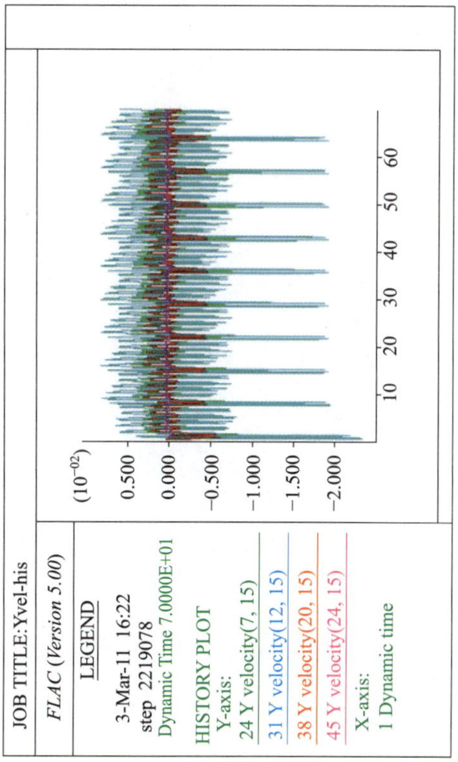

竖直方向（十列车70 s）

图 3-38 坡面监测点速度时程曲线

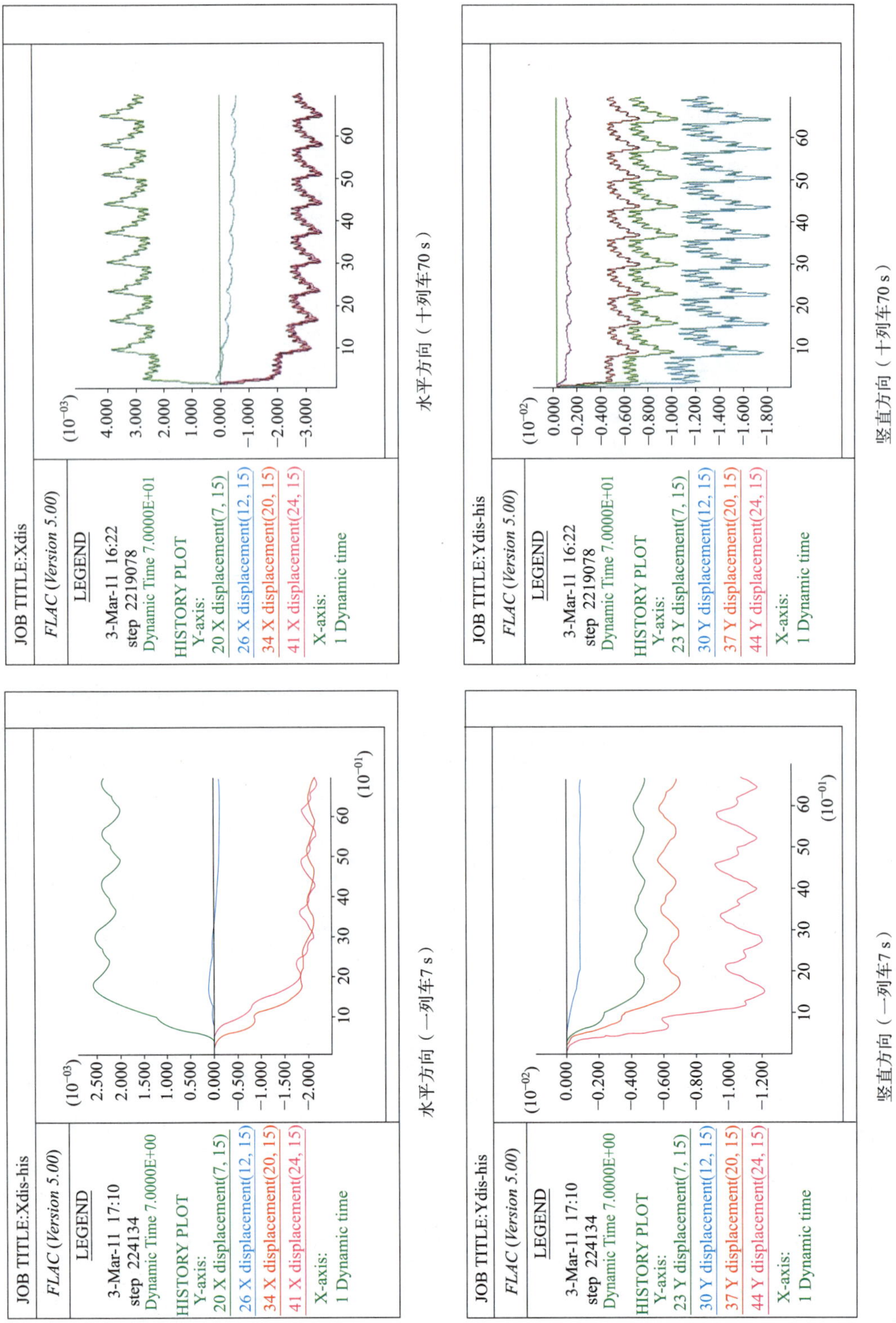

图 3-39　坡面各点位移时程曲线

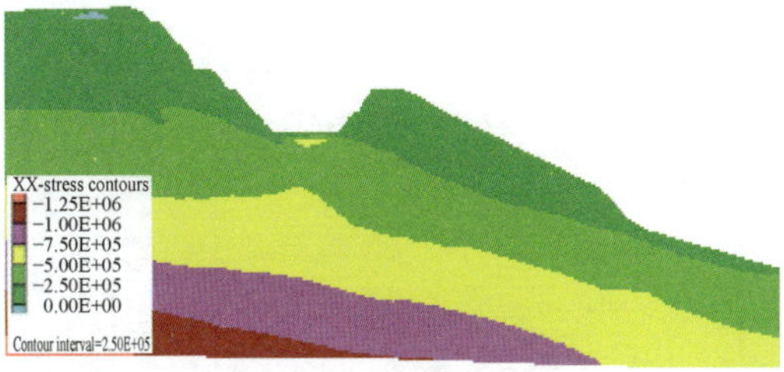

水平方向 (一列车7 s)

竖直方向 (一列车7 s)

水平方向 (十列车70 s)

竖直方向 (十列车70 s)

图 3-40 水平、竖直方向应力等值线图

②列车通行过程中坡面各监测点加速度、速度、位移

由图 3-41 ~ 图 3-43 可以看出,不同测点的响应随各点高程及振动时间的变化而变化,呈现一定的规律性及周期性。首先,从加速度随时间的变化看,水平向最大加速度位于左路堑坡脚处,最小加速度位于路基处;竖直向最大加速度位于路基处,最小加速度位于离振源较远的点;在路基两侧随着高程的变化逐渐减小,但竖向位移的衰减较横向快;整体来看,振动对左侧边坡的影响远远大于右侧。在前 7 s 内(第一列车通过时),随着时间的增加,水平与竖直方向加速度均呈现先减少,其后基本保持不变的趋势,在 0 ~2 s 之间,水平向最大加速度由 0.3 m/s^2降低至 0.1 m/s^2左右,竖直向最大加速度由 0.65 m/s^2降低至 0.4 m/s^2左右;2 ~7 s 之间均基本保持不变,随着列车通行次数的增加,加速度时程曲线呈周期性反复,变化不大。路基左侧的边坡,随着测点高程增加,加速度逐步减小;路基右侧的边坡,随着测点高程变化,加速度亦减小,但幅值较低,这主要是由于后者离振源较远的缘故;与水平向相比,竖直向加速度幅值较大,变化规律也较明显。坡面各点速度时程的变化规律与加速度时程的变化规律基本相同。由此,可以看出,每列列车的振动对边坡各点加速度及速度的影响,主要集中在前 2 s 之内,2 ~7 s 基本保持不变;列车通行次数的增加,对各点的加速度及速度的影响很小,其基本呈周期性反复。

从位移随时间的变化看,水平向最大位移位于左路堑坡脚处,最小位移位于路基处;竖直向最大位移位于路基处,在路基两侧随着高程的变化逐渐减小,整体来看,左侧边坡对振动的响应尤其明显,其变化值大于右侧。在前 7 s 内(第一列车通过时),随着时间的增加,水平与竖直方向位移均呈现先增大,其后基本保持不变的趋势,在 0 ~2 s 内,水平向最大位移由 0.0 cm 增加至 1.1 cm 左右,竖直向最大位移由 0.0 cm 增加至 0.9 cm 左右;2 ~7 s 之间基本保持不变。随着列车通行次数的增加,各测点的位移产生了累进性的增加,例如水平向最大位移,在第二列车通过后,产生的变形约 0.3 cm,在第三列车通过后,产生的变形约

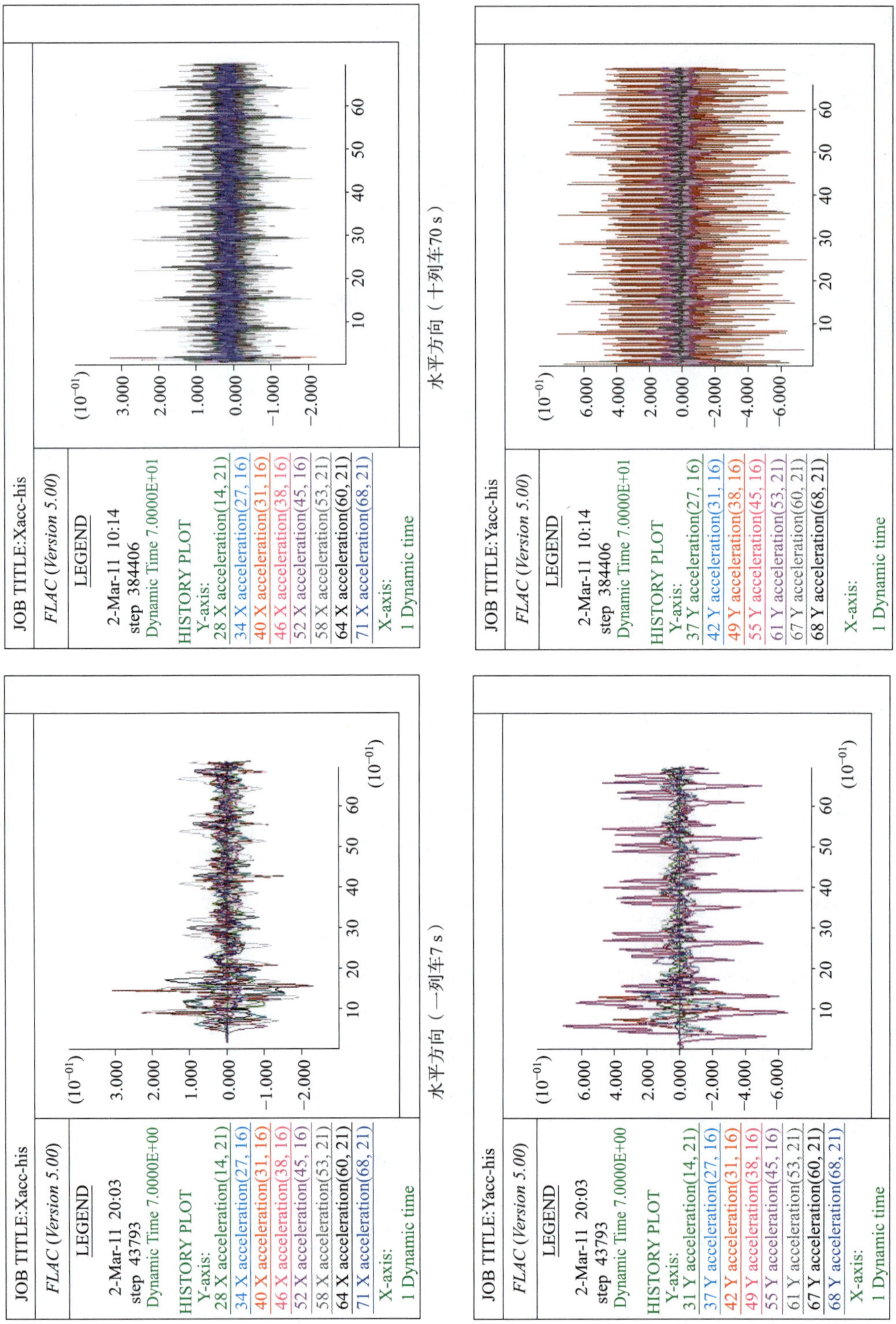

图 3-41　监测点加速度时程曲线

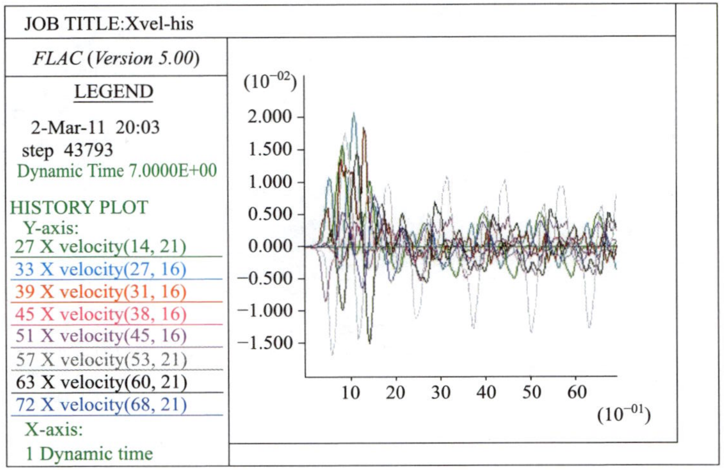

水平方向（一列车7 s）

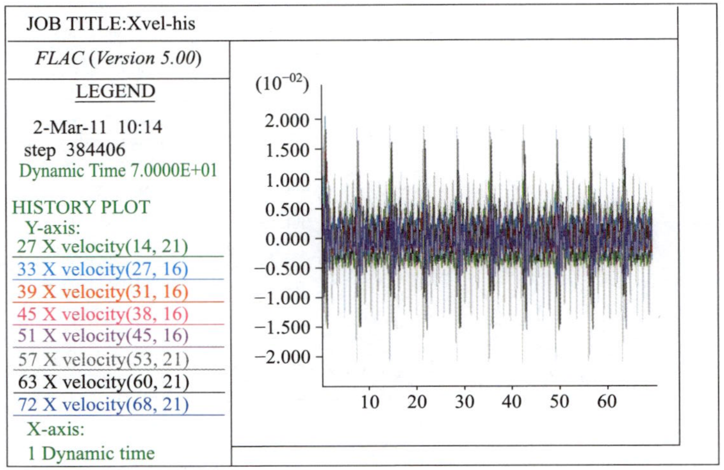

水平方向（十列车70 s）

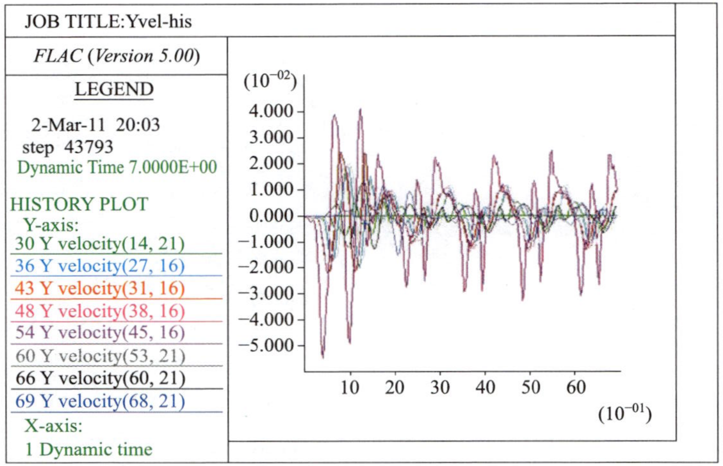

竖直方向（一列车7 s）

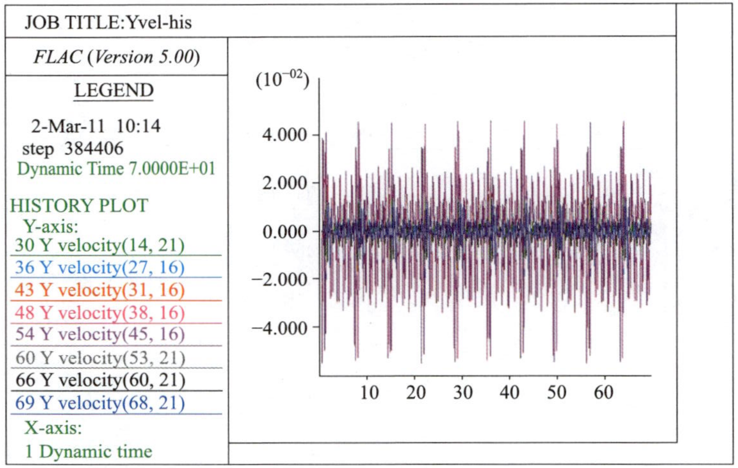

竖直方向（十列车70 s）

图3-42 监测点速度时程曲线

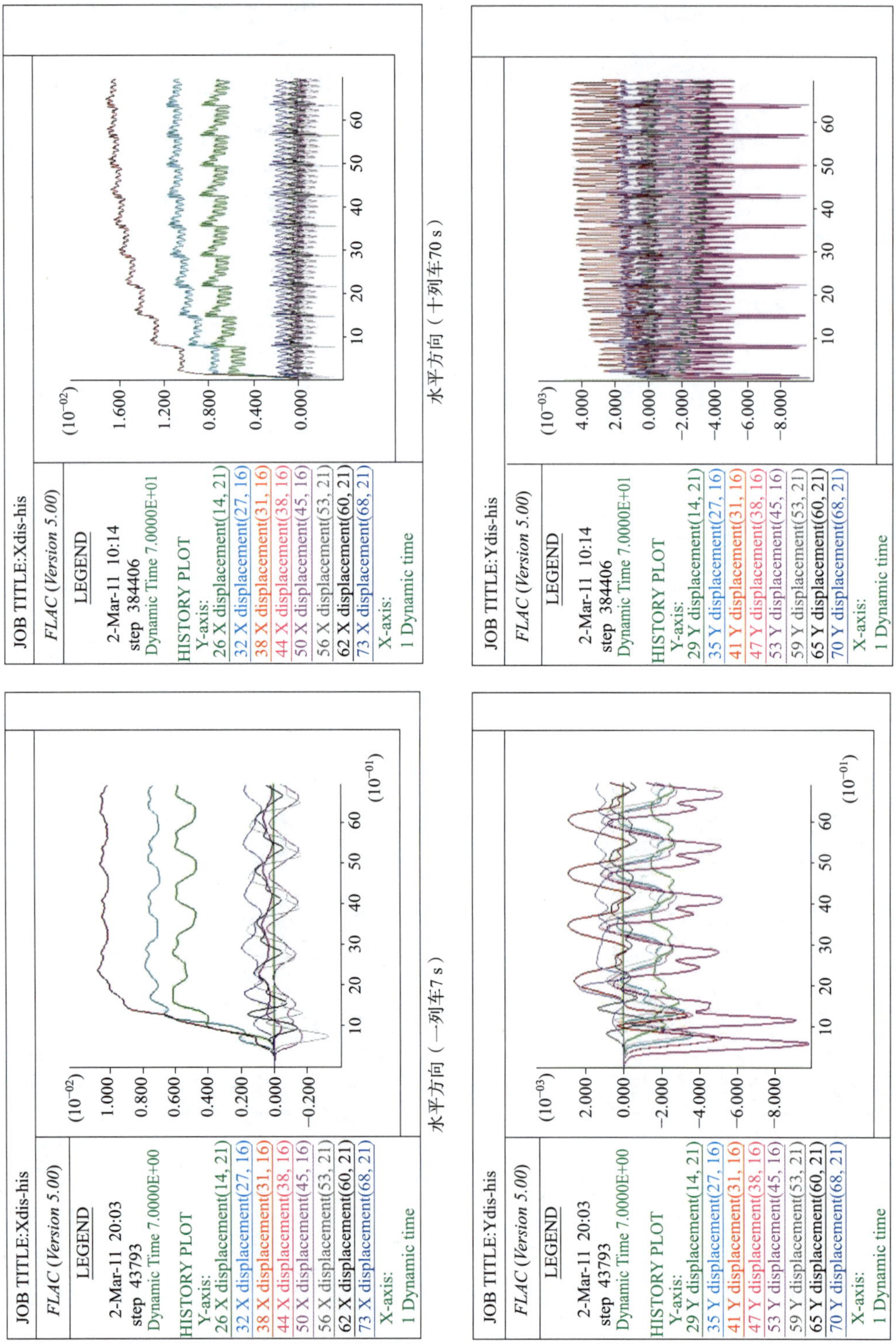

水平方向（一列车7 s）　水平方向（十列车70 s）

竖直方向（一列车7 s）　竖直方向（十列车70 s）

图 3-43　监测点位移时程曲线

0. 12 cm,之后每列车通行所产生变形的幅值不断降低,曲线逐渐趋于平缓。竖直向位移也产生了累进性变形,但其变化的幅度低于水平向。由此,可以看出,在机车振动作用下,每列列车的振动对边坡各点位移的影响,主要集中在前 2 s 左右,2 ~7 s 基本保持不变;随着列车通行次数的增加,各点水平及竖直向均产生了累进性的变形,这点与加速度的变化规律有所不同。

利用强度折减法对上述边坡的稳定性进行分析。在不考虑动荷载情况下,边坡的稳定系数为 1. 26;将动荷载等效为 115. 4 kPa 的静荷载时,边坡的稳定系数为 1. 24。可见,在不受机车荷载作用时,边坡还是稳定的,但由于机车荷载产生的附加应力作用,引起下部边坡的稳定性降低,但边坡整体仍处于稳定状态。

3. 机车振动作用下黄土边坡变形研究小结

(1)作用在路基上的机车竖向振动对边坡内部应力影响较小,改变坡比后,应力状态也有所改变;但是,随着机车的持续振动,坡体内部的应力状态没有明显变化,说明竖向振动荷载对边坡没有产生较大的附加应力;振动后边坡内部的变形范围有限,随着列车通行次数的增加,水平与竖直向最大变形量均有所增大,其影响区域也有所扩大。

(2)每列车通过时(7 s),测点的加速度、速度及位移(包括水平向、竖直向)随高程的变化规律大体相同,随着测点高程的增大,三者在水平与竖直向均呈现自坡脚向上逐渐减小的特征。

(3)随着列车通行次数增加(14 s,35 s,70 s),各点位移产生了累进性的变形,但每列车通行所产生变形的幅值不断降低,曲线逐渐趋于平缓。通行次数的增加对各点的加速度及速度的影响很小,其基本呈周期性反复。

(4)在机车振动作用下,边坡产生了一定的变形,随着振动时间的增加,变形趋于稳定,但是边坡未失稳破坏。

4 黄土湿陷性及现场浸水试验研究

湿陷性黄土场地的湿陷类型和湿陷等级，是湿陷性黄土最基本的工程属性，它决定着地基处理方案的合理选择和设计，影响着工程投资与施工进度。我国以往的湿陷性黄土研究重点多集中在关中及其以西地区，如陇西黄土、关中黄土等性质典型的地域，对山西的黄土研究资料比较欠缺，对大西客运专线经过的湿陷性黄土地区的研究更不充分，尤其是浸水后的变形性质更是缺乏现场试验研究资料。

大西客运专线沿线新黄土分布广泛，多具湿陷性；主要分布于各盆地边缘，沿线黄土湿陷性差异较大，湿陷性黄土厚度为 5 ~ 15 m，侯马运城局部大于 20 m；低山丘陵区黄土湿陷性等级高，平原区湿陷性等级低，平原区湿陷等级一般为Ⅰ、Ⅱ级，低山丘陵区Ⅱ、Ⅲ级，局部段落为Ⅳ级。为客观判定沿线黄土场地的湿陷类型及地基湿陷等级从而进一步开展湿陷性黄土地基处理工作，在大西客运专线湿陷性黄土现场设计了试坑浸水试验。

4.1 现场试坑浸水试验设计

4.1.1 试验场地自然条件

试验场地位于大西客运专线 DK611 +120 左侧约 500 m 处，位于山西省运城市闻喜县。

运城市的多年平均气温为 14.0℃，多年平均年降水量为 529.5 mm，年降水量介于 455 ~ 680 mm（表 4-1）；夏季降雨量一般占全年降雨量的 47.4%，秋季降水量约占全年降水量的 28%，7 ~ 8 月降水量最为集中；暴雨一般出现在夏季，尤以 7 月下旬到 8 月上旬最多。

表 4-1 大西客运专线（运城）气象资料（1971 ~ 2000 年）

气温（°C）				降水量（mm）			历年平均蒸发量（mm）	历年最大积雪厚度（cm）	土壤最大冻结深度（cm）
历年平均气温	历年最冷月平均气温	历年极端最低气温	历年极端最高气温	历年平均降水量	历年最小降水量	历年最大降水量			
14.0	-0.9	-18.9	41.2	529.5	455	680	2079.4	12	39

1. 场地地层岩性及黄土物理力学性质

试验场地的地层岩性特征详见表 4-2，场地（两个探井 TJ-1、TJ-2）黄土的物理力学性质指标详见表 4-3、表 4-4。

表 4-2 试验场地地层岩性特征表

地　　层	深　　度	岩　　性	岩 性 特 征
第四系 全新统（Q_4^{eol}）	0 ~ 1.7 m	新黄土	黑垆土，褐色，硬塑，大孔隙发育，土质不均，含钙质菌丝，偶见蜗牛壳。表层 0.3 m 为耕植土，含植物根系
第四系 上更新统（Q_3^{al}）	1.7 ~ 25 m	新黄土	1.7 ~ 13.2 m 浅黄色，硬塑 ~ 可塑，土质均匀，大孔隙发育，见蜗牛壳；13.2 ~ 18.5 m 黄褐色，可塑，土质均匀，孔隙发育，偶见蜗牛壳；18.5 ~ 20.2 褐红色，可塑，土质较均匀，孔隙不发育，可见钙质结核，最大粒径为 2 mm。20.2 ~ 25 m 浅黄色，可塑，土质均匀，孔隙不发育，土层黏性低，为砂质黄土，含水率较低，孔隙比较小

表 4-3 试验场地黄土的物理力学性质指标（TJ-1）

取样深度	天然含水率 w_0	天然密度 ρ_0	孔隙比 e	饱和度 S_r	液限 w_L	塑限 w_P	塑性指数 I_P	液性指数 I_L	压缩系数 α_{v1-2}	湿陷变形系数 δ_s	饱和自重压力 P_z	自重湿陷系数 δ_{zs}
m	%	g/cm^3	—	%	%	%	—	—	MPa^{-1}	—	kPa	—
1	18.6	1.66	0.936	53.8	27.7	15.9	11.8	0.23	0.44	0.048	18	0.002
2	15.6	1.52	1.053	40	26.4	17.2	9.2	-0.17	0.85	0.054	35	0.015
3	18.3	1.49	1.144	43.2	25.6	16.8	8.8	0.17	0.71	0.045	51	0.018
4	15.1	1.48	1.1	37.1	25.2	16.8	8.4	-0.2	1.07	0.046	69	0.024
5	18.3	1.47	1.173	42.1	25.9	16.9	9	0.16	0.58	0.045	85	0.014
6	20.1	1.46	1.221	44.4	26.5	17.1	9.4	0.32	1.15	0.083	101	0.062
7	18.1	1.53	1.092	44.9	28.3	16.4	11.9	0.14	0.28	0.026	122	0.019
8	18.4	1.61	0.993	50.2	27.9	16.2	11.7	0.19	0.2	0.022	143	0.019
9	18.9	1.61	1.001	51.1	28.2	16.2	12	0.22	0.21	0.026	160	0.022
10	20	1.63	0.995	54.5	26.9	15.9	11	0.37	0.26	0.018	187	0.016
11	20.1	1.67	0.956	57.2	28.4	16.3	12.1	0.31	0.28	0.011	199	0.011
12	18.8	1.65	0.958	53.4	29.4	16.6	12.8	0.17	0.27	0.006	217	0.007
13	22.5	1.76	0.886	68.8	28.4	16.4	12	0.51	0.2	0.005	239	0.006
14	21.5	1.87	0.767	76.2	30.5	17	13.5	0.33	0.18	0.005	267	0.008
15	22.9	1.8	0.857	72.7	29.8	16.7	13.1	0.47	0.23	0.003	279	0.003
16	21.7	1.83	0.809	73	28.8	16.5	12.3	0.42	0.21	0.003	301	0.005
17	21.7	1.9	0.736	79.9	28.1	16.3	11.8	0.46	0.2	0.006	327	0.003
18	19.9	1.87	0.738	73.1	28.4	16.4	12	0.29	0.17	0.004	346	0.004
19	20.8	1.93	0.696	81	27.8	16.1	11.7	0.4	0.14	0.003	370	0.005
20	18	1.89	0.698	70.1	28.6	16.3	12.3	0.14	0.13	0.008	390	0

表 4-4　试验场地黄土的物理力学性质指标(TJ-2)

取样深度	天然含水率 w_0	天然密度 ρ_0	孔隙比 e	饱和度 S_r	液限 w_L	塑限 w_P	塑性指数 I_P	液性指数 I_L	压缩系数 α_{v1-2}	湿陷变形系数 δ_s	饱和自重压力 P_z	自重湿陷系数 δ_{zs}
m	%	g/cm^3	—	%	%	%	—	—	MPa^{-1}	—	kPa	—
1	17.9	1.6	1.004	48.5	28.5	16.1	12.4	0.15	1.01	0.065	18	0.019
2	17.4	1.55	1.045	45	26	17.1	8.9	0.03	0.51	0.041	35	0.031
3	16.1	1.57	0.997	43.6	25.7	17	8.7	-0.1	0.81	0.059	55	0.031
4	16.1	1.51	1.076	40.4	25.1	16.9	8.2	-0.1	0.42	0.041	70	0.018
5	16.5	1.46	1.154	38.6	25.5	16.9	8.6	-0.05	0.37	0.057	85	0.015
6	18.1	1.59	1.005	48.6	27.1	17.4	9.7	0.07	0.44	0.051	106	0.036
7	15.8	1.49	1.098	38.8	25	16.7	8.3	-0.11	0.14	0.038	121	0.015
8	16.9	1.48	1.133	40.3	25.4	16.9	8.5	0	0.24	0.051	137	0.027
9	16.9	1.72	0.835	54.6	26.5	17.1	9.4	-0.02	0.24	0.033	167	0.02
10	16.2	1.63	0.932	47.1	28	16.2	11.8	0	0.2	0.016	181	0.013
11	14.9	1.59	0.966	42	28.3	16.1	12.2	-0.1	0.17	0.013	198	0.013
12	14.1	1.65	0.874	43.7	27.5	16	11.5	-0.17	0.14	0.011	221	0.013
13	14.6	1.75	0.775	51.1	26.9	15.8	11.1	-0.11	0.22	0.009	247	0.01
14	18.8	1.71	0.89	57.5	28.7	16.4	12.3	0.2	0.14	0.008	258	0.009
15	15.5	1.73	0.816	51.7	28.2	16.1	12.1	-0.05	0.22	0.006	282	0.009

2. 场地黄土湿陷性室内试验及评价

(1)黄土的湿陷程度

根据室内试验成果,试验场地湿陷性土层主要为地面下 10 m 以上的土层,10 ~ 20 m 范围的土层基本上不具湿陷性,自重湿陷系数大于 0.015 的土层约在地面下 2 ~ 10 m 范围内,其中 3 ~ 10 m 范围内土层自重湿陷系数较大。

(2)自重湿陷量计算值

根据《湿陷性黄土地区建筑规范》(GB 50025—2004)计算自重湿陷量的计算值,β_0(因地区土质而异的修正系数)取 0.9,计算得 TJ-1、TJ-2 号探井的自重湿陷量计算值 Δ_{zs}分别为 17.55 cm 和 19.08 cm,按此判定试验场地的湿陷类型为自重湿陷性黄土场地。

(3)湿陷量计算值

根据《湿陷性黄土地区建筑规范》(GB 50025—2004)计算湿陷量计算值,计算深度自地面下 1.50 m 起,累计至非湿陷性黄土层顶面止,计算得 TJ-1、TJ-2 号探井的湿陷量计算值 Δ_s分别为 49.3 cm 和 52.23 cm,由此判定地基湿陷等级为Ⅱ(中等)级。

(4)试验场地的湿陷类型和地基湿陷等级

根据《湿陷性黄土地区建筑规范》(GB 50025—2004),结合试验场地探井土样室内试验结果计算的自重湿陷量计算值和湿陷量计算值判定,试验场地的湿陷类型为自重湿陷性黄土场地,地基湿陷等级为Ⅱ(中等)级。

3. 场地黄土的水分特征曲线

为了解试验场地黄土的渗透性，利用达西仪变水头法对两个探井 TJ-1、TJ-2 的黄土样做了渗透性试验，测得渗透系数分别为 0. 235 m/d、0. 312 m/d。为了解试验场地黄土的非饱和特性，分别测定试验土样的含水率与负压值，试验土样的水分特征曲线采用 van Genuchten（van Genuchten，1980）模型来描述：

$$\theta = \frac{\theta_s - \theta_r}{[1 + |\alpha h|^n]^m} + \theta_r \qquad \left(m = 1 - \frac{1}{n},\quad 0 < m < 1\right) \tag{4-1}$$

式中　θ——含水率（%）；

θ_r——残留含水率（%）；

θ_s——饱和含水率（%）；

h——负压（kPa）；

α, n, m——土样水分特征曲线形状的参数。

水分特征曲线如图 4-1、图 4-2 所示。

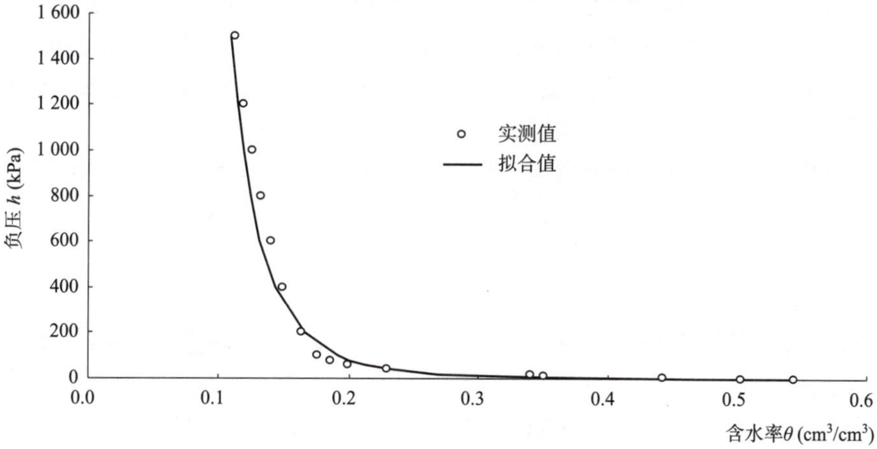

图 4-1　TJ-1 土样含水率与负压（θ—h）曲线

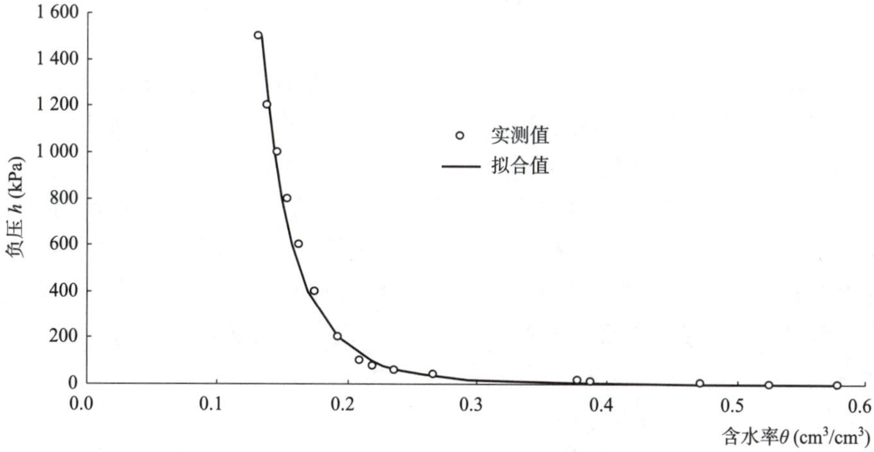

图 4-2　TJ-2 土样含水率与负压（θ—h）曲线

4.1.2 试坑设计和测点布设

1. 试坑设计

采用现场试坑浸水试验确定自重湿陷量的实测值，试坑设计和测点布设符合《湿陷性黄土地区建筑规范》（GB 50025—2004）的要求：

（1）浸水坑宜挖成圆形，其直径不小于湿陷性黄土层的厚度，并不应小于10 m，试坑深度宜为0.5 m，最深不大于0.8 m，在试坑底部铺设10 cm厚的砂砾石。

（2）在坑底中部及其他部位，对称设置观测自重湿陷的深标点，设置深度及数量按照各湿陷性黄土层顶面深度及分层数确定。在试坑底部，由中心向坑边以3个方向均匀布设观测自重湿陷的浅标点；在试坑外沿浅标点方向10～20 m范围内设置地面观测标点，观测精度为±0.10 mm。浅标点和深标点的布设分别满足地表自重湿陷量和分层自重湿陷测量的需要，能够准确捕捉到试坑浸水总湿陷量和湿陷土层下陷深度。

（3）试坑内的水头高度不宜小于300 mm，在浸水过程中，应观测湿陷量、耗水量、浸湿范围和地面裂缝。湿陷稳定可停止浸水，其稳定标准为最后5 d的平均湿陷量小于1 mm/d。

（4）设置观测标点前，为了保证湿陷性黄土地基充分受水浸湿饱和，使黄土地基的湿陷性充分发挥，在坑底打一定数量及深度的渗水孔，孔内填满砂砾。

（5）试坑内停止浸水后，应继续观测不少于10 d，且连续5 d的平均下沉量不大于1 mm/d，试验终止。

2. 测点布设

（1）浅标点

浅标点是用来测量试坑内、外地表的自重湿陷变形量。以试坑中心为起点，由内而外沿半径方向呈放射状布置坑内、外标点，在平面上布置3条夹角为120°的测线。其在试坑内为等间距布设，试坑外则为变间距布设，距离试坑边较近的标点间距较小，往外间距逐渐增大，坑外最远的浅标点在试坑外1倍试坑直径处。

浅标点由一根直杆和与其垂直焊接的底板组成。标杆上部固定一根钢卷尺，钢卷尺的最小刻度为1 mm。浅标点埋深为0.5 m。

（2）深标点

为测量不同深度的湿陷变形量，布设浅标点的同时布置3条与浅标点测线夹角为30°的测线，其布设间距与试坑内浅标点的布设间距相同。在深度方向上，分为10 m以内、10～20 m和20 m以下3个部分布设，每组布设2个相同深度的深标点。

深标点由多根机械式连接的镀锌管和与其垂直焊接的底板组成，深标点的重量与埋设位置处原上覆土自重大致相同。标杆上部固定一根钢卷尺，作为沉降观测的标尺，钢卷尺的最小刻度为1 mm，标杆外面套一根塑料管，以确保沉降板能够自由沉降，长度与深部沉降板埋深相当。塑料管外回填中粗砂，使深标点客观上也起到了加强渗水的作用。深标点钻孔的垂直度、孔底浮渣厚度等因素将会影响量测的精度。

（3）渗水孔

为加快地基土层的浸水饱和，在浸水坑内由深标点测线组成的每个扇形区内都布置了1～2个渗水孔（孔径ϕ127 mm），孔内充填砂砾石。

①试坑1(原状坑)布设

试验场地黄土自重湿陷最大深度为25 m。试坑设计为直径25 m的圆形,共布设测点111个,其中试坑内地表设浅标点21个,试坑外的地表浅标点48个,最远的浅标点设计在坑外25 m处;试坑内设深标点42个,最深的深标点设置25 m。在试坑内均匀布设12个渗水孔,孔深25 m。

试坑1(原状坑)标点布设如图4-3所示,各测点基本参数见表4-5。

表4-5 试坑1(原状坑)标点参数表

测线编号	标点编号(标点底深度,m)	标点性质
A	Z0(0.5),A1-A23(0.5)	浅标点
B	B1-B23(0.5)	浅标点
C	C1-C23(0.5)	浅标点
E-E′	E2(2),E5(5),E8(8),E11(11),E14(14),E17(17),E21(21) E′2(2),E′5(5),E′8(8),E′11(11),E′14(14),E′17(17),E′21 (21)	深标点
F-F′	F3(3),F6(6),F9(9),F12(12),F15(15),F18(18),F23(23) F′3(3),F′6(6),F′9(9),F′12(12),F′15(15),F′18(18),F′23(23)	深标点
G-G′	G4(4),G7(7),G10(10),G13(13),G16(16),G19(19),G25(25) G′4(4),G′7(7),G′10(10),G′13(13),G′16(16),G′19(19),G′25(25)	深标点

②试坑2(灰土改良坑)布设

在上述场地旁边,设计一个坑底经过灰土改良处理的试坑,进行浸水试验。试坑直径为15 m的圆形,坑底灰土垫层呈扇形按120°角划分为三个区,三个扇区的灰土垫层厚度分别为0.2 m、0.3 m、0.4 m,灰土体积比例均为3:7,土料采用黏性细粒土,土料有机质含量应小于10%,土块颗粒不大于5 mm,水泥采用熟石灰粉,石灰等级应不小于Ⅲ级;灰土垫层采用分层夯实,保证干密度在1.5 g/cm^{3}以上(实测值在1.53~1.60 g/cm^{3}之间)。试坑共布设测点51个,其中试坑内地表设浅标点12个,试坑外的地表浅标点15个,最远的浅标点设计在坑外5 m处;试坑内设深标点24个,最深的深标点设置15 m。

试坑2(灰土改良坑)标点布设如图4-4所示,各测点基本参数见表4-6。

表4-6 试坑2(灰土改良坑)标点参数表

测线编号	标点编号(标点底深度,m)	标点性质
A	Z0(0.5),A1-A9(0.5)	浅标点
B	B1-B9(0.5)	浅标点
C	C1-C9(0.5)	浅标点
E-E′	E2(2),E5(5),E8(8),E11(11) E′2(2),E′5(5),E′8(8),E′11(11)	深标点
F-F′	F3(3),F6(6),F9(9),F13(13) F′3(3),F′6(6),F′9(9),F′13(13)	深标点
G-G′	G4(4),G7(7),G10(10),G15(15) G′4(4),G′7(7),G′10(10),G′15(15)	深标点

③测试仪器布设

浸水试验在试坑内埋设测试仪器包括土压力传感器、孔隙水压力传感器及试坑外围的张力计。土压力传感器和孔隙水压力传感器分别采用 JDTYJ 系列振弦式的土压力计与孔隙水压力计;张力计选用指针式土壤张力仪,量程为 100 kPa,管长 0.15 m、0.30 m、0.60 m、0.90 m、1.20 m,共 5 种规格。

试坑 1:土压力传感器和孔隙水压力传感器的埋置深度均为 1 ~ 10 m,均按 2 点/m 布设,共 10 个层位各 20 个测点;张力计分三条测线布设,共 15 个测点。

试坑 2:土压力传感器和孔隙水压力传感器的埋置深度均为 1 ~ 8 m,测点均按 1 m、2 m、3 m、5 m、8 m 布设,2 点/层,共 5 个层位各 10 个测点;张力计分二条测线布设,共 10 个测点。

4.1.3 观测项目与现场测试

1. 沉降观测

(1)沉降观测精度

根据试验要求及工程特点,为了能达到精确检测各个观测点沉降变化的目的,观测工作按二级变形测量精度要求进行观测。

(2)基准网的建立及观测

根据本项工程的特点,每个浸水试验场地建立一个基准网,采用相对高程基准。基准网有 3 ~ 4 个基准点及若干个工作基点组成,布设呈闭合、附合水准路线等形式,原则上要求每个基准点布设在距试坑边缘 2 倍试坑直径以外,当场地条件受限制不能完全满足这一要求时,则保证至少有一个基准点满足要求。基准点埋设按地面下 4 m 控制,采用 ϕ108 mm 现浇混凝土标石,标石周围 600 mm 范围内换填 30 cm 厚的 3:7 灰土并夯密,使其周围地面略凸以避免积水。基准点在沉降观测开始之前 7 d 进行埋设并设置保护标志。

基准网是监测观测点沉降点变化的依据,监测网中基准点的稳定性如何,直接关系到沉降观测的精度。为了保证观测的精度,按照二级变形测量的精度要求,采用几何水准测量方法,定期地对沉降观测基准网进行复测,检查基准点的高差变化,分析基准点的稳定性,保证观测成果的真实可靠。复测期间尽量保持网形、观测线路不变,使用同一仪器及设备,固定专人观测。

(3)沉降观测

沉降观测浅标点和深标点埋设完成后,每天测读一次高程,待初值稳定后,作为初读数,正式浸水前再测一次,并与上述初读数进行校核。此外,还要采用不同的水准基点,进行多次校核。按二级水准观测的技术要求进行观测,采用几何水准,固定测站的测量方法,检测各浅标点和深标点的沉降量。浸水过程中,每天固定时间对各观测点进行定时观测,每天观测一次,对前期变形发展较快的浸水试验场地适当地加密观测频率。每次观测时保持观测方法、观测线路、测站数不变,使用同一仪器和设备严格按要求进行观测,保证测量精度。

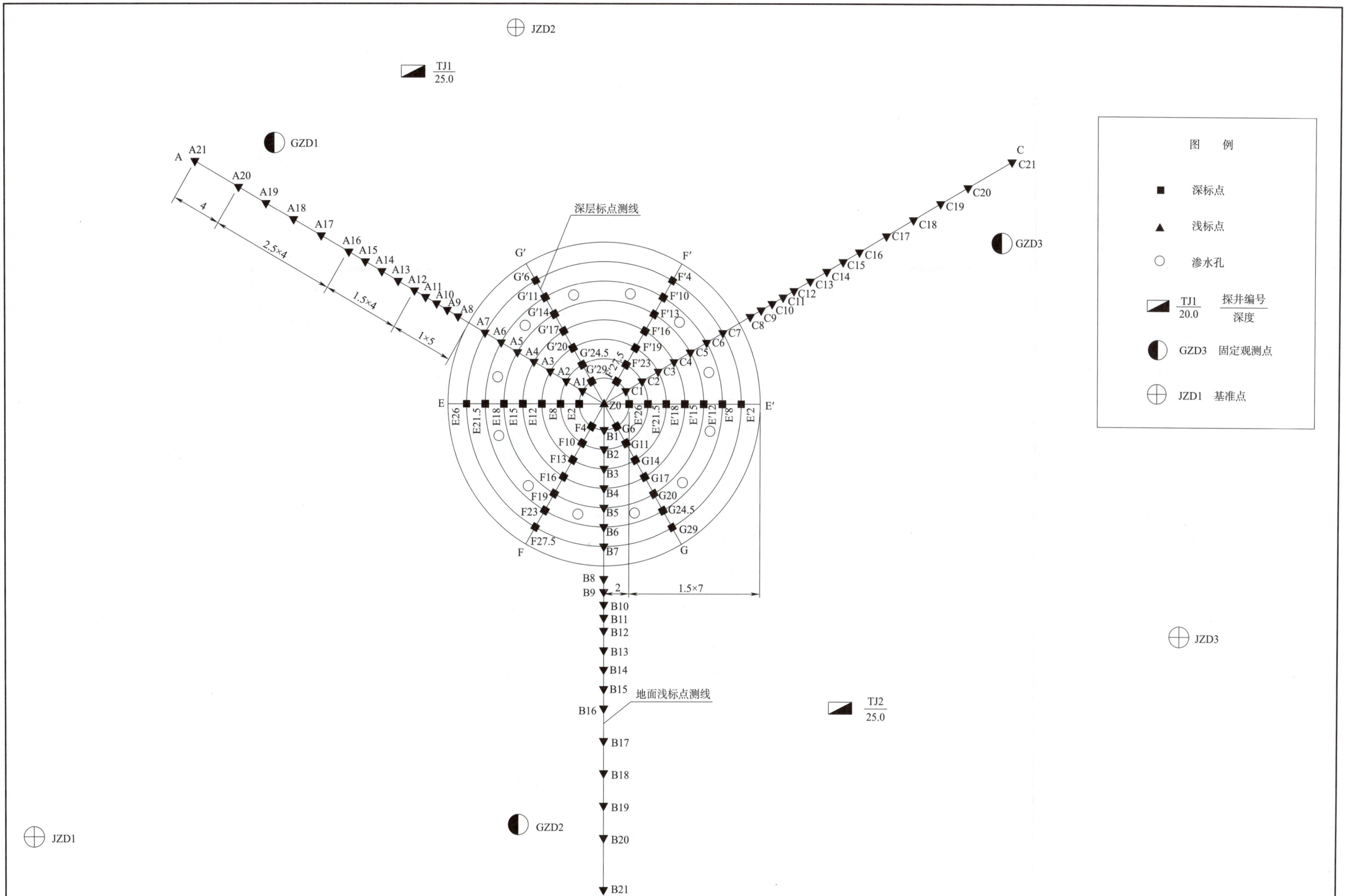

图4–3 试坑1（原状坑）标点布设图

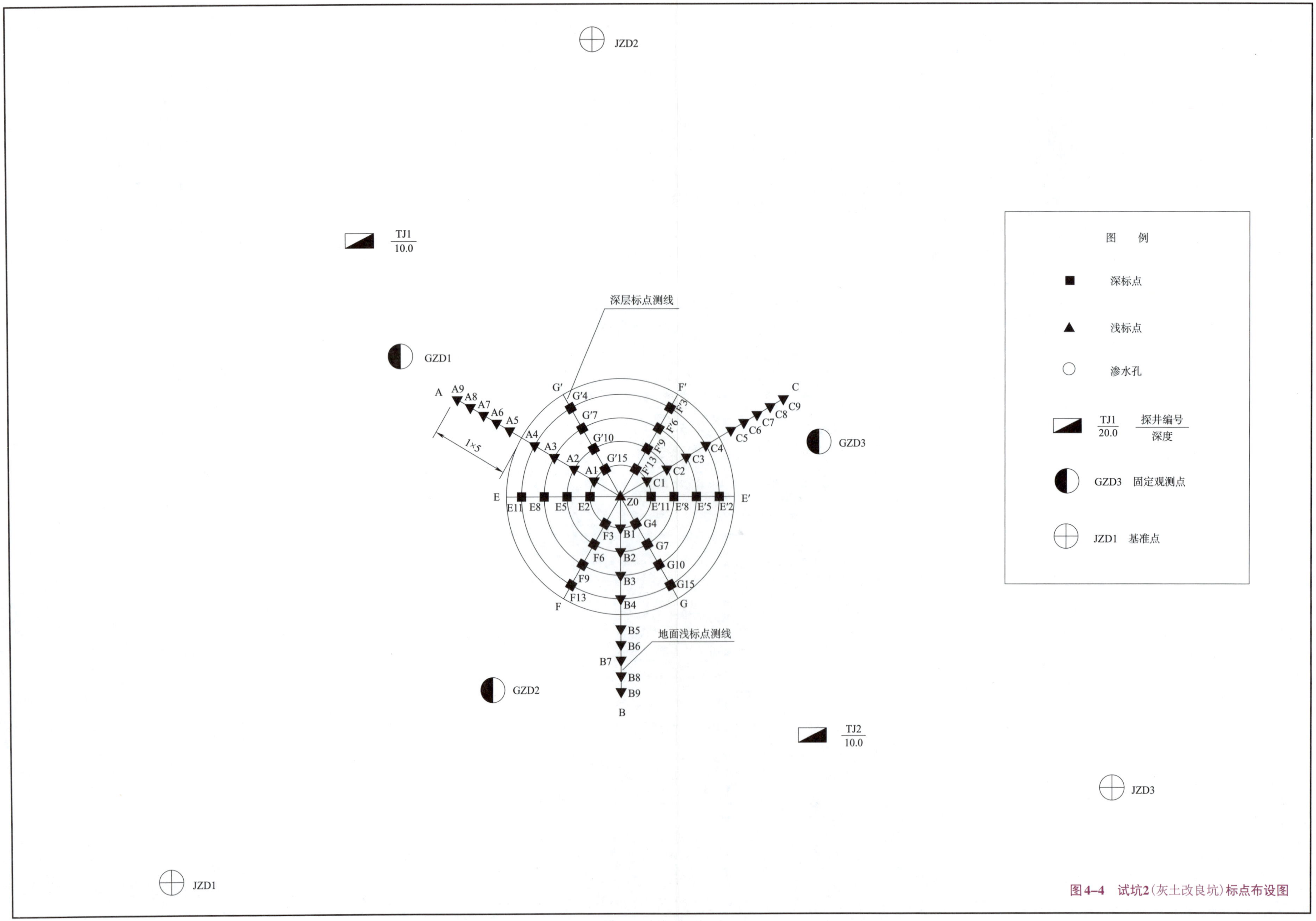

图4-4 试坑2(灰土改良坑)标点布设图

2. 注水量及入渗量观测

在试坑中设置水位深度观测杆，保证水深30～40 cm；同时，用精度为±0.1 m^3的水表量测注入试坑的水量；浸水前后记录注水时间、停水时间、水表读数及适时观测坑内水头高度，以掌握试坑注水量及入渗量情况。

3. 土层含水率对比测试

浸水前后场地不同深度、不同位置处含水率的变化情况反映出浸湿影响深度和径向浸湿范围。采用在场地特定位置打孔测定含水率，根据浸水前后含水率的变化来确定浸湿范围的方法。具体布设见表4-7、表4-8。

表4-7　试坑1含水率测试布设

测试项目	起始时间	时间间隔	终止时间	测试次数	测试点位	坑内点数	坑外点数	取样手段	测试方法	测试深度
初始含水率	试验开始前	—	—	1	①试坑内4点；②试坑外距离试坑边缘4点；③2条测线	4	4	机械洛阳铲+人工洛阳铲	燃烧法	≤20 m
第一阶段浸水后	浸水开始	①水量下渗1/2；②水量下渗完全；③渗完后24 h	3 d	4	①试坑内4点；②试坑外距离试坑边缘0.5 m、1 m、1.5 m、5 m；③两条测线	4	8	人工洛阳铲	燃烧法	5 m
第二阶段浸水	进水后第5天	①浸水后15 d；②浸水后30 d；③试验结束后	—	4	①试坑外距离试坑边缘1.0 m、3.0 m、5 m、8 m、11 m、16 m、21 m；②两条测线；③浸水结束试坑内2点	2	14	机械洛阳铲+人工洛阳铲	燃烧法	≤20 m

表4-8　试坑2含水率测试布设

测试项目	起始时间	时间间隔	终止时间	测试次数	测试点位	试坑内点数	试坑外点数	取样手段	测试方法	测试深度
初始含水率	试验开始前	—	—	1	①试坑内3点；②试坑外距离试坑边缘6点；③3条测线	3	6	机械洛阳铲+人工洛阳铲	燃烧法	≤15 m
第一阶段浸水后	浸水开始	①水量下渗1/2，或8 h；②水量下渗完全，或32 h；③渗完后24 h，或72 h	3 d	4	①试坑内3点；②试坑外距离试坑边缘0.5 m、1 m、2.0 m、5 m；③3条测线	3	4	人工洛阳铲	燃烧法	5 m

续上表

测试项目	起始时间	时间间隔	终止时间	测试次数	测试点位	试坑内点数	试坑外点数	取样手段	测试方法	测试深度
第二阶段浸水	进水后第5天	①浸水后第15天； ②浸水后第30天； ③试验结束后	—	4	①试坑外距离试坑边缘0.5 m、1 m、2.0 m、5 m； ②3条测线； ③浸水结束后试坑内3点	3	4	机械洛阳铲+人工洛阳铲	燃烧法	≤20 m

4. 传感器观测

浸水试验埋设的传感器包括土压力传感器、孔隙水压力传感器、土壤水分传感器以及试坑外围的张力计。这主要是针对黄土湿陷机理而设计的，土压力及孔隙水压力传感器是观测试坑浸水过程黄土压力变化情况，根据现场变形监测，建立黄土湿陷与压力之间的关系，土壤水分传感器可以实时反馈试坑下部土体的含水率变化，不仅可以直观了解黄土的浸润情况，还可以建立黄土湿陷与含水率定量关系。具体布设见表4-9、表4-10。

表4-9　试坑1传感器测试布设

测试项目	起始时间	时间间隔	终止时间	测试次数	测试点位	试坑内	试坑外	测试深度
初始值测定	传感器埋设完毕	24 h	试验开始	多次	试坑内4条测线（土压力2条，孔隙水压力2条）	40	—	1～10 m
第一阶段浸水	浸水开始	完全入渗前采集频率：30 min； 完全入渗之后采集频率：1 h	3 d	多次	试坑内4条测线（土压力2条，孔隙水压力2条）	40	—	1～10 m
第二阶段浸水	浸水开始	浸水水位稳定前：30 min； 浸水停止前：1 h； 浸水停止后：2 h	试验结束	多次	试坑内4条测线（土压力2条，孔隙水压力2条）	40	—	1～10 m

表4-10　试坑2传感器测试布设

测试项目	起始时间	时间间隔	终止时间	测试次数	测试点位	试坑内	试坑外	测试深度
初始值测定	传感器埋设完毕	24 h	试验开始	多次	试坑内4条测线（土压力2条，孔隙水压力2条）	20	—	1～8 m
第一阶段浸水	浸水开始	完全入渗前采集频率：30 min； 完全入渗之后采集频率：1 h	3 d	多次	试坑内4条测线（土压力2条，孔隙水压力2条）	20	—	1～8 m
第二阶段浸水	浸水开始	浸水水位稳定前：30 min； 浸水停止前：1 h； 浸水停止后：2 h	试验结束	多次	试坑内4条测线（土压力2条，孔隙水压力2条）	20	—	1～8 m

5. 张力计观测

张力计是根据真空度变化原理直接测量土壤基质吸力，当土壤变干，与陶瓷头接触的湿润表面有将管内的水分吸出的吸力作用，从而在管内顶部形成局部真空，当有水分浸入土壤，水分被吸回管内使真空度减少，继而通过负压计将真空度转化为直观的土壤水势。随着试坑浸水时间增加，浸水影响范围扩大至张力计埋设处，由于土中含水率增加，导致基质吸力降低，以此为依据可对浸湿深度和浸湿范围做出指示。具体布设见表4-11、表4-12。

表4-11　试坑1张力计测试布设

测试项目	起始时间	时间间隔	终止时间	测试次数	测试点位	试坑内	试坑外	测试深度
初始值测定	张力计埋设完	8 h	试验开始	多次	试坑外3条测线，分别测定距试坑边不同距离(0.5 m，1 m，2 m)，不同深度(15 cm，30 cm，60 cm，90 cm，120 cm)，土中水分含量变化	0	15	0.15～1.2 m
第一阶段浸水后	浸水开始	8 h	3 d	多次	试坑外3条测线，分别测定距试坑边不同距离(0.5 m，1 m，2 m)，不同深度(15 cm，30 cm，60，90 cm，120 cm)，土中水分含量变化	0	15	0.15～1.2 m
第二阶段浸水	浸水开始	8 h	试验结束	多次	试坑外3条测线，分别测定距试坑边不同距离(0.5 m，1 m，2 m)，不同深度(15 cm，30 cm，60 cm，90 cm，120 cm)，土中水分含量变化	0	15	0.15～1.2 m

表4-12　试坑2张力计测试布设

测试项目	起始时间	时间间隔	终止时间	测试次数	测试点位	试坑内	试坑外	测试深度
初始值测定	张力计埋设完毕	8 h	试验开始	多次	试坑外2条测线，分别测定距试坑边不同距离(0.5 m，1 m)，不同深度(15 cm，30 cm，60 cm，90 cm，120 cm)，土中水分含量变化	0	10	0.15～1.2 m
第一阶段浸水后	浸水开始	8 h	3 d	多次	试坑外2条测线，分别测定距试坑边不同距离(0.5 m，1 m)，不同深度(15 cm，30 cm，60 cm，90 cm，120 cm)，土中水分含量变化	0	10	0.15～1.2 m
第二阶段浸水	浸水开始	8 h	试验结束	多次	试坑外2条测线，测定距试坑边不同距离(0.5 m，1 m)，不同深度(15 cm，30 cm，60 cm，90 cm，120 cm)，含水率变化	0	10	0.15～1.2 m

6. 裂缝观测

裂隙是黄土湿陷性的直观反映，其发生发展规律研究是本次试验的重要内容之一。试验中对试坑周围地裂缝的出现时间、平面位置、形状变化、裂缝宽度和错台高度等进行测量及时绘制成图并以照片形式记录。为了了解裂缝在深度方向上的产状，对典型裂缝进行挖探。

7. 试验终止条件

(1)湿陷稳定标准

浸水过程中始终保持试坑内的水头高度在30～40 cm之间，至地层湿陷稳定后停水，湿陷稳定标准为最后5 d的平均湿陷量小于1 mm/d。

(2)停水后终止观测条件

试坑停止浸水后，继续观测不少于10 d，当出现连续5 d的平均沉降量不大于1 mm/d时，终止观测。

4.2 现场试坑浸水试验分析

4.2.1 试坑注水量及入渗特征与分析

1. 原状土试坑(试坑1)

试坑1第一阶段浸水是按最大年降雨量(以680 mm计算)的浸水，浸水历时11 d，注入水量为333 m^3。试坑1第二阶段浸水为饱和浸水，浸水历时34 d，注入水量为9 185.2 m^3。两阶段浸水总历时45 d，总注水量9 518.2 m^3。

注水方式采用机井抽水，机井出水量约30 m^3/h，单日注水量保证坑内水头高度稳定在30～40 cm。

试坑1单日渗水量及累计注水量随时间变化曲线如图4-5所示。

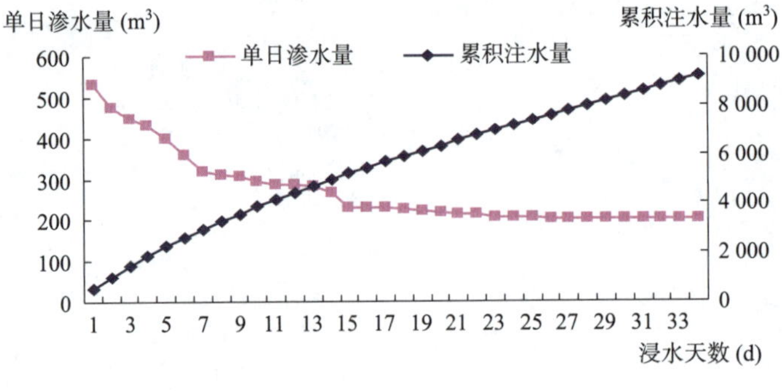

图4-5 试坑1饱和阶段注水量变化曲线

截至试验停止注水，试坑1累计注水量为9 185.2 m^3，单日平均渗水量在浸水前7 d变化较快，从第15天开始下降速率变缓，直至稳定；最大单日注水量为529.9 m^3，最小单日注水量为200.1 m^3。

2. 灰土改良试坑(试坑2)

试坑2预期先进行第一阶段的最大年降雨量(以680 mm计算)浸水,然后进行饱和浸水;但因其坑底原状土做了灰土防渗改良,渗透速率缓慢,在第一阶段浸水72 h后,直接进行了第二阶段饱和浸水,因此可视为连续饱和浸水。浸水总历时35 d,总注水量为369.3 m^3。

注水方式采用机井抽水及潜水泵蓄水池抽水,机井出水量约30 m^3/h,潜水泵抽水量约3 m^3/h。单日注水量保证坑内水头高度稳定在30~40 cm。

试坑2单日渗水量及累计注水量随时间变化曲线如图4-6所示。

截至试验停止注水,试坑2累计注水量为369.3 m^3,单日平均渗水量在浸水前9 d变化较快,从第20天开始下降速率变缓,直至稳定;最大单日注水量为30.31 m^3,最小单日注水量为3.73 m^3。

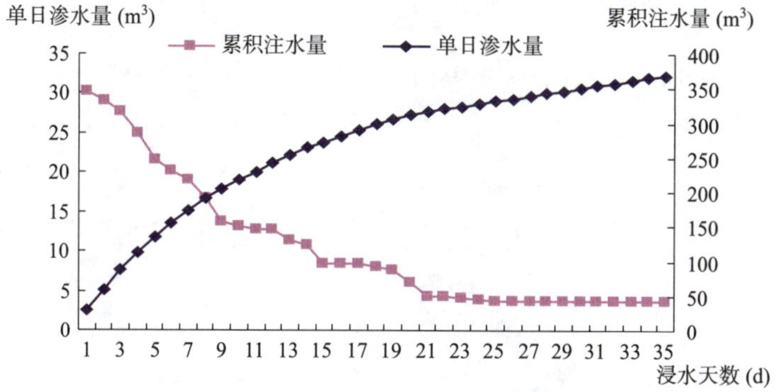

图4-6 试坑2饱和阶段注水量变化曲线

4.2.2 原状土试坑(试坑1)沉降变形特征与分析

本次浸水试验(试坑1)共布置浅标点69个、深标点42个,沉降观测试验分两个阶段进行,总历时56 d,沉降观测共计59次(浸水前3天开始观测)。

1. 地表单天沉降变形特征与分析

试验场地单天沉降量(地表湿陷速率)的历时变化曲线如图4-7~图4-9所示。

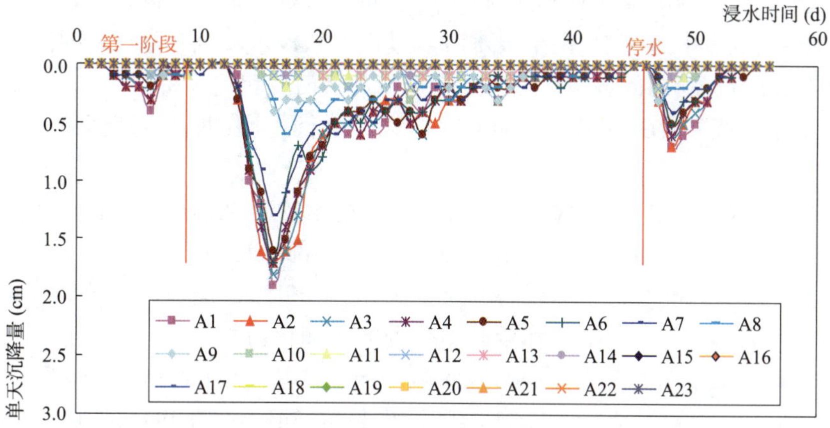

图4-7 试坑1的A测线标点单天沉降量随时间变化曲线

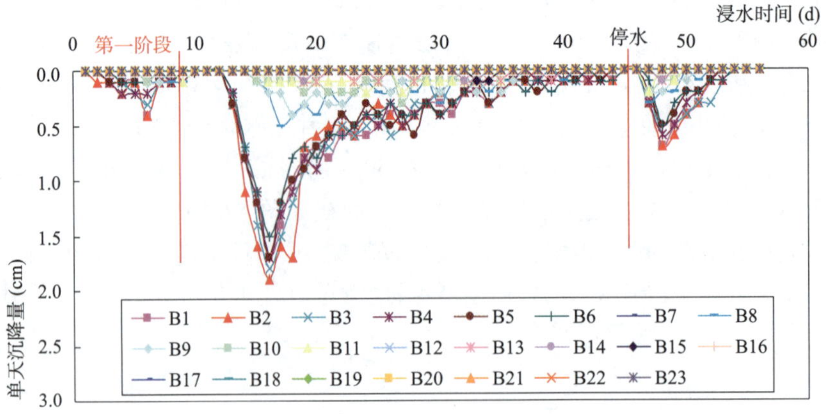

图 4-8　试坑 1 的 B 测线标点单天沉降量随时间变化曲线

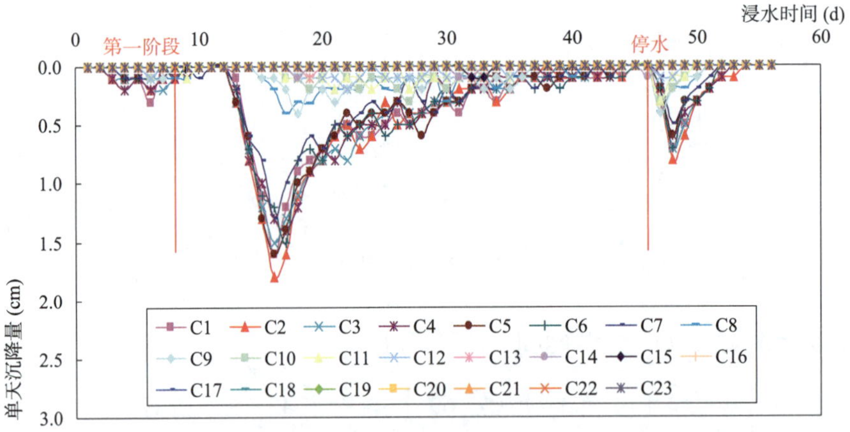

图 4-9　试坑 1 的 C 测线标点单天沉降量随时间变化曲线

试坑浸水开始后，坑内地面及坑外一定范围内的土体都产生了湿陷变形。湿陷的主要表现之一是地表土体的沉降，距试坑中心距离不同点的沉降量是不同的。试验浸水过程是连续的、完全的，没有中途停水（两个浸水阶段过程中），浸水直至规范规定的停水标准。

据实测沉降数据绘制的各浅标点累计变形量的历时变化曲线（图 4-7 ~ 图 4-9 中 A、B、C 三条测线）上单天沉降量随浸水时间的变化曲线，分析测量数据可发现湿陷速率表现出的沉降特征如下：

第一阶段浸水过程中，试坑内及试坑外距浸水边界较近的地表发生了沉降变形，但沉降变形量较小，单天最大沉降量为 0.4 cm，出现在试坑中部。

第二阶段浸水过程中，各个标点的沉降量在 3 ~ 4 d 时间内迅速增至峰值（称为单天沉降量峰值）；随后，各标点的单天沉降量开始缓慢减小，曲线趋于平缓，最终达到规范要求的“连续 5 天平均沉降量不大于 1 mm/d”浸水停止标准，该过程历时 35 d。停止浸水后，湿陷速率出现了第二个小峰值，之后又逐渐平缓、趋向稳定；和浸水期间的沉降相比，其沉降发生趋势与浸水期间类似，只是沉降量较小、持续时间较短。浸水过程中及停水后标点沉降速率呈现“小—大—小—稳定”这样的一个规律。这个规律是试坑内所有浅标点都有的，而试坑外浅标点的第二个小峰值不明显。

整个过程中，大部分的沉降量都发生在沉降峰值前后 5 ~ 6 d 的时间内，该时段的沉降量占总沉降量的 50% 左右。所以，黄土的湿陷是一个“突发”过程，周围土体含水率等条件一旦达到，湿陷立即产生，并很快完成大部分湿陷量。

随着与试坑中心距离的增加，各浅标点最大湿陷速率逐渐减小；坑内标点最大湿陷速率发生时间基本上都相同，坑外标点随着与试坑中心距离的增加，最大湿陷速率发生时间稍微延后。

2. 地表累积沉降变形特征与分析

据实测沉降数据绘制的各浅标点累计变形量的历时变化曲线如图 4-10 ~ 图 4-12 所示。

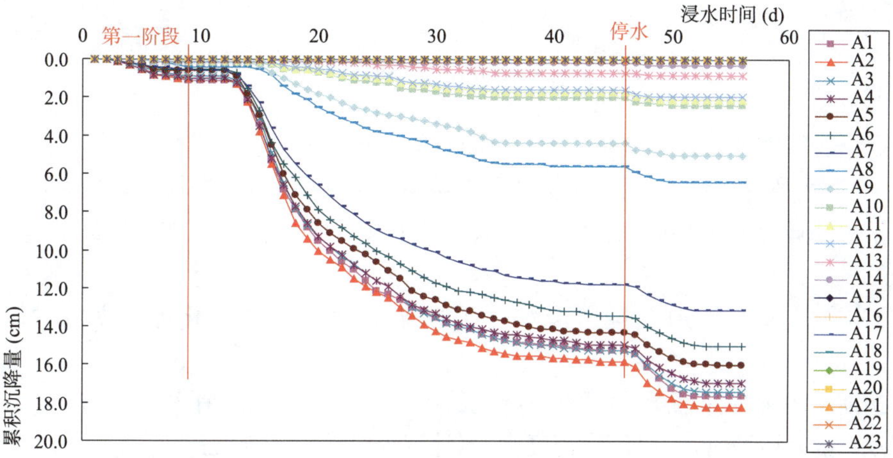

图 4-10　试坑 1 地表累积沉降量随时间变化曲线（A 方向）

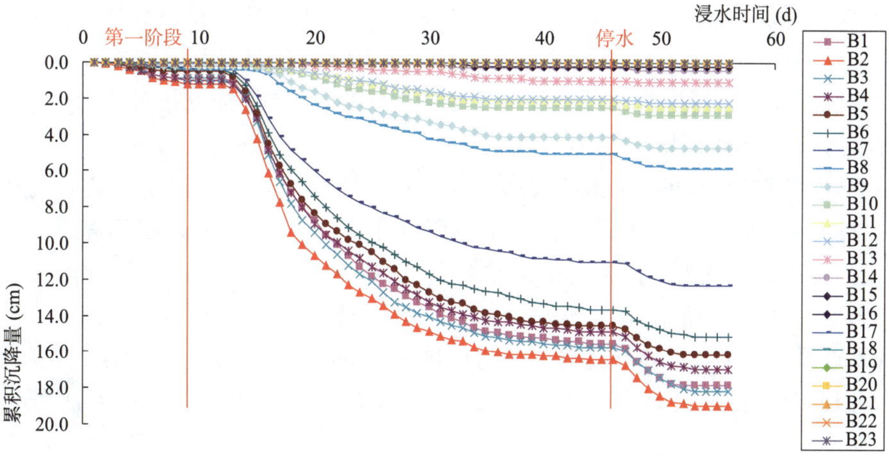

图 4-11　试坑 1 地表累积沉降量随时间变化曲线（B 方向）

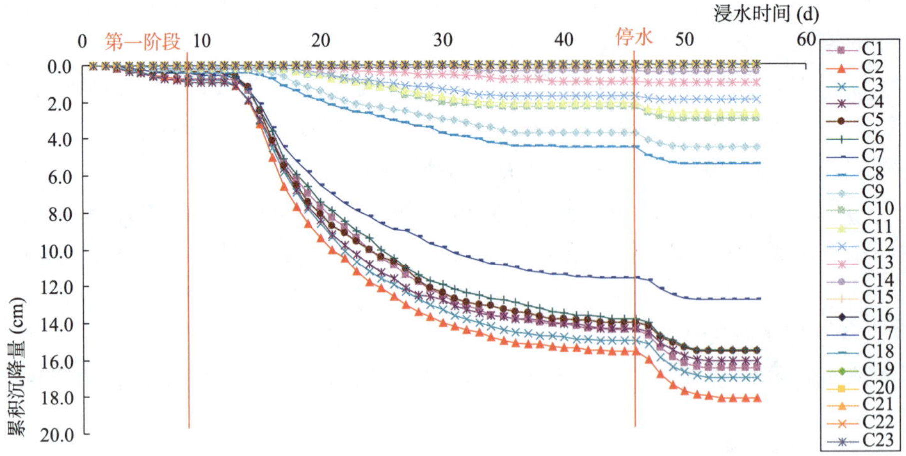

图 4-12　试坑 1 地表累积沉降量随时间变化曲线(C 方向)

根据上述图表可以总结出地表累积沉降量的变化特征：

(1)第一阶段浸水结束,坑内最大累积沉降量为 1. 2 cm,坑内平均湿陷量为 0. 75 cm,坑外最大累积沉降量为 0. 4 cm,坑外平均沉降量为 0. 18 cm,沉降发生在试坑边界外 3 m 的范围内。

(2)本次浸水试验期间,随着浸水时间的增大,沉降量的变化可以划分为以下几个阶段：

①初期平缓阶段,该阶段每天的沉降量较小,累计沉降曲线较平缓；

②浸水陡降阶段,该阶段沉降速度大,累计沉降曲线斜率较大；

③中后期平缓阶段,该阶段沉降速率逐渐减小,沉降量—时间关系曲线趋于平缓,直至沉降相对稳定；

④停水后的陡降阶段,该阶段湿陷速率因排水固结突然增大；

⑤后期平缓阶段,该阶段随着排水固结的逐渐完成,沉降速率日益减缓直至为 0。

(3)试坑内浅标点各阶段的历时长度(出现、结束时间)大致相同;坑外标点与坑内有较大差异,即坑内标点在短期内就可达到一个较大的沉降,而坑外标点相对坑内标点有滞后效应,随着其与坑边距离增大,滞后效应增大。

(4)试坑中部的标点的总沉降量最大,其他标点的总沉降量以试坑中心点为中心大致呈中心对称发展。试验结束时试坑内标点沉降介于 12. 3 ~ 18. 9 cm,按各标点所代表平面面积加权平均计算试坑内地面标点的试验结束时的沉降量平均值为 15. 3 cm。

(5)停水后浅标点都产生了排水固结沉降。沉降量以试坑中部最大,单天最大值为 0. 7 cm,累计最大值为 2. 5 cm;随着标点与试坑中心的距离增加,单天及累计固结沉降都逐渐减小。因此对于自重湿陷性黄土地基浸湿后,还要注意排水后的沉降对工程建筑物的影响。

3. 深部单天沉降变形特征与分析

自重湿陷试验场地单天深部沉降量的历时变化曲线如图 4-13 ~ 图 4-15 所示,结合观测

数据分析可知单天深部沉降变形有如下特点:

(1)第一阶段浸水,只有埋设深度在 2 ~7 m 之间的深标点发生了沉降,这说明 7 m 是第一段浸水渗透的下限,这也与第一阶段含水率变化曲线相对应。

(2)单天沉降量随深度的增大而减小,并逐渐趋于0。这也说明了深部沉降量的量测是成功的,因为深部沉降标点是自上而下逐层布设的,当下部地层发生沉降时,上部的浅层标点就会将这种变形表现出来,在理想状态下某深度上沉降量应为其下土体沉降量的总和。

(3)试坑浸水后,湿陷基本上是由浅而深发生、发展的,处在同一深度的深标点开始发生沉降的时间受其距试坑中心距离的影响,一般距试坑中心较近的深标点发生沉降的时间较早。

(4)单天深部沉降量—浸水时间关系曲线与地表单天沉降量—浸水时间关系曲线类似;所以,深部地层湿陷变形发展过程与地表湿陷变形发展过程极为相似,两者之间存在一定的相关性。

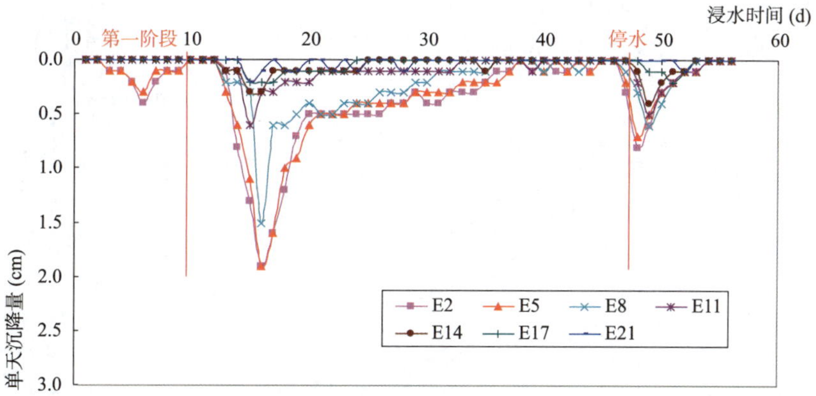

图 4-13 深标点 E 测线单天沉降量随时间变化曲线

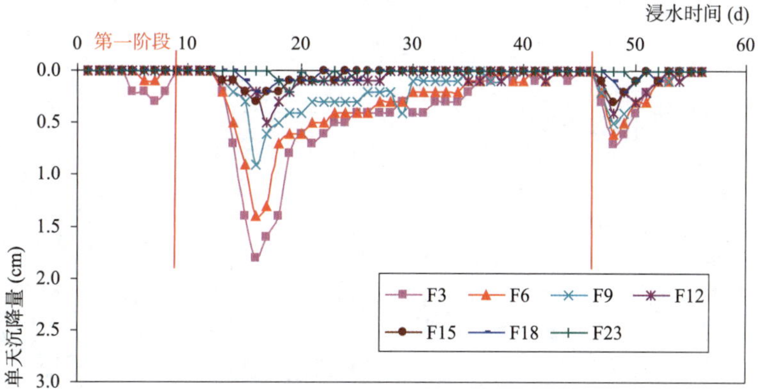

图 4-14 深标点 F 测线单天沉降量随时间变化曲线

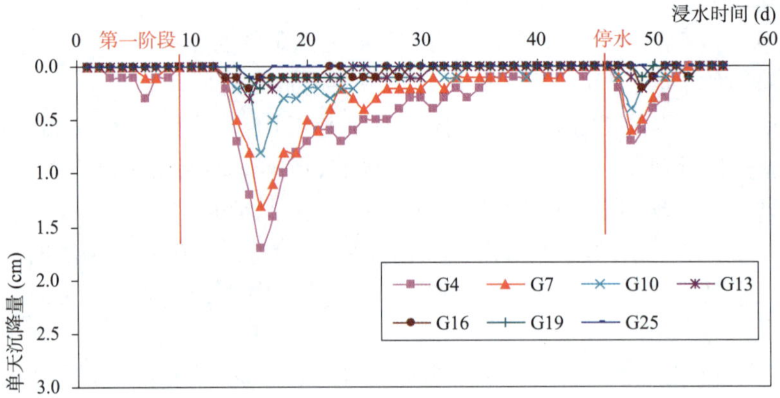

图 4-15　深标点 G 测线单天沉降量随时间变化曲线

4. 深部累积沉降变形特征与分析

根据观测数据,绘制了各深标点随时间变化的沉降曲线(图 4-16、图 4-17)。

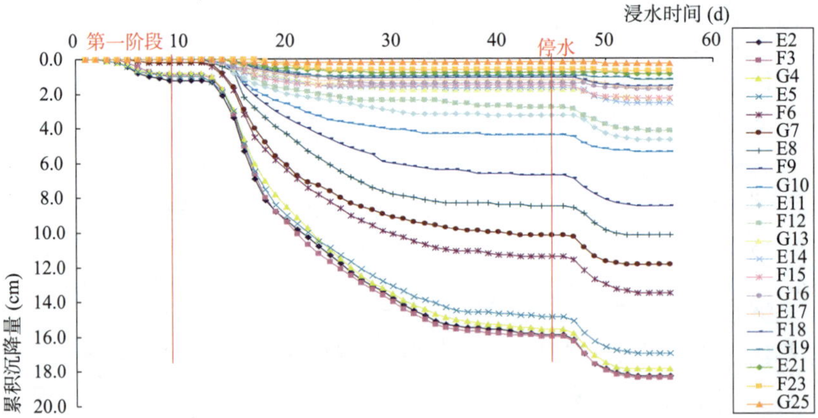

图 4-16　深标点 E、F、G 测线累积沉降量随时间变化曲线

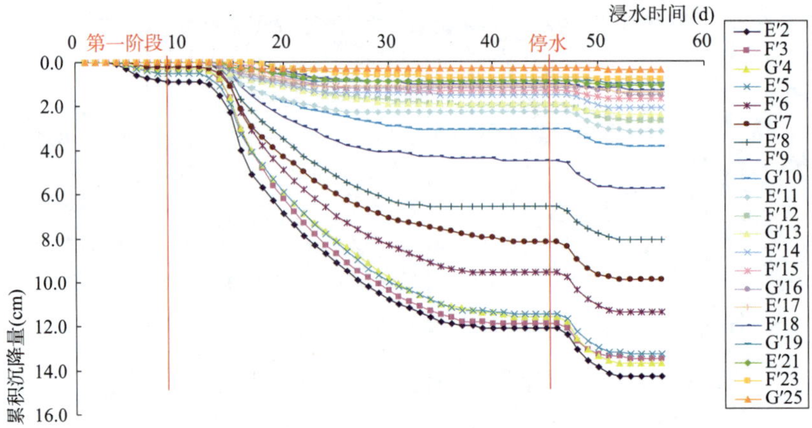

图 4-17　深标点 E′、F′、G′测线累积沉降量随时间变化曲

本次试验各深度均设置了2个深标点，假定“相同深度处下覆土层发生的自重湿陷量随与试坑中心距离的增加呈线性变化”，则计算该深度处的实测自重湿陷量时，将相同深度2个标点的沉降进行平均；按上述假设，平均值则为该深度处在中间点的实测自重湿陷量。例如，深度为2 m的土层上设置了2个标点，其距试坑中心的平面距离为a和b，测得的沉降量分别是x和y，将沉降量的平均值$(x/2+y/2)$作为距试坑距离为$(a/2+b/2)$处的实测自重湿陷量。用实测自重湿陷量绘出的坑内相同深度标点沉降平均值随深度的变化曲线和固结沉降量随深度的变化曲线如图4-18所示。

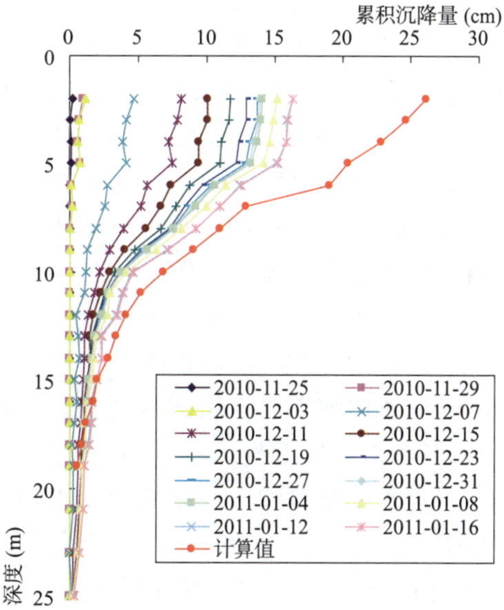

图4-18　平均累积沉降量随深度变化曲线

室内试验自重湿陷量计算值和现场自重湿陷量实测值之间存在较大差别，主要表现两方面：①就平均沉降量随深度变化曲线的收敛而言，现场实测值均不同程度小于室内试验计算值；②就浸水场地的总沉降量和地基底层的分层沉降而言，室内试验比现场实测普遍偏大，两者表现出一定的相关性。

由平均累积沉降量随深度变化曲线可知：

(1)2～5 m土层土体发生自重湿陷量较小。2～5 m土层沉降曲线在浸水过程中比较平缓，这说明现场观测的该土层的自重湿陷量是由其下土层的自重湿陷引起的，其自身的自重湿陷则是微乎其微的。

(2)平均累计沉降随深度变化曲线在10 m深度处收敛，该深度即为实测自重湿陷性土层下限深度。第二阶段浸水开始的第4天(第一阶段浸水后只有部分深标点发生了微小的沉降，因此第一阶段不作分析)，在深度为9～10 m处已产生了沉降，说明水至少已完全浸到这个深度。随着时间的推移，该深度以上各土层沉降量逐渐增大，直至趋于稳定；而9～10 m以下的各土层在以后的浸水时间内，只发生很小的沉降。因此，可充分说明自重湿陷发生的深度下限为9～10 m。

考虑到人们对湿陷性判定界限值的使用习惯，以大西客运专线对路基变形的实际控制标准，并借鉴前人的研究成果，试验按两个标准判定试验场地湿陷黄土的下限深度：①沿用《湿陷性黄土地区建筑规范》(GB 50025—2004)关于室内试验湿陷性判别标准，取“现场实测自重湿陷系数”等于或大于0.015的土层的下限深度；②根据大西客运专线对路基工后沉降控制标准“不大于15 mm”，取下覆土层实测自重湿陷量等于15 mm所对应的深度。其中标准②的工程意义较强。

根据现场实测的各土层自重湿陷量，求得不同深度土层的自重湿陷系数及湿陷土层下限。比较不同深度土层自重湿陷系数的实测值与室内试验计算值(图4-19)可知：

(1)由于各深度上都布设两个沉降标，而且两者距试坑中心位置不同，所以由不同布设位置所得到的现场实测自重湿陷系数及湿陷土层下限略有差异，排除边界效应等因素的影响，自重湿陷系数及湿陷土层下限取值以 E、F、G 深标点的计算值为准。

(2) 自重湿陷系数现场实测值和室内试验值存在差异，其中由 TJ-3 测得的自重湿陷系数最大，TJ-2 次之，现场实测值最小。根据现场实测深标点湿陷变形量与由此计算自重湿陷系数，自重湿陷土层埋深 5 ~ 10 m，坑内自重湿陷变形量为 12.3 ~ 18.9 cm。据室内试验资料，自重湿陷土层埋深 2 ~ 10 m，坑内自重湿陷变形量($\beta_0 = 0.9$)为 19.4 ~ 20.9 cm。但现场实测数据和室内试验数据总体上呈现出一定的相关性，三组数据反映出随深度增加土体自重湿陷系数的变化趋势是一致的：由小变大再变小，自重湿陷系数较大的土层位于地表以下 5 ~ 10 m 处。

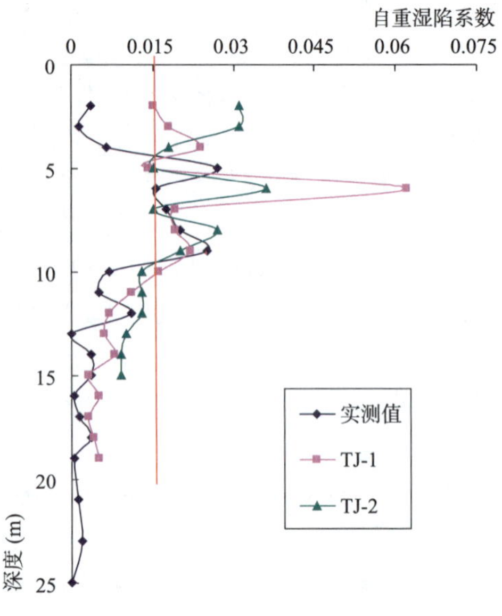

图 4-19　自重湿陷系数实测值与室内计算值

(3) 表层黄土(2 ~ 5 m) 自重湿陷量较小。可能是因为试验场地为村民自用耕地，每年灌溉约 6 次，亩均灌溉量约为 450 m^3/年，再加之降水的影响，表层土体的自重湿陷性已经退化(弱化)。实验室测得该层土体的湿陷系数较现场实测值明显偏大，所以并不排除在某个较大压力下土体发生湿陷。

4.2.3　灰土改良试坑(试坑 2)沉降变形特征与分析

本次浸水试验试坑 2(灰土改良坑)共布置浅标点 33 个，深标点 24 个，沉降观测试验分两个阶段进行，共历时 40 d，沉降观测共计 43 次。

1. 地表沉降变形特征与分析

根据试验观测数据绘制地表单天沉降量的历时变化曲线(图 4-20 ~ 图 4-22)。

观察 A、B、C 三条测线上单天沉降量(地表湿陷速率)随浸水时间的变化曲线，结合实测数据分析有如下结果：

(1) 浸水过程中，所有浅标点在浸水初期都出现了不同程度的“上浮”现象，并且距浸水边界越近，这种“上浮”现象出现得越早。原因在于所有黄土中都含有相当部分的黏土，而黏土具有遇水膨胀的性质，所以当土体含水率还没有达到可以产生自重湿陷变形时的含水率时，“上浮”现象就发生了。

(2) 至试验结束，只有距试坑浸水边界较近的地表出现了自重湿陷变形，但湿陷量都较小，与试坑 1 相比较更是微不足道。由此可得出结论：灰土的隔水效果还是非常明显的。

(3) 地表最大沉降为 0.6 cm，位于该 B 测线所在扇区坑内，因为该扇区灰土厚度最薄(20 cm)，浸水过程中水的渗透量最大，土体含水率最接近自重湿陷变形所需的含水率，所以产生的自重湿陷变形相对较大。

综上所述，并结合试坑 1 的试验结果可以得到：该场地黄土自重湿陷变形并不是遇水就即刻发生的，而是存在一个可以产生自重湿陷变形含水率的下限和上限，当天然土体遇水，但含水率没有达到这个下限时，土体不仅不会发生湿陷，反而会膨胀；随着土体浸湿时间的增加，含水率逐渐增加，当含水率越过这个下限并介于下限和上限之间时，土体会产生部分自重湿陷变形；只有当土体含水率越过上限时，其自重湿陷变形才会完全发生。

2. 深部沉降变形特征

由于灰土的隔水效应，只有距试坑浸水边界较近且埋设较浅的深标点出现了上述的“上浮”现象，而湿陷变形则基本没有发生，故对深部变形不作分析。

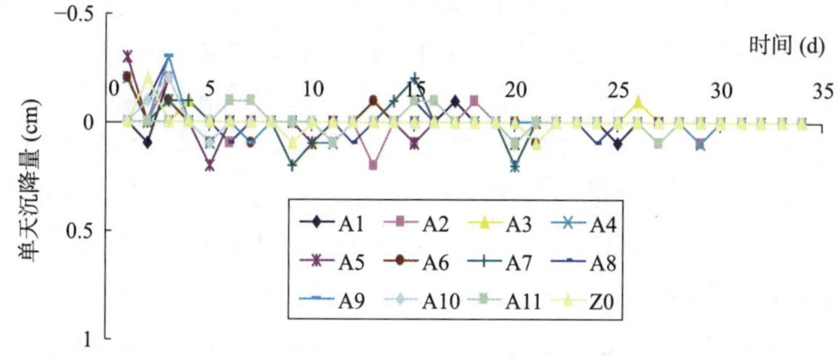

图 4-20　浅标点 A 测线（灰土厚 40 cm）单天沉降量随时间变化曲线

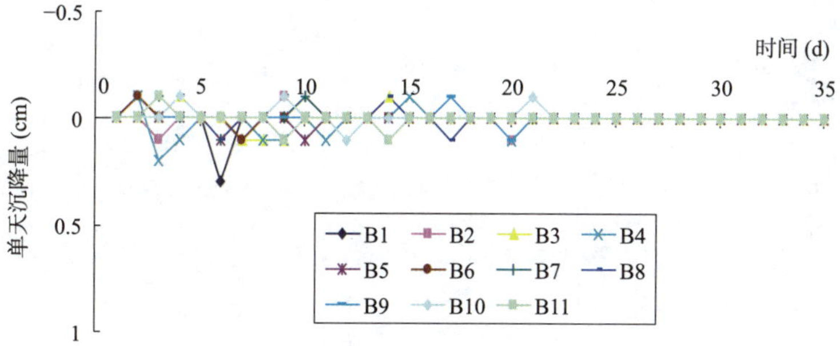

图 4-21　浅标点 B 测线（灰土厚 20 cm）单天沉降量随时间变化曲线

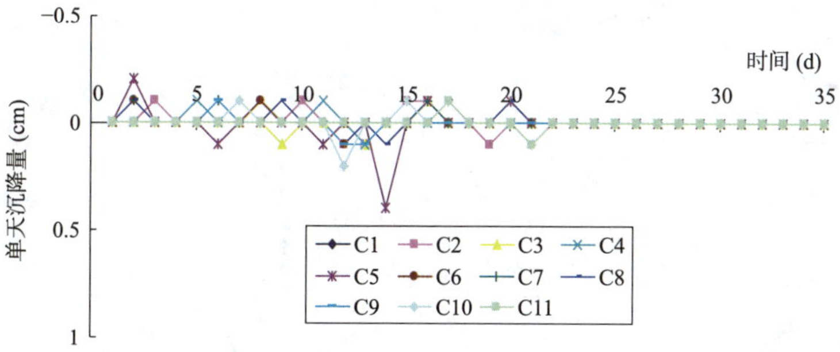

图 4-22　浅标点 C 测线（灰土厚 30 cm）单天沉降量随时间变化曲线

4.2.4　试坑浸水含水率测试与分析

对于原状土试坑（试坑 1）：在试坑大面积浸水条件下，从土体浸湿范围的角度入手，通过对试坑边界外不同范围、不同深度上含水率变化的测定，着重分析浸湿范围、湿陷变形范围以及地表产生裂缝范围三者之间的关系。

对于灰土改良试坑（试坑 2）：通过对浸水后不同时间段内不同厚度（20 cm、30 cm、40 cm）灰土垫层下土体含水率变化的测定，着重分析灰土的隔水效果，同时测定不同灰土垫层所对应坑外区域的含水率变化，分析在灰土垫层的影响下黄土的侧渗情况等。

1. 原状土试坑（试坑 1）

为了确定试坑浸水后由于侧向渗透所引起的坑外沿径向和垂向的影响范围，在试坑外布设 2 条对称的含水率测线（测线 1、测线 2），对浸水过程不同时间和不同距坑边距处进行含水率测定。含水率测定时间设计为第一阶段浸水末，第二阶段饱和浸水的第 5 天、15 天、30 天，在坑外沿径向两条测线上分别取土样测定含水率，和原始含水率做比较，最终确定浸湿范围。浸水前后土体含水率发生明显变化的位置为浸湿的分界点。“含水率发生明显变化”的界定参考前人研究成果，取含水率增量等于或大于 3%，即测得的含水率比原始含水率高出 3%（包括 3%）就认为该处土体被浸湿。在整个试验过程中，该地区无降雨发生，因此可排除气候等因素的影响，认为土体含水率变化完全是由渗水浸湿引起的。测试结果如图 4-23 所示。

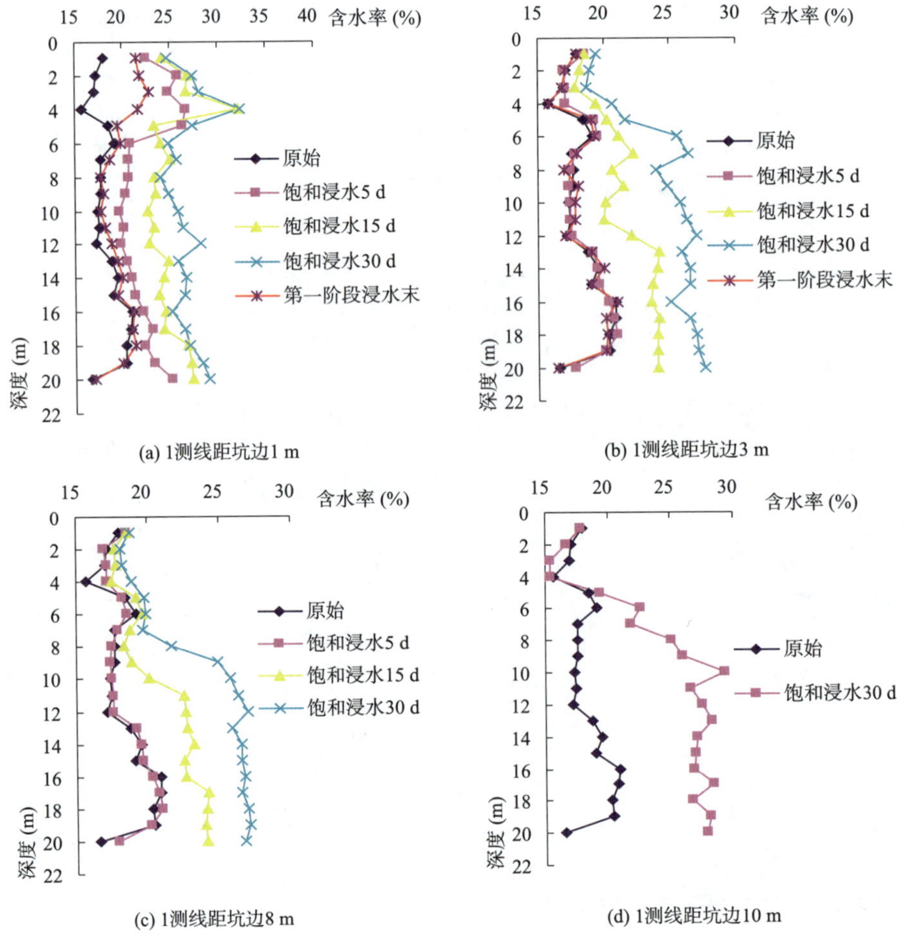

图 4-23

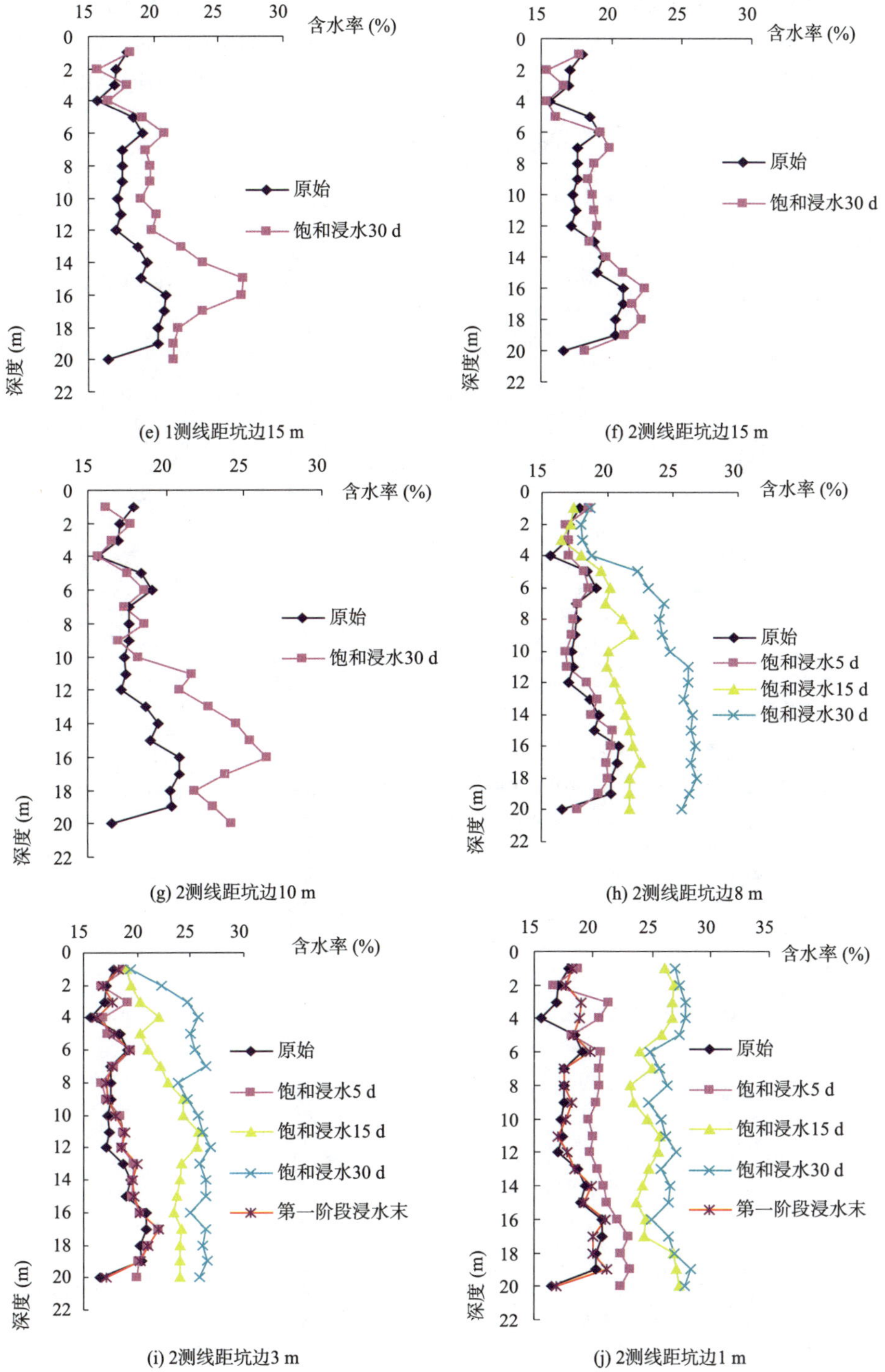

(e) 1测线距坑边15 m　(f) 2测线距坑边15 m

(g) 2测线距坑边10 m　(h) 2测线距坑边8 m

(i) 2测线距坑边3 m　(j) 2测线距坑边1 m

图 4-23　试坑 1 含水率随深度变化曲线

2. 灰土改良试坑(试坑 2)

和试坑 1 的浸水过程类似,试坑 2 根据不同厚度的灰土垫层在试坑外对应 3 条测线(测线

A、测线 B、测线 C)，对浸水过程不同时间和不同距坑边距处进行含水率测定。设计为第一阶段浸水 8 h、32 h 和 72 h，第二阶段饱和浸水的第 15 天、30 天，在坑外沿径向 3 条测线上分别取土样测定含水率，和原始含水率做比较，最终确定浸湿范围。测试结果如图 4-24 所示。

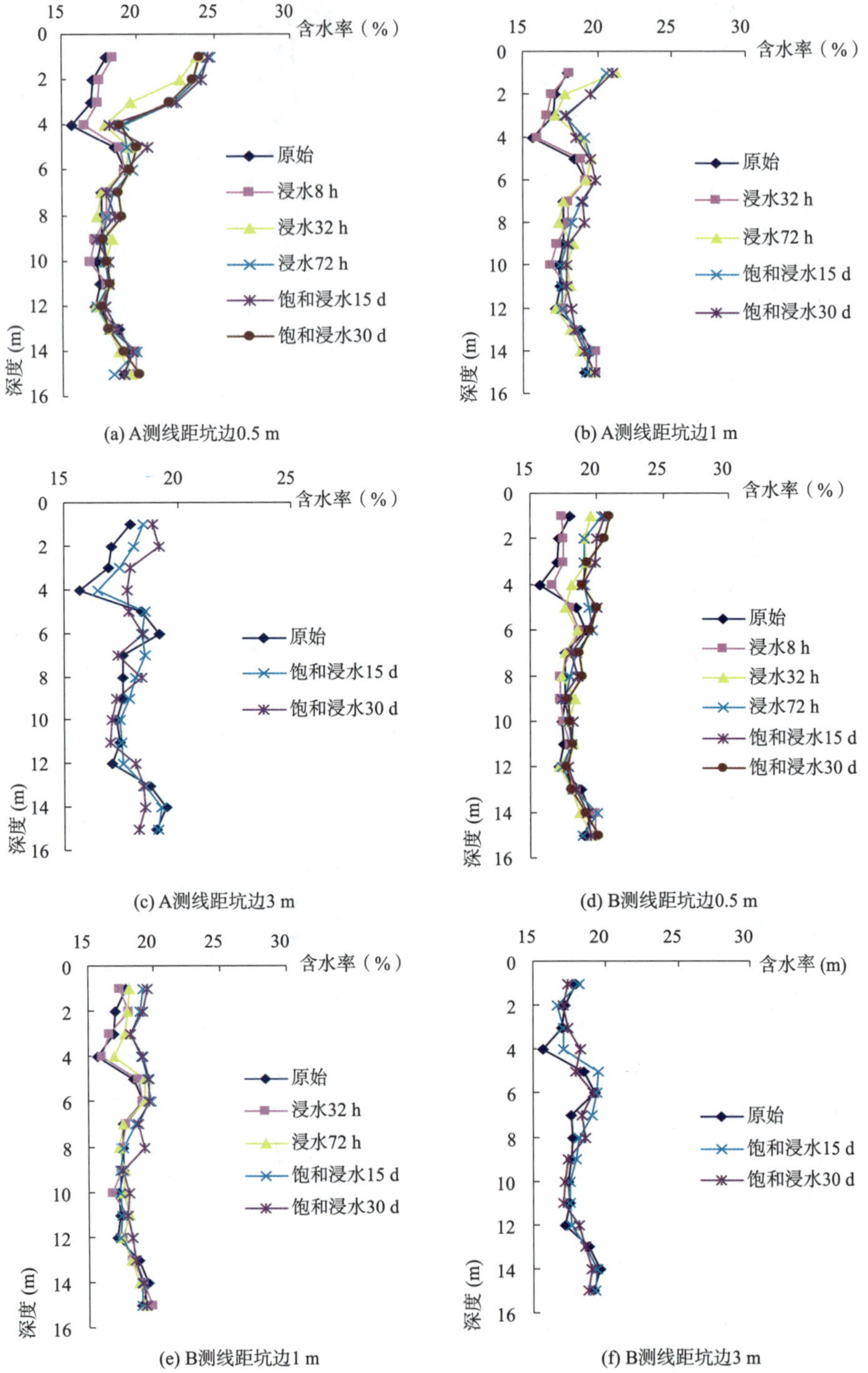

(a) A测线距坑边0.5 m　(b) A测线距坑边1 m

(c) A测线距坑边3 m　(d) B测线距坑边0.5 m

(e) B测线距坑边1 m　(f) B测线距坑边3 m

图 4-24

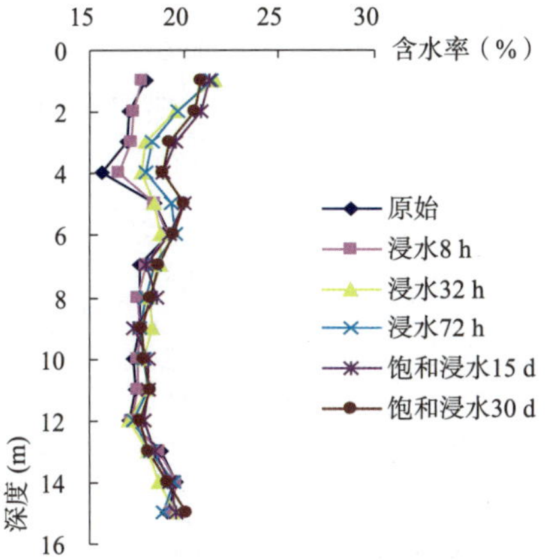

(g) C测线距坑边0.5 m

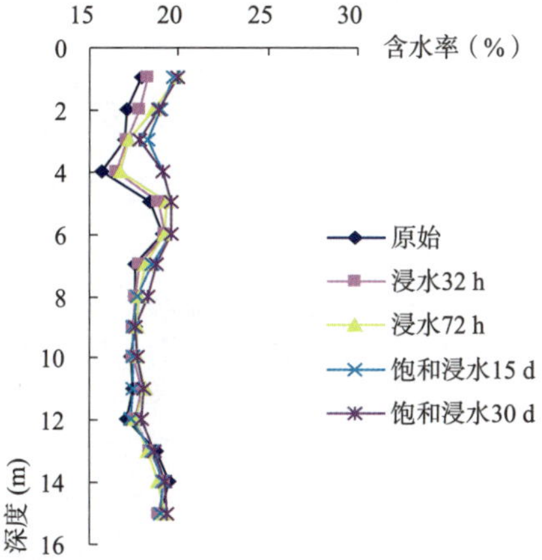

(h) C测线距坑边1 m

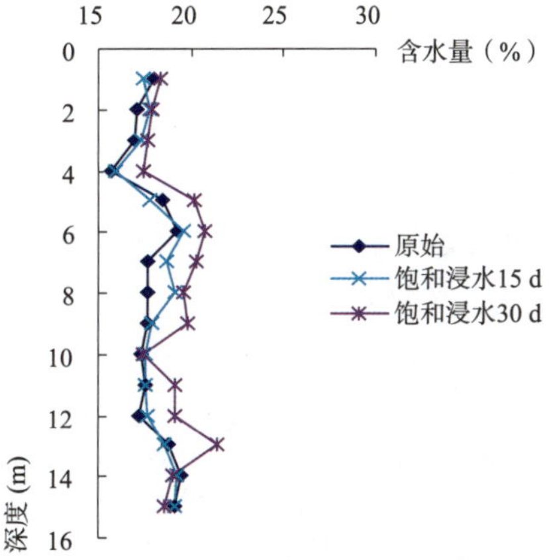

(i) C测线距坑边3 m

图 4-24　试坑 2 含水率随深度变化曲线

结合现场测试数据特征，可以把黄土中水的渗透过程总结如下：从浸水开始到试验结束的整个时间段内，含水率变化情况沿着土体不同深度经历了天然非饱和状态、非饱和入渗状态和饱和入渗状态；停水后，供水条件不足时又处于非饱和入渗状态；等深度距离各测点由天然非饱和状态到非饱和入渗状态再到饱和入渗状态所经历的时间随着深度的增加而逐渐增加；也就是说，入渗锋面向下运动的速度随着入渗深度的增大而减小。当停水以后，土体孔隙中的水在重力的作用下向下运动，含水率迅速降低，土体又进入了非饱和入渗状态；其后，含水率不断降低，直至含水率保持动态平衡。从现场测试结果可以看出，深度越浅的土层含水率降低越快，降幅也越大。

4.2.5　张力计测试与分析

1. 原状土试坑（试坑 1）

试坑 1 的三条测线 A、B、C 沿圆周呈弧形布设，分别距试坑边为 0.5 m、1.0 m、2.0 m，测试深度分别为 15 cm、30 cm、60 cm、90 cm、120 cm，以此反映由于试坑内水分侧渗所引起的被测深度土层中水分含量的变化趋势及程度。

试坑 1 张力计观测频率为每 8 h 一次，第一阶段浸水的观测历时 11 d；第二阶段浸水的观测历时 34 d；停水后，继续观测 9 d。累积观测总天数为 54 d。观测结果如图 4-25 所示。

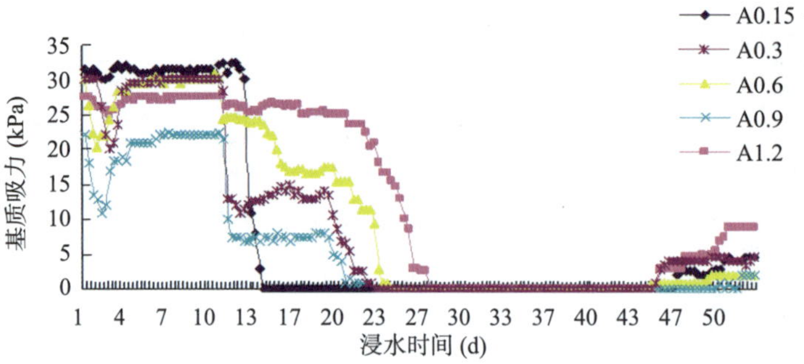

(a) 试坑1-A测线张力计

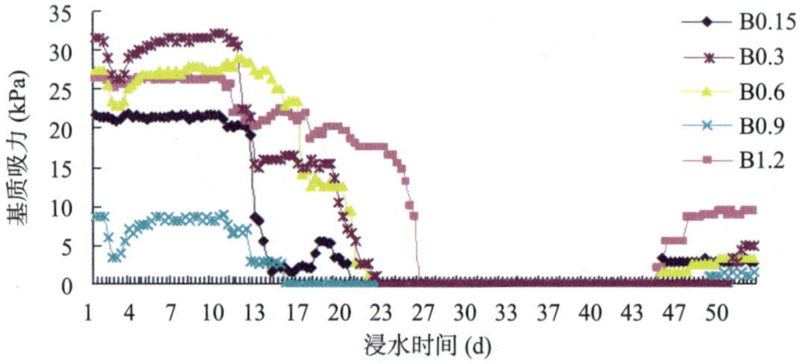

(b) 试坑1-B测线张力计

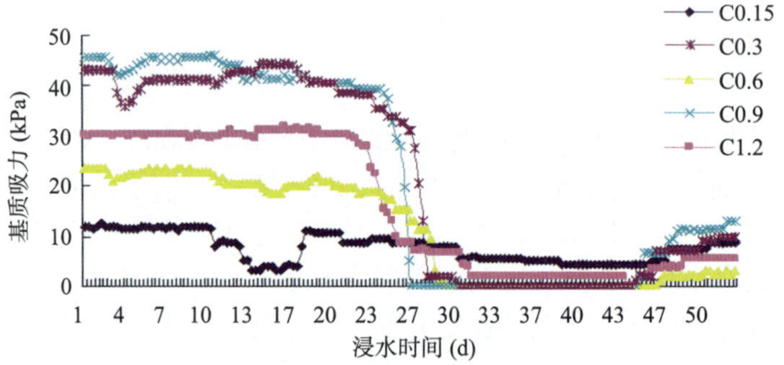

(c) 试坑1-C测线张力计

图 4-25　试坑 1 张力计观测曲线

(1)第一阶段浸水，当土层中含水率增加，土壤基质吸力会降低。

A 测线变化明显，浸水后很短时间内(浸水后 8 h)基质吸力值即开始下降，首先发生下降的土层在 0.6 m、0.9 m 深度处，其后为 0.3 m、1.2 m 深度，0.15 m 深度变化不明显，在初始值附近波动。浸水至第 2 天到第 3 天，A 测线各深度张力计测试土壤基质吸力值达到最低,之后开始回升,浸水至第 8 天到第 9 天,恢复到初始值左右。

B 测线与 A 测线变化趋势相近,程度较小,变化时间相对滞后。土壤基质吸力值在第 3 天降到最低。基质吸力变化土层主要在 0.6 m 以下,其上变化不大。

C 测线距试坑最远,除 1.2 m 深度有所变化,其他深度变化不大。1.2 m 深度处基质吸力值在第 4 天开始降低,第 5 天至最低,其后逐步恢复。

(2)第二阶段饱和浸水后,各张力计观测基质吸力值均有所下降。

A 测线最先开始下降,基质吸力首先下降土层深度在 0.6 m 以下,之后为上部土层,至观测第 20 天到第 23 天,基质吸力基本降为 0,土层基本达到饱和状态。停水之后继续观测,各层土壤基质吸力值开始恢复。

B 测线与 A 测线变化趋势相近,变化稍迟。基质吸力发生下降的土层首先在 0.9 m、1.2 m 深度处,之后为上部土层。至观测第 20 天到第 23 天基质吸力基本降为 0,土层基本达到饱和状态。停水之后继续观测,各层土壤基质吸力值开始恢复。

C 测线至观测第 27 天左右,0.6 m 深度以下土层基本饱和,其上土层至停水亦未达到饱和,停水之后继续观测,各层土壤基质吸力值开始恢复。

根据上述观测结果可以看出:基质吸力变化根据 A、B、C 三条测线由近及远,随着试坑浸水时间增加,浸水影响范围逐渐扩大;测试表明,基质吸力降低首先发生在低于试坑底面深度的 1.2 m、0.9 m 深度处(试坑底面深度 0.5 ~ 0.6 m),其次为与试坑底面持平的 0.6 m 深度处及由于毛细力影响的其上 0.3 m、0.15 m 深度处,发生时间按 A、B、C 测线顺序依次展开;表层 0.15 m、0.3 m 深度对地表温度及湿度变化较敏感,受其一定影响。

2. 灰土改良试坑(试坑 2)

试坑 2 两条测线 A、B 分别距试坑边 0.5 m、1.0 m,测试深度分别为 15 cm、30 cm、60 cm、90 cm、120 cm,以此反映由于试坑内水分侧渗所引起的被测深度土层中水分含量的变化趋势及程度。

试坑 2 的坑底做了灰土防渗改良。张力计观测历时 35 d,观测频率每 8 h 一次;停水后继续观测 9 d,累积观测 44 d。观测结果如图 4-26 所示。

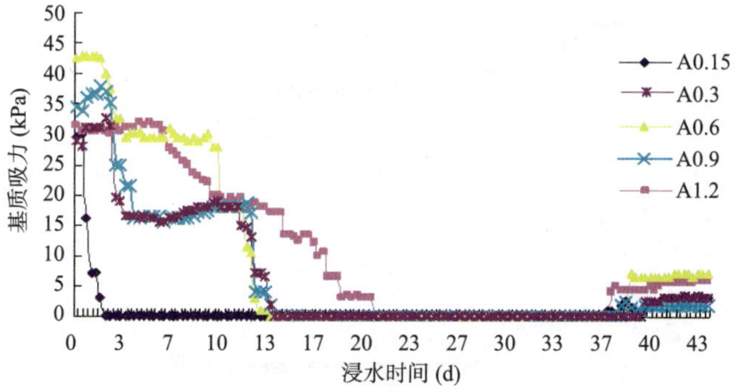

(a) 试坑2-A测线张力计

图 4-26

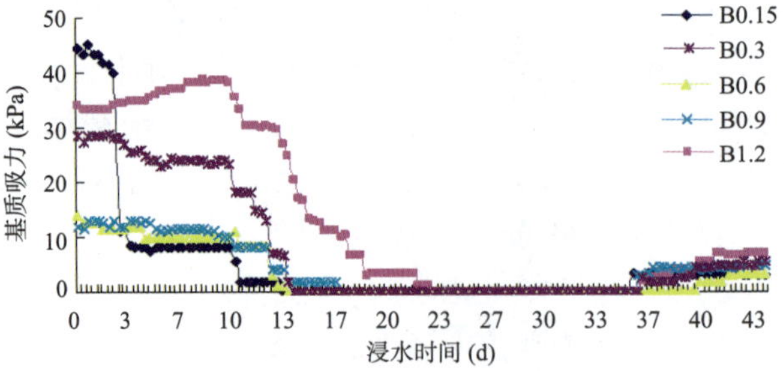

(b) 试坑2-B测线张力计

图 4-26　试坑 2 张力计观测曲线

试坑 2 张力计测试结果与试坑 1 类似。基质吸力变化根据测线距离由近及远，随着试坑浸水时间增加，浸水影响范围逐渐扩大；基质吸力降低首先发生较试坑底面更低的深度处，其次与试坑底面持平，上部深度较浅，因此受到毛细力及地表温度湿度共同作用影响。

4.2.6　传感器测试与分析

1. 原状土试坑(试坑 1)

试坑 1 由于部分土压力计曲线表现出相近特征，故按层位分为浅层(1 ~ 4 m)、中层(5 ~ 7 m)、深层(8 ~ 10 m)分别加以说明(图 4-27)。

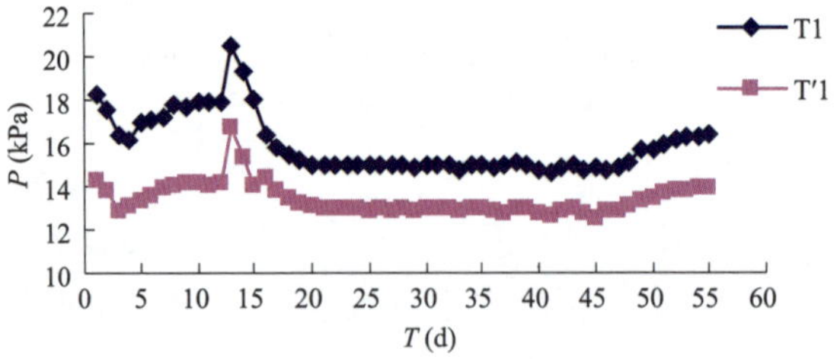

(a) 浅层土压力计曲线

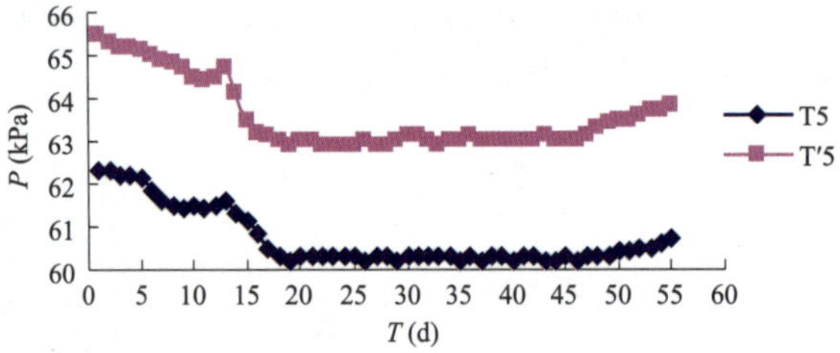

(b) 中层土压力计曲线

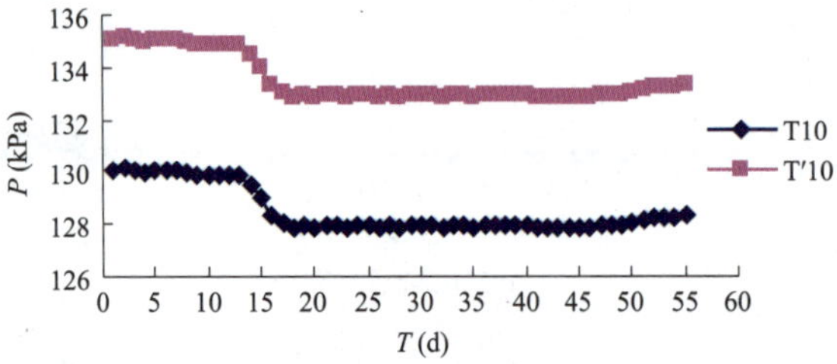

(c) 深层土压力计曲线

图 4-27　试坑 1 土压力变化曲线

由上述曲线可以看出：浅层土体在饱和阶段浸水开始后，由于受到上层水体压力作用（3～4 kPa），土压力明显升高，随着土层深度的增加，受上层水压力作用逐渐减小，至5 m左右基本消失；中部及深部土层距渗水孔较近土体，饱和速度亦较快（如T5，T′5。T′5距渗水孔较近）；停水后，随着土层深度的增加，土压力回升速度减慢。总体上试坑内部土压力在浸水期间，土压力逐渐减小，根据有效应力原理，则孔隙水压力在逐渐增大，直至出现土体饱和；在停水后，孔隙水压力消散，土压力有所回升。

2. 灰土改良试坑（试坑2）

与试坑1类似，观察土压力计曲线也将其层位分为浅层（1～4 m）、中层（5～6 m）、深层（7～8 m）分别加以说明（图4-28）。

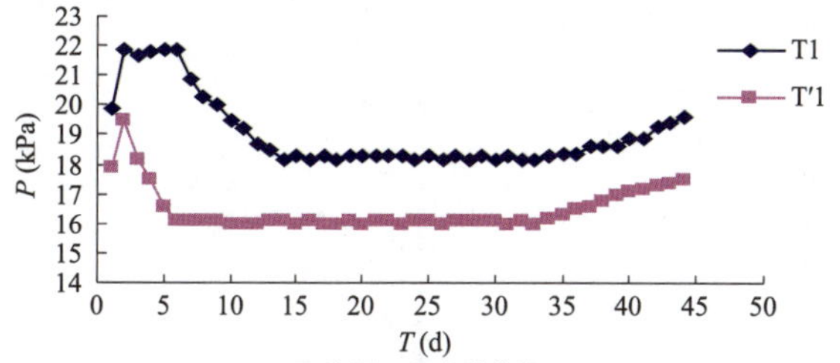

(a) 浅层土压力计曲线

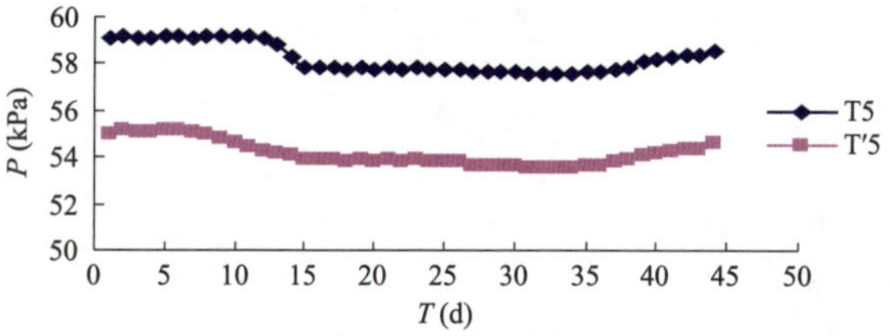

(b) 中层土压力计曲线

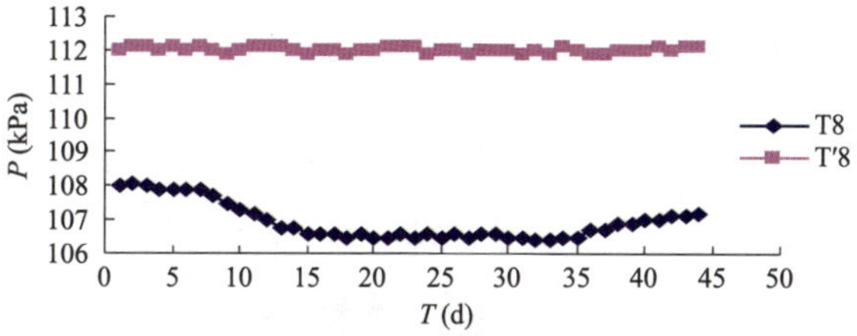

(c) 深层土压力计曲线

图4-28 试坑2土压力变化曲线

由上述曲线可以看出：与试坑1类似，浅层土体进水后，土压力逐渐降低，但其速度较试坑1相对要慢；由于灰土垫层的隔水作用，试坑2受浸水影响深度较浅，试坑内6 m以下基本未受影响，土压力值基本不变（如T8）；但在试坑边壁处，由于坑壁未作防渗处理，在水体下渗及侧渗的作用下，土压力值有所减小（如T′8）。灰土垫层较厚区，隔水效果则相对较好（如T5，T′5）。

4.2.7 裂缝分析

截至试验结束，试坑一共出现2条连续裂缝（L1、L2），最外侧出现不连续的裂缝（L3），详见图4-29。由于试坑土层沉降量总体较小，裂缝特征不是十分明显，裂缝出现时间依次为:L1 出现在饱和浸水的第 7 天,L2、L3 出现在饱和浸水的第 22 天。裂缝宽度为 1 ~2 cm,深度为 30 ~50 cm,无错台。L1 最近处距试坑边 2. 3 m,L3 最远处距试坑边 7. 5 m。试坑 2 在坑边发现数条裂纹,坑外并无出现明显裂缝。

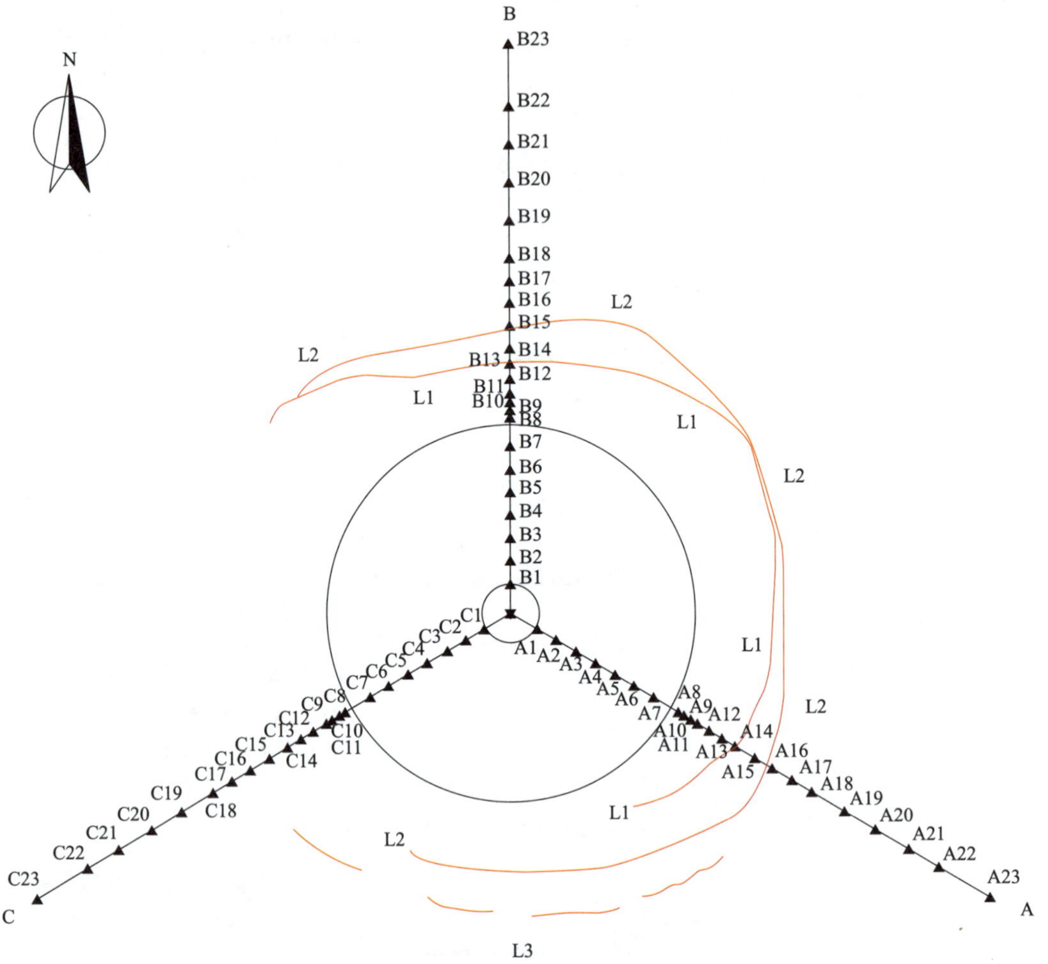

图 4-29 试坑 1 裂缝平面图

4. 3 浸水试验综合研究

4. 3. 1 原状土试坑(试坑 1)浸水影响范围分析

结合前述对试坑 1 含水率不同阶段的测试结果,依据含水率变化曲线,得出试坑 1 浸水影响范围,并根据含水率测试方案,测定了试坑第一阶段浸水、饱和浸水 5 d、饱和浸水 15 d、饱和浸水 30 d 的浸水影响范围。

通过观测,试坑第一阶段浸水结束时,水平向影响约 1 ~1. 2 m,竖向影响最深约 2. 15 ~2. 23 m。饱和浸水第 5 天时,水平向影响约 4 ~4. 4 m,竖向影响最深约 5. 4 ~5. 6 m;饱和浸水第 15 天时,水平向影响约 10 ~ 11. 5 m,竖向影响最深约 10. 8 ~ 12. 0 m;饱和浸水第 30 天时(即试验结束),水平向影响约 15 m,竖向影响最深约 16. 5 m,黄土饱和区呈向下开口的喇叭形态,其外边界线与垂线夹角为 40° ~ 45°。试坑 1 饱和浸水 30 d 影响如图 4-30 所示。

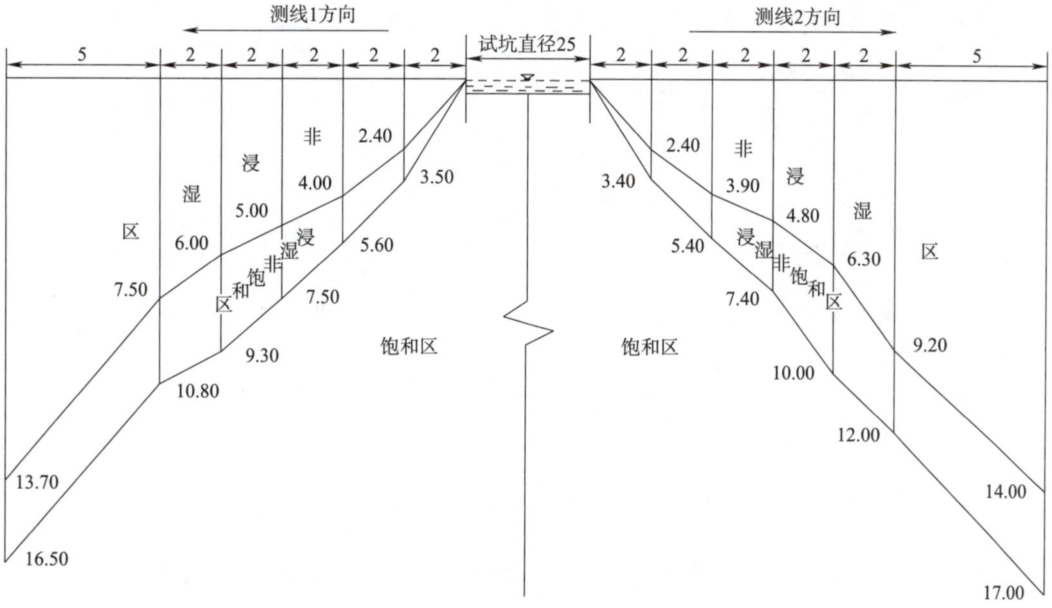

图 4-30　试坑 1 饱和浸水 30 d 影响范围图(单位:m)

4. 3. 2　灰土改良试坑(试坑 2)浸水影响范围分析

试坑 2 底部因做了灰土垫层防渗处理,对其浸水影响分坑外影响范围及坑内影响程度两方面分析。

1. 试坑 2 外部浸水范围分析

结合试坑 2 含水率外部测试结果及含水率变化曲线,得出试坑 2 浸水影响范围,坑下黄土基本上未饱和(局部饱和可能与取样时不慎进水有关),黄土浸湿非饱和区呈上窄下宽的鸭梨形态,如图 4-31 所示。

2. 试坑 2 内部含水率变化分析

观察含水率变化曲线图,结合现场测试数据(表 4-13),并和试坑 1 作比较:

(1)灰土垫层的隔水效果非常明显,但不同厚度灰土垫层的隔水效果也有一定的差别,灰土垫层越厚,则隔水效果越好。

(2)至试验结束,试坑内各个深度土体含水率都不高,始终没有达到饱和状态,这也是试坑 2 试验场地基本没有出现自重湿陷的原因。

(3)第 30 天的含水率变化曲线和其他曲线形态差别较大(其中 40 cm 灰土下 1 m 处含水率达到 25. 69% ,可能是取样时不慎进水引起的),即在 20 cm 灰土垫层下 3 m 深度,30 cm 灰土垫层下 4 m 深度和 40 cm 灰土垫层下 5 m 深度的土体含水率都出现一个峰值,峰值对应深度的上层土体含水率却又偏低。由此推断:含水率峰值并不是由通过灰土垫层垂直渗透的水引

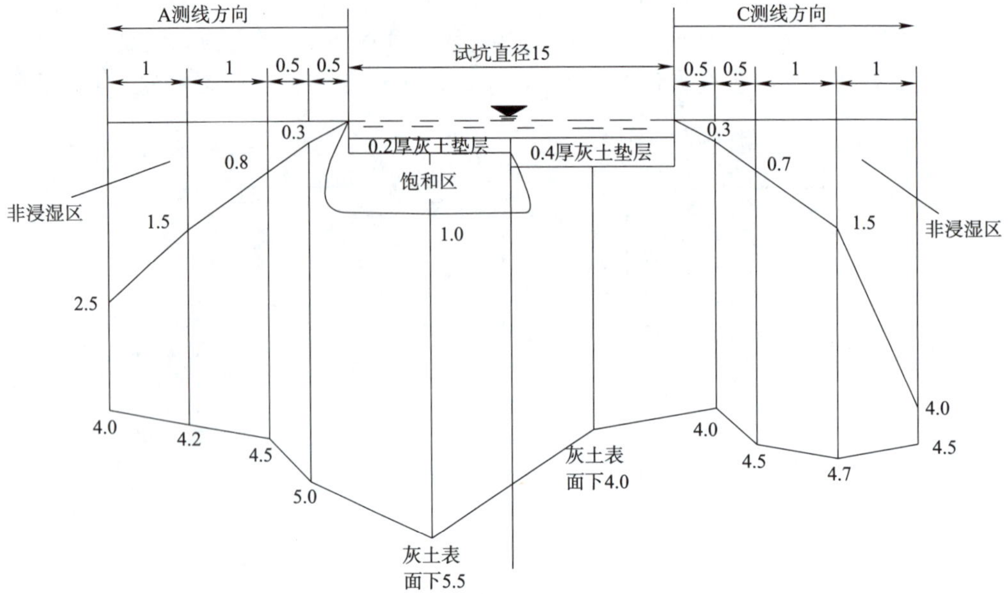

图 4-31　试坑 2 浸水影响范围图(单位:m)

起的,而是由通过浸水试坑边界侧渗进入试坑外部的水,再反向侧渗回至灰土垫层下引起的。所以,在实际工程中应重视灰土垫层范围外天然土层水的渗透对灰土下土体的影响。

表 4-13　浸水 32 h、72 h 不同厚度灰土下不同土体含水率增量

深度(m)	土体含水率增量(%)					
	20 cm 灰土下		30 cm 灰土下		40 cm 灰土下	
	32(h)	72(h)	32(h)	72(h)	32(h)	72(h)
1	1. 37	3. 94	0. 53	2. 54	0. 13	2. 32
2	0	0. 96	0	0. 70	0	0
3	0	0	0	0	0	0

4. 3. 3　试验场地黄土湿陷敏感性分析

所谓自重湿陷敏感性是指自重湿陷黄土地基由于浸水产生自重湿陷的敏感程度,它对合理评价自重湿陷性黄土地基不同的危害程度具有实用意义。有关自重湿陷敏感性问题,可以从以下方面的数据反映出来:①浸水面积大小对自重湿陷量的影响;②浸水时间对自重湿陷量的影响;③裂缝展开距离及浸湿范围的差别;④小面积试坑浸水荷载试验在湿陷量组成上的差别。

黄土场地自重湿陷敏感性是由多方面因素决定的,既与渗透强弱、应力大小及初始湿度有关,也与场地不同性质土的组成有关,并且与浸湿范围及浸湿程度有关,还与土的湿陷历史有关。根据关中及兰州地区部分试验资料,可将影响自重湿陷敏感性的主要因素归纳为以下四方面:①地质成因及地理位置的影响;②自重湿陷土层埋藏深度的影响;③自重湿陷量计算的影响;④土的粒度、易溶盐及黏粒含量的影响。

评价黄土场地湿陷敏感性的方法主要包括：

①利用室内试验结果进行评价；

②利用实测资料与室内试验结果相比较进行评价；

③根据现场试验的某些现象进行评价。

以下就分别用上述方法来进行本次试验场地黄土自重湿陷敏感性评价。

方法1：其代表方法为用灵敏度(K')判别，K'描述的是土层的湿陷敏感性，计算公式如下：

$$K' = \frac{P_z}{P_{sh}} \tag{4-2}$$

式中　P_{sh}——土体的湿陷起始压力；

P_z——上覆土体的饱和自重压力。

用K'值判定敏感程度的标准见表4-14。

表4-14　判定敏感程度的标准

敏感程度	很　强	较　强	较　弱	弱
划分界限	$K' \geq 1.5$	$1.0 \leq K' < 1.5$	$0.7 \leq K' < 1.0$	$K' \leq 0.7$

按照式(4-2)，结合室内试验所确定的P_{sh}和P_z的值，可确定各土层的K'值，计算结果见表4-15。

由表4-15可知：除了1 m、2 m、5 m、11 m、12 m深度的土层湿陷敏感性较强外，其余土层湿陷敏感性均是弱或较弱，而1 m、2 m、11 m、12 m深度的土层自重湿陷系数较小，即该深度土层自重湿陷量在总自重湿陷量中仅占较小比例，所以依据以上K'值可判断该场地的自重湿陷敏感性为较弱。

表4-15　K'值法判别土层自重湿陷敏感性

深度(m)	1	2	3	4	5	6	7	8	9	10	11	12
K'	3.9	1.0	0.8	0.6	1.1	0.4	0.7	0.7	0.6	0.9	1.2	1.2
敏感程度	很强	较强	较弱	弱	较强	弱	较弱	较弱	弱	较弱	较强	较强

方法2：用自重湿陷量的实测值与室内试验计算值之比K_0来判别场地的湿陷敏感性。K_0用以下公式计算：

$$K_0 = \frac{\Delta'_{zs}}{\Delta_{zs}} \tag{4-3}$$

式中　Δ'_{zs}——现场浸水实测自重湿陷量；

Δ_{zs}——室内试验计算自重湿陷量。

用K_0值判定敏感程度的标准见表4-16。判别该场地实测最大自重湿陷量为18.9 cm，室内试验计算湿陷量为26.1 cm，由式(4-3)计算得$K_0 = 0.72$，场地自重湿陷敏感性较弱。

表4-16　用K_0值判定敏感程度的标准

敏感程度	很强	较强	中等	较弱
划分界限	$K_0 \geq 1.7$	$1.4 \leq K_0 < 1.7$	$1.0 \leq K_0 < 1.4$	$K_0 \leq 1.0$

方法3:根据现场浸水试验过程中的某些现象进行评价。

根据文献资料,按已有资料和工程实例,可将黄土自重湿陷敏感性划分为自重湿陷很敏感、自重湿陷中等敏感和自重湿陷不敏感三类。

自重湿陷很敏感黄土的特征有:

①小面积浸水(试坑边长小于湿陷土层厚度一半),也能产生较大的自重湿陷量(超过7 cm以上)。

②浸水以后,立即产生自重湿陷,1 ~2 d内湿陷速率达最大值。

③湿陷裂缝开展距离较远,一般约等于或大于湿陷土层厚度。

自重湿陷中等敏感黄土的特征有:

①小面积浸水,湿陷量较小,或无湿陷量;大面积浸水时,能产生明显的自重湿陷量。

②裂缝距离和浸湿范围小于湿陷土层厚度。

自重湿陷不敏感黄土的特征有:

①小面积试坑浸水,一般不产生自重湿陷;大面积试坑浸水(边长大于10 m或大于湿陷土层厚度),需经过5 d以上时间,才有自重湿陷特征的反映。

②局部浸水所引起的湿陷,其变形规律与同级非自重湿陷性黄土地基性质近似。

本次试验中,试坑内的浅标点在浸水后第3 ~4天湿陷速率达最大,最远湿陷裂缝距离试坑边沿为5 m,自重湿陷土层下限为试坑底面以下10 m,湿陷裂缝开展距离小于自重湿陷土层厚度,据上述特征判断,试验场地为自重湿陷中等敏感。

综合上述的判断结果,本试验场地湿陷性黄土的自重湿陷敏感性较弱。

4.3.4 现场试验与室内试验结果对比及分析

1. 自重湿陷下限的对比及分析

现场试坑浸水试验的测量结果显示,实测自重湿陷下限为10 m(原地面下10.5 m)。室内测定深度20 m范围内的自重湿陷系数,结果为深度在10 m以上的土体的自重湿陷系数基本都大于0.015,10 m以下的土体的自重湿陷系数都小于0.015,即室内试验确定的自重湿陷下限为10 m。现场试验和室内试验的结果基本一致。

2. 自重湿陷量的对比及分析

依据前述,得出室内试验计算自重湿陷量值为18.3 cm。野外实测自重湿陷量值(将以Z_0标点为圆心、自重湿陷下限深度为直径的圆内浅标点最终沉降量的算术平均值作为实测自重湿陷量)为17.5 cm。现场试验和室内试验的结果大致相当。

3. β_0的反算

β_0是《湿陷性黄土地区建筑规范》(GB 50025—2004)中建议的一个系数,用于湿陷黄土场地自重湿陷量Δ_{zs}的计算,计算公式为

$$\Delta_{zs} = \beta_0 \sum_{i=1}^{n} \delta_{zhi} h_i \tag{4-4}$$

由式(4-4)可得自重湿陷修正系数计算式:

$$\beta_0' = \Delta_{zs}' / \sum_{i=1}^{n} \delta_{zhi} h_i \tag{4-5}$$

式中 Δ'_{zs}——自重湿陷量实测值。

若取最大沉降量 18.9 cm 作为自重湿陷量计算，分别与 TJ-1、TJ-2 室内试验计算值相比较，β_0分别为 1.08 和 0.99；若取试坑内地面标点的沉降量平均值（各标点沉降量在平面面积上加权平均）15.3 cm 作为自重湿陷量计算，β_0分别为 0.87 和 0.80。

综合以上内容，现场试验与室内试验测得的各个结果有相同的、有不同的，这与进行试验时的测量手段、试验方法等很多因素有关。分析各种影响因素，试验研究认为主要的因素有：

（1）Q_3黄土从宏观上看是比较均一的，实际上会出现非自重湿陷土层与自重湿陷土层相间隔的现象，由于勘探时取样间隔过大，以少数土样的湿陷性代表整个土层的湿陷性，难免造成误差。

（2）室内外试验条件的差异。现场不同深度土层上的作用压力并不等于上覆土层的自重压力，有侧向变形且受侧向土层的摩擦阻力影响，常出现脱空现象。可以说土体是在完全无侧限压力条件下和自然气候条件作用下及各种自然力综合作用下的结果，是一个复杂过程，土体湿陷变形是一个综合结果。室内试验则简化了许多，作用压力均匀又无侧向摩擦的影响，模拟理想的条件下土体的变化过程，土体完全没有侧向变形。

所以，室内试验和现场试验的结果必然有不同。这样的结果说明，室内试验测得的各项指标数据虽然是土体湿陷性的重要衡量指标，但是只能作为参考，并不一定能代表现场的实际情况，而且可能与现场的情况有相当大的差异；在应用室内试验数据时，要考虑到实际情况可能有的不利因素，避免工程事故的发生。对自重湿陷性黄土场地的评价应采用现场试验结果，较为可靠。同时，今后要在有条件的情况下，加强对室内试验理论、方法、仪器和误差控制等方面的研究，以利更真实准确反应实际的情况。

4.3.5 试坑沉降量与土压力对比分析

通过试验期间对试坑内土层的沉降量及土压力的测试，将两者做对比分析，如图 4-32 所示。可以看到土层的沉降量与其收到的压力之间有如下的对应关系。

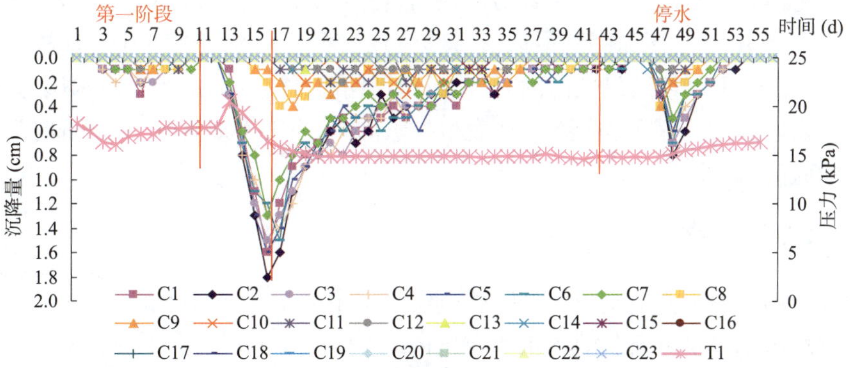

(a) 单日沉降量与土压力(T1)对比分析

图 4-32

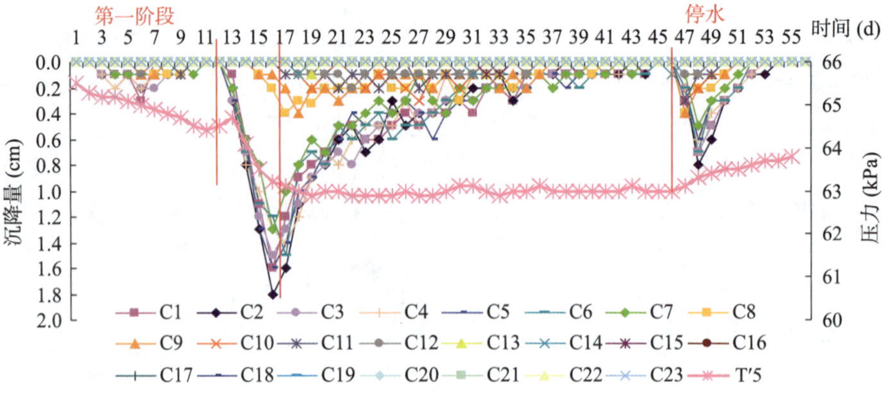

(b) 单日沉降量与土压力(T′5)对比分析

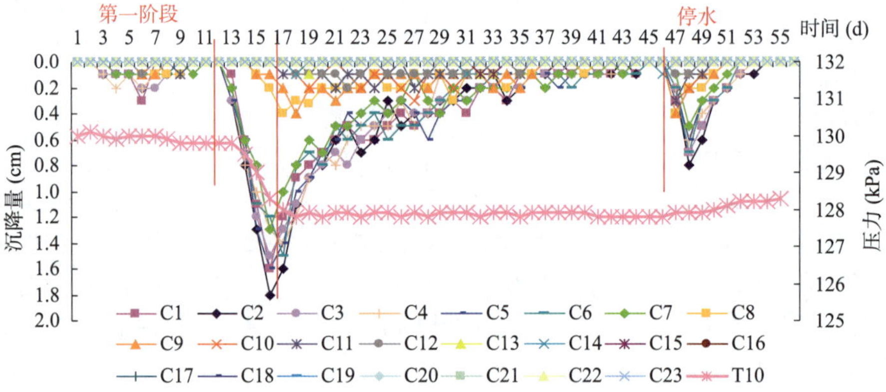

(c) 单日沉降量与土压力(T10)对比分析

图 4-32　试坑沉降量与土压力对比分析图

由上述各图可以看到:将土压力变化情况与土层沉降情况对比,由于试坑饱和浸水,水体不断进入土体孔隙并破坏土体原有结构,引起孔隙水压力逐步增大,土压力逐步减小,当土体达到饱和状态时,土压力降到最低值,接近稳定,而不同深度土层其单日最大沉降量发生时间均在土压力下降接近最低值的时段,或稍稍偏前;停水后,由于孔隙水压力开始消散,土压力随之而增加,由于孔隙排水,土体发生排水固结,而又出现沉降,其出现时间往往在停水后很短的时间内。

4.3.6　浸水含水率与张力计对比分析

张力计所测得的土壤基质吸力是随着土层含水率的增大而减小的,因此其从另一个方面反映了试坑由于浸水而引起的含水率变化情况。将试坑 1 距坑边 1 m 处不同深度张力计与距坑边 1 m 处 1 m 深度含水率测试结果作对比(张力计布设在 2 测线一侧),结果如图 4-33 所示。

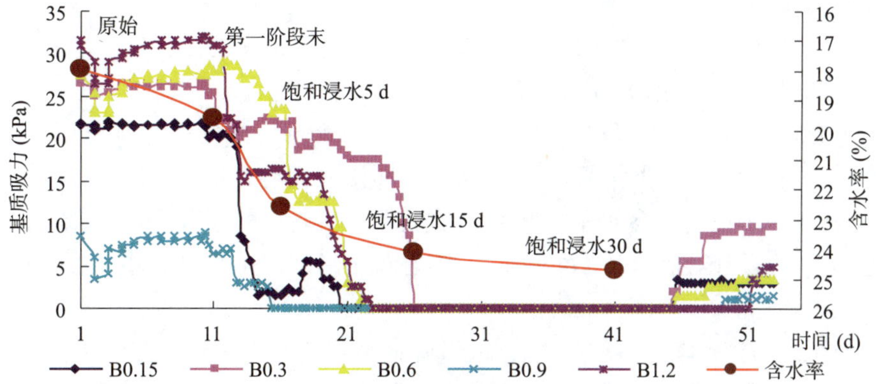

(a) 张力计与含水率对比分析

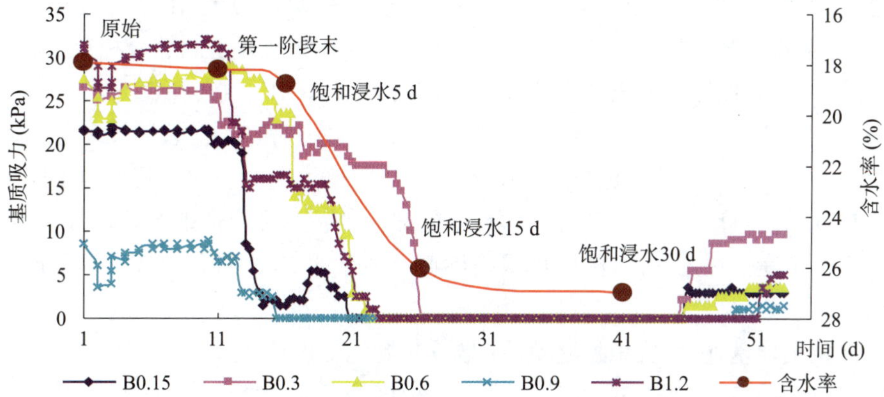

(b) 张力计与含水率（2测线）对比分析

图 4-33　试坑张力计与含水率对比分析图

由图 4-33 可以看到：在相同距离（距坑边 1 m）相同深度处（张力计 0.15 ~ 1.2 m，含水率 1 m），张力计与含水率表现出类似的测试结果。随着浸水时间增加，张力计所表现的基质吸力减小，而含水率逐步增大；饱和浸水后，含水率增加迅速，相应的基质吸力降低速度也很快，饱和浸水 15 d 后，对应出土体接近饱和，含水率接近稳定，此时的基质吸力也基本消失。可以预见的是，停水后如继续观测，随着孔隙水的消散，含水率逐步降低，土层基质吸力将会逐渐恢复。

4.3.7　湿陷性黄土地基处理及防排水措施建议

通过本次湿陷性黄土试坑浸水试验所得到的结果，可从以下几方面对地基处理及防排水措施提出建议。

分析图 4-30：试验对于试坑 1 所产生的侧渗影响范围为距离试坑边约 15 m，范围为其直径的 60%（试坑 1 直径 25 m），且随着深度的增加土层含水率增大，表现为非浸湿区、浸湿非饱和区、饱和区的依次过渡。由于本次场地地基湿陷等级为 Ⅱ（中等）级，当湿陷程度增大时,其浸水影响范围也相应增大,一般可达到试验试坑直径值。

分析图 4-31:由于灰土垫层的作用,试验对于试坑 2 所产生的侧渗影响范围为距离试坑边约 3 m,为其直径长度的 20%(试坑 2 直径 15 m)。

试坑 1 影响范围为其直径的 60%(试坑 1 直径 25 m),试坑 2 影响范围为其直径的 20%(试坑 2 直径 15 m)。类比两者,灰土垫层的防渗效果是十分明显的。

因此,建议对于地基防渗处理的距离,应类比于试坑直径取其直径的 1 倍到 1.5 倍。本结论仅适用于中等湿陷性(Ⅱ级)黄土地区;随着黄土场地湿陷程度的增大,地基防渗处理的距离应随之增加。

通过对沉降与含水率关系的分析可知,沉降或突降的发生一般是在土层含水率达到或接近饱和的时段,由此会对地基产生严重破坏。因此建议应对地基下土层含水率做实时监测,在实测含水率值接近饱和值之前,及时做出相应的处理措施。

国家标准《湿陷性黄土地区建筑规范》(GB 50025—2004)规定,在湿陷性黄土地区进行建设,应根据湿陷性黄土的特点和工程要求,采取以地基处理为主的综合措施,防止地基受水浸湿引起湿陷,以保证建筑物的安全和正常使用。

湿陷性黄土地基处理,一般在其竖向或横向采用夯实挤密的方法,使处理范围内土的孔隙体积减小,干密度增大,压缩性降低,承载力提高,湿陷性消除。它与其他类土的地基处理为了提高强度和减小压缩性的目的不完全相同,故其他特殊类土的地基处理方法,对湿陷性黄土地基不一定完全适用。同样,处理湿陷性黄土地基的方法,对其他特殊类土地基也不一定完全适用。

湿陷性黄土地基处理,应根据建筑物的类别、场地的湿陷类型以及湿陷性黄土的厚度、湿陷系数、自重湿陷系数、湿陷起始压力沿土层深度的分布,并考虑因地制宜、就地取材、保护环境以及施工条件的可能性等因素,通过技术经济综合分析比较后,可选用表 4-17 中的一种或几种相结合的处理方法。

地基处理施工前,对已选定的地基处理方法,宜在有代表性的场地上进行试验或试验性施工,通过必要的测试,以检验设计参数和处理效果,当不满足设计要求时,应查明原因采取措施或修改设计。

当采用垫层法、夯实法或挤密法处理湿陷性黄土地基时,应根据工程要求使用素土或灰土作填料,但不得使用砂、石等粗颗粒的透水性材料作填料,以防止浸湿未处理的湿陷性土层引起湿陷。在雨季、冬季选用上述方法,施工期间,应采取防雨、防冻措施,保护备好的土料和灰土不受雨水淋湿或冻结,并应防止地面水流入已处理和未处理的基坑或基槽内。

当基础荷载大,采用地基处理方法的承载力不能满足设计要求时,则应采用桩基础(包括扩底或不扩底的灌注桩和静力压入或打入的预制桩)穿透湿陷性黄土层,使桩底端支承在压缩性低的非湿陷性土(岩)层中。这样,当桩周土受水浸湿,桩侧的正摩阻力转化为负摩阻力时,桩顶的上部荷载,便可由桩底端下部非湿陷性土(岩)层所承受,同时桩基地基也不致因浸水引起湿陷。

表 4-17　湿陷性黄土地基常用处理方法

名　　称		适 用 范 围	一般可处理基础下的湿陷性土层厚度(m)
垫层法	素土	地下水位以上的湿陷性黄土,局部或整片处理	1~3
	灰土		
夯实法	强夯	S_r≤60% 的湿陷性黄土,局部或整片处理	3~9
	重夯		1~2
挤密法	成孔挤密	w≤24%、S_r≤70% 的湿陷性黄土,局部或整片处理	5~13
	孔内夯实挤密		5~20
预浸水法		Ⅲ、Ⅳ级自重湿陷性黄土地基,可消除地面下6 m以下土层的湿陷性	地面下6 m以上,可用土(或灰土)垫层法或夯实法处理
化学加固法	单液硅化法	一般用于加固地下水位以上的既有建筑物地基	≤20
	碱液加固法		≤10

4.4　黄土浸水湿陷机理总结

通过对浸水试验沉降标的观测及浸水场地地表和深部地层湿陷沉降变形曲线,可以确定场地湿陷变形大小及范围随时间的变化规律。黄土的湿陷是一个“突发”过程,周围土体含水率一旦接近饱和状态时,土压力即趋近最小值,此时土体结构最容易发生破坏,湿陷将会立即产生,并很快完成大部分湿陷量。通过对试验注水量(入渗量)分析、浸水含水率分析及对裂缝的观测,得出浸湿范围、湿陷变形范围、地表裂缝范围三者之间关系为浸湿范围>湿陷变形范围>地表裂缝范围。通过对原状坑和灰土坑浸水影响对比分析,估算灰土垫层的渗透系数平均值为 $K=0.011\ 3$ m/d。试验对于试坑2所产生的侧渗影响范围为距离试坑边约3 m,为其直径长度的20%(试坑2直径15 m);试坑1影响范围为其直径的60%(试坑1直径25 m)。类比试坑1与试坑2,灰土垫层的防渗效果十分明显,灰土垫层为相对隔水层(具有极弱渗透性),能有效地阻隔试坑水的下渗,对其测渗也有明显的制约作用。通过对沉降与含水率关系的分析可知,沉降或突降的发生一般在土压力达到最低或接近最低的时段,即土层含水率达到或接近饱和的时段。对于本次试验场地来说,当土层含水率达到25%左右,沉降即开始发生。

黄土湿陷的机理无论从触发黄土湿陷性的力学机制出发的湿陷性成因研究(包括毛细管力降低学说、水膜楔入说、抗剪强度降低说、脉动液化说及微结构不平衡说),还是从湿陷性黄土物质成分出发的湿陷性成因研究(包括盐溶假说和胶体不足假说),以及从湿陷性黄土结构特点出发的湿陷性成因研究(包括欠压密学说和结构学说),都存在一些难以解释的疑问,因此有关研究和探讨,还应以黄土湿陷性试验为基础,通过不断总结,发现其规律,完善相应理论。

5 黄土地基变形与加固处理技术

5.1 黄土地基湿陷变形

黄土湿陷的产生是一个复杂的物理、化学过程，是内部因素和外部条件共同作用下的结果。首先，湿陷性黄土的内部结构是由颗粒骨架及骨架与颗粒之间的空洞两部分组成，其高孔隙度为黄土湿陷的产生提供了空间条件；其次，黄土的强度取决于结构强度，即颗粒间的相互连接强度。黄土颗粒间的点接触的接触面积小，颗粒之间除了包裹颗粒的黏土"薄壳"和盐晶膜外，只有极少的盐晶和黏胶微粒附在接触点处，这种点接触的连接强度低，在较小的压力作用下即可遭到破坏；最后，黄土浸水后，在水膜的楔入作用、水溶解作用以及黏土颗粒吸水膨胀作用下黄土颗粒之间的连接强度遭到破坏，导致黄土的强度急剧下降，在外力作用下黄土颗粒发生重新排列组合，即产生黄土的沉陷。

5.2 湿陷性黄土地基处理方法、原理及其适用条件

5.2.1 黄土地基处理方法的分类和原理

湿陷性黄土地基处理是采取人为的手段对基础或建筑物一定范围内的湿陷性黄土层进行加固处理以改变其物理力学性质，达到消除湿陷性、减小压缩性和提高承载力的目的。当前，国内外采用的地基处理方法按地基处理方法的原理大体可分为三大类型：土体加密法、土体加固法和荷载传递法。

1. 土体加密法

这种方法是尽可能有效地利用原地基，采用一些手段进行改良，提高黄土地基的密实度，从而消除地基土的湿陷性并提高其承载能力。换句话说，就是一种以土治土的方法，它是我国目前处理湿陷性黄土地基的主要途径。根据工艺的不同，将其分为强夯法、重锤夯实法、挤密桩法、电火花压密法、气爆压密和预浸水法等。

2. 土体加固法

这种方法不是单纯地着眼于提高黄土地基的密实度，而是既提高加密土体的密实度，又提高加固土体的附加凝聚力或是改变黄土地基土层的微观结构。土体加固主要有两种途径：一种是向地基土层中添加某些胶结性材料（如水玻璃、水泥等）并使之混合，待这些材料胶凝之后便将土颗粒胶结成整体；另一种是高温焙烧使土体从松散结构转变成不可逆的再结晶块体，土体的凝聚力大幅度提高且不会因浸水而降低，从而消除了湿陷性。这种方法有化学加固法、热加固法和喷搅加固法等。

3. 荷载传递法

这种方法是将建筑物的上部结构传来的荷载通过穿过整个湿陷性黄土层的桩基础传递给下面的坚硬的非湿陷性土层。这种方法的特点是具有很高的可靠性，上部土层即使浸水，也可完全避免因上部土层湿陷而造成的危害，其次是桩基础承载力高、沉降速率慢、沉降量小而均匀。按施工方法的不同分为打入式钢筋混凝土预制桩和就地灌注钢筋混凝土桩。后者又因为成孔方法的不同分为：打管式（或振冲沉管式）成孔灌注桩、钻孔（或挖孔）灌注桩、爆扩成孔灌注桩、夯扩灌注桩。

5.2.2 土体加密法

在土体加密法中，人们经常采用的方法主要有强夯法、重锤夯实法、冲击碾压法、挤密法、预浸水法等，分述如下：

1. 强夯法

这种方法是法国 Menard 技术公司于 1969 年首创的一种地基加固方法，其处理方式是将很重的锤（一般 100 ~ 400 kN）从高处自由落下（落距一般 6 ~ 40 m）给地基以冲击力和振动，从而提高地基的强度并降低其压缩性，改进共振液化条件等。故强夯法也称动力固结法。由于该法设备简单、施工方便、经济易行、节省材料且在实践中已被证实加固地基效果良好等优点，所以在国内外已得到了广泛的应用。

目前，强夯法加固地基有三种不同的加固机理：动力密实、动力固结和动力置换，它取决于地基土的类别和强夯施工工艺。

（1）动力密实

采用强夯加固多孔隙、粗颗粒、非饱和土是基于动力密实的机理，即用冲击型动力荷载，使土体中的孔隙减少，土体变得密实，从而提高地基土强度。非饱和土的夯实过程，就是土中的气相（空气）被挤出的过程。其夯实变形主要是由于土颗粒的相对位移引起，实际工程表明，在冲击动能作用下，地面会立即产生沉降，一般夯击一遍后，其夯坑深度可达 0.6 ~ 1.0 m，夯坑底部形成一层超压密硬壳层，承载力可比夯前提高 2 ~ 3 倍。非饱和土在中等夯击 1 000 ~ 2 000 kN · m 作用下，主要是产生冲切变形，在加固深度范围内气相体积大大减少，最大可减少 60%。

（2）动力固结

用强夯法处理细颗粒饱和土时，则是借助于动力固结理论，即巨大的冲击能量在土中产生较强的应力波，破坏了土体原有的结构，使土体局部发生液化并产生许多裂隙，增加了排水通道，使孔隙水顺利逸出，待超孔隙水压力消散后，土体固结，强度得以提高。

（3）动力置换

动力置换可分为整体式置换和桩式置换。整体式置换是采用强夯将碎石整体挤入淤泥中，其作用机理类似于换土垫层。桩式置换是通过强夯将碎石填筑土体中，部分碎石桩间隔地夯入软土中，形成桩式的碎石墩，它主要靠碎石内摩擦角和桩间土的侧限来维持桩体的平衡，并与桩间土起复合地基的作用。

强夯法适用于地下水位深度低于需处理的深度以下 0.5 ~ 1.0 m；处理深度以内土的含水率宜低于土的塑限含水率 1% ~ 3%，饱和度不大于 60%；施工时周围环境对夯击振动无严格限制；湿陷性黄土厚度一般不大于 6.0 m。

2. 重锤夯实法

这种方法是利用起重机械将重锤提到一定高度，自由落下，重复夯打击实地基，重锤夯实法所用的重锤锤重为2~4 t，锤底直径为1.2~1.4 m，落距为4.0~6.0 m，锤底静压力在15~20 kPa。一般采用2.5~3.0 t的重锤，落距为4.0~4.5 m，可以消除基底以下1.2~1.8 m黄土层的湿陷性。在夯实层的范围内，土的物理、力学性质获得显著改善，平均干重度明显增大，压缩性降低，湿陷性消除，透水性减弱，承载力提高。

当地基土为非饱和土时，其夯实的过程为，土颗粒在强大的冲击力作用下引起较大的相对位移，迫使土中的气相被挤出，土体发生强制压缩和振密的过程，形成一层比较密实的硬壳层，从而提高地基的强度。

重锤夯实法适用于处理地下水位以上、饱和度不大于60%的湿陷性等级低的黄土地基。

3. 冲击碾压法

这种方法是1995年由南非蓝派公司引入我国的。它是一种具有新型压实机理的压实方法，在非圆形压实轮沿地面压实作业时，压实轮质心上下交替变化，利用势能和动能的联合作用，对土体进行静压、搓揉、周期性连续冲击，产生强大的夯实冲击波，可使地下土体的密实度不断增加。冲击碾压的有效压实深度为1.0~1.5 m。

冲击碾压法适用于处理长段落大面积湿陷等级低的湿陷性黄土地基。

4. 一般挤密桩法

它是选用沉管、冲击、夯扩、爆扩等方法，在土中成桩孔，然后在孔中分层填入素土（灰土或水泥土）并夯实而成。在成孔和夯实过程中，原处于桩孔部位的土全部挤入周围土层中，使距桩周一定距离内的天然土得到挤密，从而消除桩间土的湿陷性并提高承载力。挤密桩是一种柔性桩，挤密桩处理后的地基上部荷载由桩和桩间土共同承担；挤密后的地基为复合地基，类似垫层一样工作，上部荷载通过它往下传递时应力要扩散，而且比天然地基扩散得更快，在加固深度以下，附加应力将大大减少；挤密桩对地基的加固处理效果，不仅与桩距有关，还与所处理的厚度与宽度有关。由于挤密桩复合地基具有施工速度快、工期短、质量易控制、工程造价低等优点，目前已成为普遍采用的地基处理技术。

挤密桩法适用于加固地下水位以上、饱和度不大于65%的湿陷性黄土地基，处理土层深度可达5~15 m，桩径宜为30~60 cm，土的含水率在10%~24%之间。

5. 深层孔内夯扩桩

采用高能量的高压夯挤击和动态冲、砸、挤压的强力压夯和挤密作用，桩体十分密实，在受到很大夯击能后缓慢释放，不断对桩周土施加侧向挤压力。而桩周土受到侧向强力挤密应力，成桩后也慢慢释放，对桩体产生很大的侧向约束“抱紧”作用，使桩体具有半刚性半柔性的特点。对于分层地基和软硬不均土层，桩体在施工挤密过程中，会形成串珠状，这有利于桩与桩侧土的紧密结合，增大了侧壁摩阻力，使加固后的桩与桩间土形成一个密实整体，处理后的地基刚度均匀。使用的填充料很广泛，如砾石、粉煤灰、素土、灰土、建筑垃圾以及各类无机材料或它们的混合物等均可使用。

在湿陷性黄土地区建筑地基应用中，在成孔后，孔内分层夯填时，对孔周围土体进行挤密，其挤密的影响范围，与夯锤的夯击能量有关，在消除孔周围土体湿陷性的同时提高地基土的承载力，其受力与一般挤密桩地基相似，所不同的是一般挤密桩地基在成孔过程中对桩间土的挤密已完成绝大部分，而孔内夯扩桩对桩间土的挤密则在孔内充填土料的过程中完成。其对地基的处理深度较深，可达 20 m 左右。

6. 预浸水法

预浸水法是在修建建筑物前预先对湿陷性黄土场地大面积浸水，使土体在饱和自重压力作用下，发生湿陷产生压密，以消除全部黄土层的自重湿陷性和深部土层的外荷湿陷性。上部土层(一般为距地表以下 4 ~ 5 m 内)仍具有外荷湿陷性，需要作预浸水处理的浸水坑边长不得小于湿陷性土层的厚度。当浸水坑的面积较大时，可分段进行浸水。浸水坑内水位不应小于 30 cm，连续浸水时间以湿陷变形稳定为准。其稳定标准为最后 5 d 的平均湿陷量小于 1.0 mm/d。

预浸水法适用于处理湿陷性黄土厚度不大于 10 m 和自重湿陷量的计算值等于或大于 50 cm 的自重湿陷性黄土地基。浸水结束后，地面下 6.0 m 以下湿陷性黄土的湿陷性可全部消除，地面下 6.0 m 以内湿陷性黄土的湿陷性也可大幅度减小。

5.2.3 土体加固法

在土体加固法中，人们经常采用的方法主要有化学加固法和热加固法等。

1. 化学加固法

在我国湿陷性黄土地区地基处理应用较多，并取得实践经验的化学加固方法包括硅化加固法和碱液加固法，其加固机理如下：

硅化加固湿陷性黄土的物理化学过程，一方面基于浓度不大的、黏滞度很小的硅酸钠溶液顺利地渗入黄土的孔隙中；另一方面溶液与土的互相胶结，起着胶结剂的作用。

碱液加固：利用 NaOH 溶液加固湿陷性黄土地基在我国始于 20 世纪 60 年代，其加固原则为 NaOH 溶液注入黄土后，首先与土中可溶性和交换性碱性金属阳离子发生置换反应，反应结果使土颗粒表面生成碱土金属氢氧化物。在氢氧化钠溶液作用下，土粒(铝硅酸盐)表面会逐渐发生膨胀和软化，相邻土粒在这一过程中更紧密地相互接触，并发生表面的相互溶合。但仅有 NaOH 的作用，土粒之间的这种溶合胶结(钠铝硅酸盐类胶结)是非水稳性的，只有在土颗粒周围存在 $Ca(OH)_2$ 的条件下，才能使这种胶结物转化为强度高且具有水硬性的钙铝硅酸盐的络合物。依靠这些混合物的生成，使土粒相互牢固地胶结在一起，强度大大提高，并且有充分的水稳性。

碱液加固的适用范围：自重湿陷性黄土地基能否采用碱液加固，取决于其对湿陷的敏感性。自重湿陷敏感性强的地基不宜采用碱液加固。对自重湿陷不敏感的黄土地基经过试验认可并拟采用碱液加固时，应采取卸荷或其他措施以减少灌液时可能引起的较大附加下沉。当土中可溶性和交换性的钙、镁离子含量较高时，可只采用碱液一种溶液加固，否则，需用碱液和 $CaCl_2$ 两种溶液进行加固。经技术经济比较，也可采用碱液与生石灰桩的混合加固方法。但对下列情况不宜采用碱液加固：①对于地下水位以下或饱和度大于 80% 的黄土地基；②已渗入沥青、油脂和其他石油化合物的黄土地基。

2. 高压旋喷法

这种方法利用钻机把带有喷嘴的灌浆管钻进至土层预定深度后，以 20 ~ 40 MPa 的压力把浆液或水从喷嘴中喷射出来,形成喷射流冲击破坏土层。当能量大、速度快、脉动状的射流动压力大于土层结构强度时,土颗粒便从土层中剥落下来,一部分细颗粒随浆液或水冒出地面,其余土颗粒在射流的冲击力、离心力和重力等作用下,与浆液搅拌混合,并按一定的浆土比例和质量大小有规律地重新排列。浆液凝固后,便在土层中形成一个固体。固体与土体共同承担荷载,形成复合地基,可达到提高地基的抗剪强度,改善土的变形性质,使土体在上部附加应力的作用下,不产生破坏或过大的变形。

5.2.4 荷载传递法

黄土地基湿陷性土层较厚时,用其他方法处理难度大、不经济,或建筑物对地基变形量的控制要求很高,其他处理措施难以满足,此时采用荷载传递法较好。即将上面结构的荷载通过穿过整个湿陷性黄土层的桩基础传递给下部坚实的非湿陷性土层。这种方法的特点是具有很高的可靠性,上部土层即使浸水,也可完全避免因上部土层湿陷而造成的危害;其次,桩基础承载力高、沉降速率慢、沉降量小而均匀。

湿陷性黄土地区桩基础一般采用打入桩、静压桩、钻孔或人工挖孔灌注桩以及沉管灌注桩等,近年来使用较多的为钻孔(或人工挖孔)灌注桩、静压桩以及沉管灌注桩,在兰州等湿陷性黄土湿陷较强烈的地区大多为端承桩,西安、河南等湿陷性相对较弱的地区大多为端承摩擦桩或摩擦端承桩。近年来所做的复合载体夯扩桩主要也是提高桩进入非湿陷性土层时桩端的端承力。与其他地区所用桩基础不同的是,在湿陷性黄土土层中不但不能考虑桩的摩擦力,还应在桩的承载能力上减去桩的负摩擦力。所谓负摩擦力,就是浸水后的自重湿陷性黄土层,土的下沉速率大于桩的下沉速率时,土对桩侧表面产生向下作用的摩擦力。在一般情况下,地基土的竖向位移越大,则负摩擦力越大。试验表明,二者之间并不成正比发展,负摩擦力受土的抗剪强度影响,虽然桩土之间的相对位移较大,但浸水后降低的抗剪强度不足以支撑外侧饱和土的自重,因而悬附范围是有限的。通常认为,桩基的负摩擦力只出现在自重湿陷性黄土地基中,而非自重湿陷性黄土地基中的桩基则不需考虑,但多年来湿陷性黄土地基桩基工程的经验证明,非自重湿陷性黄土地基,浸水后的桩基仍然可能产生负摩擦力,虽然负摩擦力数值比自重湿陷性黄土地区要小得多,在有些情况下也不应忽视。

当然,在具体选用湿陷性黄土的处理方法时,应根据建筑场地的湿陷性类别,湿陷等级,以及地区特点,首先考虑因地制宜和就地取材等原则,并根据施工技术可能达到的条件,经过技术经济对比予以选用,必要时可几种方法综合考虑使用。现行《湿陷性黄土地区建筑规范》(GB 50025—2004)中规定,当地基的湿陷变形、压缩变形或承载力不能满足设计要求时,应针对不同土质条件和建筑物的类别,在地基压缩层内或湿陷性黄土层内采取处理措施。防止湿陷性黄土地基湿陷的综合措施,可分为地基处理、防水措施和结构措施三种。其中地基处理措施主要用于改善土的物理力学性质,减小或消除地基的湿陷变形;防水措施主要用于防止或减少地基受水浸湿;结构措施主要用于减小和调整建筑物的不均匀沉降,或使上部结构适应地基的变形。在湿陷性黄土地基常用的处理方法中,可根据工程的具体情况选择其中一种或多种相结合的最佳处理方法。

5.3 沉降计算与预测方法

黄土地基的沉降变形直接影响路基的沉降，沉降变形大小主要由黄土地基的处理方法和黄土的性质所决定，处理方法有效性的最直接评价标准是沉降值的控制效果，可采用分层总和法与非线性有限元数值方法对处理前后的地基变形进行计算验证，并根据观测资料建立数学模型进行沉降预测。

5.3.1 沉降计算分析方法

1. 分层总和法

如图5-1所示，分层总和法计算地基沉降时，在地基压缩层深度范围内，按土的特性和应力状态的变化将地基分为若干(n)层，假定每一分层土质均匀且应力沿厚度均匀分布，然后对每一分层分别计算其压缩量S_i，最后将各分层的压缩量总和起来，即得地基表面的最终沉降量S，这种方法称为分层总和法。实际计算地基土的压缩量时，只须考虑某一深度范围内土层的压缩量，这一深度范围内的土层就称为“压缩层”。对于一般黏性土，当地基某深度的附加应力σ_z与自重应力σ_{cz}之比等于0.2时，该深度范围内的土层即为压缩层。

(1)首先根据路基上方荷载的形状，结合地基中土层性状，选择沉降计算点的位置。

(2)将地基分层。土层交界面、地下水位处必须分层，砂土可不分层。

(3)计算地基中的自重应力分布。

(4)计算地基中竖向附加应力分布。

(5)按算术平均求各分层平均自重应力和平均附加应力。

(6)求出第i分层的压缩量。根据各土层e—p曲线(图5-2)，代入公式：

$$S_i = \frac{e_{1i} - e_{2i}}{1 + e_{1i}} H_i \tag{5-1}$$

(7)最后将每一分层的压缩量累加，即得地基的总沉降量为

$$S = \sum S_i$$

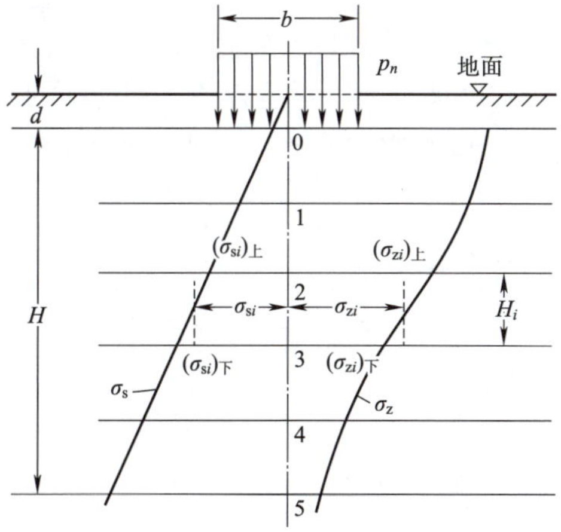

图5-1 分层总和法计算图例

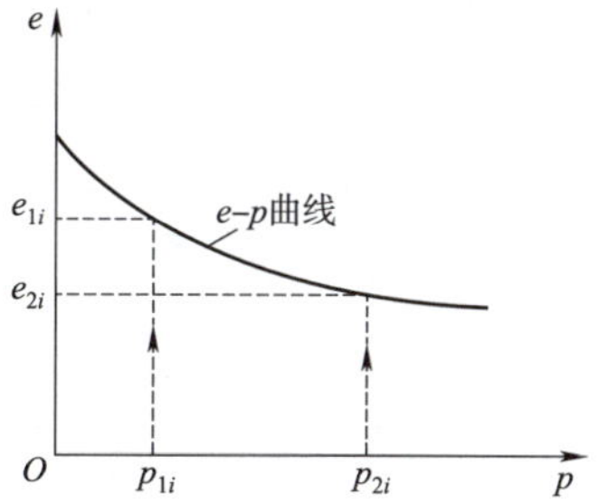

图5-2 土层压缩曲线

在各类复合地基沉降计算适用方法中，通常把沉降量分为两部分：加固区土体压缩量 S_1 和加固区下卧层土体压缩量 S_2，复合地基总沉降量为这两部分之和。

$$S = S_1 + S_2 \tag{5-2}$$

其中

$$S_1 = \sum_{i=1}^{m} \frac{\sigma_i}{E_{sc}} h_i$$

$$E_{sc} = \frac{E_s A_s + E_c A_c}{A}$$

式中 σ_i——第 i 层复合土中各层的附加应力；

h_i——压缩层的厚度；

E_{sc}——第 i 层复合土的压缩模量；

E_c——第 i 层复合土中桩体的压缩模量；

E_s——第 i 层复合土中桩间土的压缩模量；

A——单根桩所承担的加固面积；

A_c——单根桩的截面积；

A_s——桩间土的受压面积。

加固区下卧层土体压缩量 S_2 用分层总和法求得。

2. 有限单元法

用于沉降计算的有限元分析工具已比较成熟，本次研究中数值分析所用程序采用了 PLAXIS 软件，该软件是由荷兰公共事业与水利管理委员会提议，于1987 年在代尔夫特技术大学开始研制的。最初的目的是为了在荷兰特有的低地软土上建造河堤，开发一个易于使用的二维有限元分析程序，现在已经逐渐扩展成为可适用于大多数岩土工程领域的非线性有限元软件。

5.3.2 沉降预测模型

地基沉降量的计算和最终沉降量的确定，在土建工程中是非常重要的问题，越来越受到人们的重视。在工程建设中，沉降问题直接影响到工程质量和建设周期。如何科学、准确地预测地基沉降量，具有重大的经济效益和社会效益。而地基沉降计算又是一个极复杂的问题，它与很多因素有关，Lambe（1964，1967）概括了预估沉降量所必需的参数，见表 5-1。由于地基沉降受到多种自然因素和人为因素的影响，很难找到一种适合于各种情况的沉降计算方法。通常的做法是针对某一工程采用试验段或试验区域进行原型观察预测，这样做周期长，投资大。

表 5-1　预估沉降量所必需的参数

地质剖面的确定	（1）地基土在垂直向和横向的分布，压缩土层、排水面和任意特殊边界条件的位置； （2）地基中初始孔隙水压力的估算随深度的变化
应力分析	（1）初始有效应力与深度的关系； （2）表面荷载的大小、分布和加荷速率，包括地表面和外加荷载之间的任意剪应力； （3）与边界条件相适应的应力分布理论，刚性边界或土层作用； （4）σ_1、σ_2 和 σ_3 随固结的变化，起拱的影响，泊松比的变化

续上表

土工参数的选用	(1)土样的代表性; (2)土样的扰动; (3)环境的因素; (4)试验技术
沉降和孔隙压力的估算	(1)分析方法; (2)主平面的转动; (3)土的体积压缩系数 m_v、渗透系数 k、固结系数 c_v 随固结的变化 (4)次固结

一种计算模型对某一种情况的预测可能是有效的,但对另一情况未必适用,如果我们能在一个程序中用多个模型进行计算,根据预测情况进行模型比选,确定一个最优的计算模型进行预测,效果无疑会更合理。因此,采用目前常用的一些经验方法如双曲线法、对数曲线法和引进龚帕斯曲线方程这一新的预测方法,并建立了它们的数学模型。在模型比选时,提出根据最后的 5 个实测值与预测值之间的均方差的对比校核来选择最为合理的预测模型进行沉降预测。

预测模型采用了两种不同的解法,双曲线法和对数法是根据观测资料,采用最小二乘法求解各自模型中的有关参数,获取沉降预测模型,进行预测分析,而引入的龚帕斯模型中的参数是采用三段估计法来求解。

1. 双曲线模型

双曲线法就是根据现场实测的统计结果,近似地认为地基的沉降变形量与时间成双曲线函数的关系。其表示方式通常由以下两种:

第一种

$$S(t)=S_0+(S_\infty-S_0)\frac{t-t_0}{a+(t-t_0)} \tag{5-3}$$

第二种

$$S(t)=S_0+\frac{t-t_0}{a+b(t-t_0)} \tag{5-4}$$

式中 $S(t)$——推算的某一时刻沉降量值;

t_0——拐点处时间,或开始的直线段终点处的时间;

S_0——对应 t_0 时间的沉降值;

a,b——曲线方程拟合的待定参数。

课题组认为,式(5-3)和式(5-4)从数学表达上说实际上是同一式,因为 S_∞、S_0 均为定值,故$(S_\infty-S_0)$必为一常数。因此,式(5-4)则更为一般化。以下给出用有限组实测数据$[(t_i,S(t_i)),i=0,1,2,\cdots,n]$按最小二乘法求解方程待定参数的过程,设 $S'(t)=S(t)-S_0$,$t'=t-t_0$,则式(5-4)变为 $S'(t)=\frac{t'}{a+bt'}$,将其改写成$\frac{1}{S'(t)}=\frac{a}{t'}+b$,再令$y=\frac{1}{S'(t)}$,$x=\frac{1}{t'}$,则上式就变为一个线性方程 $y=ax+b$。

建立计算值 y 与变换后的实测值之间的离差平方和

$$Q(a,b)=\sum_{i=1}^{n}(y_i-ax_i-b)^2$$

要确定 a、b 使 $Q(a,b)$ 最小，需求解方程组

$$\begin{cases}\partial Q/\partial a = -2\sum_{i=1}^{n}(y_i - ax_i - b)x_i \\ \partial Q/\partial b = -2\sum_{i=1}^{n}(y_i - ax_i - b)\end{cases} \tag{5-5}$$

令 $\bar{x} = \frac{1}{n}\sum_{i=1}^{n}x_i$，$\bar{y} = \frac{1}{n}\sum_{i=1}^{n}y_i$，$L_{xx} = n\sum_{i=1}^{n}x_i^2 - (\sum_{i=1}^{n}x_i)^2$，$L_{xy} = n\sum_{i=1}^{n}x_iy_i - \sum_{i=1}^{n}x_i\sum_{i=1}^{n}y_i$，可得 a、b 的估计量：

$$a = L_{xy}/L_{xx} \tag{5-6}$$

$$b = \bar{y} - a\bar{x} \tag{5-7}$$

2. 对数曲线模型

对数法也是工程中较常用的方法之一，有时可假定地基的沉降与时间的关系满足对数关系，通常表达式为

$$S(t) = a + b\log t \tag{5-8}$$

式中 a,b——待定常数；

$S(t)$——t 时刻的沉降；

t——时间。

同样，给出按最小二乘法求解方程待定参数的过程，设有限组实测数据$[(t_i,S(t_i)),i = 0,1,2,\cdots,n]$，令 $y = S(t)$，$x = \log t$，则可得 $y = ax + b$。

其余，同上可求得待定常数 a、b 的值。然后代回式(5-8)可得预测模型。

3. 龚帕斯模型

在经济预测和技术预测中经常遇到这样的时间序列，它们具有一定的“成长”过程，在确定型时间序列预测方法中通常用一种称为“成长”曲线的预测方法来研究它，成长曲线能够反映事物的发生、发展、成熟而后达一定极限的过程。成长曲线有两种，一是逻辑斯蒂曲线方程，另一个是龚帕斯曲线方程，这里课题组引入龚帕斯曲线进行预测。一般来说，地基在外荷载作用下的沉降变形是一个随时间逐渐增加的过程，但也不是无止境的，也就是说，它是有极限的，最终会趋向一个定值。从性质上来分析，成长曲线能够反映地基沉降变形发展过程中沉降量与时间二者之间内在关系。

(1)龚帕斯模型的建立

将要研究的预测目标用一个定量指标 y 表示。$\frac{dy}{dt}$是 y 的微分，它表示 y 的变化速率。这样，则 y 的增长率就等于$\frac{dy}{dt}$除以 y。于是，便可用微分方程$\frac{dy}{y\cdot dt} = a - by(a>0,b>0)$来描述 y 的“成长”过程。式中 a、b 为模型的参数。上式的意义是，当 y 很小时(即在初始发展阶段)，右边第二项 by 近似等于0。这时 y 按一固定的增长速度发展；随着 y 的逐渐增长，by 所起的作用逐渐增大。故方程的实际意义是 y 的增长对 y 本身的发展起着一定的抑制作用，并使增长速度逐渐下降。它体现了外部环境对 y 的发展的综合反应。当 $y = \frac{a}{b}$时，方程

右边等于 0,这时增长速度也等于 0。通常计$\frac{a}{b}=K$,K 称为饱和参数或发展极限。

用分离变量法对上述微分方程求解,有

$$\frac{\mathrm{d}y}{ay-by^2}=\mathrm{d}t$$

对上式进行有理式分解,两边积分得

$$\ln y-\ln\left(1-\frac{b}{a}y\right)=at+c$$

$$\frac{y}{1-\frac{b}{a}y}=ce^{at}$$

式中,c 是待定常数。令 $t=0$ 时,$y=y_0$,代入上式可以解得

$$c=\frac{y_0}{1-\frac{b}{a}y_0}$$

将以上两式整理得

$$y=\frac{K}{1+\frac{K-y_0}{y_0}\mathrm{e}^{-at}} \tag{5-9}$$

式(5-9)就是一种成长曲线方程。

如果 y 的增长率不与 $a-by$ 成比例,而与 $\ln a-b\ln y$ 成比例,即

$$\frac{\mathrm{d}y}{y\mathrm{d}t}=\frac{\mathrm{d}\ln y}{\mathrm{d}t}=\ln a-b\ln y$$

则求解可以得到

$$y=\mathrm{e}^{K+ab^t}\qquad (K\text{ 为常数}) \tag{5-10}$$

或

$$\ln y=K+ab^t \tag{5-11}$$

公式(5-10)、公式(5-11)称为龚帕斯曲线方程。它是一条非对称的右偏曲线,这种形式较为符合地基沉降变形递减的特点。

(2)龚帕斯模型参数的计算

龚帕斯曲线方程的三个参数采用三段估计法求出。首先,令 $y'=\ln y$,它则变为修正指数形式:

$$y'=K+ab^t \tag{5-12}$$

假设已知一时间序列 $y_1,y_2,y_3,\cdots,y_T$,如果该序列符合修正指数曲线分布形式,则应有

$$y_1=K+ab^1$$
$$y_2=K+ab^2$$
$$y_3=K+ab^3$$
$$\cdots$$

$$y_T = K + ab^T$$

将 T 个数据平均分成三段(如果 T 不能被3整除,可以通过增减个别数据使其恰为3的倍数),每段含有 n 个数,即 $n=\frac{T}{3}$,对各段求和得

$$\sum{}_1 y_t = \sum_{t=1}^{n} y_t = nK + ab(b^0 + b^1 + b^2 + \cdots + b^{n-1}) \tag{5-13}$$

$$\sum{}_2 y_t = \sum_{t=n+1}^{2n} y_t = nK + ab^{n+1}(b^0 + b^1 + b^2 + \cdots + b^{n-1}) \tag{5-14}$$

$$\sum{}_3 y_t = \sum_{t=2n+1}^{3n} y_t = nK + ab^{2n+1}(b^0 + b^1 + b^2 + \cdots + b^{n-1}) \tag{5-15}$$

由级数求和公式,则有

$$b^0 + b^1 + b^2 + \cdots + b^{n-1} = \frac{b^n - 1}{b - 1}$$

代入以上三式,得

$$\sum{}_1 y_t = nK + ab\frac{b^n - 1}{b - 1} \tag{5-16}$$

$$\sum{}_2 y_t = nK + ab^{n+1}\frac{b^n - 1}{b - 1} \tag{5-17}$$

$$\sum{}_3 y_t = nK + ab^{2n+1}\frac{b^n - 1}{b - 1} \tag{5-18}$$

由式(5-16)、式(5-17)、式(5-18)经后式减去前式,有

$$\sum{}_2 y_t - \sum{}_1 y_t = ab\frac{(b^n - 1)^2}{b - 1} \tag{5-19}$$

$$\sum{}_3 y_t - \sum{}_2 y_t = ab^{n+1}\frac{(b^n - 1)^2}{b - 1} \tag{5-20}$$

用式(5-20)除以式(5-19),可得

$$b^n = \frac{\sum{}_3 y_t - \sum{}_2 y_t}{\sum{}_2 y_t - \sum{}_1 y_t} \tag{5-21}$$

故有

$$b = \sqrt[n]{\frac{\sum{}_3 y_t - \sum{}_2 y_t}{\sum{}_2 y_t - \sum{}_1 y_t}} \tag{5-22}$$

同时,可由式(5-19)可解得

$$a = \frac{b - 1}{(b^n - 1)^2 b}\left(\sum{}_2 y_t - \sum{}_1 y_t\right) \tag{5-23}$$

可由式(5-16)解得

$$K = \frac{1}{n}\left(\sum{}_1 y_t - ab\frac{b^n - 1}{b - 1}\right) \tag{5-24}$$

将式(5-22)、式(5-23)代入式(5-24),又可得到

$$K = \frac{1}{n}\left[\frac{\sum_1 y_t \sum_3 y_t - \left(\sum_2 y_t\right)^2}{\sum_1 y_t + \sum_3 y_t - 2\sum_2 y_t}\right] \tag{5-25}$$

通常，人们也用式(5-23)、式(5-24)和式(5-25)来计算修正指数曲线的三个参数 a，b，K。

由上述方法类推，我们不难得到龚帕斯曲线方程式(5-10)或式(5-11)中的参数计算式：

$$a = \frac{b-1}{(b^n-1)^2 b}\left(\sum_2 \ln y_t - \sum_1 \ln y_t\right) \tag{5-26}$$

$$b = \sqrt[n]{\frac{\sum_3 \ln y_t - \sum_2 \ln y_t}{\sum_2 \ln y_t - \sum_1 \ln y_t}} \tag{5-27}$$

$$K = \frac{1}{n}\left[\frac{\sum_1 \ln y_t \sum_3 \ln y_t - \left(\sum_2 \ln y_t\right)^2}{\sum_1 \ln y_t + \sum_3 \ln y_t - 2\sum_2 \ln y_t}\right] \tag{5-28}$$

(3)成长曲线方程的特点

龚帕斯曲线方程具有以下几个特点：

1)不通过原点。当 $t=0$ 时，$y=e^{K+a}\neq 0$，故不通过原点。事实上，无论饱和土或非饱和土，当其受到外荷作用时均会发生瞬时沉降(亦称初始沉降或不排水沉降)，从变形的时间来看，可视为突变现象，也就是说，由于初始沉降的存在，决定了曲线拟合不通过原点是可以理解的。常用的一些预测方法也不通过原点，亦可说明这一问题。

2)右偏的 S 形曲线符合地基沉降变形的发展机理。实际上，龚帕斯曲线方程反映的是地基沉降变形发生、发展、成熟，然后达到一定极限的变化过程。加载过程中的沉降也可以大致分为这四个阶段：

①发生阶段。在刚加载时，土体近似处于弹性状态，随荷载的增大，沉降近乎线性增加。

②发展阶段。随着荷载的不断增大，土体中出现塑性变形区并不断扩展，随塑性变形区的不断扩展，土体的沉降速率不断增加，直至荷载不再增加为止。

③成熟阶段。这时荷载不再增加，由于固结尚未完成以及土体的流变、土体的沉降将随时间的推移而增加，但沉降速率是递减的。

④极限状态。从理论上说，只有当时间趋向无穷时，沉降才到达极限状态。事实上，工程上只要将时间取得足够大即可认为土体已达极限状态。

这里需要说明的是，地基必须是能够稳定的，否则预测值不可能准确。

3)良好的适应性。通过三段估计法得到的龚帕斯曲线方程，当常数变化时会得到不同的曲线，如：$k=5$，$a=-5$，$b=0.1$；$k=5$，$a=-5$，$b=0.5$；$k=5$，$a=-5$，$b=0.8$ 可分别得到图 5-3 中的曲线①、②、③。

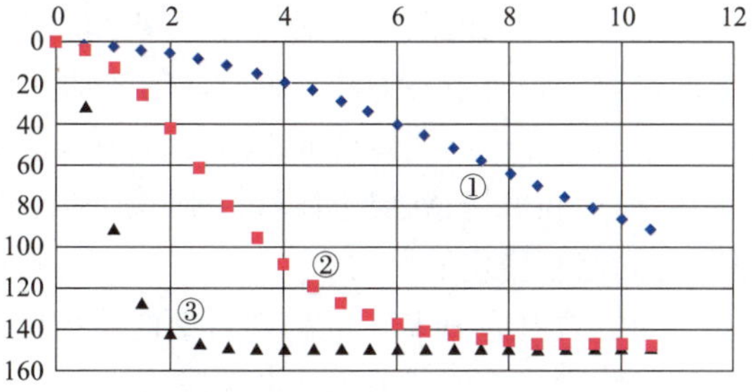

图 5-3　龚帕斯模型的良好适应性

5.4 黄土地基加固处理典型工程实例

以石太线 DIK148 +659.50 ~ DIK149 +159.50 段湿陷性黄土地基处理试验段为例，比较冲击碾压、重锤夯实、强夯以及灰土挤密桩四种不同措施的处理效果。每种处理措施试验段长度 100 m 左右。

该试验段在区域地貌上属黄土高原东部，主要分布在太原盆地剥蚀堆积黄土丘陵区，近山坡处冲沟较发育，多梁峁地形，以缓坡黄土丘陵地貌特征为主。此地段以冲积和坡积成因的晚更新世（Q_3）黄土遍布全区。

5.4.1 冲击碾压法加固处理效果检测及分析

1. 冲击碾压法加固机理

冲击压实也称非圆碾压，它是采用冲击压路机对地基土进行冲击碾压，是一种冲击和揉搓作用相结合的压实方法。冲击压实机是由大马力牵引机和压实轮组成，压实轮有三边、四边、五边和六边形等形状以及实体、空体及可填充式等类型。其工作原理如图 5-4 所示。

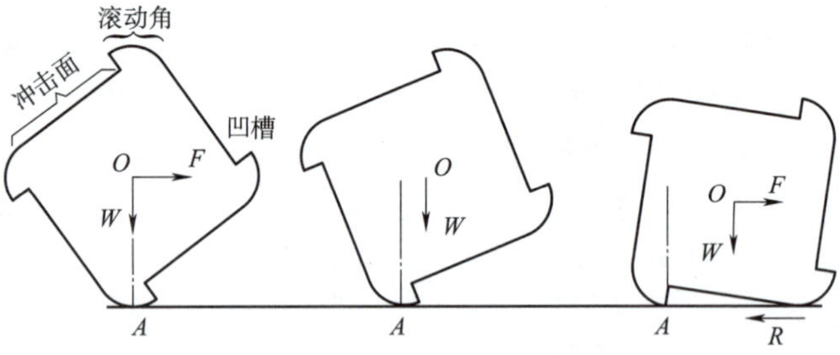

(a) (b) (c)

图 5-4 冲击碾压加固地基土的工作原理

压实轮在牵引力 F 的作用下向前滚动，当滚动角圆弧与地面的接触点 A 与重心 O 在一条铅垂线上时，压实轮升至最高位置［图 5-4(a)］，越过此点以后，中心相对于接触点 A 产生压实轮坠落的冲击力矩［图 5-4(b)］，在这一力矩作用下压实轮冲击地面，而此时冲击力矩达到最大［图 5-4(c)］。随后压实轮的冲击面向前方搓挤地基土而产生强力的揉搓作用，并使地基土产生很大的反力 R，在牵引力 F 和反力 R 所形成的举升力偶作用下，压实轮以滚动与地面接触的瞬时中心为转动轴心向前滚动并抬升压实轮至最高位置，然后继续这样的循环。由于碾边顺序周期性地冲击地面，产生强烈的冲击波并向地下深层传播，土颗粒之间发生位移、变形和剪切，深层土体得以密实。从而达到消除地基土的湿陷性、减小路基的工后沉降，提高路基稳定的目的。

2. 冲击碾压前地基土的物理力学性质指标

该试验段黄土地基采用冲击碾压法施工，处理前天然地基的取样以 DIK148 +700 断面为例，位置在线路中心线左 5 m，黄土的主要物理力学性质指标见表 5-2。

表 5-2 冲击碾压处理前物理力学性质指标

土样编号	深度(m)	干密度(g/cm^3)	孔隙比	压缩模量(MPa)	内摩擦角(°)	黏聚力(kPa)	湿陷系数	渗透系数($\times10^{-6}$cm/s)
1-1	0.50	1.42	0.895	6.5	20.3	18	0.025	1.634
1-2	1.50	1.40	0.925	4.9	19.5	21	0.039	3.897
1-3	2.50	1.43	0.893	3.0	21.3	25	0.027	3.263
1-4	3.50	1.31	1.066	5.2	22.4	48	0.053	8.536
1-5	4.50	1.34	1.021	6.1	19.5	32	0.047	6.138

3. 冲击碾压后地基土的物理力学性质指标

冲击碾压法为浅层处理方法，重点研究冲击碾压法的加固处理效果，如处理影响深度、土体物理力学性质的变化规律，参考相关研究资料，取样深度定为 4 m 左右。地基处理后的取样以 DIK148 +700 断面为例，位置在线路中心线右 5 m，黄土地基处理后的主要物理力学性质指标见表 5-3。

表 5-3 冲击碾压处理后物理力学性质指标

土样编号	深度(m)	干密度(g/cm^3)	孔隙比	压缩模量(MPa)	内摩擦角(°)	黏聚力(kPa)	湿陷系数	渗透系数($\times10^{-6}$cm/s)
H1-1	0.50	1.65	0.64	22.5	27.5	33	0.002	0.334 5
H1-2	1.00	1.53	0.76	10.6	25.7	37	0.011	0.897 1
H1-3	1.50	1.57	0.72	13.8	21.8	19	0.016	2.966
H1-4	2.50	1.45	0.86	5.6	25.5	11	0.021	8.675
H1-5	3.50	1.45	0.87	3.8	28.2	24	0.030	7.232

4. 冲击碾压处理前后效果对比

效果分析主要从土体物理力学性质的变化情况来解释。

(1)室内试验结果分析

①干密度沿深度的变化

根据表 5-2 和表 5-3 的试验结果，绘出干密度沿深度的变化情况如图 5-5 所示。

从图 5-5 可以看出，冲击碾压处理前，不同深度处干密度的变化基本上较一致。处理后，200 cm 深范围内，干密度有较明显的提高，从上到下干密度的提高值逐渐减小；在 250 cm 处接近天然土体干密度，平均提高幅度为 11.8%。因此，从干密度的变化情况来看，冲击碾压的有效处理深度在 250 cm 以内。

②孔隙比

根据表 5-2 和表 5-3 的试验结果，绘出孔隙比沿深度的变化情况如图 5-6 所示。

从图 5-6 可以看出，冲击碾压处理前，不同深度孔隙比的变化基本上较一致。处理后，200 cm 深范围内，孔隙比有较明显的减小，从上到下孔隙比逐渐增大；在 250 cm 处接近天然土体孔隙比，平均减小幅度为 21.9%。因此，从孔隙比的变化情况来看，冲击碾压的有效处理深度在 250 cm 以内。

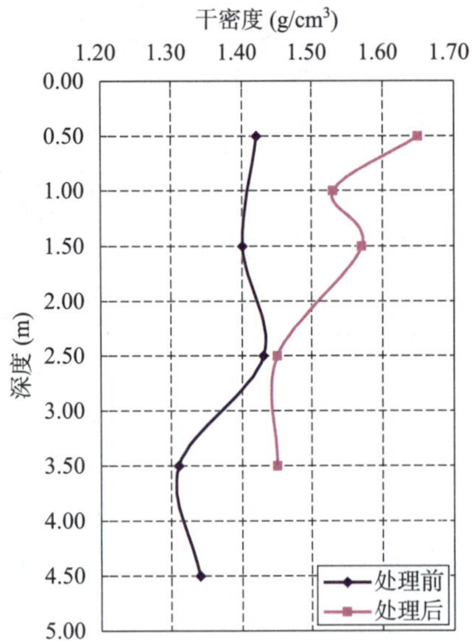

图 5-5　冲击碾压前后干密度

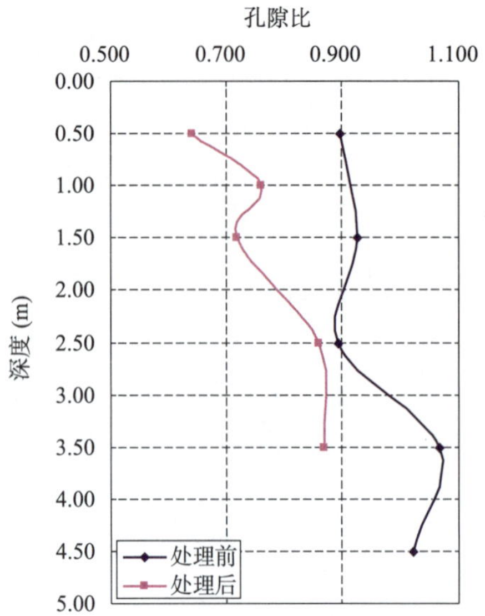

图 5-6　冲击碾压前后孔隙比

③湿陷系数

根据表 5-2 和表 5-3 的试验结果,绘出湿陷系数沿深度的变化情况如图 5-7 所示。

从图 5-7 中可以看出,冲击碾压处理前,不同深度湿陷系数的变化基本上较一致,均具有湿陷性;处理后,250 cm 深范围内,湿陷系数有较明显的减小,表层 50 cm 湿陷性处理效果极为明显,但 150 cm 以下并未消除黄土的湿陷性。因此,从湿陷系数的变化情况来看,冲击碾压的有效处理深度在 150 cm 以内。

④渗透系数

水流通过多孔介质土的现象称为渗透或渗流,而土被水流透过的性质,称为土的渗透性。土的渗透性与土体强度、变形问题一样,是工程研究中的重要课题之一。渗透系数的测定不仅可用于评价土的渗透性,还在软弱地基的固结沉降计算方面有着重要的意义。室内测定渗透系数的试验主要有常水头和变水头两种方法。其中常水头试验主要应用于砂土渗透系数的测定;变水头试验方法适用于渗透系数很小的黏性土。

本试验采用南 55 型渗透仪进行变水头渗透试验。试验测得,该段湿陷性黄土的渗透系数平均值为 4.694×10^{-6} cm/s。从图 5-8 可以看出。处理后黄土渗透系数的变化主要集中在 150 cm 深度范围内,黄土的渗透系数平均值为 1.399×10^{-6} cm/s,实际上在表层 50 cm 内,渗透系数会更小,渗透系数有可能会减小至原来的 1/10 ~ 1/20 左右,100 cm 以内平均值基本上减小一个量级。

因此,从渗透系数的变化情况来看,冲击碾压的有效防渗处理深度在 100 cm 以内,效果明显。

⑤压缩模量

根据表 5-2 和表 5-3 的试验结果,绘出压缩模量沿深度的变化情况如图 5-9 所示。

从图 5-9 中可以看出,冲击碾压处理前,不同深度处压缩模量的变化基本上较一致,一般在 6 MPa 以内。处理后,250 cm 深范围内,压缩模量有较明显的提高,从上到下压缩模量逐渐减小,在 250 cm 处接近天然土体压缩模量,250 cm 以内平均增大幅度为 155.4%;尤其在表层范围内,压缩模量增加尤为显著。因此,从压缩模量的变化情况来看,冲击碾压的有效处理深度在 250 cm 以内。

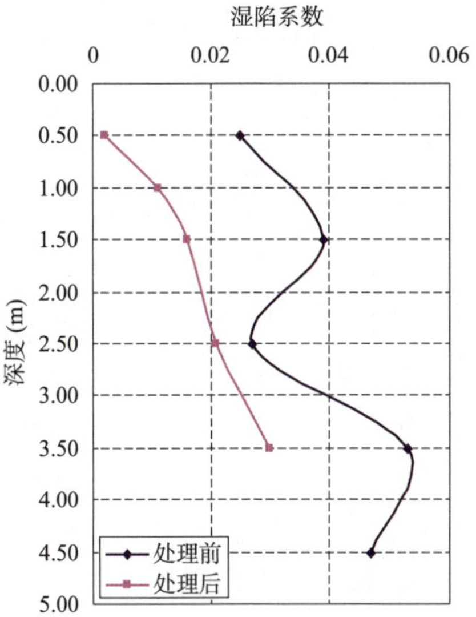

图 5-7 冲击碾压前后湿陷系数

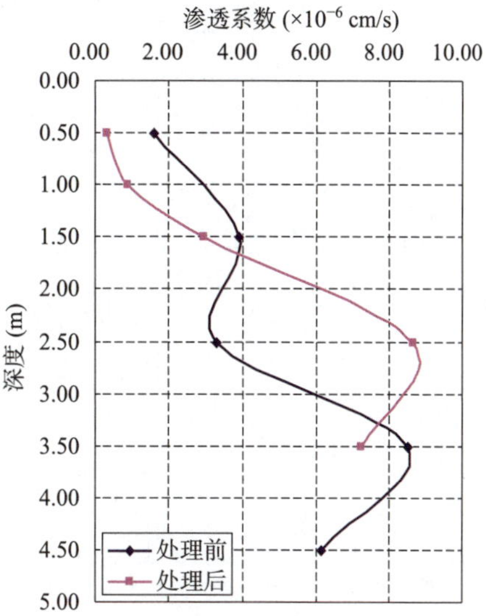

图 5-8 冲击碾压前后渗透系数

⑥黏聚力

从图 5-10 可以看出,冲击碾压处理后,150 cm 深度范围内,黏聚力有所提高,从上到下黏聚力逐渐减小,在 150 cm 处接近天然土体黏聚力,150 cm 以内平均增大幅度为 52.1%,150 cm 以下则成减小趋势。因此可以认为,冲击碾压作用下,破坏了黄土的天然结构,导致结构强度减小,在 150 cm 范围内由于冲击碾压作用强,土体变密实,从而强度有所增长;150 cm 以下由于冲击碾压作用较弱,未能提高黄土的黏聚力,而结构强度又遭到破坏,故 150 cm 以下则呈减小趋势。因此,从黏聚力的变化情况来看,冲击碾压的有效处理深度在 150 cm 以内。

⑦内摩擦角

从图 5-11 中可以看出,冲击碾压处理后,450 cm 深度范围内,内摩擦角均有所提高,从上到下内摩擦角逐渐减小然后增大,在 150 cm 处接近天然土体内摩擦角,150 cm 以下则呈减小趋势。

虽然 150 cm 以下内摩擦角也似乎有所增长,特别是在 350 cm 处增至与表层土的压缩模量接近,这是不可能的,可能是试验误差或土体性质变化所致。因此,从内摩擦角的变化情况来看,冲击碾压的有效处理深度在 150 cm 以内。

(2)原位测试成果分析

①静力触探试验

从图 5-12 可以看出,冲击碾压处理后,220 cm 深度范围内,黄土的静力触探锥尖比贯入阻力值均有所提高,在 150 cm 处接近天然土体的比贯入阻力值,220 cm 以下则等于天然状态下的数值。但从图中可以看出,在 120 cm 处的静力触探锥尖的比贯入阻力已经很接近天然土体的比贯入阻力值。因此,从土体比贯入阻力的变化情况来看,冲击碾压的有效处理深度在 120 cm 以内。

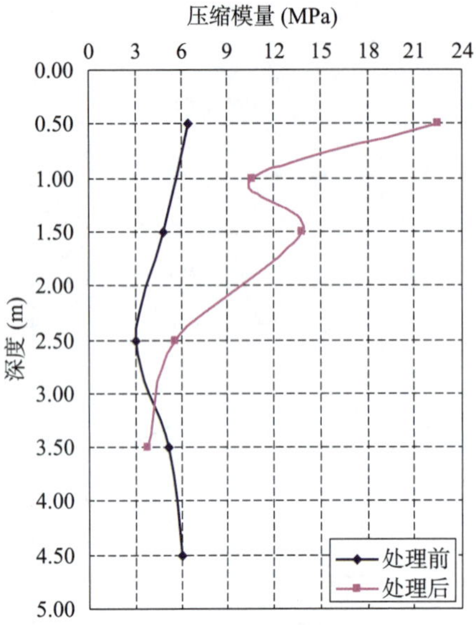

图 5-9　冲击碾压前后压缩模量

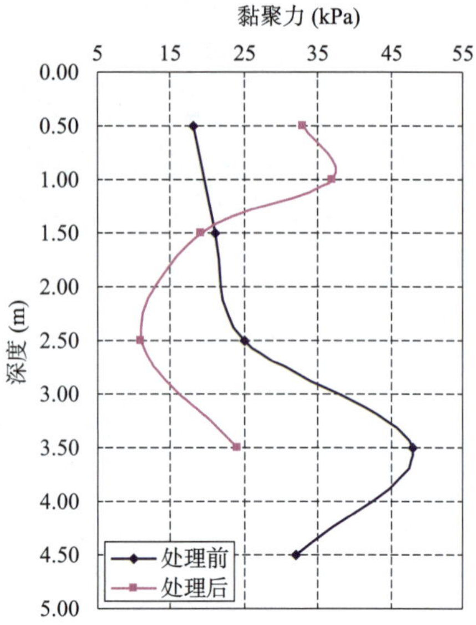

图 5-10　冲击碾压前后黏聚力

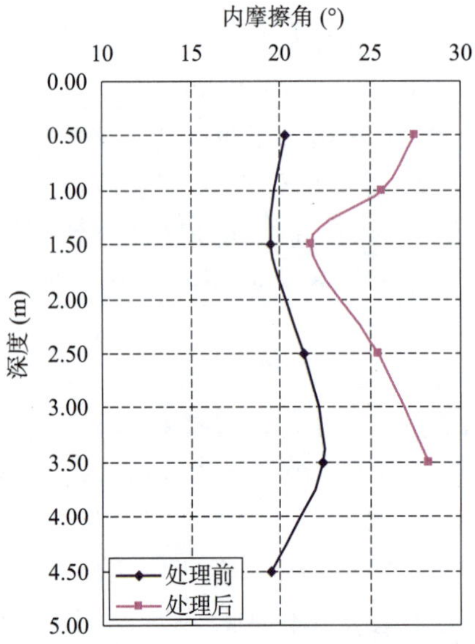

图 5-11　冲击碾压前后内摩擦角图

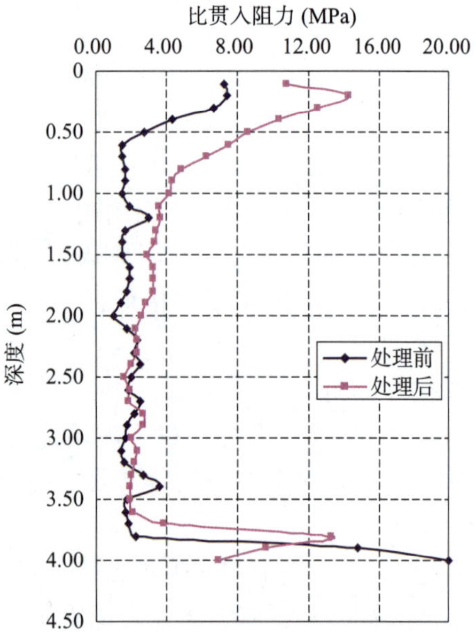

图 5-12　冲击碾压前后静力触探曲线

②标准贯入试验

标贯试验数据见表 5-4。从表中可见,冲击碾压影响范围约在 200 cm 以内,作用效果从地表往下逐渐减弱。

表 5-4 冲击碾压前后的标准贯入击数

标贯序号	土层深度(m)	击数(次)	标贯序号	土层深度(m)	击数(次)	增加击次(次)
1-1	0.5~0.8	2.0	H1-1	0.5~0.8	5.0	3.0
1-2	1.5~1.8	2.0	H1-2	1.5~1.8	3.0	1.0
1-3	2.5~2.8	3.0	H1-3	2.5~2.8	3.0	0

(3)冲击碾压处理效果小结

①冲击碾压法作为黄土地基浅层处理方法,有一定的效果,干密度、力学强度均有所提高,孔隙比、湿陷系数、渗透系数明显减小。

②其对黄土地基的处理深度,消除湿陷性的作用仅在 120~150 cm 深度范围内。

③考虑浅层处理其目的主要是消除部分湿陷,重点在于提高土体的抗渗性能,所以从数据分析方面看,渗透系数明显减小,范围在 100 cm 以内。

5. 冲击碾压法加固处理后基底沉降监测与分析

(1)路基基底横向各点沉降

以 DIK148+700 断面为例,路基基底横向各点沉降随时间变化曲线如图 5-13 所示。

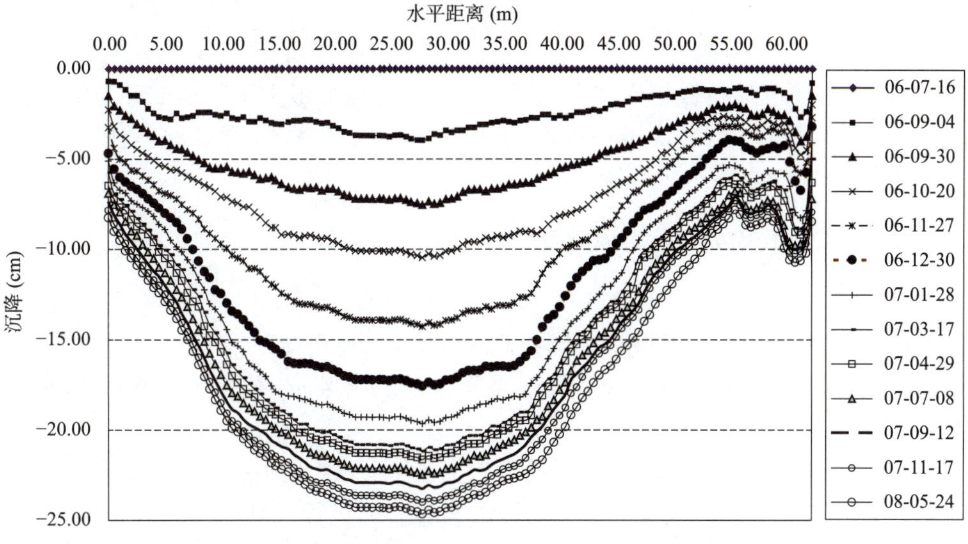

图 5-13 路基横向各点沉降值随时间变化曲线

(2)典型测点处的沉降值与沉降趋势

取 DIK148+700 断面距左、右坡脚 10 m 和路基中心处沉降值进行分析,其沉降趋势如图 5-14 所示。

(3)结果分析

本断面 2006 年 7 月 6 日沉降管埋设完成,2006 年 7 月 16 日路基开始填筑并开始测试,取 2006 年 7 月 16 日作为初始值进行计算,路基面中心处沉降最大,至 2008 年 5 月 24 日累计沉降量达 24.7 cm。路基底宽为 53 m,前 10 m 测点位于施工便道内。路基基底以下的沉降总体沉降曲线呈中心大、两侧小的凹形。路基两侧管头沉降量为 8 cm 左右。2007 年 11 月份后沉

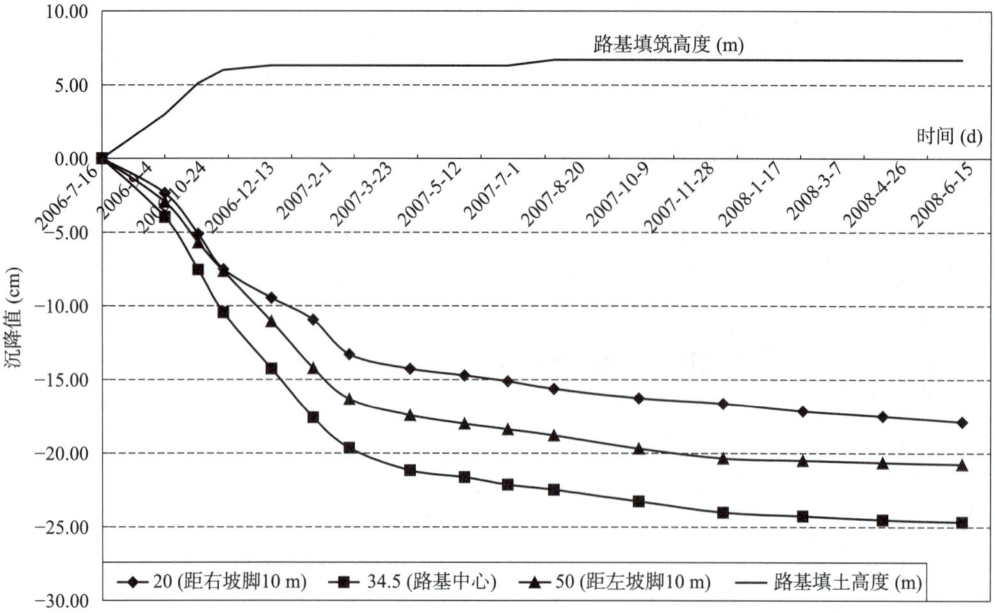

图 5-14　距左、右坡脚 10 m 和路基中心处的沉降趋势线

降趋于稳定，与磁环沉降趋势相比基本相同。路基中心点的最大沉降值磁环与沉降管相差 2 cm，考虑磁环的埋设位置、仪器精度和施工干扰等因素，取沉降管路基中心的沉降值 (24.7 cm) 作为本断面的最大沉降值。

5.4.2　重锤夯实法加固处理效果检测及分析

1. 重锤夯实法加固机理

重锤夯实法是利用起重机械将重锤提到一定高度，自由落下，重复夯打，击实地基土。重锤夯实法所用的重锤锤重为 2 ~ 4 t，锤底直径为 1.2 ~ 1.4 m，落距为 4 ~ 6 m，锤底静压力在 15 ~ 20 kPa。

当地基土为非饱和土时，其夯实的过程，为土颗粒受强大的冲击力作用引起较大相对位移，迫使土中的气相被挤出，土体发生强制压缩和振密的过程，形成了一层比较密实的硬壳层，从而提高了地基的强度。

2. 重锤夯实前地基土物理力学性质指标

该段黄土地基采用重锤夯实法施工，处理前天然地基的取样以 DIK148 + 800 断面为例，位置在线路中心线左 5 m，黄土的主要物理力学性质指标见表 5-5。

表 5-5　重锤夯实处理前物理力学参数值

土样编号	深度(m)	干密度 (g/cm^3)	孔隙比	压缩模量 (MPa)	内摩擦角 (°)	黏聚力 (kPa)	湿陷系数	渗透系数 ($\times 10^{-6}$ cm/s)
2-1	0.50	1.23	1.207	2.2	29.7	13	0.107	7.985
2-2	1.50	1.51	0.793	11.0	28.0	14	0.037	0.997 1

续上表

土样编号	深度(m)	干密度(g/cm^3)	孔隙比	压缩模量(MPa)	内摩擦角(°)	黏聚力(kPa)	湿陷系数	渗透系数($\times10^{-6}$ cm/s)
2-3	2.50	1.30	1.087	2.4	20.3	48	0.042	5.863
2-4	3.50	1.34	1.020	3.6	24.9	33	0.051	6.248
2-5	4.50	1.44	0.878	6.6	22.6	35	0.024	3.451
2-6	5.50	1.40	0.928	4.0	21.3	28	0.047	5.446
2-7	6.50	1.41	0.927	11.3	25.2	13	0.036	4.336

3. 重锤夯实后地基土物理力学性质指标

重锤夯实法亦为浅层处理方法。本节重点研究重锤夯实法的加固处理效果，如处理影响深度、土体物理力学性质的变化规律，参考相关研究资料，取样深度定为 7 m 左右。地基处理后的取样以 DIK148 +800 断面为例，位置在线路中心线右 5 m，处理后黄土的主要物理力学性质指标见表 5-6。

表 5-6　重锤夯实处理后物理力学参数值

土样编号	深度(m)	干密度(g/cm^3)	孔隙比	压缩模量(MPa)	内摩擦角(°)	黏聚力(kPa)	湿陷系数	渗透系数($\times10^{-6}$ cm/s)
T2-1	0.50	1.67	0.62	18.2	26.8	20	0.001	0.211 4
T2-2	1.50	1.62	0.68	11.0	26.5	31	0.001	0.667 3
T2-3	2.50	1.59	0.72	8.3	23.2	36	0.001	0.981 2
T2-4	3.50	1.63	0.66	15.3	31.3	22	0.002	0.691 5
T2-5	4.50	1.51	0.79	15.3	28.5	33	0.002	3.232
T2-6	5.50	1.50	0.81	4.3	20.5	22	0.027	5.381
T2-7	6.50	1.38	0.96	8.3	15.3	44	0.002	7.727

4. 重锤夯实处理前后效果对比

(1)室内试验成果分析

①干密度

根据表 5-5 和表 5-6 的试验结果，绘出干密度沿深度的变化情况如图 5-15 所示。从图 5-15 可以看出，重锤夯实处理前，在不同的深度下，干密度的变化基本上较一致，一般小于 1.50 g/cm^3；处理后，450 cm 深度范围内，干密度有较明显的增大，从上到下干密度逐渐减小。因此，从干密度的变化情况来看，重锤夯实的有效处理深度在 450 cm 以内，平均增长幅度为 17.6%。

②孔隙比

根据表 5-6 和表 5-7 的试验结果，绘出孔隙比沿深度的变化情况如图 5-16 所示。从图 5-16 可以看出，重锤夯实处理前，不同深度孔隙比的变化基本上较一致，一般在 0.9 左右；处理后，450 cm 深范围内，孔隙比有较明显的减小，从上到下孔隙比逐渐增大。因此，从孔隙比的变化情况来看，重锤夯实的有效处理深度在 450 cm 以内，平均减小幅度为 30.4%。

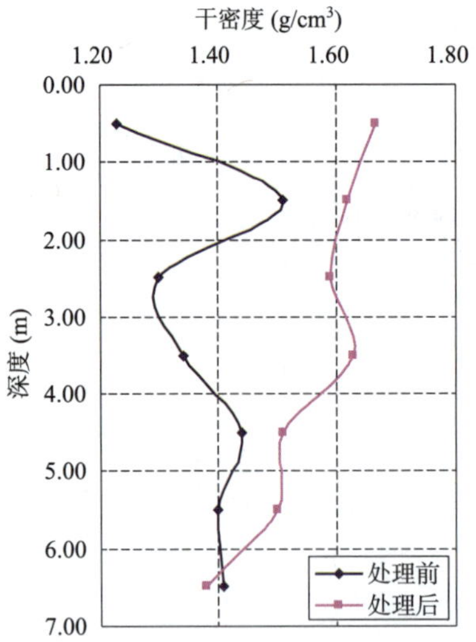

图 5-15　重锤夯实前后干密度

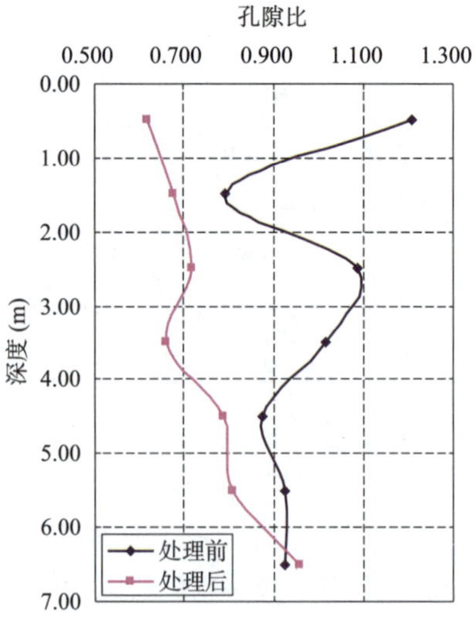

图 5-16　重锤夯实前后孔隙比

③湿陷系数

根据表 5-5 和表 5-6 的试验结果，绘出湿陷系数沿深度的变化情况如图 5-17 所示。从图 5-17 中可以看出，重锤夯实处理前，不同深度湿陷系数的变化基本上较一致，湿陷系数基本均大于 0.015，均具有湿陷性；处理后，500 cm 深范围内，湿陷系数有较明显的减小，地表以下 450 cm 深度内湿陷性处理效果极为明显，但 470 cm 以下并未消除黄土的湿陷性。因此，从湿陷系数的变化情况来看，重锤夯实的有效处理深度在 450 cm 以内。

④渗透系数

试验得到该段湿陷性黄土的渗透系数平均值为 4.904×10^{-6} cm/s。从图 5-18 可以看出，处理后黄土渗透系数的变化主要集中在 350 cm 深度范围内，黄土的渗透系数平均值为 1.157×10^{-6} cm/s，50 cm 处土样的渗透系数，处理前后相差了 37.8 倍。实际上在表层 50 cm 内，渗透系数会更小，渗透系数会减小至原来的 1/40 以下；100 cm 以内平均值基本上减小了一个量级。因此，从渗透系数的变化情况来看，重锤夯实的有效防渗处理深度在 350 cm 以内，效果明显。

⑤压缩模量

根据表 5-5 和表 5-6 的试验结果，绘出压缩模量沿深度的变化情况如图 5-19 所示。

从图 5-19 中可以看出，重锤夯实处理前，不同深度压缩模量的变化无规律，7.0 m 范围内压缩模量平均值在 5.8 MPa 左右。处理后，550 cm 深范围内，压缩模量有较明显的提高，从上到下压缩模量逐渐减小，仅在 150 cm 处该点数据接近天然土体压缩模量，550 cm 以下不受重锤夯实作用影响。550 cm 内压缩模量平均值为 11.5 MPa，增大幅度为 96.3%，尤其在表层范围内，压缩模量增加尤为显著。因此，从压缩模量的变化情况来看，重锤夯实的有效处理深度在 550 cm 以内。

⑥黏聚力

从图 5-20 可以看出，重锤夯实处理后，250 cm 深范围内，黏聚力有所提高，从上到下黏聚力逐渐减小，在 200 cm 处接近天然土体黏聚力，200 cm 以内平均增大幅度为 88.9%，

200 cm 以下则呈减小趋势。原因是在重锤夯实作用下，破坏了黄土的天然结构，导致结构强度减小，在 200 cm 范围内由于重锤夯实作用强，土体变密实，从而导致强度有所增长；200 cm 以下由于重锤夯实作用较弱，未能提高黄土的黏聚力，而结构强度又遭到破坏，故 200 cm 以下则呈减小趋势。因此，从黏聚力的变化情况来看重锤夯实的有效处理深度在 200 cm 以内。

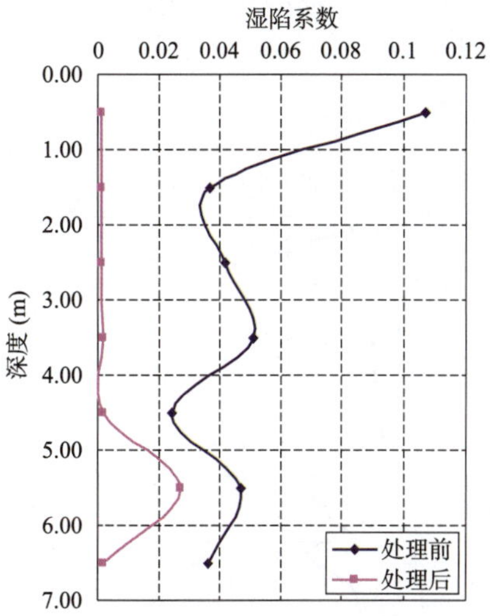

图 5-17　重锤夯实前后湿陷系数

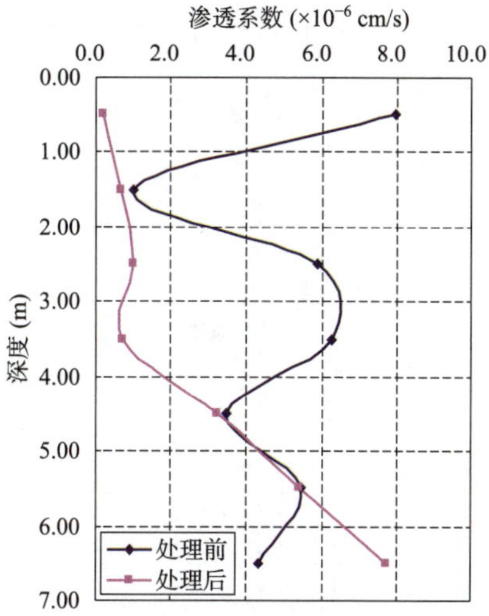

图 5-18　重锤夯实前后渗透系数

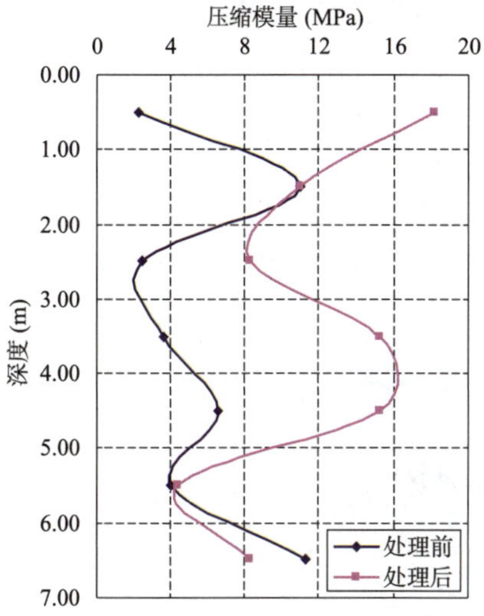

图 5-19　重锤夯实前后压缩模量

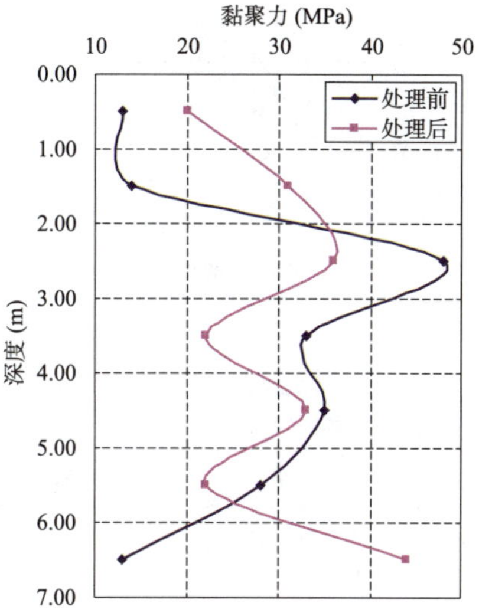

图 5-20　重锤夯实前后黏聚力

⑦内摩擦角

从图 5-21 中可以看出，重锤夯实处理前后 180 cm 深范围内，内摩擦角似乎有所减小；180 cm 以下，从上到下内摩擦角逐渐减小然后增大，在 550 cm 处接近天然土体内摩擦角，550 cm 以下则呈减小趋势。

因为内摩擦角的影响因素较多，除了土体颗粒组成和结构以外，还与含水率变化、取样点的位置和试验误差等因素有关。

（2）原位测试成果

①静力触探试验

从图5-22可以看出，重锤夯实处理后，340 cm深度范围内，黄土静力触探锥尖的比贯入阻力大多有所提高，只是在190～230 cm处接近或低于天然土体的比贯入阻力值，340 cm以下则等于天然状态下的数值。因此，从土体比贯入阻力的变化情况来看，重锤夯实的有效处理深度在340 cm以内。

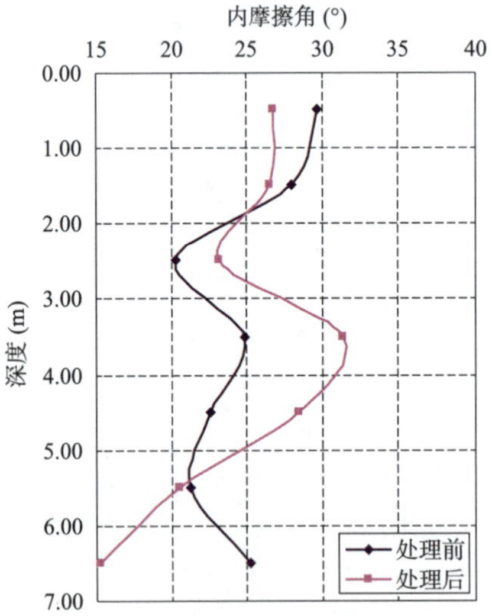

图5-21　重锤夯实前后内摩擦角

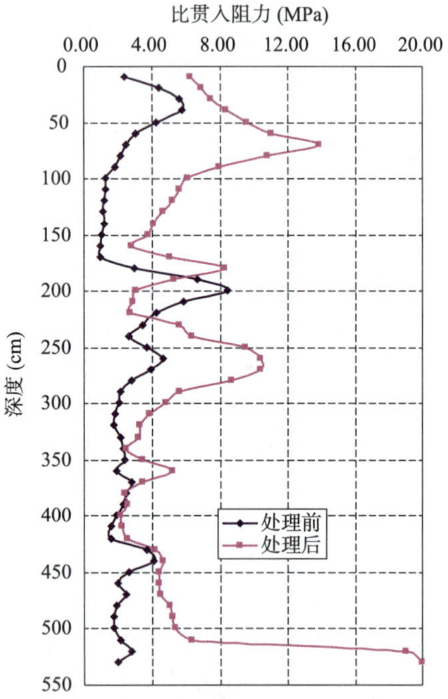

图5-22　重锤夯实前后静力触探曲线

②标准贯入试验

标贯试验数据见表5-7。从表5-7可见，重锤夯实法影响范围约在350 cm以内，作用效果由地表往下逐渐减弱。

表5-7　重锤夯实前后的标准贯入击数

标贯序号	土层深度(m)	击数(次)	标贯序号	土层深度(m)	击数(次)	增加击次(次)
2-1	0.5～0.8	2.0	H2-1	0.5～0.8	6.0	4.0
2-2	1.5～1.8	3.0	H2-2	1.5～1.8	4.5	1.5
2-3	2.5～2.8	3.0	H2-3	2.5～2.8	4.5	1.5
2-4	3.5～3.8	3.0	H2-4	3.5～3.8	3.0	0.0
2-5	4.5～4.8	7.0	H2-5	4.5～4.8	6.0	-1.0

（3）重锤夯实处理效果小结

①重锤夯实法作为黄土地基浅层处理方法，有一定的效果，干密度、力学强度均有所提

高，孔隙比、湿陷系数、渗透系数明显减小；其对黄土地基的处理深度，消除湿陷性的作用仅在 450 cm 深度范围内。

②考虑浅层处理目的主要是消除部分湿陷，重点在于提高土体的抗渗性能，所以从数据分析方面看，渗透系数明显减小范围在 350 cm 以内。

③土体在加固深度范围内，黏聚力提高较明显，但内摩擦角变化不大。

④从原位测试结果来看，黄土地基的浅层承载能力明显有所提高。

5. 重锤夯实法加固处理后基底沉降监测与分析

(1)路基基底横向各点沉降

以 DIK148 +800 断面为例，路基基底横向各点沉降随时间变化曲线如图 5-23 所示。

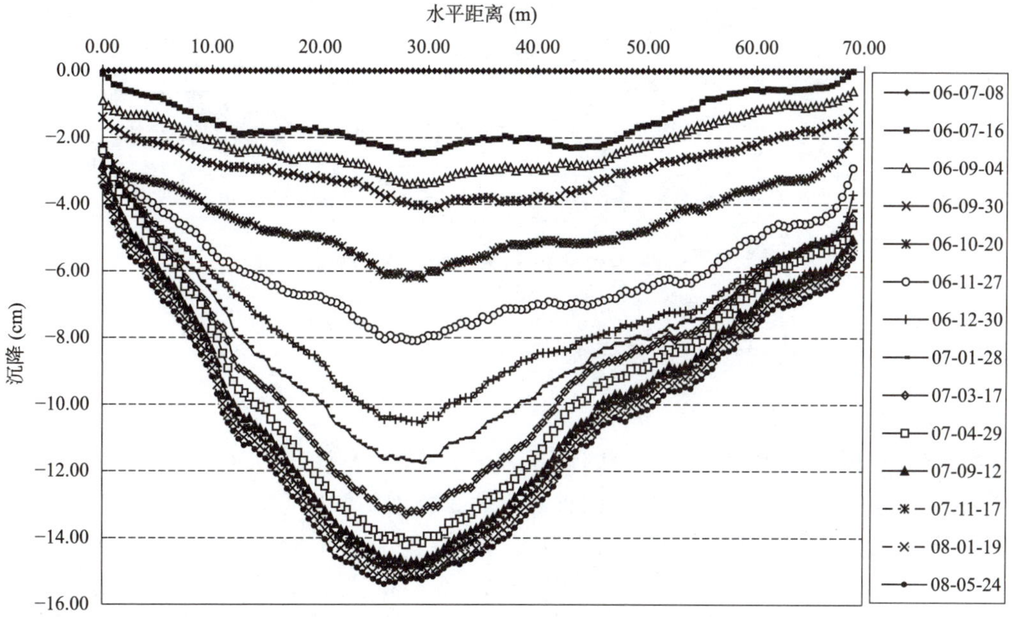

图 5-23　路基横向各点沉降值随时间变化曲线

(2)典型测点处的沉降值与沉降趋势

取 DIK148 +800 断面距左、右坡脚 15 m 和路基中心处沉降值进行分析，其沉降趋势如图 5-24 所示。

(3)结果分析

本断面 2006 年 7 月 6 日沉降管埋设完成，2006 年 7 月 8 日路基填筑并开始测试，取 7 月 8 日作为初始值进行计算，路基底宽为 61 m，前 10 m 测点位于施工便道内。路基基底以下的沉降总体沉降曲线呈中心大，两侧小的凹形。路基两侧管头沉降量为 5 cm 左右。2007 年 8 月份后沉降趋势变缓，2007 年 11 月后沉降趋于稳定，沉降趋势与磁环基本相同。至 2008 年 5 月底，路基中心最大沉降为 15. 3 cm，与磁环中心点的最大沉降值基本相同，因磁环沉降仅测至 2008 年 3 月，估计其沉降值应大一些，考虑因素同冲击碾压断面，取 15. 3 cm 作为本断面的路基中心最大沉降值。

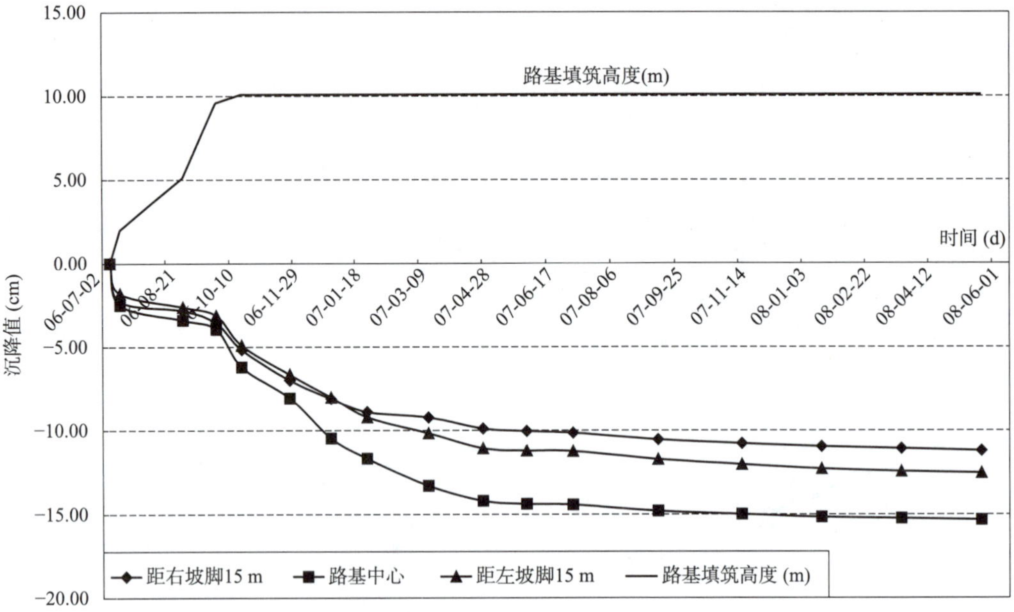

图 5-24　距左、右坡脚 15 m 和路基中心处沉降趋势线

5.4.3　强夯法加固处理效果检测及分析

1. 强夯法加固机理

自 1970 年以来，法国人梅纳研究的强夯法在全世界得到广泛的应用。各种工程的实际应用表明，该法夯实土作用效果显著，而且强夯后土体力学性质得到了很好改善。但是，在推广强夯法中，其加固机理的研究一直没有完善，而且国内外的众多学者从不同的角度进行了大量的研究，看法不一。然而这些结论却可以相互补充，形成系统的解释。目前对强夯法加固地基机理的研究，主要是从加固原理与作用看，分为动力密实、动力固结和动力置换三种情况，其共同特点是，破坏土的天然结构，达到新的稳定状态。

(1)在非饱和土中，特别是孔隙多、颗粒较粗大的土中，由于巨大的夯击能量所产生的冲击波和动应力在土中传播，使土颗粒破碎或使颗粒产生瞬间的相对运动，从而使孔隙中的水及其气体迅速排除和压缩，孔隙体积减小，形成较密实的结构，从而提高土体的强度。因此，强夯法加固非饱和土是基于动力密实机理的概念。

(2)强夯加固细粒饱和土时，强大的冲击能在土中产生很大的应力波，破坏土体原有结构，使土体局部液化并产生许多裂隙，作为孔隙水的排水通道，使孔隙水顺利逸出，待超孔隙水压力消散后，土体固结。由于软土的触变性，强度得以提高，这就是动力固结机理。

(3)强夯加固淤泥为动力置换机理，即强夯将碎石整体挤入淤泥成整体置换或间隔夯入淤泥成桩式碎石墩。这是较晚总结的一种机理。众多的工程实践表明，对高饱和度、低透水性的黏性土，仅靠强夯动力挤密作用，其加固效果是十分有限的。因此，逐渐发展了一种利用传统强夯的施工设备，以夯坑中填充粗粒材料产生置换作用为主加固机理的新的强夯工艺，该法一般被称作强夯置换。

对于湿陷性黄土路基这样的特殊土体，其湿陷是由于其内部孔隙较多较大，胶结强度差，遇水微结构强度迅速降低而突变失稳，造成孔隙崩塌，因而引起附加的沉降，所以强夯法加固湿陷性黄土就应该着眼于破坏其结构，使微结构在遇水前崩塌，减少其孔隙。从这个角度看，强夯法又是动力夯实过程。

2. 强夯前地基土物理力学性质指标

该段黄土地基采用强夯法施工，处理前天然地基的取样以 DIK148 +860 断面为例，位置在线路中心线左 5 m，黄土的主要物理力学性质指标见表 5-8。

表 5-8 强夯前黄土物理力学参数

土样编号	深度(m)	干密度(g/cm^3)	孔隙比	压缩模量(MPa)	内摩擦角(°)	黏聚力(kPa)	湿陷系数
3-1	0.50	1.47	0.834	6.9	18.9	20	0.038
3-2	1.50	1.43	0.884	4.8	20.4	19	0.048
3-3	2.50	1.29	1.100	3.3	23.5	25	0.076
3-4	3.50	1.44	0.882	5.7	23.2	23	0.027
3-5	4.50	1.36	1.010	6.1	17.3	42	0.019
3-6	5.50	1.34	1.034	5.7	15.2	38	0.003
3-7	6.50	1.37	0.990	6.1	18.4	16	0.007
3-8	7.50	1.35	1.010	6.9	19.8	15	0.010

3. 强夯后地基土物理力学性质指标

本节重点研究强夯法加固处理效果，如处理影响深度、土体物理力学性质变化规律。地基处理后的取样以 DIK148 +860 断面为例，取样深度定为 15 m 左右，位置在线路中心线右 5 m，黄土地基处理后的主要物理力学性质指标见表 5-9。

表 5-9 强夯后黄土物理力学参数

土样编号	深度(m)	干密度(g/cm^3)	孔隙比	压缩模量(MPa)	内摩擦角(°)	黏聚力(kPa)	湿陷系数
H3-1	0.50	1.68	0.61	20.6	25.5	28	0.002
H3-2	1.50	1.76	0.54	23.3	27.5	20	0.001
H3-3	2.50	1.67	0.63	16.0	24.0	47	0.001
H3-4	3.50	1.56	0.75	6.6	25.2	46	0.001
H3-5	4.50	1.59	0.70	15.5	24.7	36	0.001
H3-6	5.50	1.52	0.78	10.1	18.6	47	0.001
H3-7	6.50	1.45	0.87	8.3	29.7	42	0.001
H3-8	7.50	1.45	0.86	6.2	20.5	46	0.013

4. 强夯处理前后效果对比分析

(1)室内试验结果分析

①干密度

根据表5-8和表5-9的试验结果，绘出干密度沿深度的变化情况如图5-25所示。从图中可以看出，强夯处理前，不同深度干密度的变化基本上较一致，一般在1.45 g/cm³以下。处理后，650 cm深度范围内，干密度有较明显的提高，从上到下干密度的提高值逐渐减小；在650 cm处往下仍然大于天然土体干密度，平均提高幅度为15.8%。因此，从干密度的变化情况来看，强夯法的有效处理深度在650 cm以内。

②孔隙比

根据表5-8和表5-9的试验结果，绘出孔隙比沿深度的变化情况如图5-26所示。从图中可以看出，强夯处理前，不同深度孔隙比的数值变化不大，基本上较一致，平均值在0.97左右。强夯处理后，650 cm深度范围内，孔隙比有较明显的减小，从上到下孔隙比的逐渐增大；在650 cm处仍然大于天然土体孔隙比，从数据趋势上分析此处为天然孔隙比，平均减小幅度为27.5%。因此，从孔隙比的变化情况来看，强夯法的有效处理深度在650 cm以内。

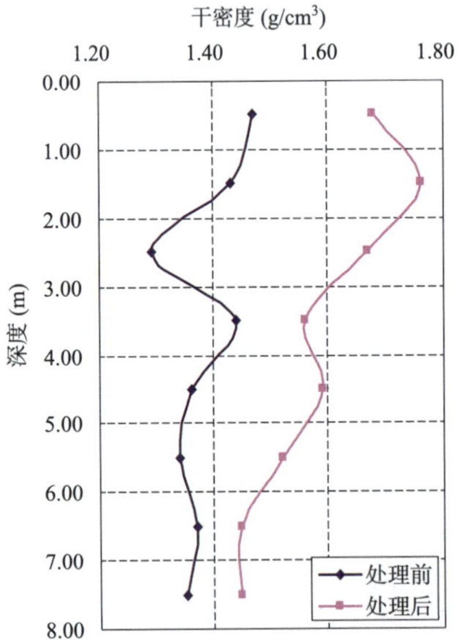

图5-25　强夯前后干密度

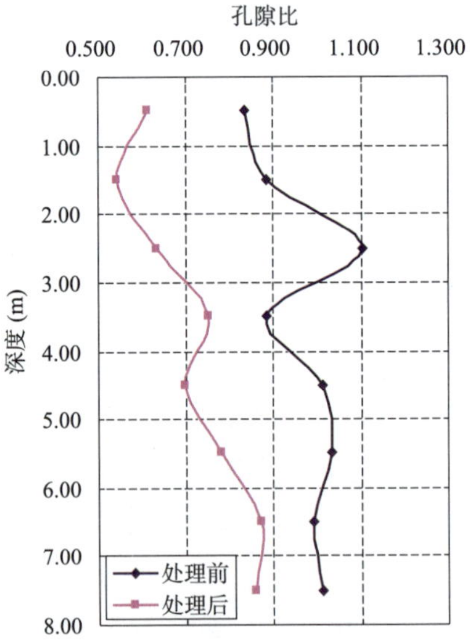

图5-26　强夯前后孔隙比

③湿陷系数

根据表5-8和表5-9的试验结果，绘出湿陷系数沿深度的变化情况如图5-27所示。从图中可以看出，强夯处理前，上部500 cm范围内黄土具有湿陷性，湿陷系数的平均值为0.042。强夯处理后，500 cm深度范围内，湿陷系数有较明显的减小，且不具有湿陷性；表层50 cm湿陷性处理效果极为明显；500 cm以下黄土虽然无湿陷性，湿陷性系数也明显减小。因此，从湿陷系数的变化情况来看，强夯法有效处理深度在550 cm以内。

④压缩模量

根据表5-8和表5-9的试验结果，绘出压缩模量沿深度的变化情况如图5-28所示。从图中可以看出，强夯处理前，不同深度压缩模量的变化基本上较一致，平均值在5.9 MPa以内。强夯处理后，650 cm深范围内，压缩模量有较明显的提高，除在350 cm左右接近天然状态时的压缩模量值外，从上到下压缩模量存在逐渐减小趋势，在750 cm处接近天然土体压缩模量,650 cm 以内平均增大幅度为 160.1%;尤其在地表范围内,压缩模量增加尤为显著。因此,从压缩模量的变化情况来看,强夯法的有效处理深度在 650 cm 以内。

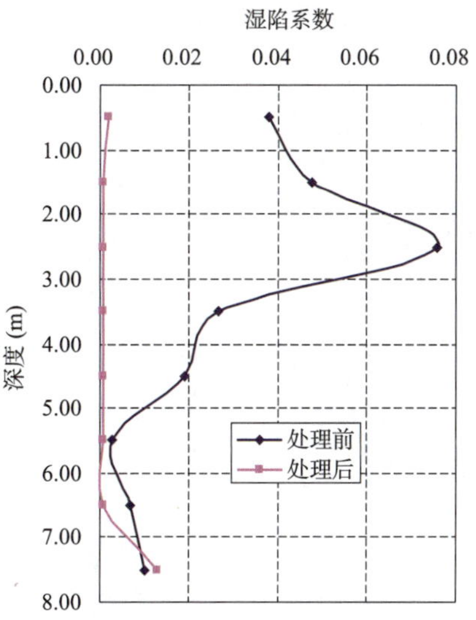

图 5-27 强夯前后湿陷系数

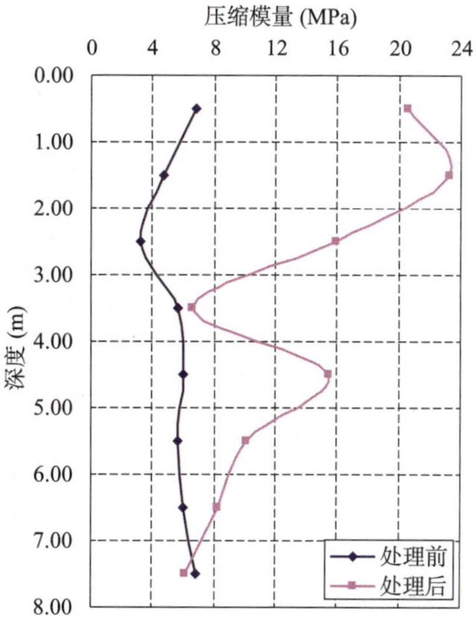

图 5-28 强夯前后压缩模量

⑤黄土的抗剪强度参数

从图 5-29、图 5-30 中可以看出,强夯处理后,除 450 cm 取样点黏聚力与强夯处理前数据相比稍有下降外,其余各深度取样处的黏聚力、内摩擦角均有所提高。因此,从抗剪强度参数的变化情况来看,强夯法的有效处理深度可达 750 cm。

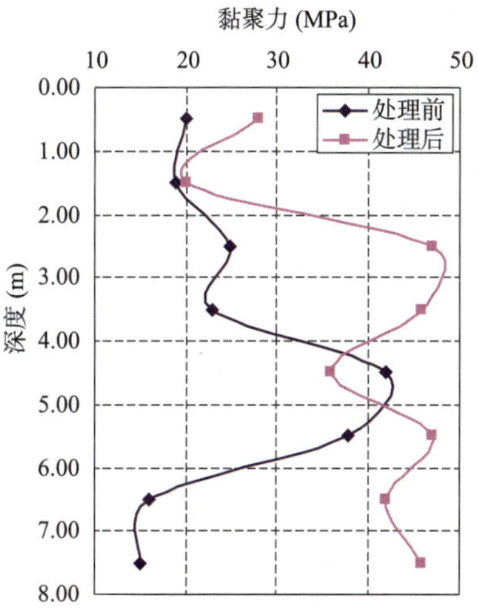

图 5-29 强夯前后黏聚力

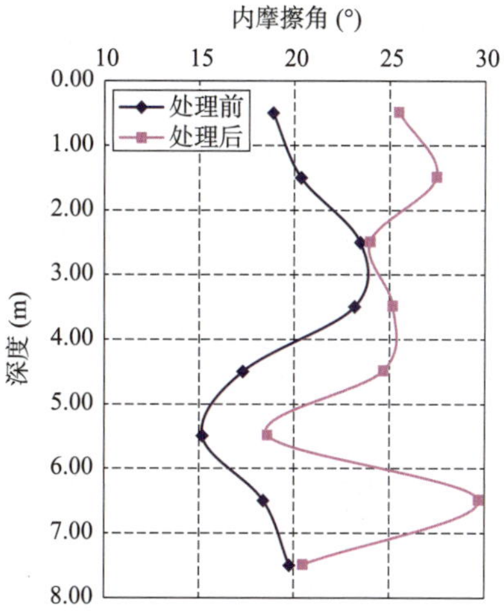

图 5-30 强夯前后内摩擦角

(2)原位测试成果

①静力触探试验

从图 5-31 中可以看出,强夯处理后,600 cm 深度范围内,黄土的静力触探锥尖比贯入阻力值大多有所提高,600 cm 以下则等于天然状态下的数值。因此,从土体比贯入阻力的变化情况来看,强夯法有效处理深度在 600 cm 以内。

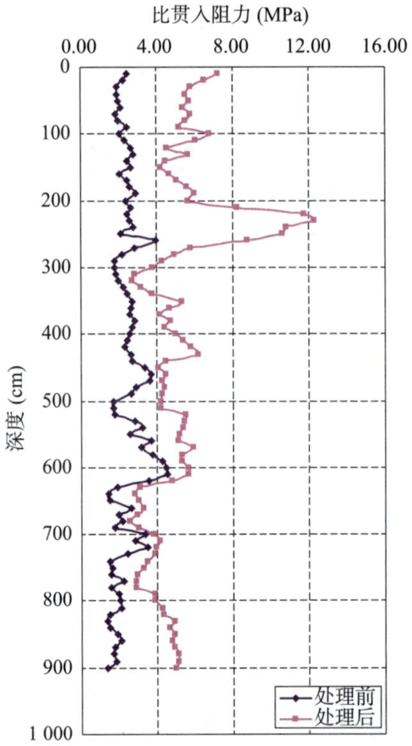

图 5-31　强夯前后静力触探曲线

②标准贯入试验

标贯试验数据见表 5-10。从表中可见,强夯法影响范围约在 600 cm 以内,作用效果由地表往下逐渐减弱。

表 5-10　强夯处理前后标准贯入击数

标贯序号	土层深度(m)	击数(次)	标贯序号	土层深度(m)	击数(次)	增加击次(次)
H3-1	0. 5 ~ 0. 8	15. 0	3-1	0. 5 ~ 0. 8	3. 0	12. 0
H3-2	1. 5 ~ 1. 8	8. 0	3-2	1. 5 ~ 1. 8	5. 0	3. 0
H3-3	2. 5 ~ 2. 8	11. 0	3-3	2. 5 ~ 2. 8		
H3-4	3. 5 ~ 3. 8	9. 0	3-4	3. 5 ~ 3. 8		
H3-5	4. 5 ~ 4. 8	8. 0	3-5	4. 5 ~ 4. 8	7. 0	1. 0
H3-6	5. 5 ~ 5. 8	7. 5	3-6	5. 5 ~ 5. 8	7. 0	0. 5
H3-7	6. 5 ~ 6. 8	6. 0	3-7	6. 5 ~ 6. 8	6. 0	0
H3-8	7. 5 ~ 7. 8	7. 0	3-8	7. 5 ~ 7. 8	7. 0	0

(3)强夯法处理效果小结

①强夯法作为黄土地基的处理方法,效果较为明显。干密度、力学强度均有所提高,孔

隙比、湿陷系数明显减小；其对黄土地基的处理深度，消除湿陷性的作用仅在 550 cm 深度范围内。

②土体在加固深度范围内，局部黏聚力、内摩擦角有所提高，但变化不大。

③从原位测试结果来看，黄土地基的承载能力明显有所提高。

5. 强夯法加固处理后基底沉降监测与分析

(1)路基基底横向各点沉降

以 DIK148 +860 断面为例，路基基底横向各点沉降随时间变化曲线如图 5-32 所示。

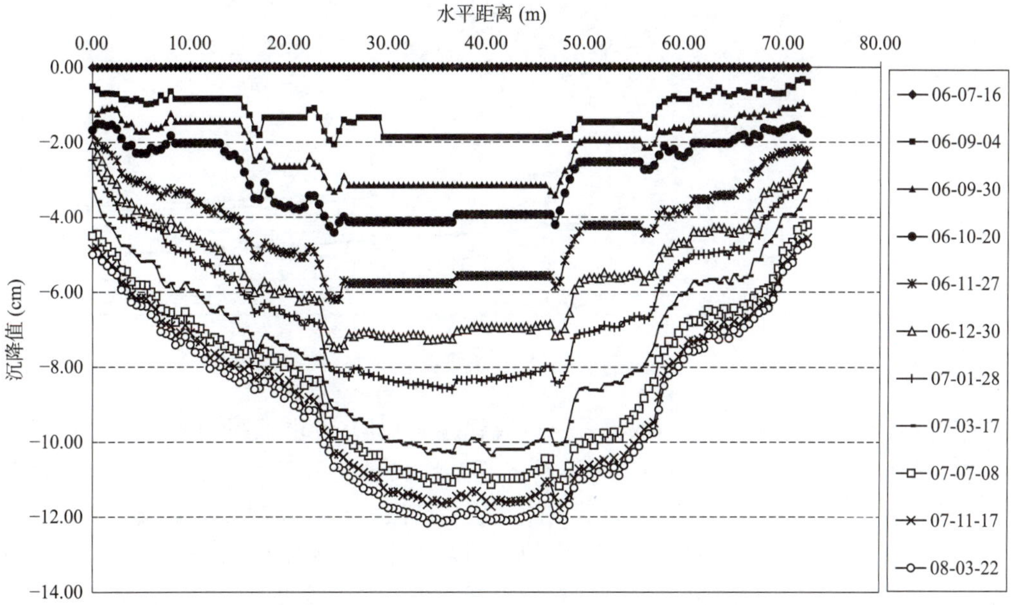

图 5-32 路基横向各点沉降值随时间变化曲线

(2)典型测点处的沉降值与沉降趋势

取 DIK148 +860 断面距左、右坡脚 15 m 和路基中心处沉降值进行分析，其沉降趋势如图 5-33 所示。

(3)结果分析

本断面 2006 年 7 月 8 日埋设完成，2006 年 7 月 16 日路基开始填筑并开始测试，取 7 月 16 日作为初始值进行计算，路基底宽为 67 m，前 5 m 测点位于施工便道内，总体沉降曲线呈中心大，两侧小有凹形，路基两侧沉降量为 4.5 cm 左右，路基面中心处沉降最大，至 2008 年 5 月底累计沉降量为 12 cm。从图 5-33 可以看出，2007 年 5 月份后沉降速率变小，至 2007 年 11 月以后沉降趋于稳定。与表层磁环沉降值进行比较，取 12 cm 作为本断面路基中心的最大沉降值。

5.4.4 灰土挤密桩法加固处理效果检测及分析

1. 灰土挤密桩法加固机理

20 世纪 60 年代，美国公路交通部门对石灰与土之间的相互作用进行了大量的研究，在

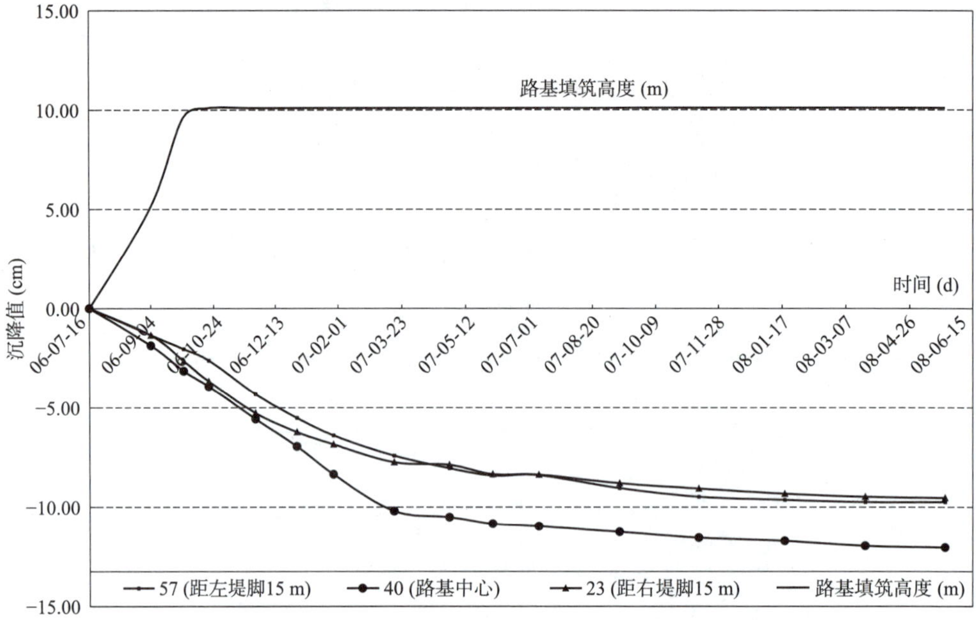

图 5-33　距左、右坡脚 15 m 和路基中心处沉降趋势线

石灰土的物理力学性质改良方面取得了一些成就,一些研究者也试图阐述土与石灰混合物强度提高的微观机理,但由于土与石灰本身的复杂性和研究手段的限制,进展缓慢。60 年代后,随着施工手段和机具的改善,石灰的用途更加广泛。日本在用含水率较高的黏土修筑堤坝时,用黏土与生石灰交替填筑的办法,使生石灰吸水以加快固结。同时,运用灰土挤密桩法等将石灰用于深层软基处理。如何控制石灰的掺入量以改善土的性质,降低费用;石灰与黏土混合后的加固机理,以及添加剂在混合土中的应用,这都是需进一步研究的问题。国内外对石灰土的加固机理进行了大量的试验研究工作,虽然这些试验结果随土样、石灰及添加剂的种类和试验方法的不同而异,但从混合物强度反应来区分,一般可归纳为四种:

(1)成孔挤密作用

沉桩成孔过程中,桩间土挤密作用随成桩工艺、地基土工程性质不同而不同。对非饱和土,或渗透性较大的土,成孔挤密效果好。对于一般的黏土和粉土,大体上桩间土强度可提高 10% ~50% ,杂填土强度可提高 1 ~2 倍。饱和软黏土成孔挤密效果差,成孔过程中不仅不能挤密桩间土,而且可能破坏桩间土的结构引起土的强度降低。

(2)吸水、升温和膨胀作用(二次挤密作用)

1 kg 生石灰水化时一般吸水 0. 8 ~0. 9 kg,其中水化作用吸收 0. 321 kg,其他水分被蒸发,同时放出 1 172 kJ 热量。这种热量可提高地基土的温度,土体产生一定的汽化脱水现象。生石灰吸水使地基土含水率下降,孔隙比减小,桩间土承载能力提高。且生石灰水化时体积膨胀,石灰桩在封桩较好时,石灰桩体积膨胀可对桩间产生巨大的挤压力。

(3)胶凝,离子交换和碳化作用

石灰水化过程中,$Ca(OH)_2$在水中的溶解度随温度升高而降低,此时 $Ca(OH)_2$因过饱和而沉淀,在水中形成胶体,但它并不稳定,经再结晶后紧密胶结而具有较高强度。同时,桩

周围的 $Ca(OH)_2$ 与空气接触化合生成 $CaCO_3$，$CaCO_3$ 结晶又与 $Ca(OH)_2$ 结晶相结合，构成 $CaCO_3 \cdot Ca(OH)_2$ 合成结晶，这种碳化作用，也使得桩周形成强度较高的硬壳层。

（4）置换作用

在地基中设置一定强度和刚度的桩置换软弱的土，形成复合地基可以提高地基承载力和改善变形特性。

2. 挤密前地基土物理力学性质指标

该段黄土地基采用灰土挤密桩法施工，处理前天然地基的取样以 DIK149＋080 断面为例，位置在线路中心线左 5 m，黄土的主要物理力学性质指标见表 5-11。

表 5-11　灰土挤密桩处理前黄土物理力学参数

土样编号	深度(m)	干密度(g/cm^3)	孔隙比	压缩模量(MPa)	内摩擦角(°)	黏聚力(kPa)	湿陷系数
4-1	0.50	1.32	1.050	2.5	23.1	25	0.047
4-2	1.50	1.38	0.952	3.5	29.6	29	0.037
4-3	2.50	1.44	0.888	3.9	21.3	59	0.016
4-4	3.50	1.31	1.090	3.2	14.5	47	0.039
4-5	4.50	1.33	1.034	4.7	19.6	19	0.018
4-6	5.50	1.32	1.070	4.3	17.5	26	0.011
4-7	6.50	1.23	1.227	2.6	16.9	45	0.006
4-8	7.50	1.33	1.050	4.5	18.3	25	0.002
4-9	8.50	1.47	0.842	5.1	18.8	42	0.003
4-10	9.50	1.47	0.840	6.7	21.3	19	0.021
4-11	10.50	1.51	0.792	7.0	25.6	27	0.019
4-12	11.50	1.58	0.713	8.3	24.8	26	0.016
4-13	12.50	1.51	0.795	6.7	22.4	37	0.008
4-14	13.50	1.54	0.758	6.7	24.5	57	0.000
4-15	14.50	1.57	0.728	7.3	26.2	49	0.004
4-16	15.50	1.54	0.757	6.4	23.3	36	0.002
4-17	16.50	1.54	0.771	4.8	21.8	67	0.000

3. 挤密后地基土物理力学性质指标

本节重点研究灰土挤密桩加固处理效果，主要通过分析黄土物理力学性质的变化规律，对其加固效果进行评价。设计桩长 12 m，取样深度定为 17 m 左右。地基处理后的取样以 DIK149＋080 断面为例，位置在线路中心线右 5 m，黄土地基处理后的主要物理力学性质指标见表 5-12。

表 5-12　灰土挤密桩处理后黄土物理力学参数

土样编号	深度(m)	干密度 (g/cm^3)	孔隙比	压缩模量 (MPa)	内摩擦角 (°)	黏聚力 (kPa)	湿陷系数
H4-1	0.50	1.54	0.759	10.5	27.0	24	0.001
H4-2	1.50	1.61	0.682	12.3	26.3	26	0.003
H4-3	2.50	1.52	0.782	11.0	23.5	29	0.001
H4-4	3.50	1.49	0.824	4.9	24.8	34	0.002
H4-5	4.50	1.57	0.733	7.3	19.9	48	0.002
H4-6	5.50	1.44	0.906	6.7	27.5	73	0.007
H4-7	6.50	1.46	0.870	9.5	21.4	67	0.001
H4-8	7.50	1.58	0.715	15.6	28.3	53	0.002
H4-9	8.50	1.58	0.720	12.5	26.0	43	0.001
H4-10	9.50	1.47	0.845	7.1	24.6	25	0.001
H4-11	10.50	1.54	0.759	12.5	27.4	20	0.000
H4-12	11.50	1.56	0.731	7.2	23.7	22	0.000
H4-13	12.50	1.67	0.621	12.7	26.3	25	0.005
H4-14	13.50	1.51	0.795	7.0	27.9	44	0.009
H4-15	14.50	1.49	0.816	7.9	24.3	35	0.006
H4-16	15.50	1.51	0.796	12.3	24.8	30	0.003
H4-17	16.50	1.49	0.812	8.3	27.7	23	0.010

4. 灰土挤密桩处理前后效果对比

(1)室内试验结果分析

①干密度

根据表 5-11 和表 5-12 的试验结果,绘出干密度沿深度的变化情况如图 5-34 所示。从图中可以看出,灰土挤密桩处理前,不同深度干密度的变化基本上较一致,具有湿陷性的黄土,800 cm 以上干密度一般在 1.33 g/cm^3 以下,800 cm 以下干密度平均值在 1.53 g/cm^3 左右。灰土挤密桩处理后,1 300 cm 深范围内,干密度有较明显的提高,从上到下的干密度较均匀,平均干密度为 1.55 g/cm^3。因此,从干密度的变化情况来看,灰土挤密桩处理黄土地基对于黄土密度较小的情况,挤密效果较为明显,挤密后 800 cm 以上平均干密度为 1.53 g/cm^3,平均增长了 0.20 g/cm^3,干密度提高幅度为 14.5%,但对于黄土本身密度较高的情况,挤密效果似乎并不明显。

②孔隙比

从图 5-35 中可以看出,灰土挤密桩处理前,不同深度孔隙比的数值变化不大,基本上较一致;800 cm 以上,孔隙比平均值为 1.045;800 cm 以下,孔隙比平均值为 0.777。灰土挤密桩处理后,1 300 cm 深度范围内,孔隙比变化较均匀,从上到下孔隙比的平均值为 0.765;在 800 cm 以上孔隙比的平均值为 0.784,平均减小幅度为 33.3%。因此,从孔隙比的变化情况来看,灰土挤密桩法处理黄土湿陷性地基极其有效,尤其对于天然孔隙比较大的情况尤为明显。

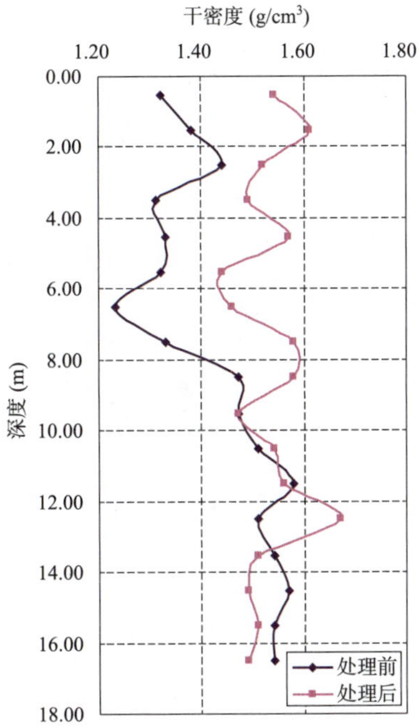

图 5-34　灰土挤密前后干密度

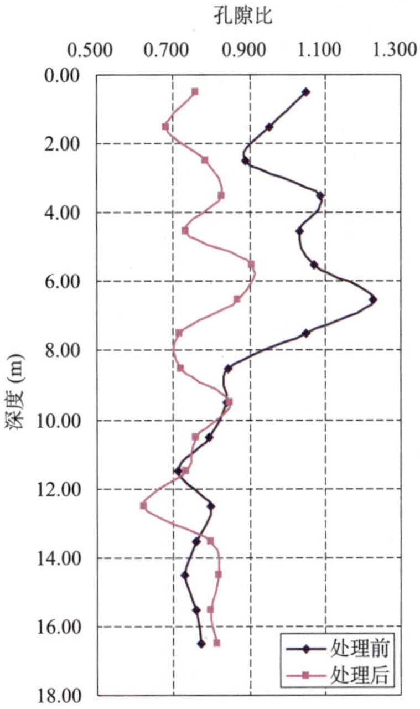

图 5-35　灰土挤密前后孔隙比

③湿陷系数

从图 5-36 中可以看出，灰土挤密桩处理前，上部 1 100 cm 范围内黄土具有湿陷性，湿陷系数的平均值为 0. 020；灰土挤密桩处理后，湿陷系数有较明显的减小，湿陷性黄土已不具有湿陷性，湿陷性系数沿深度分布较均匀，湿陷性系数也明显减小为 0. 002。因此，从湿陷系数的变化情况来看，在桩身范围内，灰土挤密桩处理黄土地基湿陷性极其有效。

④压缩模量

从图 5-37 中可以看出，灰土挤密桩处理前，压缩模量的变化基本上遵循从上到下逐渐增大，到新老黄土分界面处 1 150 cm 处，压缩模量基本稳定，平均值在 5. 2 MPa 以内；灰土挤密桩处理后，桩身长度范围内，压缩模量有较明显的提高，除在含水率较大的土层或含水率较小的土层，挤密效果欠佳以外，压缩模量平均值为 9. 7 MPa，其提高幅度为 87. 4% 。因此，从压缩模量的变化情况来看，在桩身范围内，灰土挤密桩处理黄土地基湿陷性极其有效。

⑤抗剪强度参数

从图 5-38、图 5-39 中可以看出，灰土挤密桩处理后，在取样深度范围内，内摩擦角均有所提高，由处理前的 21. 7°增至处理后的 25. 4°，然而黄土黏聚力的变化无规律，从总的数值上看基本上无变化，平均黏聚力从处理前的 37. 3 kPa 减少至处理后的 36. 5 kPa。因此，从抗剪强度参数的变化情况来看，在桩身范围内，灰土挤密桩处理黄土地基湿陷性极其有效。

(2)原位测试成果

①静力触探试验

从图 5-40 可以看出，灰土挤密桩处理后，桩身长度范围内，黄土静力触探锥尖的比贯入阻力大多有所提高，1 260 cm 以下则接近天然状态下的数值。因此，从土体比贯入阻力的变化来看，在桩身范围内，灰土挤密桩处理黄土地基湿陷性极其有效。

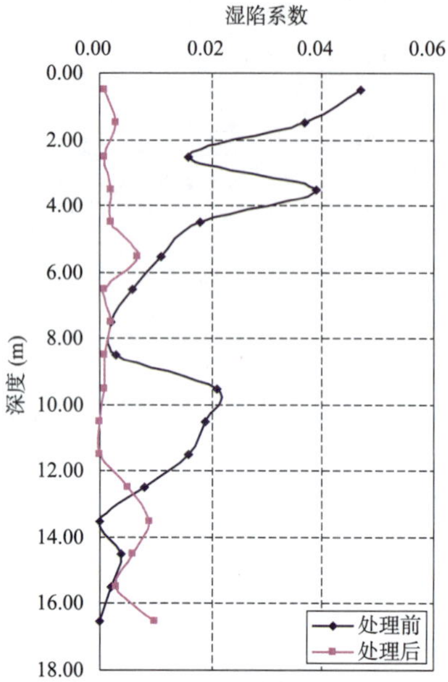

图 5-36　灰土挤密前后湿陷系数

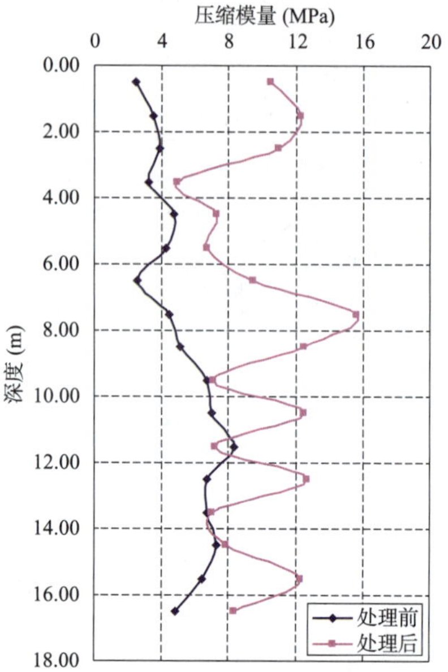

图 5-37　灰土挤密前后压缩模量

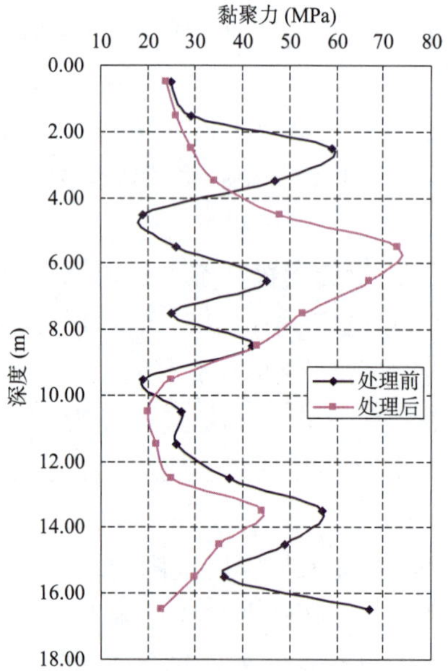

图 5-38　灰土挤密前后黏聚力

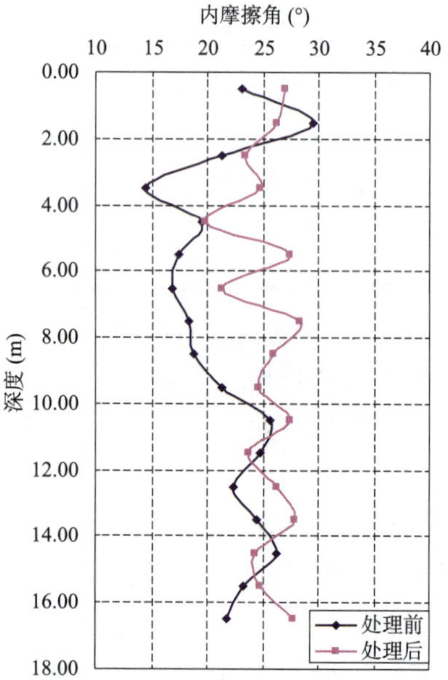

图 5-39　灰土挤密前后内摩擦角

②标准贯入试验

标贯试验数据见表 5-13。从表中可见，桩身长度范围内灰土挤密桩处理前后桩周土体的标准贯入击数均有增加，桩端加密效果明显，作用效果由地表往下逐渐减弱。

因此，从灰土挤密桩处理前后桩周土体的标准贯入击数对比情况来看，在桩身范围内，灰土挤密桩处理黄土地基湿陷性极其有效。

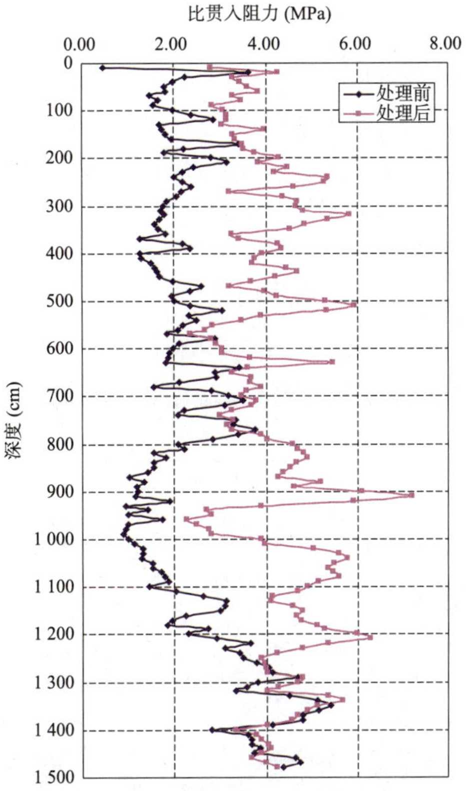

图 5-40　灰土挤密桩前后静力触探曲线

表 5-13　灰土挤密桩处理前后标准贯入击数

标贯序号	土层深度(m)	击数(次)	标贯序号	土层深度(m)	击数(次)	增加击次(次)
H4-1	0.5～0.8	4.0	4-1	0.5～0.8	2.0	2.0
H4-2	1.5～1.8	4.5	4-2	1.5～1.8	2.0	2.5
H4-3	2.5～2.8	6.0	4-3	2.5～2.8		
H4-4	3.5～3.8		4-4	3.5～3.8		
H4-5	4.5～4.8	5.0	4-5	4.5～4.8	3.0	2.0
H4-6	5.5～5.8		4-6	5.5～5.8		
H4-7	6.5～6.8	8.5	4-7	6.5～6.8	6.0	2.5
H4-8	7.5～7.8	7.0	4-8	7.5～7.8	6.0	1.0
H4-9	8.5～8.8		4-9	8.5～8.8	5.0	
H4-10	9.5～9.8	9.5	4-10	9.5～9.8		
H4-11	10.5～10.8	15.0	4-11	10.5～10.8	14.0	1.0
H4-12	11.5～11.8	19.0	4-12	11.5～11.8		
H4-13	12.5～12.8	17.0	4-13	12.5～12.8	12.0	5.0
H4-14	13.5～13.8	16.0	4-14	13.5～13.8		
H4-15	14.5～14.8	13.0	4-15	14.5～14.8	14.0	-1.0

(3)灰土挤密桩法处理效果小结

①灰土挤密桩作为黄土地基处理方法,效果较为明显,干密度、力学强度均有所提高,孔隙比、湿陷系数明显减小。

②消除湿陷性的作用在其桩身长度范围内效果明显。

③土体在加固深度范围内,内摩擦角有所提高,但黏聚力变化不大。

④从原位测试结果来看,桩周土体的承载能力明显有所提高。

5. 挤密桩法加固处理后基底沉降监测与分析

(1)路基基底横向各点沉降

以 DIK149 +100 断面为例,路基基底横向各点沉降随时间变化曲线如图 5-41 所示。

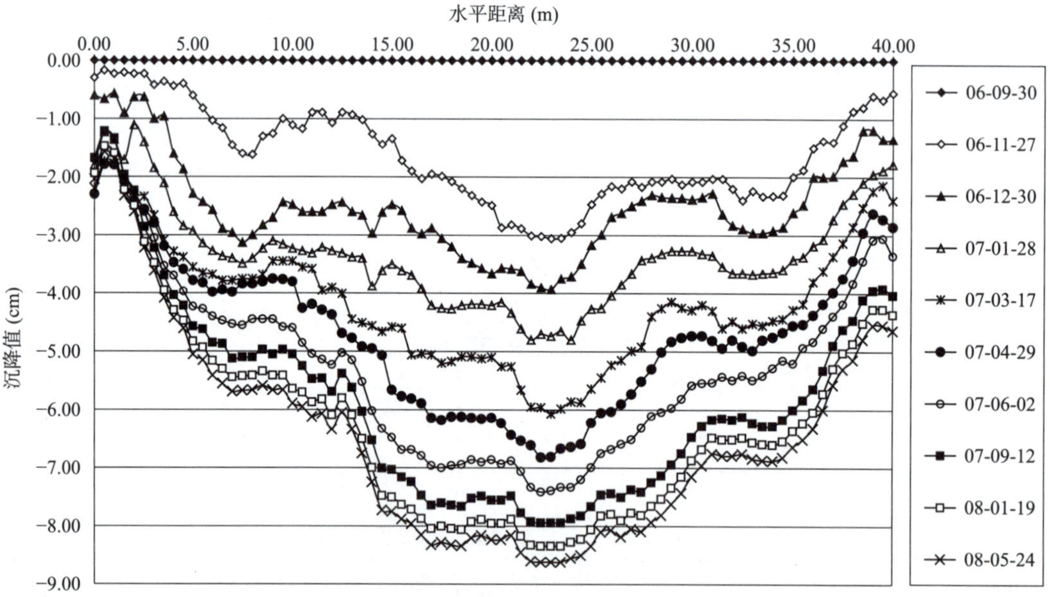

图 5-41 路基基底横向各点沉降随时间变化曲线

(2)典型测点处的沉降值与沉降趋势

取 DIK149 +100 断面距左、右坡脚 10 m 和路基中心处沉降值进行分析,其沉降趋势如图 5-42 所示。

(3)结果分析

本断面 2006 年 9 月 30 日埋设完成并开始测试,取 9 月 30 日作为初始值进行计算,沉降管埋设 55. 5 m,路基底宽为 40 m,右侧前 15. 5 m 测点位于施工便道内。路堤内测点从 15. 5 m 至 55 m。总体沉降曲线呈中心大、两侧小的凹形,至 2008 年 5 月 24 日累计沉降量达 8. 5 cm。路基两侧沉降量为 4. 5 cm 左右。2007 年 7 月份后沉降趋势变缓,2007 年 12 月份后沉降趋于稳定。由于磁环沉降测试被施工破坏,取沉降管的测试值 8. 5 cm 作为该断面的路基中心的最大沉降值。

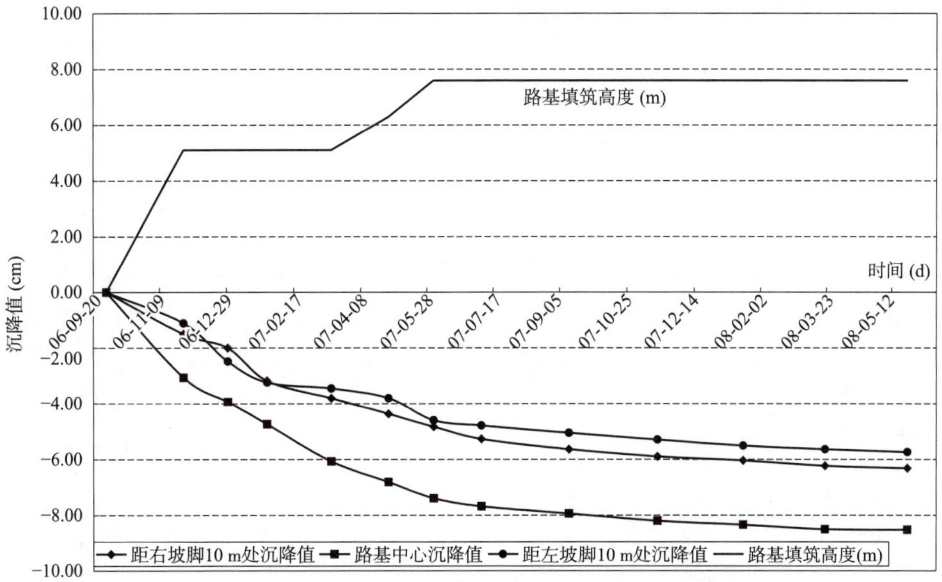

图 5-42　距左、右坡脚 10 m 和路基中心处沉降趋势线

5.4.5　四种地基处理方法沉降计算与分析

1. 分层总和法计算与分析

(1)分层总和法计算参数

计算当中,依据《高速铁路设计规范》(TB 10621—2014),轨道和列车荷载换算土柱高度及分布宽度分别为(列车荷载按中—活载):取换算土柱分布宽度为 3.4 m,高度为 3.2 m(按土的容重 19.0 kN/m^3)进行计算。

①冲击碾压法(DIK148 +700 断面)

路基横断面如图 5-43 所示,路基高度为 6.7 m,路基顶面宽度为 26.0 m,路基基底宽度为 46.1 m,路基填土平均容重为 20.16 kN/m^3。

路基处理前后的各项指标见表 5-14、表 5-15。

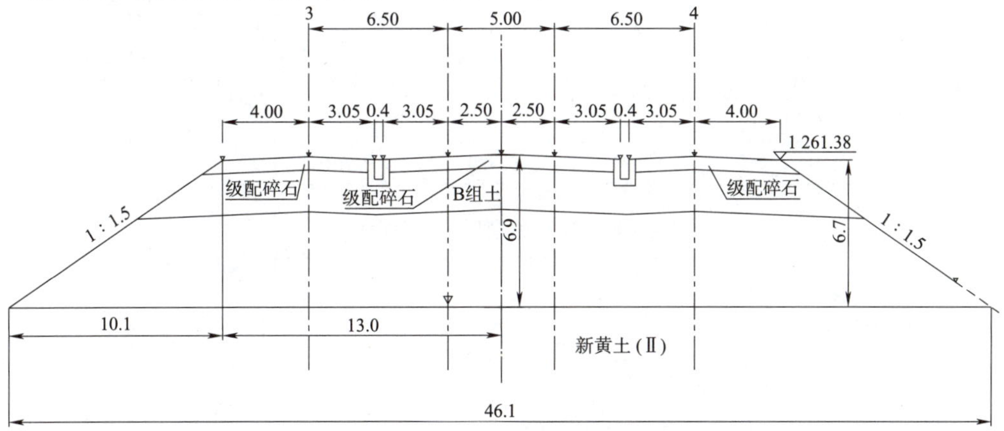

图 5-43　DIK148 +700 横断面图(单位:m)

表 5-14　路基未处理前的各项指标

分层厚度(m)	4	3	4	5	10
地基各层容重(kN/m³)	16.7	16.9	17.8	17.9	17.9
平均自重应力下孔隙比	0.923	0.899	0.794	0.703	0.699
总应力下孔隙比	0.851	0.859	0.704	0.678	0.694

表 5-15　路基处理后的各项指标

分层厚度(m)	4	3	4	5	10
地基各层容重(kN/m³)	17.6	16.9	17.6	17.9	17.9
平均自重应力下孔隙比	0.738	0.897	0.792	0.703	0.700
总应力下孔隙比	0.699	0.858	0.722	0.677	0.690

②重锤夯实法(DIK148 +800 断面)

路基横断面如图 5-44 所示,路基高度为 10.1 m,路基顶面宽度为 26.0 m,路基基底宽度为 56.4 m,路基填土平均容重为 20.16 kN/m³。

路基处理前后的各项指标见表 5-16、表 5-17。

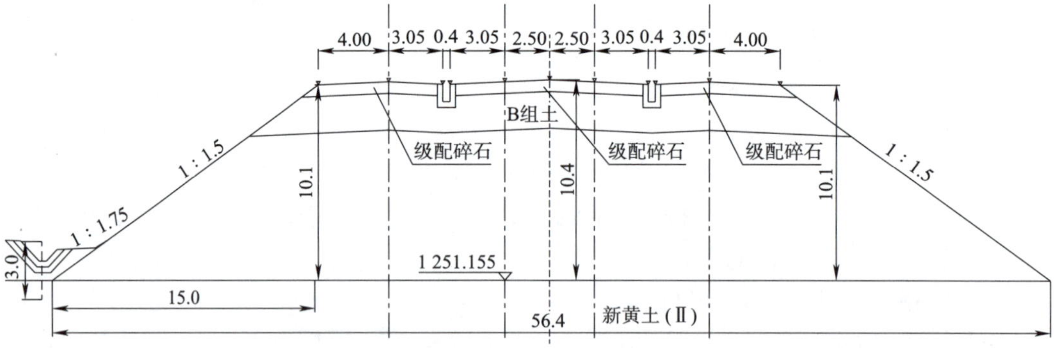

图 5-44　DIK148 +800 横断面图(单位:m)

表 5-16　路基处理前的各项指标

分层厚度(m)	5	4	4	3	20
地基各层容重(kN/m³)	15.9	16.3	17.7	18.0	18.0
平均自重应力下孔隙比	0.977	0.884	0.716	0.701	0.645
总应力下孔隙比	0.879	0.830	0.701	0.683	0.637

表 5-17　路基处理后的各项指标

分层厚度(m)	5	4	4	3	20
地基各层容重(kN/m³)	18.7	14.3	17.7	17.9	17.9
平均自重应力下孔隙比	0.732	0.823	0.715	0.701	0.858
总应力下孔隙比	0.704	0.775	0.701	0.680	0.847

③强夯法(DIK148 +860 断面)

路基横断面如图 5-45 所示，路基高度为 11. 1 m，路基顶面宽度为 26. 0 m，路基基底宽度为 59. 3 m，路基填土平均容重为 20. 16 kN/m^3。

路基处理前后的各项指标见表 5-18、表 5-19。

表 5-18 路基处理前的各项指标

分层厚度(m)	2. 5	5	2	6	23
地基各层容重(kN/m^3)	16. 1	17. 5	17. 3	18. 0	18. 0
平均自重应力下孔隙比	0. 915	0. 938	0. 790	0. 713	0. 648
总应力下孔隙比	0. 805	0. 870	0. 755	0. 685	0. 638

表 5-19 路基处理后的各项指标

分层厚度(m)	2. 5	5	2	6	23
地基各层容重(kN/m^3)	20. 1	18. 5	17. 3	18. 0	18. 0
平均自重应力下孔隙比	0. 625	0. 758	0. 788	0. 710	0. 750
总应力下孔隙比	0. 599	0. 719	0. 758	0. 682	0. 740

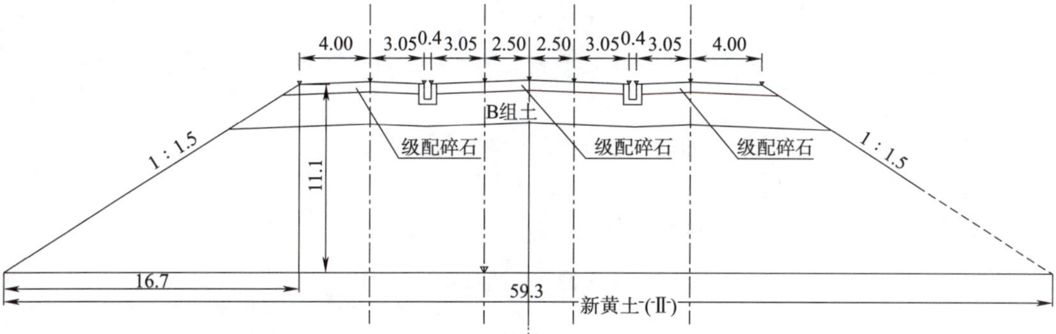

图 5-45 DIK148 +860 横断面图(单位:m)

④挤密桩法(DIK149 +100 断面)

路基横断面如图 5-46 所示，路基高度为 7. 6 m，路基顶面宽度为 13. 4 m，路基基底宽度为 35. 3 m，路基填土平均容重为 20. 16 kN/m^3。

路基处理前后的各项指标见表 5-20、表 5-21。

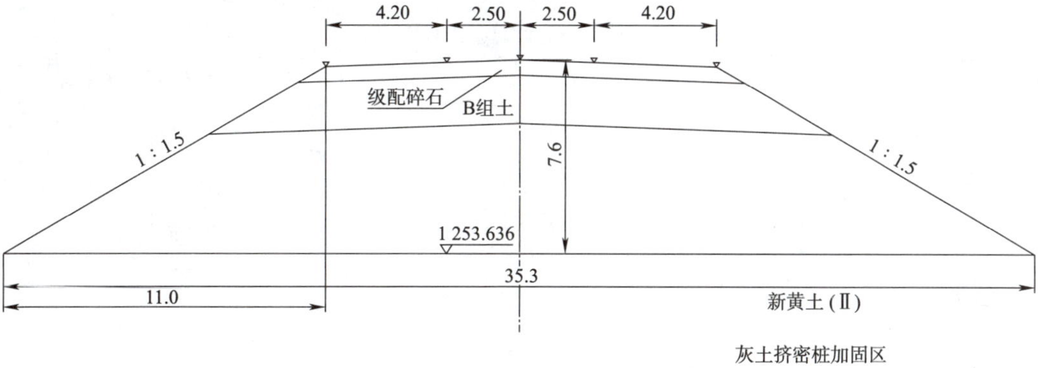

图 5-46 DIK149 +100 横断面图(单位:m)

表 5-20　路基处理前的各项指标

分层厚度(m)	3	7	3	5	9
地基各层容重(kN/m^3)	16.3	17.0	17.7	18.3	18.2
平均自重应力下孔隙比	0.966	0.960	0.708	0.675	0.635
总应力下孔隙比	0.855	0.903	0.683	0.650	0.628

表 5-21　路基处理后的各项指标

复合土分层厚度(m)	3	7	1
桩间土的压缩模量	11.9	12.8	16.5
复合土以下分层厚度(m)	2.0	5	9
地基各层容重(kN/m^3)	16.167	17.720	18.2
平均自重应力下孔隙比	0.609	0.742	0.774
总应力下孔隙比	0.598	0.728	0.764

复合土中桩的压缩模量 $E_c=32$ MPa,桩直径 $d=400$ mm,桩间距 $d=1.1$ m。

(2)计算过程

1)以 DIK148+700 断面处理前(无荷载)沉降计算为例:

断面模型如图 5-43 所示。

①根据勘察资料记录按土的类别分为 5 层,见表 5-22。

表 5-22　土的类别

	第 1 层	第 2 层	第 3 层	第 4 层	第 5 层
分层厚度(m)	4	3	4	5	10
土　　性	砂质黄土	黏质黄土	砂质黄土	黏质黄土	黏质黄土

②计算基底各土层的附加应力。

如图 5-43 所示荷载为对称的梯形荷载,故取一半可分为一个矩形荷载和一个三角形荷载。计算参数详见表 5-23。应用“角点法”求出中心点以下各层土的附加应力即可。

表 5-23　计算参数表

	矩　　形	三 角 形
高度(m)	6.9	6.7
容重(kN/m^3)	21.3	21.3
基底最大压力 p(kPa)	146.832	142.576

附加应力为

$$\sigma=k\cdot p$$

附加应力计算表详见表 5-24 ~ 表 5-26。

表 5-24　带状矩形荷载下附加应力计算表

z_i(m)	0	4	7	11	16	26
b(m)	13	13	13	13	13	13
x(m)	6.5	6.5	6.5	6.5	6.5	6.5
k_i(查表)	0.5	0.495	0.476	0.433	0.373	0.275
σ_1(kPa)	73.416	72.604	69.842	63.642	54.766	40.366

表 5-25　带状三角形荷载下附加应力计算表

z_i(m)	0	4	7	11	16	26
b(m)	10.1	10.1	10.1	10.1	10.1	10.1
x(m)	23.1	23.1	23.1	23.1	23.1	23.1
k_i(查表)	0	0.003	0.013	0.031	0.05	0.064
σ_2(kPa)	0	0.43	1.785	4.384	7.134	9.120

表 5-26　总的附加应力计算表

z_i(m)	0	4	7	11	16	26
$\sigma=(\sigma_1+\sigma_2)\cdot 2$ (kPa)	146.832	146.068	143.254	136.052	123.800	98.972

③计算基底各土层的平均自重应力、平均附加应力、总应力，详见表 5-27。

表 5-27　应力计算表

容重(kN/m^3)	厚度(m)	自重应力(kPa)	附加应力(kPa)	平均自重应力(kPa)	平均附加应力(kPa)	总应力(kPa)
0.0	0	0.000	146.832	33.300	146.450	179.750
16.7	4	66.600	146.068	92.000	144.661	236.661
16.9	3	117.400	143.254	152.550	139.654	292.204
17.6	4	187.700	136.054	232.325	129.926	362.251
17.9	5	276.950	123.799	366.200	111.386	477.586
17.9	10	455.450	98.974			

④根据平均自重应力、总应力查出初始孔隙比 e_{1i} 和压缩后的孔隙比 e_{2i}，并由公式(5-29)计算总沉降量。沉降量计算表详见表 5-28。

表 5-28　沉降量计算表

平均自重应力(kPa)	总应力(kPa)	初始孔隙比	压缩后的孔隙比	各层的沉降量(cm)	经验系数	各层修正沉降量(cm)
33.300	179.750	0.923	0.851	14.99	1.24	18.62
92.000	236.661	0.899	0.859	6.27	0.70	4.41
152.550	292.204	0.794	0.704	19.94	0.67	13.42
232.325	362.251	0.703	0.678	7.50	0.5	3.76
366.200	477.586	0.699	0.694	2.94	0.42	1.23

注：经验系数取自《湿陷性黄土地区建筑规范》(GB 50025—2004)。

$$S_1 = \sum_{i=1}^{m} \frac{\sigma_i}{E_{sc,i}} h_i \tag{5-29}$$

计算出总沉降量：

$$S_1 = 18.62 + 4.41 + 13.42 + 3.76 + 1.23 = 41.44(\text{cm})$$

断面 DIK148 +800、DIK148 +860 的地基沉降计算过程同上（略）。

2）DIK149 +100 断面挤密桩复合地基沉降计算

断面模型如图 5-46 所示。

①计算复合地基中各层的附加应力和总应力。

附加应力求法与 DIK148 +700 断面求法相同。附加应力计算详见表 5-29。

表 5-29　附加应力计算表

容重（kN/m^3）	厚度（m）	自重应力（kPa）	附加应力（kPa）	总应力（kPa）
0.0	0	0.000	165.984	165.984
18.1	3	54.200	165.261	219.461
18.7	7	185.300	150.311	335.611
19.2	1	204.467	146.997	351.464

②根据附加应力和总应力求出各层的沉降值。

③由公式（5-30）求出 E_{sc}（结果在表 5-30 中）。

$$E_{sc} = \frac{E_s A_s + E_c A_c}{A} \tag{5-30}$$

④公式（5-31）求出复合地基中各层的沉降量。

$$S_1 = \sum_{i=1}^{m} \frac{\sigma_i}{E_{sc,i}} h_i \tag{5-31}$$

$$S_1' = 3.31 + 6.61 + 0.76 = 10.68(\text{cm})$$

修正系数经查表为 0.37，所以复合地基中各层的沉降量为

$$S_1 = 10.68 \times 0.37 = 3.90(\text{cm})$$

表 5-30　沉降值计算表

σ（kPa）	E_c（MPa）	E_s（MPa）	A_c（m^2）	A_s（m^2）	A（m^2）	E_{sc}（MPa）	h（m）	S（cm）
165.261	32.000	11.867	0.126	0.985	1.048	15.001	3	3.31
150.311	32.000	12.846	0.126	0.985	1.048	15.921	7	6.61
146.997	32.000	16.500	0.126	0.985	1.048	19.355	1	0.76

⑤计算复合地基以下各土层的平均自重应力和总应力。

附加应力计算表详见表 5-31。复合地基下卧层的附加应力计算采用应力扩散法，下卧层的宽度为 43.8 m，应力扩散角 $\beta = 6°$。

表 5-31 附加应力计算表

容重(kN/m³)	厚度(m)	自重应力(kPa)	附加应力(kPa)	平均自重应力(kPa)	平均附加应力(kPa)	总应力(kPa)
0.0	0	0	115.204	19.167	115.187	134.353
19.2	2	38.333	115.170	82.633	114.478	197.112
17.7	5	126.933	113.787	290.733	108.826	399.560
18.2	18	454.533	103.866			

⑥根据平均自重应力、总应力查出初始孔隙比 e_{1i} 和压缩后的孔隙比 e_{2i}（在试验得到的 e—p 曲线上查找，压力超出部分按数据拟合公式计算）。沉降值计算表详见表 5-32。

表 5-32 沉降值计算表

平均自重应力(kPa)	总应力(kPa)	初始孔隙比	压缩后孔隙比	各层沉降量(cm)	黄土沉降经验系数	各层修正后沉降量
19.167	134.353	0.667	0.631	4.31	0.38	1.66
82.633	197.112	0.778	0.756	6.13	0.36	2.19
290.733	399.560	0.785	0.778	7.06	0.29	2.07

由公式(5-31)计算出复合土以下各土层的总沉降量：

$$S_2 = 1.66 + 2.19 + 2.07 = 5.92(\text{cm})$$

⑦断面 DIK149 + 100 处地基的总沉降量：

$$S = S_1 + S_2 = 3.90 + 5.92 = 9.82(\text{cm})$$

(3)计算结果与分析

①各断面地基沉降值

在工程设计时往往由分层总和法求得主固结沉降量后，再用沉降修正系数加以修正得到最终沉降量。对于黄土地基，我们按照普通土和黄土规范中提供的修正系数值对其进行修正。为了提高计算修正精度，首先对两种经验修正系数表进行了拟合，拟合关系如图 5-47 和图 5-48 所示。

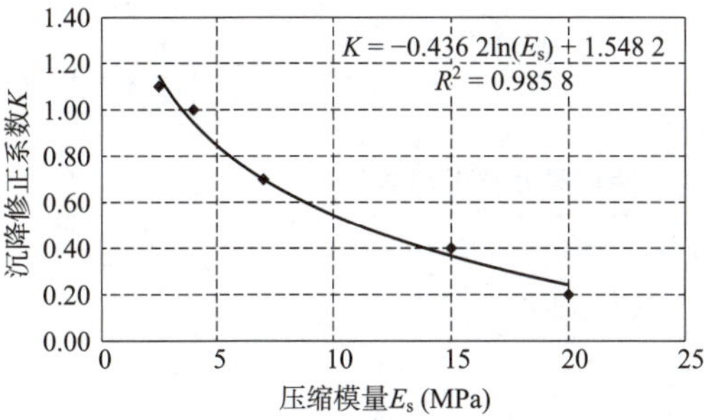

图 5-47 普通土地基沉降计算修正曲线

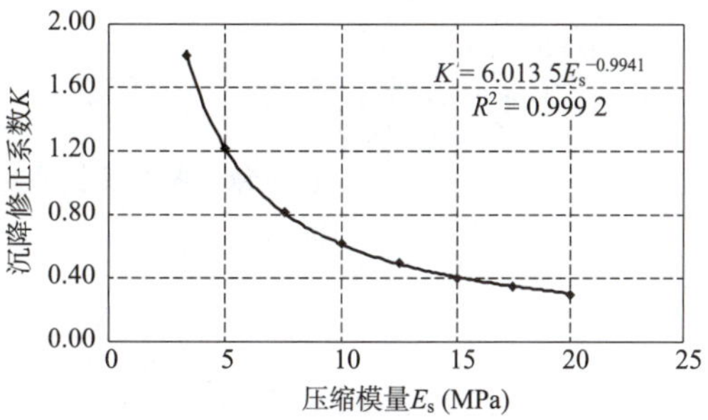

图 5-48 黄土地基沉降计算修正曲线

数据进行回归计算，得出沉降修正系数与地基土压缩模量的回归公式：

$$K = -0.436\ 2\ln(E_s) + 1.548\ 2 \qquad R^2 = 0.985\ 8$$

$$K = 6.013\ 5E_s^{-0.9941} \qquad R^2 = 0.999\ 2$$

可以发现两种修正系数与压缩模量的相关系数均很高。利用以上回归公式结合具体的压缩模量值对沉降计算结果分层修正,各种情况的计算结果列入表5-33~表5-37。

表5-33　各剖面施工期沉降计算结果汇总表

断面里程	处理前沉降(cm)			处理后沉降(cm)		
	未修正	按普通土修正	按黄土修正	未修正	按普通土修正	按黄土修正
DIK148 +700	51.64	34.04	41.44	45.26	31.77	38.81
DIK148 +800	54.13	29.04	32.99	39.14	13.15	15.87
DIK148 +860	60.36	28.24	32.07	42.12	10.19	13.66
DIK149 +100	52.92	40.54	52.73	21.62	9.08	9.82

注:表中沉降为施工期的计算沉降。

表5-34　各剖面总沉降计算结果汇总表

断面里程	处理前沉降(cm)			处理后沉降(cm)		
	未修正	按普通土修正	按黄土修正	未修正	按普通土修正	按黄土修正
DIK148 +700	53.59	35.33	43.15	46.60	32.71	40.72
DIK148 +800	58.90	31.60	35.48	42.86	14.40	17.36
DIK148 +860	66.89	31.34	35.13	46.11	11.16	15.05
DIK149 +100	55.29	42.36	55.20	22.19	9.32	11.08

注:表中沉降为计算总沉降。

表5-35　各剖面处理前后施工期沉降差值汇总表

断面里程	处理前后计算沉降差值(cm)		
	未 修 正	按普通土修正	按黄土修正
DIK148 +700	6.38	2.27	2.64
DIK148 +800	14.99	15.89	17.12
DIK148 +860	18.24	18.05	18.41
DIK149 +100	31.3	31.46	42.91

注:表中沉降为处理前后施工期的计算沉降差值。

表5-36　各剖面处理前后最终沉降计算差值汇总表

断面里程	处理前后计算沉降差值(cm)		
	未 修 正	按普通土修正	按黄土修正
DIK148 +700	6.99	2.62	2.43
DIK148 +800	16.04	17.20	18.12
DIK148 +860	20.78	20.18	20.08
DIK149 +100	33.10	33.04	44.12

注:表中沉降为处理前后总沉降的计算差值。

表 5-37 各剖面处理前后工后沉降计算汇总表

断面里程	处理前工后沉降(cm)			处理后工后沉降(cm)		
	未修正	按普通土修正	按黄土修正	未修正	按普通土修正	按黄土修正
DIK148 +700	1.95	1.29	1.70	1.34	0.94	1.91
DIK148 +800	4.77	2.56	2.49	3.72	1.25	1.49
DIK148 +860	6.53	3.10	3.06	3.99	0.97	1.39
DIK149 +100	2.37	1.82	2.47	0.57	0.24	1.26

注:表中工后沉降 = 计算总沉降 - 施工期沉降。

②四种地基处理方法对地基沉降的效果分析

从黄土修正的结果来看,第一个断面地基处理前后沉降差值,施工期沉降差值是2.64 cm,最终沉降差值是2.43 cm,处理方式是冲击碾压;第二个断面地基处理前后沉降差值,施工期沉降差值是17.12 cm,最终沉降差值是18.12 cm,处理方式是重锤夯实;第三断面地基处理前后沉降差值,施工期沉降差值是18.41 cm,最终沉降差值是20.08 cm,处理方式是强夯;第四断面地基处理前后沉降差值,施工期沉降差值是42.91 cm,最终沉降差值是44.12 cm,处理方式是灰土挤密桩。

从处理前后工后沉降情况来看,除冲击碾压法外,重锤夯实、强夯以及灰土挤密桩等三种方法的工后沉降分别从处理前的2.49 cm、3.06 cm和2.47 cm降至处理后的1.49 cm、1.39 cm和1.26 cm。

从地基处理前后沉降差值和工后沉降可以看出:减少地基沉降的方法中,灰土挤密桩效果最好,其次是强夯,再次是重锤夯实,最后是冲击碾压。

2. 有限元方法计算分析

根据试验段测试断面,按照数值计算的要求选取计算范围、边界条件、计算步骤、材料参数等以用于建立有限元计算模型。在本次计算中将路基模型处理为二维平面应变问题。

(1)有限元建模

1)有限元模型建立及单元划分

①模型尺寸:为减小边界约束条件对计算精度的影响,模型右边界取为距离坡脚30 m处,地基计算深度取为1.5倍的路基基底宽度,对存在对称性的路基取左半侧进行分析。

②单元说明:为提高计算精度采用了15节点的三角形平面单元,并对应力集中的路基坡脚处的网格予以了局部细化。

③边界条件:模型右侧考虑对称性仅约束水平、允许竖向沉降,左侧约束水平侧向位移。

按照"分层综合法"的计算原理:当达到一定的地基深度后附加应力所引发的影响可以忽略不计,因此取模型底部的约束为水平、竖向两个方向。

2)土体本构与参数

为模拟在荷载作用下土体的弹塑性性质,因此采用了摩尔—库仑弹塑性本构关系,地基原状土及处理后地基土的参数取值见表5-38和表5-39。

3)列车和轨道荷载

按照《铁路路基设计规范》(TB 10001—2005)以及客运专线设计中相关条文的规定,对作用在路基上的列车和轨道荷载转换成一定分布宽度的换算土柱进行计算。

在本次有限元计算中,按照了上述规定对列车和轨道荷载进行了转换模拟。

4)计算阶段划分

考虑到路基实际的填土过程,每一层有一压实时间,将施工过程分步模拟,结合不同路堤高度,每步填土增高 0.3 m,直至设计堤高。

5)模拟工况

通过有限元计算,对比模拟分析了 4 种地基处理方式的不同:方式 1—冲击碾压,方式 2—重锤夯实,方式 3—强夯处理,方式 4—灰土挤密桩处理。

6)计算内容

对比计算分析了在上述工况下路基填筑完成后与通车运营条件下的变形量:

在施工填筑期间及通车运营后的总变形量:反映地基的总沉降量和工程中的填筑土方总量;

工后变形:施工完毕后在运营荷载作用下的变形直接反映工程质量和后续正常使用,同时也反映了路基边坡的安全特性。

7)地基处理前后土性参数

如表 5-38、表 5-39 所示,分别采用了现场原位测试和室内试验方法对处理后的地基土性参数进行了试验测定,可见通过地基处理后的土性得到了提高。所得的结果数据应用于后续的有限元计算中。

备注:除特别说明外,所采用的单位为 m,kN,kPa。

表 5-38　地基处理前土性参数

层号	土层名称	土层厚度(m)	弹性模量(MPa)	泊松比	密度(g/cm^3)
①	砂质黄土	3.5	25	0.35	1.69
②	黏质黄土	4.5	25	0.35	1.61
③	砂质黄土	3.0	30	0.33	1.76
④	黏质黄土	6.0	30	0.33	1.79

表 5-39　地基处理影响区域内土性参数

处理方法	处理深度(m)	弹性模量(MPa)	泊松比	密度(g/cm^3)
冲击碾压	1.5	60	0.30	1.95
重锤夯实	4.5	50	0.30	1.92
强夯	6.0	60	0.30	1.93
灰土挤密桩	12.5	80	0.30	2.00

(2)相同工况下地基处理措施效果对比

为分析不同地基处理措施对地基沉降特性的影响,对同一工况建立了计算模型进行计算分析。

1)FEM 模型

按照表 5-38 所列的土层分布和参数建立计算模型。

①几何模型

计算深度取为地基下 50 m,考虑对称性,取左侧单元进行相应的计算建模;路基边坡坡比为 1∶1.5,高度为 7.6 m,路基顶面宽度为 13 m,按照每层 30 cm 进行路基的填筑施工。

② FEM 网格划分

计算断面 FEM 网格划分如图 5-49 所示。

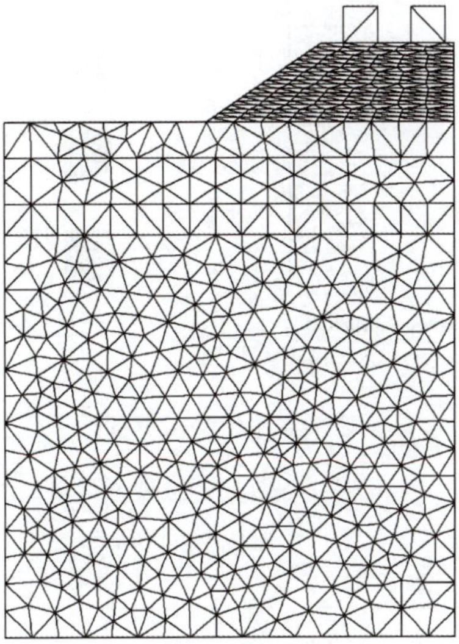

图 5-49 计算断面 FEM 网格划分

③沉降变化趋势

路基基底的半幅长度为 24.4 m,在上部填筑及运营荷载作用下的沉降变化趋势如图 5-50 所示。

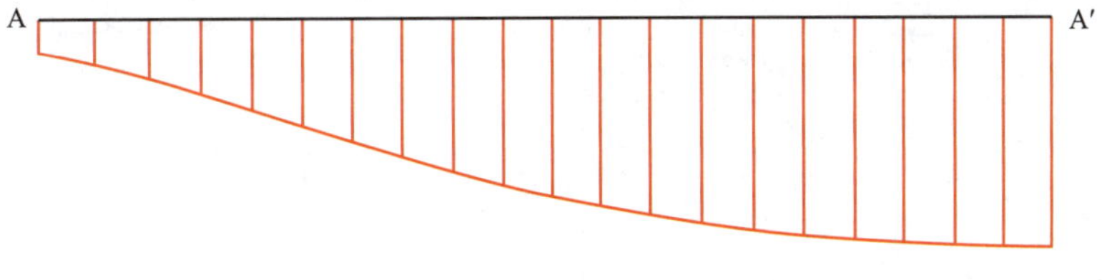

图 5-50 取左侧一半进行的计算后的沉降示意图

④侧向位移变化趋势

在上部填筑施工及运营荷载作用下的路基坡脚水平位移沿深度变化如图 5-51 所示。

2)基底沉降计算结果对比分析

①施工期间路基基底沉降分析

该部分的沉降指从开始填筑到填筑完成期间路基基底所发生的沉降量,不同地基处理措施的施工期沉降如图 5-52 所示。

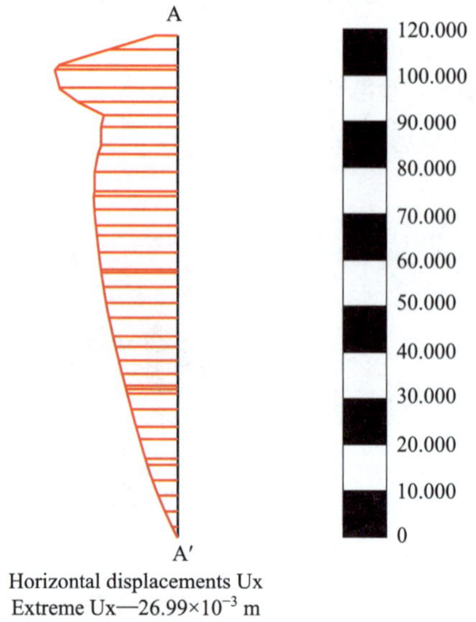

图 5-51　路基坡脚水平位移沿深度变化(单位:m)

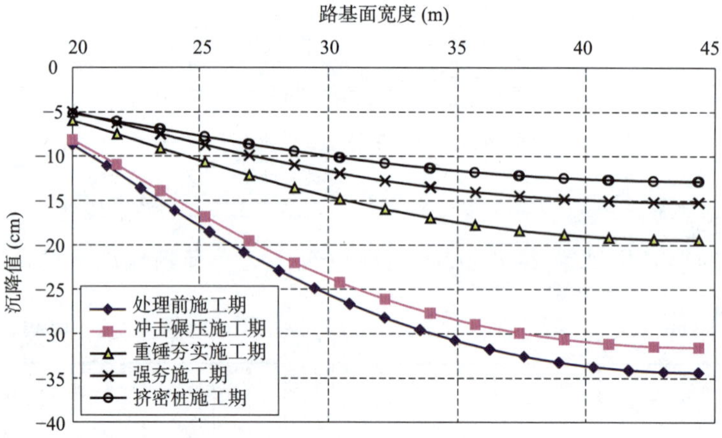

图 5-52　施工期间路基基底沉降变化

②运营后路基基底总沉降分析

该部分的沉降指从开始填筑直至通车运营后路基基底所发生的总沉降量,不同地基处理措施的运营期工后总沉降如图 5-53 所示。

③最大沉降值对比

为分析在同一工况下的不同地基处理措施的工程效果,对计算出来的最大沉降数值及其减小值列表于表 5-40、表 5-41。

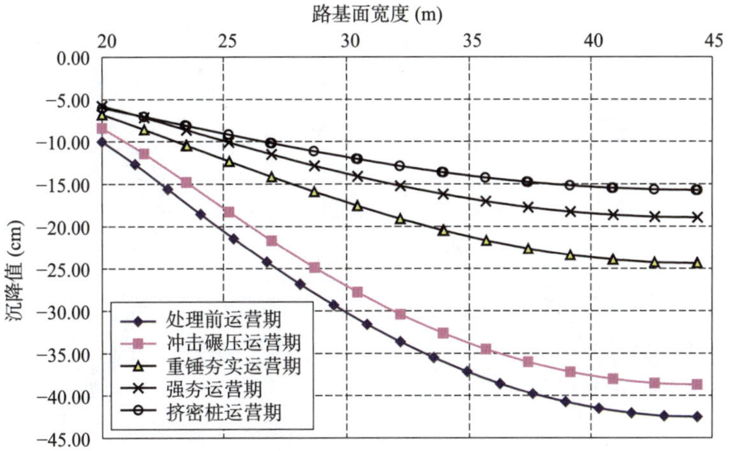

图 5-53　运营期路基基底总沉降变化(m)

表 5-40　最大沉降值对比(单位:cm)

	原始地基	冲击碾压	重锤夯实	强　　夯	挤 密 桩
施工期沉降	34. 4	31. 5	19. 4	15. 2	12. 8
运营后总沉降	42. 5	38. 7	24. 4	19. 0	15. 7
工后沉降	8. 1	7. 2	5. 0	3. 8	2. 9

表 5-41　最大沉降减小量(单位:cm)

	冲击碾压	重锤夯实	强　　夯	挤 密 桩
施工期沉降减小量	2. 8	14. 9	19. 2	21. 5
运营后总沉降减小量	3. 8	18. 1	23. 6	26. 8
工后沉降减小量	1. 0	3. 2	4. 4	5. 3

注:沉降减小量 = 未处理的地基沉降 - 处理后的地基沉降;工后沉降 = 总沉降 - 施工期沉降。

④结果分析

分析上述的计算结果可得到如下的结论:

a. 在不同的处理措施下的路基基底沉降变化趋势一致,均为在路基坡脚处即发生一定的沉降,在路基的中心线处发生最大的沉降,该趋势和分层总和法的计算结果较为吻合;而在目前的设计规范中一般基于对路基中心线下的沉降计算不能全面反映路基基底的沉降变化趋势,对此应予以考虑和分析。

b. 不同地基处理措施的作用效果不同,由表 5-40 和表 5-41 的对比可见采用挤密桩处理效果最佳,可明显地减少地基在施工过程中及工后的沉降量。

3)坡脚水平位移结果对比分析

图 5-54 和图 5-55 分别为施工期和运营期路基坡脚处水平位移沿深度变化的曲线。在地表下一定深度范围内,不同方法处理的地基在施工荷载和列车荷载的作用下其坡脚水平位移变化存在显著差异。但它们有一个共同点,就是最大的水平位移不是发生在地表,而是发生在地表下一定深度内。

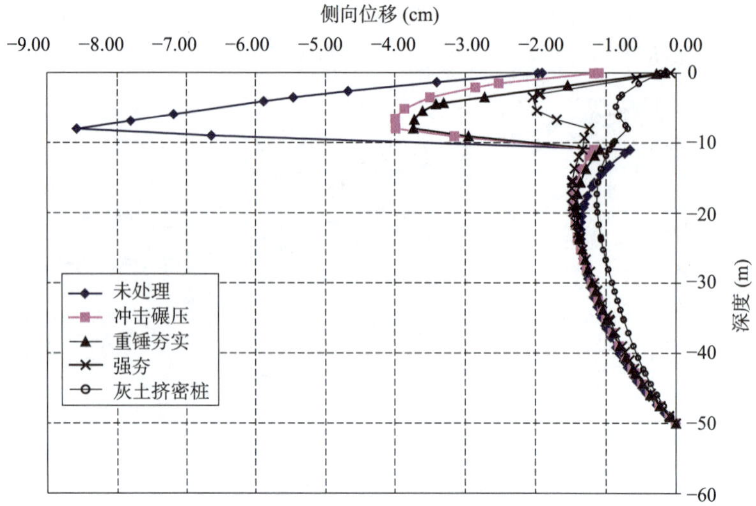

图 5-54　不同处理方法施工期路基坡脚水平位移沿深度变化

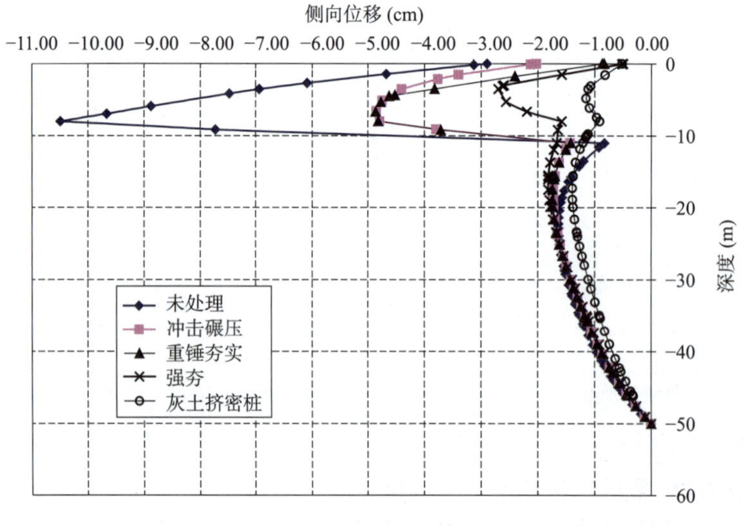

图 5-55　不同处理方法运营期路基坡脚水平位移沿深度变化

不同地基处理方法施工的地基，其坡脚处水平位移值见表 5-42，坡脚沿深度方向最大水平位移见表 5-43。从表中数据可以看出，四种处理方法对坡脚的水平位移都有不同程度的约束作用。随着处理深度的增大，坡脚处水平位移和地表下最大水平位移值在迅速减小，说明冲击碾压、重锤夯实、强夯和灰土挤密桩四种方法的加固效果依次增强。

表 5-42　坡脚处地表水平位移值（单位：cm）

	原始地基	冲击碾压	重锤夯实	强　夯	挤 密 桩
施工期	-1.90	-1.09	-0.96	-0.64	-0.22
运营期	-2.89	-2.02	-1.64	-0.93	-0.52

表 5-43　坡脚沿深度方向最大水平位移值(单位:cm)

	原始地基	冲击碾压	重锤夯实	强　夯	挤 密 桩
施工期	-8.56	-4.99	-3.74	-2.04	-1.68
运营期	-10.48	-6.24	-4.86	-2.70	-2.16

为了更为直观地说明地基处理后的加固效果,将表 5-42 和表 5-43 的数据绘成图 5-56 和图 5-57。随着处理深度的增大,坡脚处地表水平位移值和坡脚处土层内部位移值都明显呈减小趋势。坡脚处地表水平位移从未处理时的 2.89 cm 减至灰土挤密桩处理时的 0.52 cm,水平位移减小了 82%。同时,从图中也可以清楚看出,冲击碾压、重锤夯实、强夯和灰土挤密桩四种地基处理方法,从减小沉降方面都有一定作用。四种方法对土体侧向约束的作用大小不同,从而决定了各自减小地基沉降的能力有别,冲击碾压、重锤夯实、强夯和灰土挤密桩对减小沉降的贡献依次增大,这与沉降计算的分析结论是相同的。

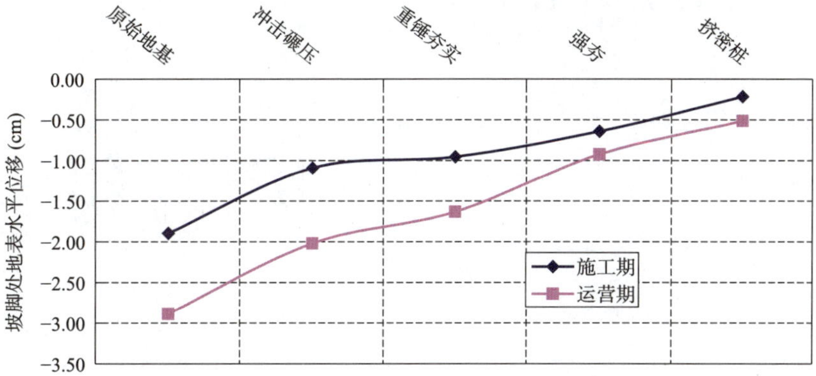

图 5-56　不同处理方法路基坡脚处地表水平位移

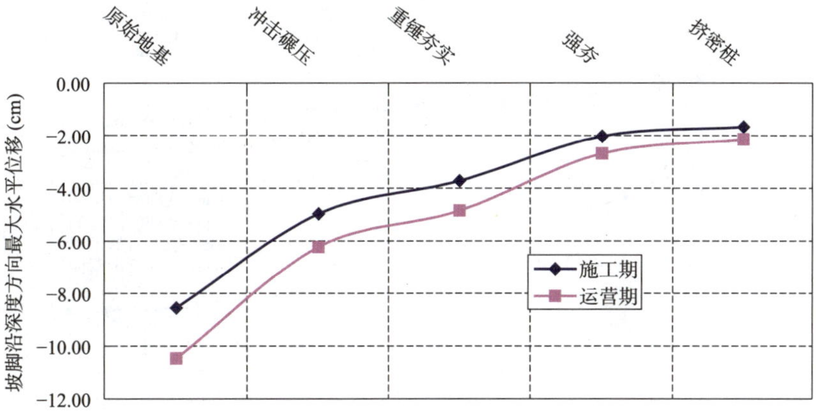

图 5-57　不同处理方法路基坡脚水平位移沿深度变化

(3)四种地基处理方法实际工况计算分析

结合现场监测工作,按照测试断面建立了 FEM 模型,分析了地基处理措施对地基沉降的影响和作用。土层分布及参数按照所对应的测试断面确定。

1)灰土挤密桩地基处理

①建模计算

对应的测试断面为 DIK149 + 100,考虑对称性,取左侧半幅进行建模计算,如图 5-58 所示。

②计算结果

在路基填筑期间所发生的最大沉降发生在路基中心线处,如不采用地基处理措施,则发生的最大总沉降为 300. 79 mm;采用挤密桩处理后的基底最大总沉降为 92. 35 mm,施工期沉降为 62. 67 mm,采用该地基处理措施可减小 208. 44 mm 的沉降,工后沉降约为 29. 67 mm。如图 5-59、图5-60 所示。

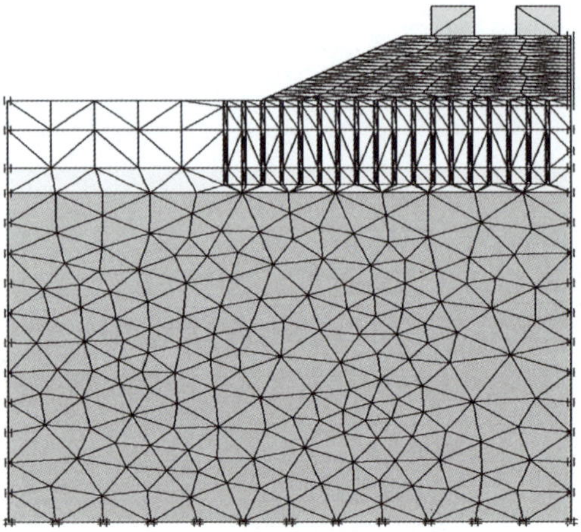

图 5-58 挤密桩 FEM 建模图

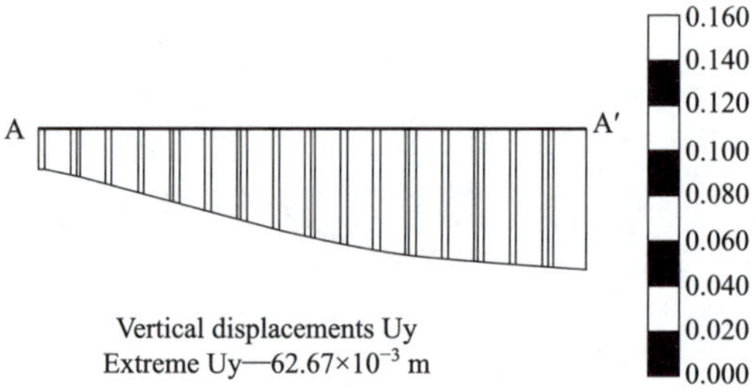

图 5-59 挤密桩沉降计算沉降分布

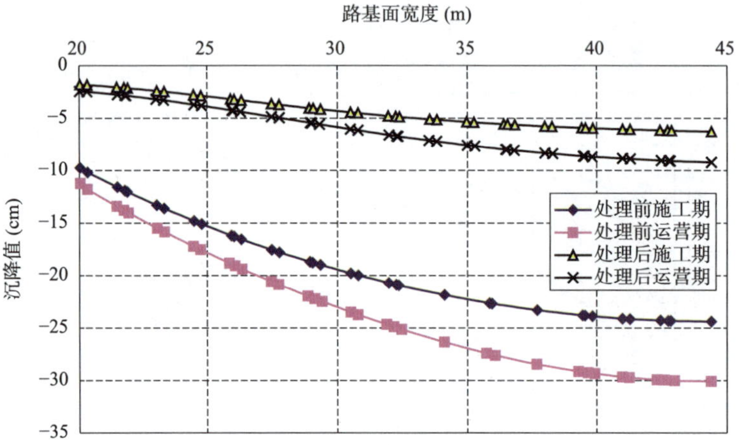

图 5-60 灰土挤密桩处理前后沉降曲线

2)强夯法地基处理

①建模计算

对应的测试断面为 DIK148 + 860,考虑对称性,取半幅进行计算,如图 5-61 所示。

②计算结果

若不采用地基处理措施，则该断面最大总沉降值为 375.41 mm。采用强夯处理后的基底最大总沉降为 184.46 mm，施工期沉降为 150.59 mm，采用强夯法则地基处理措施可减小 190.95 mm 的沉降，工后沉降约为 33.87 mm。如图 5-62、图 5-63 所示。

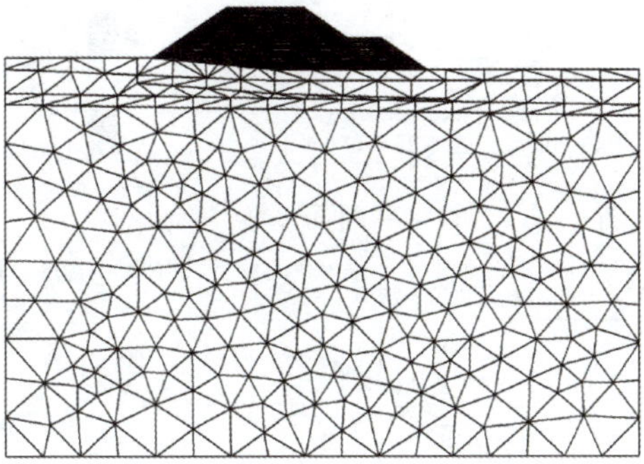

图 5-61　强夯法 FEM 建模图

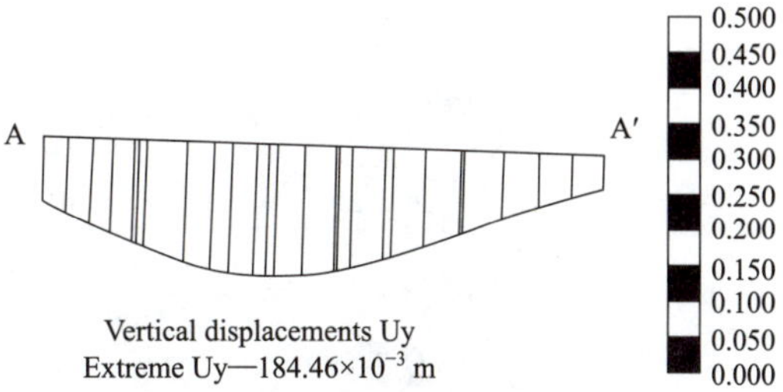

图 5-62　强夯地基沉降计算沉降分布

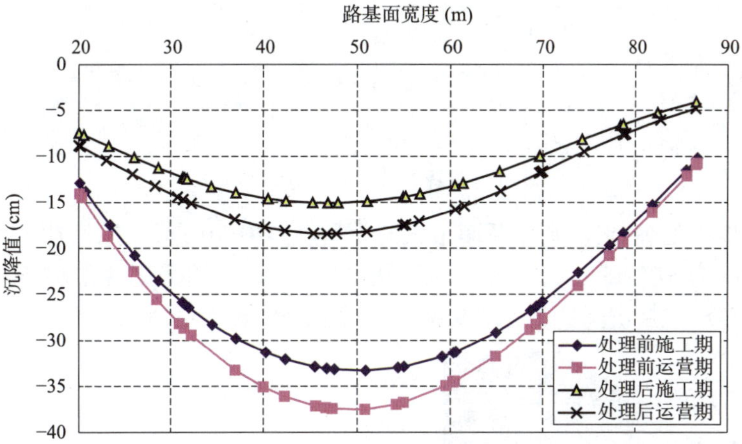

图 5-63　强夯处理前后沉降曲线

3）重锤夯实地基处理

①建模计算

对应的测试断面为 DIK148＋800，考虑对称性，取半幅进行计算，如图 5-64 所示。

②计算结果

如不采用地基处理措施，则该断面最大总沉降为 387.29 mm。采用重锤夯实处理后的基底最大总沉降为 279.25 mm，施工期沉降为 222.96 mm，即采用重锤夯实法处理，则地基可减小 108.04 mm 的沉降，工后沉降约为 56.29 mm。如图 5-65、图 5-66 所示。

4）冲击碾压

①建模计算

对应的测试断面为 DIK148＋700，考虑对称性，取半幅进行计算，如图 5-67 所示。

②计算结果

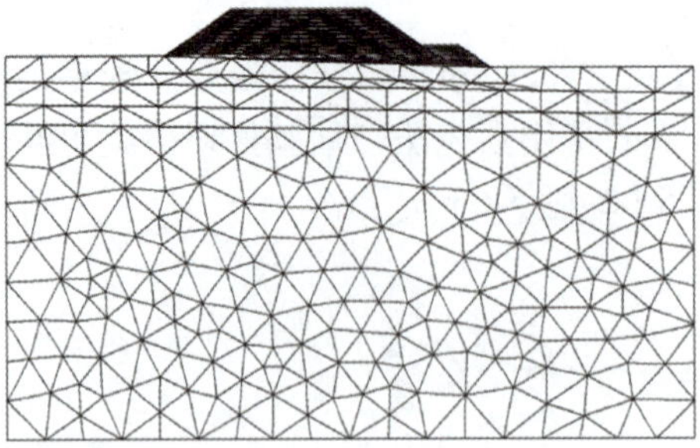

图 5-64　重锤夯实 FEM 建模

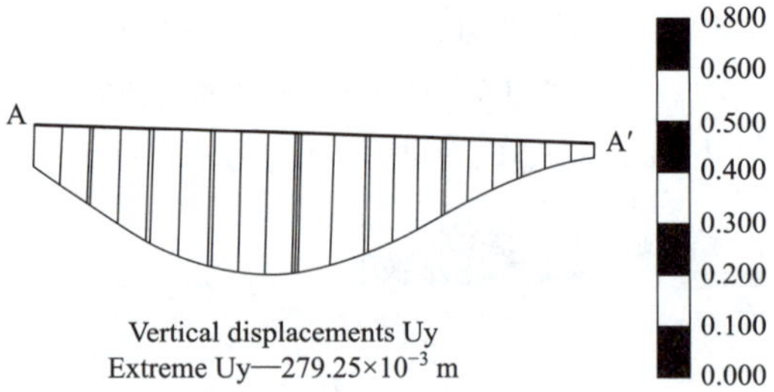

图 5-65　重锤夯实断面计算沉降分布

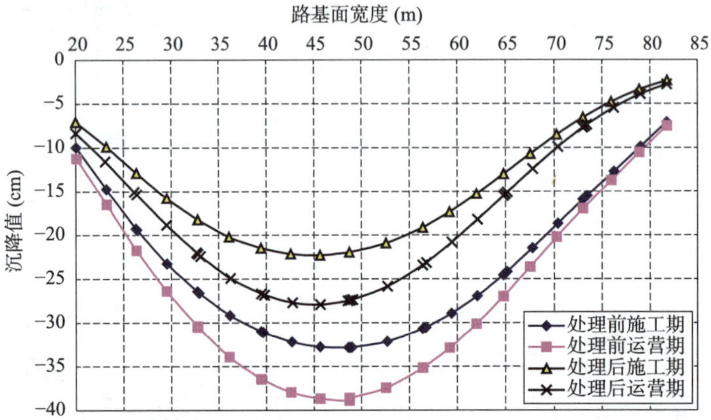

图 5-66　重锤夯实处理前后沉降曲线

如不采用地基处理措施，则该断面最大总沉降为 340. 70 mm。采用冲击碾压处理后的基底最大总沉降为 327. 66 mm，施工期沉降为 273. 17 mm，即采用冲击碾压法处理仅减小 13. 04 mm 的沉降，工后沉降约为 54. 49 mm。如图 5-68、图 5-69 所示。

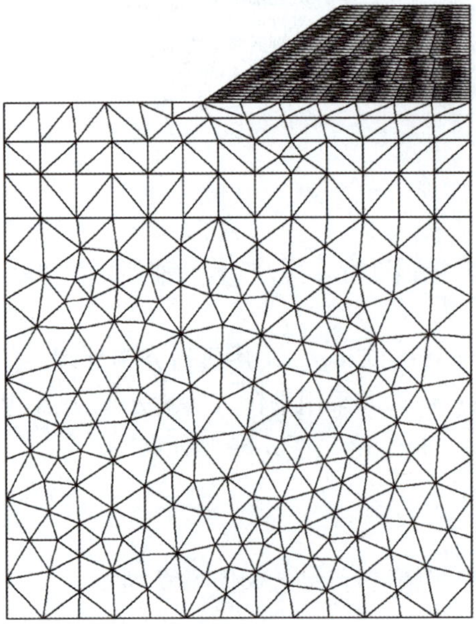

图 5-67　冲击碾压 FEM 建模图

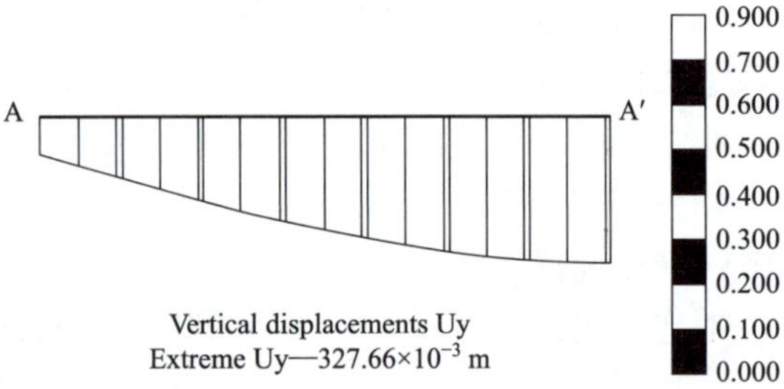

图 5-68　冲击碾压断面计算沉降分布

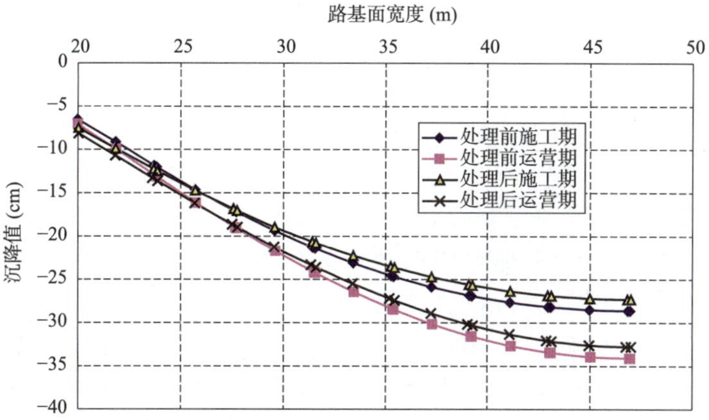

图 5-69　冲击碾压处理前后沉降曲线

5）地基处理效果对比

依托试验段工程，依据测试断面和勘察试验数据建立了有限元模型并进行了计算。由于各测试断面的土层分布、参数的不同，因此以不同的处理措施对地基沉降的减小值和减小的比例作为比较处理效果的依据。地基处理后最大沉降量见表 5-44。

表 5-44　地基处理后最大沉降量（单位：cm）

类　别		冲击碾压	重锤夯实	强　夯	挤 密 桩
未处理	施工期	28. 60	32. 88	33. 33	24. 40
	总沉降	34. 07	38. 73	37. 54	30. 08
	工后沉降	5. 47	5. 85	4. 21	5. 68
处理后	施工期	27. 32	22. 30	15. 06	6. 27
	总沉降	32. 77	27. 93	18. 45	9. 24
	工后沉降	5. 45	5. 63	3. 39	2. 97
沉降减小量	施工期	1. 29	10. 58	18. 28	18. 13
	总沉降	1. 30	10. 80	19. 10	20. 84
	工后沉降	0. 01	0. 22	0. 82	2. 71

注：沉降减小量 = 未处理的地基沉降 − 处理后地基沉降；工后沉降 = 总沉降量 − 施工期沉降。

（4）不同地基处理措施效果分析

根据室内土工试验数据选取计算参数，利用 PLAXIS 有限元计算程序对不同的地基处理措施下的路基沉降进行计算、分析，得到如下的结论：

①路基基底沉降趋势表现为，在路基中部出现最大值，向两侧坡脚处递减且坡脚处的沉降不为 0，跛脚水平位移随处理深度的增大迅速减小，坡脚垂直深度上水平位移最大值不在坡脚点，而在地基土层内部，因此在黄土地基处理的设计计算中适当考虑处理范围的加宽是合理的。

②采用地基处理措施均可降低地基在施工期间、投入运营后总沉降量及工后沉降量，从

处理后对最大沉降量减小量的角度可见，在四种措施中按照冲击碾压、重锤夯实、强夯、灰土挤密桩的顺序处理效果依次增强。

从四种处理方法的计算结果比较中可以看出，无论是总沉降或工后沉降的减少效果来说，冲击碾压和重锤夯实两种方法是不宜采用，工后沉降减小量仅为0.02 cm和0.22 cm，总沉降减小为1.29 cm和10.58 cm；而强夯和灰土挤密桩效果极为明显，工后沉降减小量分别为0.82 cm和2.90 cm，总沉降减小为19.10 cm和20.84 cm。

③通过有限元分析得到的沉降变化特征和现场测试结果基本一致、相互验证，说明计算可行、所得结果可用于相应的分析。

3. 沉降预测结果及分析

将冲击碾压法、重锤夯实法、强夯法与灰土挤密桩法四个实测断面的沉降值按照双曲线模型、对数模型与龚帕斯模型进行拟合，拟合曲线如图5-70～图5-73所示。

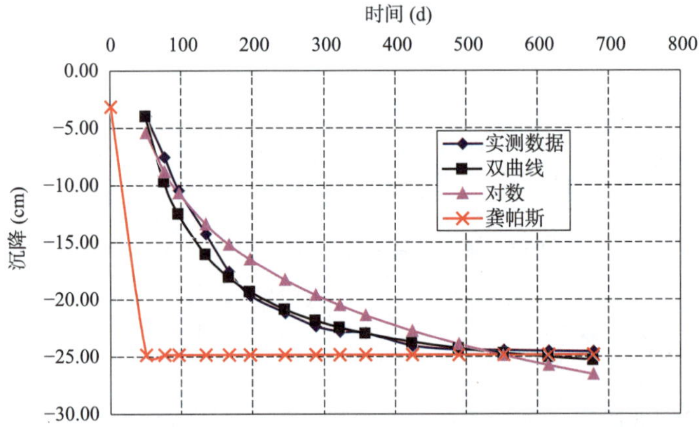

图5-70　冲击碾压法DIK148+700断面沉降实测值与预测值比较

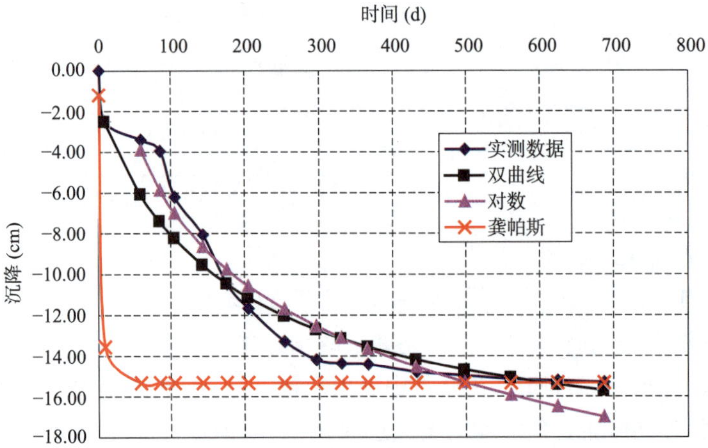

图5-71　重锤夯实法DIK148+800断面沉降实测值与预测值比较

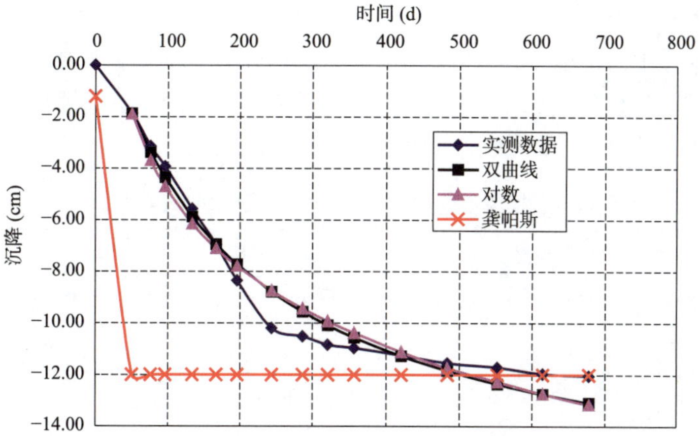

图 5-72　强夯法 DIK146 + 860 断面沉降实测值与预测值比较

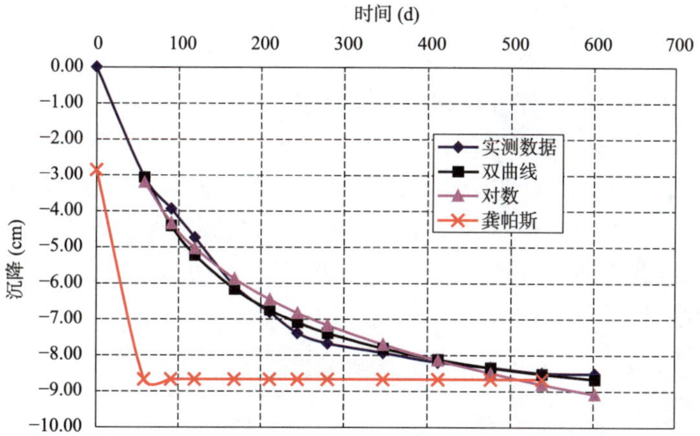

图 5-73　灰土挤密桩法 DIK149 + 100 断面沉降实测值与预测值比较

预测模型的选取应考虑以下三个方面：(1)通过实测数据拟合的沉降预测模型应有很好的相关性；(2)从沉降机理上，选择的预测模型的变化发展趋势应符合地基沉降变形的规律；(3)可以比较预测值与实测数据后 5 项的均方差确定预测模型的精度与可靠性。

对于本次研究的四个断面沉降，运用上述观点进行拟合预测分析。

(1)相关系数

从表 5-45 中可以看出，双曲线模型与对数模型拟合关系明显，均可用于预测。但龚帕斯模型相关性很差不能使用。

表 5-45　沉降拟合值与实测值的相关系数表

断　　面	双曲线模型	对数模型	龚帕斯模型
DIK148 + 700	0. 99	0. 93	0. 37
DIK148 + 800	0. 93	0. 84	0. 31
DIK148 + 860	0. 96	0. 95	0. 29
DIK149 + 100	0. 99	0. 96	0. 52
判　　别	可用	可用	不可用

（2）预测模型的变化趋势

如表5-46所示，以10年、50年和100年的沉降预测值的比较来看，双曲线模型和龚帕斯模型有明显收敛值，也就是说二者存在沉降极限值，符合沉降变化规律；而对数模型随时间的增大，仍呈增大趋势，故不可以作为预测模型进行预测。

表5-46　各模型不同时间沉降预测值变化情况（单位：cm）

断　面	双曲线模型预测			对数模型预测			龚帕斯预测		
	3 650 d	18 250 d	36 500 d	3 650 d	18 250 d	36 500 d	3 650 d	18 250 d	36 500 d
DIK148 +700	27.62	28.06	28.12	41.14	54.17	59.78	24.88	24.88	24.88
DIK148 +800	18.50	19.15	19.24	25.90	34.45	38.13	15.35	15.35	15.35
DIK148 +860	16.41	17.18	17.28	20.43	27.39	30.38	12.00	12.00	12.00
DIK149 +100	9.85	10.07	10.09	13.63	17.68	19.43	8.68	8.68	8.68
判　别	收敛			不收敛			收敛		

（3）拟合值与实测值的总体方差和后5项方差

结合表5-47和表5-48，可以看出：双曲线模型的总体方差和后5项方差均很小，证明该模型的稳定性好，适宜于预测这四个断面的沉降值。对数模型总体方差较双曲线模型大，但也较稳定，但是通过后5项方差的比较发现，它比双曲线模型普遍大得多，说明其后所预测结果必然会远离实测结果。龚帕斯模型的总体方差很大，因为其拟合关系就很差，但其后5项方差却明显减小，优于对数模型。

表5-47　沉降拟合值与实测值的总体方差表

断　面	双曲线模型	对数模型	龚 帕 斯
DIK148 +700	0.85	3.18	73.60
DIK148 +800	2.01	6.41	36.11
DIK148 +860	0.41	0.52	21.04
DIK149 +100	0.12	0.18	6.56
判　别	可用	可用	不可用

表5-48　沉降拟合值与实测值的后5项方差表

断　面	双曲线模型	对数模型	龚 帕 斯
DIK148 +700	0.19	1.55	0.25
DIK148 +800	0.13	1.06	0.10
DIK148 +860	0.44	0.45	0.17
DIK149 +100	0.01	0.10	0.19
判　别	可用	不可用	可用

通过上述三个方面的分析，可确定双曲线模型是适宜于四个路基断面沉降的预测；对数

模型由于其自身的变化规律与沉降结果不符,无极限值,故不能用于预测;龚帕斯模型虽然有良好的适应性,而且也有极限值,但拟合关系不佳,不能用于沉降的预测,究其原因,主要在于填土初始阶段的沉降观测数据偏少,影响了拟合效果,这也给我们今后的研究提供了经验,沉降的初期观测数据对后期沉降预测的影响颇大,应加强初期沉降监测密度。另外,在沉降预测模型的选取中,应进行多模型的比较,不能只根据相关关系的优劣来作为判别依据。

5.4.6 四种地基处理措施加固效果评价与建议

1. 黄土地基处理措施加固效果评价

(1)冲击碾压法

①冲击碾压处理浅层黄土地基,有一定的效果,干密度、力学强度均有所提高,孔隙比、湿陷系数、渗透系数明显减小。

②消除湿陷性的有效深度仅在 150 cm 深度范围内。

③渗透系数在 100 cm 范围内明显减小。

(2)重锤夯实法

①重锤夯实法处理浅层黄土地基,有一定的效果,干密度、力学强度均有所提高,孔隙比、湿陷系数、渗透系数明显减小。

②消除湿陷性的有效深度仅在 450 cm 深度范围内。

③渗透系数在 350 cm 范围内明显减小。

④土体在加固深度范围内,黏聚力明显提高,但内摩擦角变化不大,浅层承载力明显有所提高。

(3)强夯法

①强夯法处理黄土地基效果较为明显。干密度、力学强度均有所提高,孔隙比、湿陷系数明显减小。

②夯击能在 3 000 kN · m 下消除湿陷性的有效深度在 550 cm 深度范围内。

③加固深度范围内,黏聚力、内摩擦角有所提高,但变化不大。黄土地基的承载能力明显有所提高。

(4)灰土挤密桩法

①灰土挤密桩处理黄土地基效果明显。干密度、力学强度均有所提高,孔隙比、湿陷系数明显减小。

②在其桩身长度范围内消除湿陷性的作用较明显。

③桩土复合地基承载力明显提高。土体在加固深度范围内,内摩擦角有所提高,但黏聚力变化不大。

2. 黄土地基处理措施建议

(1)当地基处理以提高地基承载力为目的,可依据以下原则来确定地基处理方法:

①需要提高地基土浅层(1.5 m 深度范围内)的地基承载力时,宜采用冲击碾压。

②需要提高地基土 1 ~ 6 m 深度范围内的地基承载力时,宜采用强夯法。

③需要提高地基土深度在 6 m 以上的地基承载力时,宜采用挤密桩(包括灰土挤密和

土桩挤密)。

(2)当地基处理以消除或消减黄土地基的湿陷性为主要目的时,可依据以下原则来确定地基处理方法:

①对于湿陷等级为Ⅰ~Ⅱ级的非自重湿陷性黄土地基,如需要消除地基土1 m深度左右范围内的湿陷性,宜采用冲击碾压并结合现场实际采取有效的防排水措施。

②对于Ⅱ级以上自重湿陷性黄土地基,如需要消除地基土1~6 m深度范围内的湿陷性,宜采用强夯法配合二八灰土垫层封闭,防止地表水下渗。

③对于Ⅱ级以上自重湿陷性黄土地基,如需要消除黄土地基厚度在6 m以上的湿陷性,宜采用灰土(或土)挤密桩。如湿陷性黄土地基既要提高地基承载力,又要消除湿陷性,则需要根据工程的实际情况并参考上述的有关原则综合确定。

6　黄土边坡稳定性与防护加固技术

6.1　黄土边坡病害的类型和特征

黄土地区工程边坡在改变了原有地形地貌的基础上经受风化、雨水冲刷及湿陷变形等自然作用，存在失稳的可能。根据野外调查及前人研究资料，概括出如下几种主要的变形破坏形式。

1. 坡面冲刷

坡面冲刷是受降水的影响，由于雨水降落到边坡面，水的自重作用顺坡面向下流动，愈向下流量增加，流速增大，并冲走坡面表层土体的现象。坡面冲刷使坡面成沟状或洞穴状，是常见的一种黄土高边坡坡面变形病害，且容易进一步引发其他边坡病害。坡面冲蚀实景如图 6-1 所示。

图 6-1　坡面冲蚀照片

黄土具有干燥时强度高，浸水后结构破坏，黏聚力迅速减小，且变化幅度大的特点。而黄土地区降雨时间集中，又多以暴雨形式出现，所以，黄土高边坡极易受雨水及地表水的破坏，表现为击溅侵蚀、细沟侵蚀、浅沟侵蚀、跌水等形式。

基本特点：黄土高边坡极易受雨水及地表水的破坏，表现为击溅侵蚀、细沟侵蚀、浅沟侵蚀、跌水、落水洞等形式，严重影响路容，可诱发地面塌陷等灾害。

2. 边坡剥落

剥落作为黄土边坡坡面破坏形式之一，普遍存在于西北地区公路和铁路黄土边坡之中，边坡剥落的发生不仅关系到黄土坡面及坡体的稳定，而且关系到铁路的安全运营、路容美观。据统计归纳，黄土高边坡剥落形式主要有以下几种：①片状剥落；②层状剥落；③古土壤层碎块状剥落；④厚块状剥落；⑤表层结皮剥落。边坡剥落实景如图 6-2 所示。

基本特点：坡面剥落是黄土边坡变形的一种普遍现象，会发生在各种黄土层中，虽只限

(a) 边坡开挖成型时

(b) 边坡成型一年后

图 6-2　边坡剥落照片

于坡面表层几厘米，但剥落现象却是周而复始的，一般多发生于边坡中部至坡脚，沿线各类黄土边坡剥落形式都存在。此外，坡面剥落与坡面的风化程度等有关，据调查不同的黄土含盐量以及边坡所处位置也会影响剥落的程度，一般阳坡比阴坡剥落严重，坡度变化位置较其他位置剥落严重，黏粒含量大的易剥落，含盐量高的易剥落，易溶盐含量在 0. 12 以下时，基本不剥落。

3. 地面湿陷导致的陷穴、落水洞

对于 Q_3 黄土或新近堆积黄土，由于其具有湿陷性，在水的作用下，坡面上形成了陷穴或整体下沉，破坏了坡面的整体性。黄土陷穴多出现在黄土垂直节理较发育的黄土区，往往是垂直侵蚀速度大于水平侵蚀速度的结果。黄土陷穴在地表常呈串珠状出现，经过长时间冲蚀，陷穴大多彼此相连，地表水也可经陷穴口进入其中，进一步加剧这种潜蚀作用。黄土陷穴发展到一定程度，可引起地表黄土沿地下潜蚀通道的方向产生塌陷，进一步发展，即可形成冲沟。据对陕北黄土高边坡调查，一些边坡的失稳就是冲刷和湿陷破坏坡面，最终失稳。陷穴、落水洞实景如图 6-3 所示。

图　6-3

图 6-3　陷穴、落水洞照片

4. 崩塌

崩塌多发生在施工阶段或形成较久的陡边坡上。陡坡上被直立裂缝分割的岩土体,因根部空虚,折断压碎或局部移滑,失去稳定,突然脱离母体向下倾倒、翻滚,堆积在坡脚(或沟谷)的地质现象称为崩塌。由于黄土具有较好的直立性,且垂直节理和裂隙发育,因而是黄土地区和黄土边坡中常见的地质灾害之一。崩塌一般发生于黄土高边坡坡顶或坡腰以及台阶顶部,其中,坡顶崩塌多出现在新黄土中,坡腰及坡脚崩塌多见老黄土中。边坡崩塌实景如图 6-4 所示。

图 6-4　边坡崩塌照片

其特点是:先兆不明,突然发生,每次崩塌都沿新的破坏面而下,且崩塌体多脱离崩床,堆于坡脚;崩落后不能保持体内各岩块或土块间的相对位置。而通常易于发生崩塌的坡体往往在宏观上也具有一些特点:(1)坡体大于 45°,且高差较大,或坡体成孤立山嘴,或凹形陡坡;(2)坡体内部裂隙发育,尤其垂直和平行斜坡延伸方向的陡裂隙发育或顺坡裂隙或软弱带发育,坡体上部已有拉张裂隙发育,并且切割坡体的裂隙、裂缝即将可能贯通,使之与母体(山体)形成了分离之势;(3)坡体前部存在临空空间,或有崩塌物发育,这说明曾发生过崩塌,今后还可能再次发生。

5. 滑塌(坍塌)

滑塌是边坡坡角陡于岩土体的综合内摩擦角时发生由下而上的逐级坍塌,裂缝密集。

当达到该类土稳定休止角时,坡体达到稳定。一般滑塌规模较小,是黄土高边坡一种常见的破坏形式。在黄土厚度比较大,尤其是马兰黄土厚度超过 30 m 的地带,黄土滑塌灾害十分普遍。它兼有崩塌和滑坡的特征,在破坏土体中局部可见滑动面但又不整体下滑,在高陡边坡顶部及中部皆有发生,兼有突发性、频繁性和群发性等特点。但黄土滑塌灾害与降雨无直接关系,这一点与黄土滑坡有很大不同。边坡滑塌实景如图 6-5 所示。

图 6-5　边坡滑塌照片

6. 滑坡

滑坡是特定地质环境下的一种自然—人为灾害,它受地形地貌、地质构造、地层岩性、岩土体结构特性、地下水及人类工程活动等诸多条件影响,是黄土地区常见的一种地质灾害。按其滑体岩土组成和滑面发育位置,黄土地区的滑坡大致可划分为黄土层内滑坡、黄土接触面滑坡、黄土—基岩顺层滑坡、黄土—基岩切层滑坡 4 种基本类型。黄土接触面滑坡、黄土—基岩顺层滑坡具有滑速低、滑距短,滑体具有稳定性差、复活性强等特点。而黄土层内滑坡、黄土—基岩切层滑坡具有滑速高、滑距长、滑体稳定性高等特点,但后壁不稳定,易再次滑动。尽管不同类型滑坡具有不同运动破坏特征,但黄土地区滑坡的多发性、危害性不可忽视,严重制约着区域经济的发展,铁路沿线也时有发生,严重危害铁路的运行安全。黄土滑坡、滑面实景如图 6-6 所示。

图 6-6　黄土滑坡、滑面照片

6.2 边坡稳定性分析和评价方法

6.2.1 边坡稳定分析路线

边坡的稳定性分析包括定性分析与定量分析,其中主要采用自然(成因)历史分析法、工程地质比拟法、图解法及极限平衡法、数值分析法等。

参考相关文献、科研成果及工程实践,针对黄土地区边坡稳定性评价,初步总结工作思路如下:①工程地质综合分析。主要通过工程地质调绘,确定黄土边坡地质结构模型,掌握边坡工程地质条件。②判断边坡的可能的变形破坏模式、变形破坏发展过程等。③根据变形破坏机制,进行边坡稳定性分析。④结合施工及检测反馈信息分析目前边坡所处稳定性状况、潜在滑动面等。⑤采用基于变形理论的边坡稳定性评价方法,结合施工和检测反馈信息,反演目标参数,研究边坡与支护结构的相互作用关系,验证支护效果,进行边坡稳定性综合评价。黄土边坡的稳定性分析工作路线如图 6-7 所示。

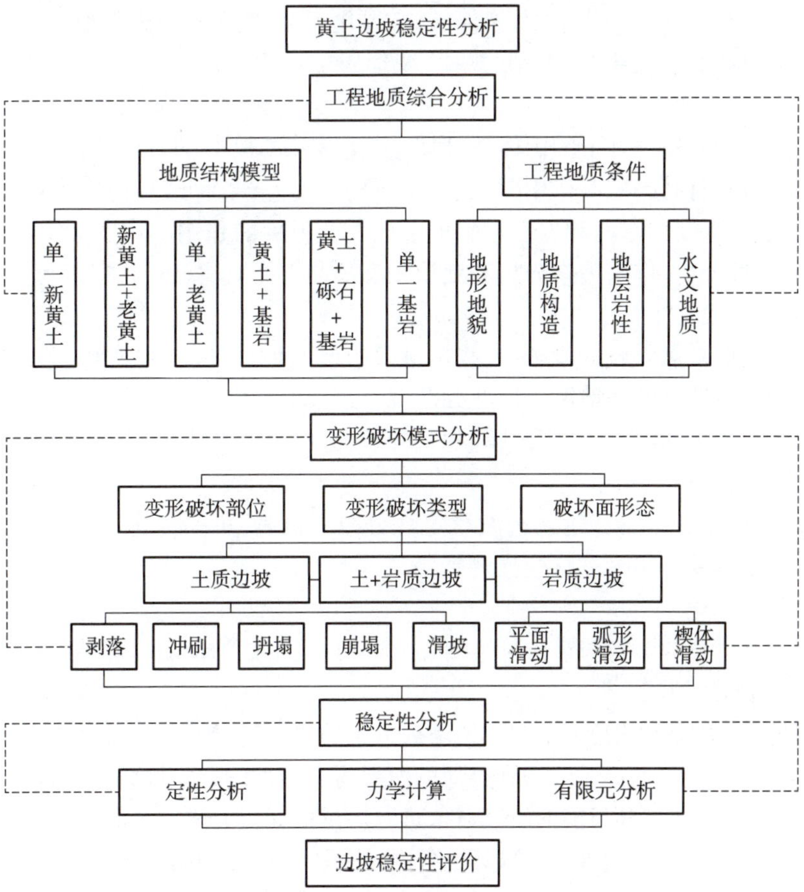

图 6-7 黄土边坡分析路线

6.2.2 边坡稳定分析方法

1. 边坡稳定性分析

边坡稳定的定性分析方法主要采用传统的自然(成因)历史分析法、工程地质比拟法及图解法等。

(1)自然(成因)历史分析法

该方法主要根据边坡发育的地质环境、边坡发育历史中的各种变形破坏迹象及其基本规律和稳定性影响因素等的分析,追溯边坡演变的全过程,对边坡稳定性的总体状况、趋势和区域性特征作出评价和预测,对已发生滑坡的边坡,判断其能否复活或转化,它主要用于天然斜坡的稳定性评价。这是最基本的工程地质评价方法。需要进行现场调查、拟定评价标准和分析评价得到结论三步工作,简述如下:

1)现场调查

①查明边坡的位置、走向、坡向、坡形、坡高、坡率,加固工程的设计及实施情况。

②查明边坡区的地层岩性、产状、分布,小构造(断层、节理、片理、错动等)的产状、性质、分布位置及影响范围,岩体结构、坡体结构、风化程度,地下水的出露地点和形式。

③已发生边坡变形的部位、类型、规模、变形历史过程和动态,及其和人类工程活动的关系。

④因一定地层岩性条件下的山体或坡体,在其形成过程中,不同时期、不同方向和不同性质的构造应力场对其起控制作用时,必然留下构造形迹,了解这些构造形迹的性质、规模及相互切割关系,以及构造面和岩性在斜坡形成及变形中的作用。这实际上包括了地貌形态演变、地质条件分析、作用因素分析和变形动态等几方面对比分析。以此可预测边坡变形的位置、性质和规模。

⑤从当地相似自然斜坡的调查中,找出极限边坡的坡形、坡度和坡高,采用比拟法初步确定稳定的最大边坡高度和坡度。以此判断现有边坡的稳定性。

⑥依据边坡岩体的实测强度参数和比拟参数,分析边坡的整体和局部稳定性。

2)拟定评价标准

结合以往边坡工作经验,建立边坡稳定性分级评价表,可作为边坡稳定性评价标准参考,当然,亦可根据现场实际进行标准调整。

3)得到评价结论

将实际调查边坡的资料与评价标准对比,即可得到定性评价的明确结果。

(2)工程地质比拟法

该方法实质上就是利用已有的自然边坡或人工边坡的稳定性状况及其影响因素、有关设计等方面的经验,并把这些经验应用到类似的所要研究边坡的稳定性分析和设计中的一种方法。它需要对已有的边坡和目前的研究对象进行广泛的调查分析,全面研究工程地质因素的相似性和差异性,分析影响边坡变形破坏的各主导因素及发展阶段的相似性和差异性,并分析它们可能的变形破坏机制、方式的相似性和差异性,兼顾工程的等级、类别等的特殊要求。通过这些分析,来类比分析和判断研究对象的稳定性状况、发展趋势、加同处理设计等。因而,可以说它是目前应用最广泛的一种边坡稳定性分析方法。该方法主要包括以下几方面。

1)地形、地貌对比

地貌是地层在内力和外力综合作用下的结果。作为动力地质现象之一的滑坡,也有其自己各发育阶段的地貌特征和地表迹象。因此,可以从地貌形态的演变来考察滑坡,并进行稳定性评价。

对需要判断其稳定性的滑坡,应将其已变形的斜坡与周围稳定斜坡的地貌特征,及当地类似条件下的各个不同发育阶段和不同稳定程度的滑坡在地貌形态上的特点进行对比,分析判断出滑坡当前的稳定性。

2)地质条件对比

滑坡是在一定地质条件下产生的,因而必须分别对滑坡周围的稳定斜坡和滑坡所在的变形斜坡的地质情况进行调查、测绘和必要的勘探。然后,将需要判断稳定性滑坡的地质断面中的地层、岩性、地质构造和滑带土性质等与类似地质条件下的稳定山坡、不稳定山坡以及不同滑动阶段滑坡的地质断面逐项进行对比。根据地质条件及其差异对该滑坡作出稳定性判断。

3)滑动因素及其变化趋势分析

滑坡的滑动或稳定取决于下滑力与抗滑力的相互消长程度。促使上述两者变化的因素很多,有的将引起下滑力增长,如地壳上升使斜坡变陡,超载、震动、水及风化作用与卸荷膨胀使强度降低,河岸冲刷和人工切割坡脚、破坏支撑等导致滑坡趋于不稳定;有的可促使稳定状态好转,如水文地质条件改善、恶化条件减缓或消除等。因此,采用工程地质工作的各种手段如调查、访问、测绘、勘探和试验等找出引起滑动的主次要因素及其变化趋势,即可定性地判断滑坡的稳定性。

4)滑动迹象(先兆)分析

滑坡从一个阶段发展到另一个阶段之前总有一些迹象出现,掌握了这些迹象就可以判明滑坡当前处在哪个阶段,将向哪个阶段发展。这些迹象可通过调查、访问、目测描述和动态观测获得。这是判断滑坡稳定性的直观而可靠的一种手段。根据多年实践,依据滑坡滑动过程中地表裂缝出现的部位、性质及发育的顺序,滑坡的微地貌特征,岩土结构的变化以及大滑动前的预兆等,把一般滑坡的发育过程划分为五个阶段,并粗略地判断其稳定性。

①蠕动阶段。系指滑坡一部分(常是中部主滑段)的软弱带,处于封闭条件下,由于种种原因,抗剪强度降低,产生蠕动变形阶段。此时,软弱带并未形成连续的剪切面,但由于中部滑体产生蠕动,引起后部岩(土)体产生破坏,在地表上反映为滑坡后缘出现一些不连续的、隐约可见的微裂缝。由蠕动向挤压阶段过渡时,后缘裂缝呈张开微下错状,仍未贯通。滑坡微地貌特征不明显。滑坡的整体稳定系数为1.15~1.05。

②挤压阶段。即滑体的中部及后部向前产生少量移动,致使前端的抗滑部分受挤压,促使抗滑段产生剪切面的阶段(没有抗滑段的滑坡无此阶段)。此时,除抗滑段外,中后部软弱带的剪切面已贯通,滑带业已形成。在地面上反映为后缘的拉张裂缝已贯通,并有少量下错,两侧出现羽毛状裂纹,但未贯通并未沿剪切裂缝方向错断。由挤压阶段向滑动阶段过渡时,两侧羽裂缝已贯通,但仍未错断,滑坡前缘受挤压,斜坡出现X形裂纹,并有局部坍塌现象。有时在滑坡剪出口附近出现带状分布的泉水或湿地。滑坡微地貌特征相继出现。滑坡的整体稳定系数为1.05~1.00。

③滑动阶段。这是指整个滑体沿滑面作缓慢移动的阶段。当抗滑段滑带一旦形成,滑坡的整个滑带已全部贯通。随着滑坡的缓慢移动,地面变形加剧,滑体结构松弛,地表平均坡度降低,后缘张开裂缝错距增大,有的滑体并在后部出现反方向的下错裂缝,两侧的剪切裂缝已贯通,羽毛状裂纹被错开,前缘隆起,产生不连续的鼓胀裂缝和放射状裂缝,并出现小量坍塌。滑坡微地貌特征比较明显。由滑动阶段向剧滑阶段过渡时,前缘鼓胀裂缝和放射状裂缝贯通并张开,滑速增大,滑体变形加剧,少数滑坡因滑带上含有大量岩块而发生微小的岩石碎裂的声音。如滑坡区有树木,则会出现"醉汉林"。滑坡的整体稳定系数为 1.00 ~ 0.95。

④剧滑阶段。此即滑坡作加速移动至急剧移动阶段。此时,滑体结构进一步松弛,地表纵坡更趋平缓,后缘错壁高陡,擦痕鲜明。错壁后缘产生断续的张裂缝,且不断坍塌,错壁底部出现封闭洼地或滑坡湖。前缘斜坡产生大量坍塌或被推垮。滑坡微地貌特征更加清楚。有的滑坡常因舌部移动改变了水的通道而流出大量浊水。如滑动速度很大,前部可产生气浪,并伴随有声响。当滑坡中、前部移动速度有差异时,则横向裂缝错开并扩大;当滑坡有抗滑段且出口以外受地形约束时,滑坡前缘一带可能形成垄状堆积;当滑坡无抗滑段且出口以外地形开阔不受任何约束时,其滑体可能放射状地覆盖于地面上。其整体稳定系数为 0.9 ~ 0.95。

⑤趋稳阶段。滑坡停止滑动后,滑体的能量释放,重心降低,并在自重作用下逐渐压密,滑体上各分块由后至前逐渐挤紧并作横向挤压,滑带亦因排水而渐固结,并恢复一些强度。地面裂缝逐渐闭合,有的出现因垂直压密而产生的沉降性裂缝,斜坡表面台坎变缓而趋稳定,滑壁坍塌变缓,擦痕渐趋模糊,有的长出了植被。大部滑坡微地貌特征不清晰。整个滑坡稳定系数由 0.95 逐渐增至 1.15。

(3)图解法

该法就是利用赤平极射投影的原理,通过作图来直观地表示出边坡变形破坏的边界条件,分析不连续面的组合关系,可能失稳岩土体形态及其滑动方向等,进而评价边坡的稳定性,并为力学计算提供信息。常用的有赤平极射投影图法、实体比例投影图法等。它目前主要用于岩质边坡岩体的稳定性分析。

2. 边坡稳定定量分析

边坡稳定定量评价是建立在定性评价基础上的量化计算,量化方法可采用量测法、试验法、主动破裂角推断法、经验判断法等综合确定计算模型,进而可采用圆弧条分法、极限平衡法(水平力法、传递系数法)和有限元数值模拟法进行计算、对比、分析,最后得到合理、正确的结论,指导边坡设计。

具体评价方法介绍如下。

(1)极限平衡法

稳定性计算是在考虑各种作用因素的前提下,对处于不同滑动阶段的滑坡进行的静力计算。计算得出的稳定系数可作为评定滑坡稳定性的一种根据。它以当前的滑坡稳定系数计算为主,并用实际运动状态加以核对,然后考虑各种因素的可能变化,预测今后的发展趋势。

滑坡的滑面常见的有圆弧、直线、折线三种类型,常用的滑坡整体稳定系数计算公式如下(均以主轴断面 1 m 宽土条计算)。

1）当滑面为圆弧形（均质土滑坡）时

如图 6-8 所示，整体稳定系数：

$$K = \frac{\sum_{i=1}^{n}(W_i\cos\theta_i\tan\varphi_i + c_i l_i)}{\sum_{i=1}^{n}W_i\sin\theta_i} \tag{6-1}$$

式中 K——滑坡整体稳定系数；

l_i——单个土条的滑动面长度（m）；

W_i——条块重力（kN），浸润线以上取重度，以下取饱和重度；

θ_i——条块的重力线与通过此条块底面中点半径之间的夹角（°）；

c_i,φ_i——土的抗剪强度指标，即条块土体的黏聚力（MPa）和内摩擦角（°）。采用总应力法时，取总应力指标，采用有效应力法时，取有效应力指标。

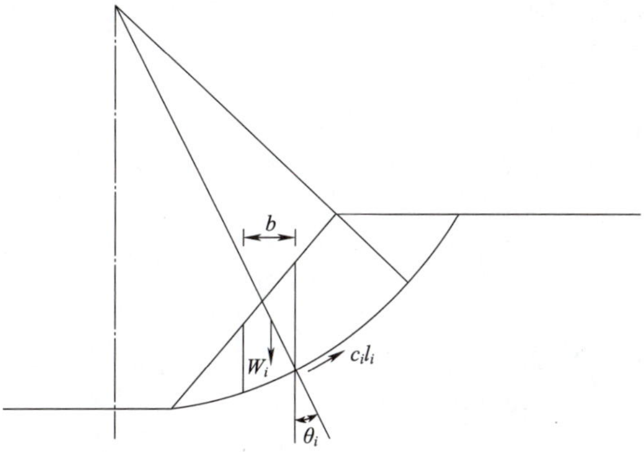

图 6-8 作用在计算断面任一块土体的主要力系

2）当滑面为直线形（滑体大致等厚，滑床为单一坡度的倾斜面）时，主滑带 c、φ 值相同。

如图 6-9（a）所示，整体稳定系数：

$$F_s = \frac{Nf + cl}{T} \tag{6-2}$$

当存在下列特殊因素时，计算中需考虑其作用。

①受烈度大于 7 度的地震作用时，于计算式分母中考虑增加水平地震力因素（图 6-10）。

$$F_s = \frac{(N - N')f + cl}{T + T'} \tag{6-3}$$

式中 N'——水平地震力对滑面的法向分力（kN），$N' = \frac{a}{g}W\sin\alpha$；

T'——水平地震力对滑面的切向分力（kN），$T' = \frac{a}{g}W\cos\alpha$；

a/g——地震系数；

a——地震加速度（m/s^2）；

g——重力加速度（m/s^2）。

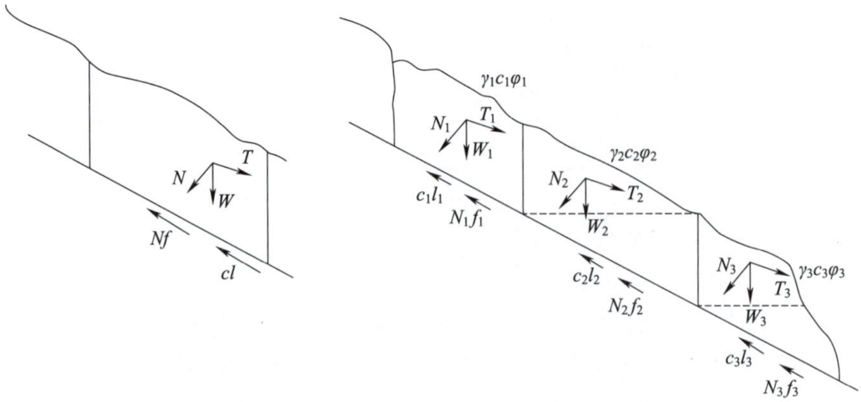

(a) 滑带各段c、φ相同　　(b) 滑带各段c、φ不同

图 6-9　作用在计算断面各块土体上的主要力系

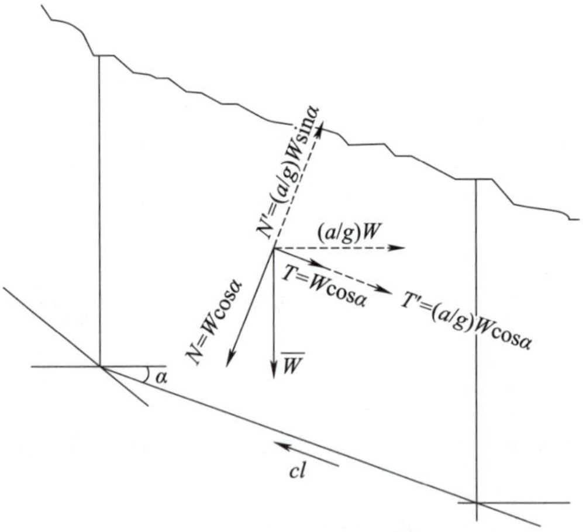

图 6-10　作用在条块上的地震力

地震烈度与地震系数的关系见表 6-1。

表 6-1　地震烈度与地震系数的关系表

地震烈度	7	8	9	10
地震系数	0. 025	0. 05	0. 10	0. 25

②滑体全部或下部部分被水饱和时，计算式分母中分别考虑增加动水压力 $\gamma_w = \Omega_n n_n \sin a_n$ 或 $\gamma_w = \Omega_2 n_n \sin a_n$ 项[图 6-11(a)]。

滑体全部饱水时

$$F_s = \frac{W_1 \cos\alpha \tan\varphi + cl}{W_1 \sin\alpha + \gamma_w \Omega_n n_n \sin\alpha} \tag{6-4}$$

滑体部分饱水时

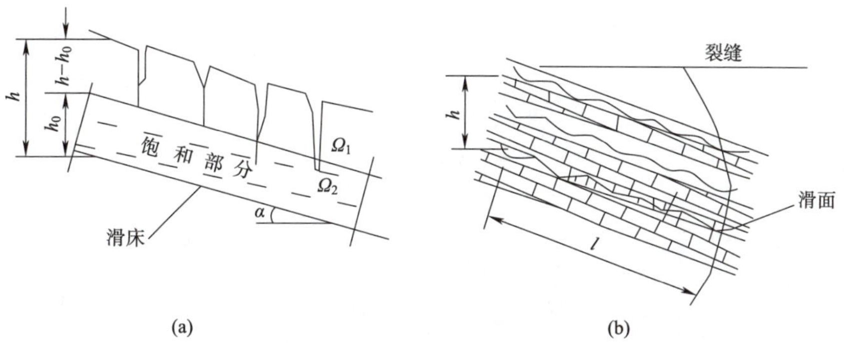

图 6-11　平面滑床滑体浸水及考虑裂隙静水压力的情况

$$F_s = \frac{W_2\cos\alpha\tan\varphi + cl}{W_2\sin\alpha + \gamma_w\Omega_2 n_n\sin\alpha} \tag{6-5}$$

式中　W_1——全部饱和滑体的浮重量(kN),其值等于$(\gamma_s-10)\Omega_n$;

W_2——部分饱和滑体的浮重量和部分不浸水滑体的总重量,其值等于 $\gamma\Omega_1+(\gamma_s-10)\Omega_2$(kN),其中,$\Omega_1=(h-h_0)l\cos\alpha$,$\Omega_2=h_0 l\cos\alpha$;

h_0——滑体饱水部分厚度(m);

γ_s——饱和滑体的重度(kN/m³);

γ_w——水重度(kN/m³);

n_n——滑体土的孔隙度;

Ω_n,Ω_1,Ω_2——全饱水、上部未浸水及下部饱水滑体的面积(m²)。

③滑体存在有贯通裂隙且被水充满时,计算式分母中考虑增加静水压力$\frac{1}{2}\gamma_w h^2$项[图 6-11(b)]。

$$F_s = \frac{Nf + cl}{T + \frac{1}{2}\gamma_w h^2} \tag{6-6}$$

3)当滑面为折线形,主滑带各段 c、φ 值不同

如图 6-9(b)所示,整体稳定系数:

$$F_s = \frac{\sum_{i=1}^{n}(N_i f_i + c_i l_i)}{\sum_{i=1}^{n-1} T_i} \tag{6-7}$$

①当滑面为折线形,考虑剩余下滑力的传递(图 6-12):

无反坡段时[图 6-12(a)],整体稳定系数:

$$F_s = \frac{N_i f_i + c_i l_i + E_{i-1}\sin\Delta\alpha_i f_i}{T_i + E_{i-1}\cos\Delta\alpha_i} \tag{6-8}$$

有反坡段时[图 6-12(b)],整体稳定系数:

$$F_s = \frac{N_n f_n + c_n l_n + E_{n-1}\sin\Delta\alpha_n f_n + T_n'}{E_{n-1}\cos\Delta\alpha_n} \tag{6-9}$$

最末一段的 F_s 值为整体稳定系数值。反坡段的 T_n' 力,其实质为抗力,应按抗滑力考虑。

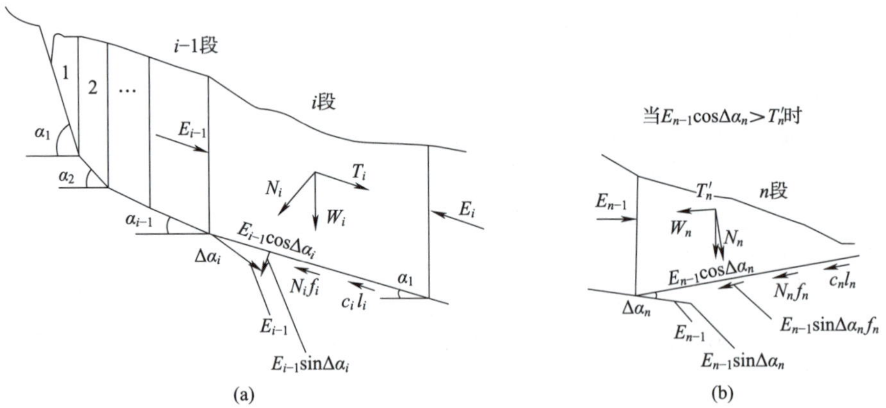

图 6-12　作用在计算断面任一块体上的主要力系分段稳定系数

②当滑面为折线形,不考虑力的传递,按水平力计算(图 6-13)时:

无反坡段时,整体稳定系数:

$$F_s = \frac{\sum_{i=1}^{n}(N_i f_i + c_i l_i)\cos\alpha_i}{\sum_{i=1}^{n} T_i \cos\alpha_i} \tag{6-9}$$

有反坡段时,整体稳定系数:

$$F_s = \frac{\sum_{i=1}^{n}[(N_i f_i + c_i l_i)\cos\alpha_i] + T'_n\cos\alpha_n}{\sum_{i=1}^{n} T_i \cos\alpha_i} \tag{6-10}$$

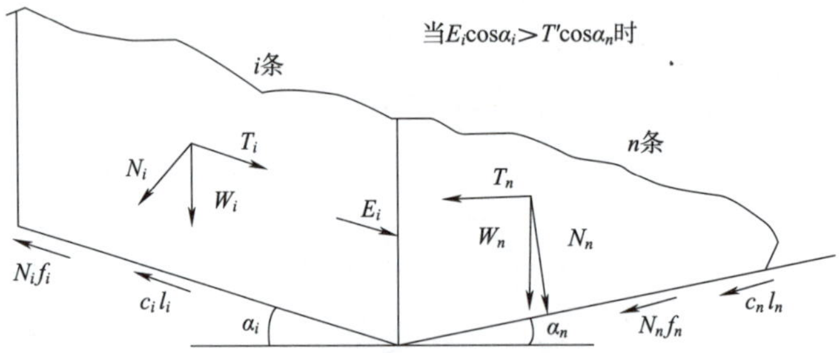

图 6-13　作用在计算断面任一块体上的主要力系

如主滑带为黏土组成,其强度受 c 控制时,φ 接近于 0;或主滑带为砂粒状土组成,其强度受 φ 控制时,c 接近于 0。计算时上列各式可相应简化。

上列各式中:

N,N_i,N_n——全段、第 i 计算段及反坡段滑体重量的法向分力,其值等于 $W\cos\alpha$(kN);

T,T_i,T'_n——全段、第 i 计算段及反坡段滑体重量的切向分力,其值等于 $W\sin\alpha$(kN);

f,f_i,f_n——全段、第 i 计算段及反坡段滑带土的摩擦系数,其值等于 $\tan\varphi$,φ(°);

c, c_i, c_n——全段、第 i 计算段及反坡段滑带土的黏聚力(kPa);

l, l_i, l_n——全段、第 i 计算段及反坡段滑动面的长度(m);

$\alpha, \alpha_i, \alpha_n$——全段、第 i 计算段及反坡段滑动面的倾角(°);

i, n——各计算段及反坡段的顺序;

α_{n-1}——第 $n-1$ 计算段滑动面的倾角(°);

E_{i-1}, E_{n-1}——第 $i-1$ 及 $n-1$ 计算段的剩余下滑力(kN)。

(2)数值分析法

1)主要数值分析方法

数值分析方法是利用某种方法求出边坡的应力分布和变形情况,研究岩体中应力和应变的变化过程,求得各点上的局部稳定系数,由此判断边坡稳定性。其主要方法有:

①有限单元法(FEM)

有限单元法(Finite Element Method,FEM)是最早引入边坡工程数值模拟的算法之一,也是目前应用相对成熟的数值算法。自从 1967 年 Clough 和 Wodward 发表了第一篇关于边坡和路堤方面的有限元分析论文以来,有限元法在边坡稳定性分析中得到大量的研究和应用;近年来,国内有关部门也在实际工程设计中逐步引入和应用这些程序,并取得了良好的效果。

近年来 ANSYS、ABAQUS、SAP、ADINA 等通用有限元程序在边坡稳定分析中得到系统的应用和发展;而结合岩土工程的研究需要开发的 PLAXIS、PHASE2 和 SIGMA/W 等大量的工业化标准的岩土工程有限元软件也越来越成熟,特别是在用户自定义本构和前后处理功能方面得到快速发展。实际上,随着复杂岩体结构模型和接触界面单元模型的研究和应用,有限单元法越来越成为复杂路堑高边坡应力变形分析和稳定性计算中强有力的工具。

②边界元法(BEM)

边界元法是 20 世纪 70 年代发展起来的一种数值方法,该法只对研究区的边界进行离散,对处理无限域或半无限域问题比较理想。但由于需事先知道求解问题的控制微分方程的基本解,所以在处理材料的非线性、不均匀性、模拟分步开挖等方面还远不如有限元法。

③有限差分法(FLAC)

美国 Itasca 咨询集团推出的快速拉格朗日分析程序 FLAC(Fast Lagrangian Analysis of Continua)是有限差分法的代表。FLAC 是由 Cundall 等提出并发展的一种显式有限差分程序,该程序采用了动态运动方程式,有效地克服了系统模型内的不安定因素;在计算中不需要通过迭代满足弹塑性本构关系,只需使应力随应变变化而变化;其单元网格可以随着材料的变形而变形,可以很好地模拟材料的屈服、塑性流动、软化直至大变形,适合解决非线性材料的大变形问题。

FLAC 程序作为一个专业的岩土工程数值软件,在本构模型、模拟策略和大变形分析等方面具有优势,获得岩土工程界的广泛认可;近年来,在路堑高边坡的稳定分析和工程设计中也逐步得到应用。但是,FLAC 程序的前后处理功能较弱,在复杂模型的建模方面比较困难,是程序需改进和发展的主要趋势之一。

④离散元法(DEM)

Cundall(1970)提出离散单元法(Distinct Element Method),并逐步开发和完善了二维和三维的离散元分析代码,它将所研究的区域划分成一个个分离的多边形块体单元,单元之间可以看作角—角接触、角—边接触或边—边接触,随着单元的平移或转动,允许调整各个单元之间的接触关系。各单元块体之间没有变形协调的约束,但需满足平衡方程;块体的运动不是自由的,它会遇到邻接块体的阻力。本构方程可以是线性的,也可以是非线性的。

离散单元法的原理虽然比较简单,但是其编程实现却较为困难,目前得到商业化推广的是 Itasca 咨询集团推出的 UDEC 和 3DEC 两个程序。这种方法适用于解决非连续介质大变形问题,在分析被结构面切割的岩质边坡的倾倒变形和崩塌破坏具有较好的适用性。另一方面,与 FLAC 程序类似,UDEC 和 3DEC 程序在前后处理方面也有待改进。

除上述方法外,还有一些不确定性分析方法应用于边坡稳定性分析研究中,如系统可靠性分析方法、灰色系统方法、模糊分级评判法、神经网络法等。

各种方法的技术特点与适用条件:数值计算方法的选择同样是高边坡数值模拟的主要技术问题之一,同样需要考虑两个基本原则。其一是应根据高边坡的潜在失稳模式来选取能描述其基本应力和变形特征的数值计算方法;其二是应比较和确定计算参数具有明确物理意义和简易获取方法的数值计算方法类型。对上述数值计算方法的基本特征和适用条件进行总结分析,详见表 6-2。

表 6-2　数值计算方法基本特征及适用性比较表

计算方法	基本特征	适用条件
极限平衡法	理论成熟,参数便利,经验丰富;可以模拟典型工况条件,给出通用的安全系数解答	建模方便,计算快捷,适用于破碎岩石边坡圆弧破坏,楔形体破坏
有限单元法	理论成熟,模型丰富,计算便利;考虑了介质的非均质、不连续性,可以求解弹性、弹塑性、黏弹塑性等问题,可以给出应力应变场量的分布和大小,并求解安全系数	建模方便,前后处理功能强,适用于节理岩石边坡整体破坏,层状岩石边坡破坏
有限差分法	理论成熟,模型丰富;可以考虑岩土体不连续性、大变形特征,求解速度较快,并求解安全系数;前后处理功能弱	大变形分析功能强,适用于节理岩石边坡整体破坏,层状岩石边坡破坏
离散单元法	模型丰富;可以考虑岩体的非均质、不连续和大变形等特点,允许块体间发生平动、转动甚至相互脱离;可以给出应力、速度和位移等参量的量值和变化,可以求解安全系数;前后处理功能弱	大变形分析功能强,适用于节理岩石边坡局部和整体破坏分析,层状岩石边坡倾倒和崩塌分析
其他方法	算法先进,岩土工程的机理分析具有理论上的先进性,在网格离散、边界条件模拟或大变形分析等方面各有特点;但参数复杂,功能不成熟	适用于机理研究,或作为上述方法的补充

由于建立在极限平衡理论基础上的各种稳定性分析方法没有考虑土体内部的应力—应变关系,无法分析边坡破坏的发生和发展过程,无法考虑变形对边坡稳定的影响,没有考虑土体与支挡结构的共同作用及其变形协调。在求安全系数时通常需要假定滑裂面形状为折线、圆弧、对数螺旋线等。有限单元法能考虑土的应力—应变关系,将对利用有限单元法进行边坡稳定分析作进一步探讨。

2)有限元强度折减法

边坡稳定分析涉及复杂的地质地形边界条件、材料的应力—应变的非线性行为、初始地应力、水压力、地震荷载的耦合分析等,多数情况下不能获得解析解。在计算机和计算方法不断发展的背景下,以有限元为代表的数值分析方法在 20 世纪 70 年代已逐步在岩土工程中推广应用,并发展成为一种强有力的计算分析工具。然而传统的数值分析方法一般只是得出边坡应力、位移、塑性区等,不能直接与边坡稳定建立定量关系。随着计算机技术的发展,有限元强度折减法近来在国内外受到关注。有限元强度折减法就是通过不断降低岩土体强度使边坡达到极限破坏状态,从而可以直接计算得到边坡的破坏滑动面和强度储备安全系数,十分贴近工程设计。该方法不需要对滑动面形状和位置作假定,可以由程序自动计算得到复杂岩(土)质边坡的所有潜在滑动面(圆弧形和非圆弧形),使边坡稳定分析进入了一个新的时代。采用有限元强度折减法来进行支挡结构计算,既可以考虑支护结构与岩土介质共同作用关系,又可以直接算出结构内力,具有很大的优越性和应用前景。

采用强度折减法无需事先假定滑动面的形状和位置,避免了极限平衡法中各种人为假定的缺点,通过不断的折减计算可以得出边坡的稳定系数。

3)屈服准则选用及其计算精度的要求

岩土的本构模型十分复杂,但边坡稳定性分析一般只要求得到应力,不要求得到位移,因而采用理想弹塑性模型计算,精度已足够。因此在有限元强度折减法中采用理想弹塑性本构模型,但必须选择合适的强度准则。以往数值计算精度不高,多数是由于强度准则选择不当所致。

选用合理的岩土强度屈服准则十分重要,所求安全系数大小与采用的准则密切相关。目前 ANSYS 提供的屈服准则是 D-P1,因此利用有限元强度折减法求边坡安全系数时可先求 D-P1 下的 α 和 k,然后通过表 6-3 的公式求得各准则下换算后的 c 和 φ 值。

表 6-3 各准则参数换算表

编 号	准 则 种 类	α	k
D-P1	外角点外接 D-P	$\dfrac{2\sin\varphi}{\sqrt{3}(3-\sin\varphi)}$	$\dfrac{6c\cos\varphi}{\sqrt{3}(3-\sin\varphi)}$
D-P2	莫尔—库仑等面积圆 D-P	$\dfrac{2\sqrt{3}\sin\varphi}{\sqrt{2\sqrt{3}\pi(9-\sin^2\varphi)}}$	$\dfrac{6\sqrt{3}\sin\varphi}{\sqrt{2\sqrt{3}\pi(9-\sin^2\varphi)}}$
D-P3	平面应变莫尔—库仑匹配 D-P(非关联 $\psi=0$)	$\dfrac{\sin\varphi}{3}$	$c\cos\varphi$

续上表

编 号	准 则 种 类	α	k
D-P4	平面应变莫尔—库仑匹配 D-P(非关联 $\psi=\varphi$)	$\dfrac{\sin\varphi}{\sqrt{3}\sqrt{3+\sin^2\varphi}}$	$\dfrac{\sqrt{3}c\cos\varphi}{\sqrt{3+\sin^2\varphi}}$
D-P5	内角点外接 D-P	$\dfrac{2\sin\varphi}{\sqrt{3}(3+\sin\varphi)}$	$\dfrac{6c\cos\varphi}{\sqrt{3}(3+\sin\varphi)}$

6.2.3 不同条件下的黄土边坡稳定性分析

1. 重力作用下黄土高边坡稳定性数值分析

(1)原理与方法

安全系数因其原理简单,物理意义明确,是边坡稳定性分析中最重要的指标和概念。严格说来,安全系数是基于极限平衡分析方法的一种评价指标,数值模拟方法则是与极限平衡分析方法并行的一种分析方法,侧重于岩土体应力—应变关系即破坏机理的分析,在早期的边坡稳定性分析中这两者是不存在交汇点的。基于数值模拟技术的强度折减法的出现改变了这一局面,成为联系这两种分析思想的纽带。

相对于传统的安全系数求取方法,有限元强度折减方法具有如下优点:

①求解安全系数时,不需要假定滑动面的形状和位置,也无需进行条分,而是由程序自动求出滑动面,滑动破坏自然发生在岩土体剪切带上,或塑性应变和位移突变的地方。

②有限单元法可以提供应力、应变、位移等变量的全部信息。

③利用有限单元法,考虑到土的非线性应力—应变关系,求得每一个计算单元的应力及位移,确定破坏区的位置及破坏范围的扩展情况,将局部破坏与整体破坏联系起来,求得合适的临界滑裂面位置,并且可以再根据极限平衡理论分析推求整体安全系数。对于复杂地层和复杂荷载等情况,滑裂面往往并不是直线或圆弧,此时传统方法很难处理,而有限元则是比较理想的工具。

在强度折减法中,安全系数的定义在本质上与传统极限平衡法是一致的(图 6-14),基于有限元强度折减法的边坡稳定分析的基本原理就是将边坡强度参数黏聚力 c 和内摩擦角 φ 同时除以一个折减系数 F,得到一组新的强度参数 c' 和 φ',然后作为新的材料参数输入,再进行试算,直到边坡达到极限平衡状态,发生剪切破坏,同时得到临界滑动面,此时对应的折减系数 F 即为最小安全系数,经过折减的剪切强度参数 c' 和 φ' 的关系为

$$\begin{cases} c' = \dfrac{c}{F} \\ \varphi' = \arctan(\tan\varphi / F) \end{cases} \tag{6-11}$$

1)本构模型的选取

有限元计算过程中,主要有线弹性模型、非线性弹性模型、弹塑性模型三种本构模型。在工程实际运用过程中,最常采用的还是理想的弹塑性模型,一方面是该模型的计算结果与传统的极限平衡法计算结果有可比性,另一方面是边坡的稳定性分析主要

关心的是力和强度问题，计算结果能够较好地反映土体的实际工作形态。所以本次计算采用弹塑性模型。

2）强度准则的选取

Mohr-coulomb 强度准则是土力学的经典强度准则，认为土的破坏是剪切破坏，即在剪切面上法向应力与剪应力的关系为

$$\tau_n = c + \sigma_n \tan\varphi \tag{6-12}$$

用主应力表示为

$$\frac{1}{2}(\sigma_1 - \sigma_3) = \frac{1}{2}(\sigma_1 + \sigma_3)\sin\varphi + c\cos\varphi \tag{6-13}$$

对于理想弹塑性模型来说，屈服就意味着破坏，将 Mohr-coulomb 强度准则作为屈服准则便得到了 Mohr-coulomb 屈服条件，一般情况下可表示为

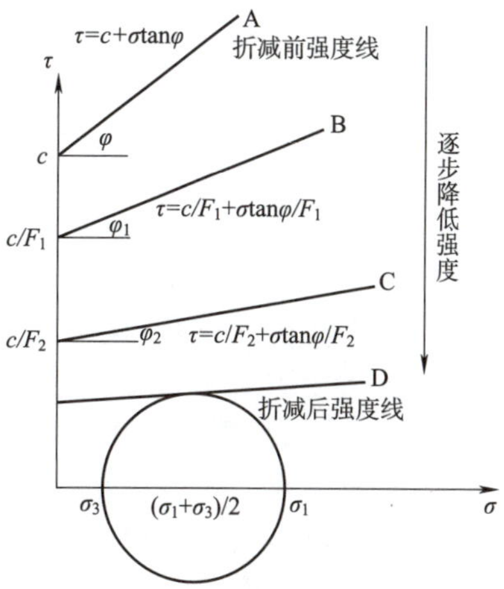

图 6-14 强度折减法曲线

$$f = \frac{1}{3}I_1(\sigma_{ij})\sin\varphi - \left(\cos\theta_\sigma + \frac{1}{\sqrt{3}}\sin\theta_\sigma\sin\varphi\right)\sqrt{I_2(s_{ij})} + c\sin\varphi = 0 \tag{6-14}$$

其中 θ_σ 为应力罗德角，Mohr-coulomb 屈服条件在主应力空间的 π 平面上的轨迹为一不规则的六棱锥面。

3）流动法则的选取

流动法则规定了材料进入塑性阶段后应力和应变间的定性关系，包括方向关系和分配关系，流动法则分为关联流动法则和非关联流动法则。塑性势函数与屈服面函数相同的流动法则称为关联流动法则，二者不相同的流动法则称为非关联流动法则。对于岩土材料采用何种流动法则没有一个共同的标准，但是不管采用何种流动法则，都对边坡的安全系数影响较小，因此，本次在计算过程中选用非关联流动法则。

4）边坡滑裂面的确定

在传统的有限元边坡稳定性分析中，滑移面的确定主要是通过运用各种优化方法对其在一定范围内搜索，使得安全系数为最小。而有限元强度折减法中滑面的确定更直观，通过对强度参数的不断折减，到临界状态时，从计算区域的内部应力应变分析得出的等值线图上可明显观察滑面的大概位置。如位移增量等值线图上可见比较密的等值线带，或广义剪应变增量等值线图上以最大幅值等值线的连线为中心，向两侧近似对称地扩展，形成一个近乎圆弧形的带状区域，在带状区的中心位置，应变增量的数值最大，这些最大值点的连线自坡底向上贯通，形成一个弧形的曲线，这条线所在位置就是滑面的位置。此外，通过对计算结果的后处理还可得到塑性区域图，从这些图上也可直观地反映出滑面的位置。

（2）典型黄土高边坡稳定性分析

本次数值计算剖面的选取是根据稳定性计算结果、地形地貌、地质条件与工点施工方案等因素，选择部分典型剖面进行稳定性分析。共建立了二维模型 3 个，统计情况如表 6-4 所列。

表 6-4　数值计算选用剖面统计表

线　　路	剖面位置	模型分类	模拟类型	模拟工况
大西客运专线	DK221 +570	二维	自然边坡	自然工况
山西中南部铁路通道	DK39 +381.21	二维	自然边坡、不同坡比	天然工况

1)计算模型的建立

①大西客运专线 DK221 +570 边坡(南山隧道进口)

隧道处于黄土中低山区,进口位于黄土冲沟侧壁上,冲沟侧壁陡立,坡高 65 m,坡体整体地形起伏较大,局部可见坍塌。坡面支离破碎,受流水冲刷严重,发育数条细沟和切沟,黄土垂直节理发育。地层从上而下依次为新黄土、老黄土。新黄土为第四系上更新统风积黄土,老黄土为中更新统的洪积老黄土。

根据边坡的实际情况,结合设计资料,建立二维静力分析模型(图 6-15),自然边坡模型长 400 m,高 87 m,模型共 5 752 个节点,1 843 个单元,四周边界采用水平约束,底部选择全固定约束。

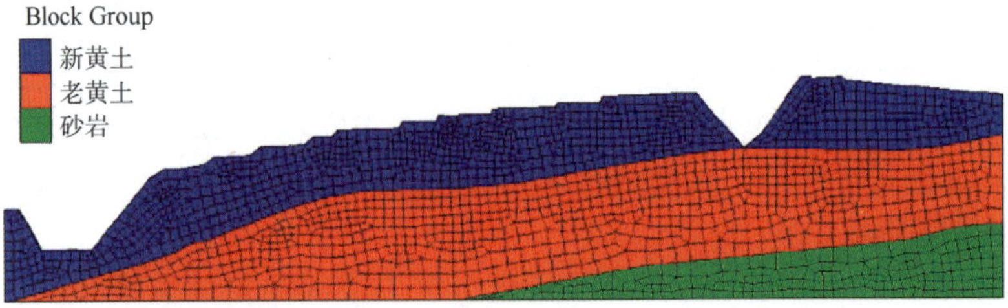

图 6-15　大西客运专线 DK221 +570 自然工况计算模型(自然边坡)

②山西中南部铁路通道 DK39 +381 边坡

坡高 97 m,坡度约 33°,坡向 245°,线路开挖坡脚,与边坡呈 60°斜交。地层出露自上而下分别为新黄土、粉质黏土。新黄土为第四系上更新统风积黄土,粉质黏土为第三系上新统黏土。

根据边坡的实际情况,结合设计资料,建立二维静力分析模型(图 6-16),自然边坡模型长 330 m,高 134 m,模型共 2 517 个节点,802 个单元,四周边界采用水平约束,底部选择全固定约束。为进一步研究开挖后边坡的应力应变状态,对放坡部位进行了单元细化。

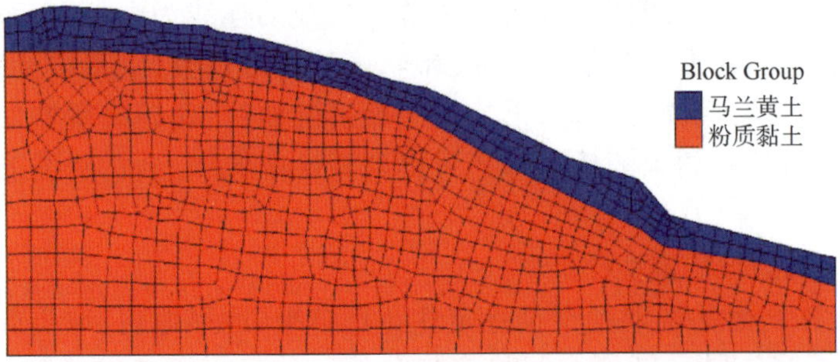

图 6-16　山西中南部铁路通道 DK39 +381 天然工况计算模型(自然边坡)

2)计算参数的选取

黄土的抗剪强度的测试结果较离散,且黄土的抗剪强度受含水率的影响较大,含水率较低时,土的强度较大,含水率增大,土的强度迅速降低,而边坡土体的含水率受外环境条件影响也不是一成不变的。因此,如何确定计算参数是一个公认的难题。本研究考虑工程长期使用以及各种不利条件,计算参数结合土工试验、设计方提供的资料、地区经验及试算确定,参数选择见表6-5。

表6-5　数值计算所用参数表

线　　路	里　　程	剖面位置	土层名称	重度(kN/m³)	黏聚力(kPa)	内摩擦角(°)	弹性模量(MPa)	泊松比
大西客运专线	DK221 +570	DK221 +570 自然边坡	新黄土	16.6	35.3	24.0	50	0.35
			老黄土	17.8	44.2	30.5	58	0.35
			砂岩	26	1 600	40	3 000	0.28
山西中南部铁路通道	DK39 +311 ~ +465	DK39 +381 边坡	新黄土	15.1	25.6	24.4	50.6	0.35
			红黏土	19.4	33.1	22.9	69.6	0.38

3)边坡稳定性数值计算结果

①大西客运专线 DK221 +570(南山隧道进口)

对模型进行求解,得自然工况下安全系数为1.22,结果表明边坡在自然工况下处于基本稳定状态,不能满足工程安全要求。

由图6-17可以看出,自然工况下最大剪应变迹线(即潜在滑带)呈近似的圆弧形,弧的下凹面朝着临空方向;剪应变速率最大区域位于坡脚 Q_3 新黄土中,说明这层新黄土是相对的软弱土层。边坡内部的应力分布如图6-18、图6-19所示,边坡内部 x、z 方向应力均随深度的增大而增加,最大主应力等值线表现为愈靠近临空面,愈接近平行于临空面;最小主应力等值线与水平方向应力图均表现出在坡脚处集中的特性。

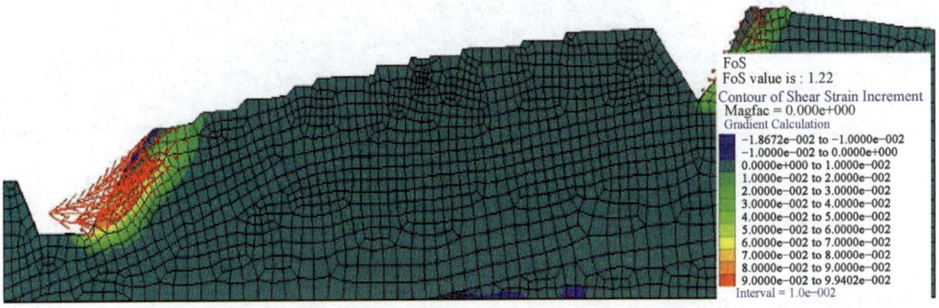

图6-17　DK221 +570 天然工况计算结果(自然边坡)

②山西中南部铁路通道 DK39 +381 边坡

a. 自然边坡

对模型进行求解,得天然工况下安全系数为1.31,结果表明边坡在天然工况下处于稳定状态,能满足安全要求。

由图6-20可以看出,天然工况下最大剪应变迹线(即潜在滑带)呈近似的圆弧形,弧的

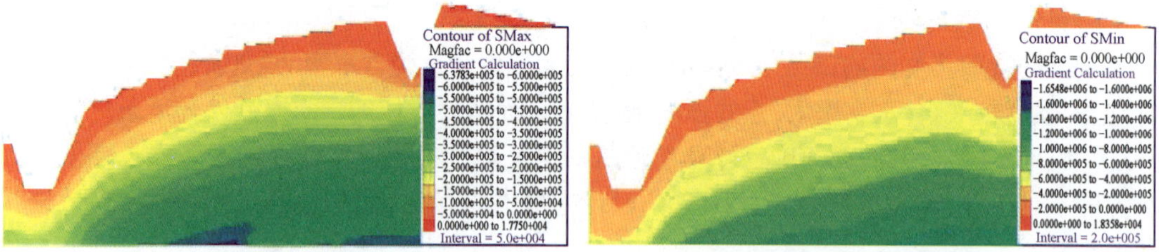

(a) 最大主应力图　　　　(b) 最小主应力图

图 6-18　DK221 +570 最大、最小主应力等值线图(自然边坡)

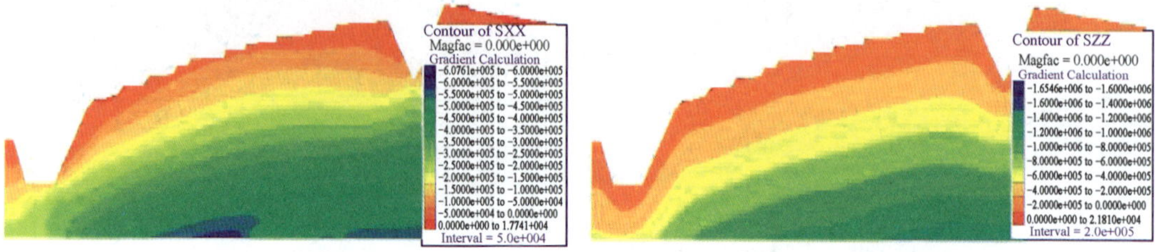

(a) x方向应力等值线图　　　　(b) z方向应力等值线图

图 6-19　DK221 +570 x、z 方向应力等值线图

下凹面朝着临空方向;剪应变速率最大区域位于 Q_2 老黄土中,说明这层老黄土是相对的软弱土层。边坡内部的应力分布如图 6-21、图 6-22 所示,边坡内部 x、z 方向应力均随深度的增大而增加,最大主应力等值线表现为愈靠近临空面,愈接近平行临空面;最小主应力等值线与 x 方向应力图均表现出朝坡脚处发展的趋势,但趋势不明显。

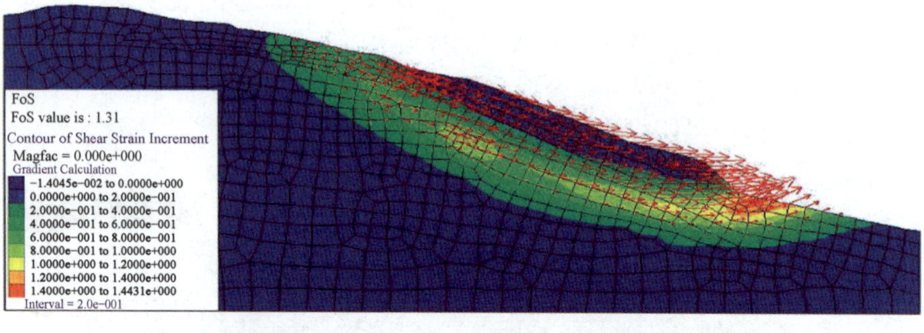

图 6-20　DK39 +381 边坡天然工况计算结果(自然边坡)

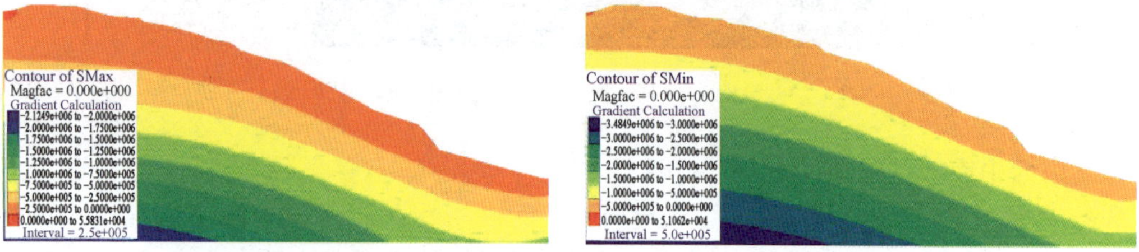

(a) 最大主应力图　　　　(b) 最小主应力图

图 6-21　DK39 +381 边坡最大、最小主应力等值线图(自然边坡)

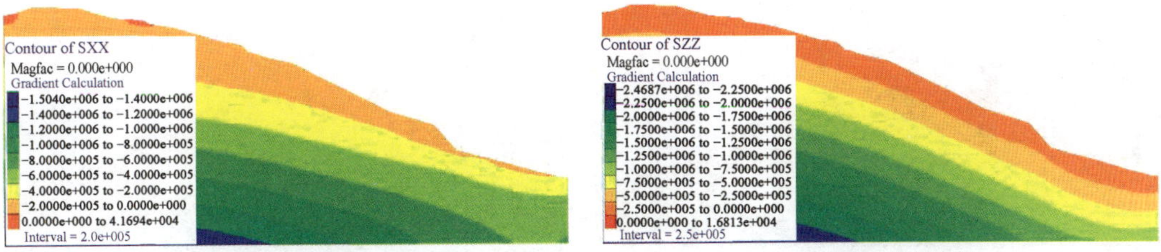

(a) x方向应力等值线图　　(b) z方向应力等值线图

图 6-22　DK39 +381 边坡 x、z 方向应力等值线图

b. 不同坡比下稳定性比较分析

对不同坡比下模型进行求解，得天然工况下安全系数分别为：1.13（坡比 1∶0.75）、1.24（坡比 1∶1.0）、1.46（坡比 1∶1.25）。结果表明开挖后边坡在天然工况下，坡比为 1∶0.75 与 1∶1.0 时处于基本稳定状态；坡比为 1∶1.25 时，处于稳定状态。

由图 6-23、图 6-26、图 6-29 可以看出，天然工况下最大剪应变迹线（即潜在滑带）呈近似的圆弧形，弧的下凹面朝着临空方向；随着坡比的增大，弧的范围逐渐增大，但最大剪应变增量值不断减小；剪应变速率最大区域位于 N_2 红黏土中，说明这层红黏土是相对的软弱土层。当坡比为 1∶1.25 时，道路上部边坡的剪应变小于下部边坡，故最大剪应变迹线位于下部边坡。边坡内部的应力分布如图 6-24、图 6-25、图 6-27、图 6-28、图 6-30、图 6-31 所示。边坡内部 x、z 方向应力均随深度的增大而增加，最大主应力等值线表现为愈靠近临空面，愈接近平行临空面；最小主应力等值线与 x 方向应力图均表现出朝平台坡脚处集中的趋势。

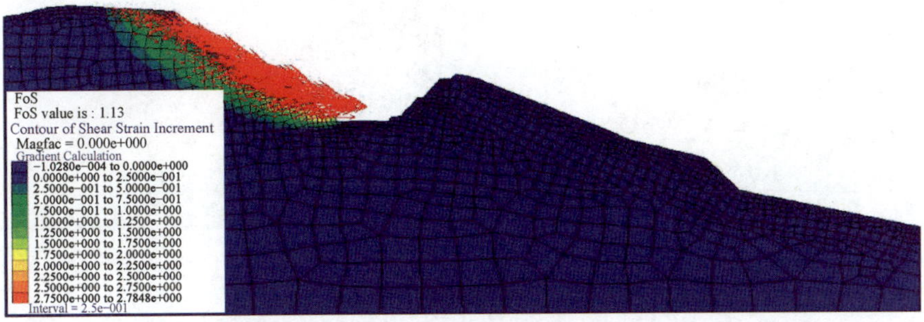

图 6-23　DK39 +381 天然工况计算结果（坡比 1∶0.75）

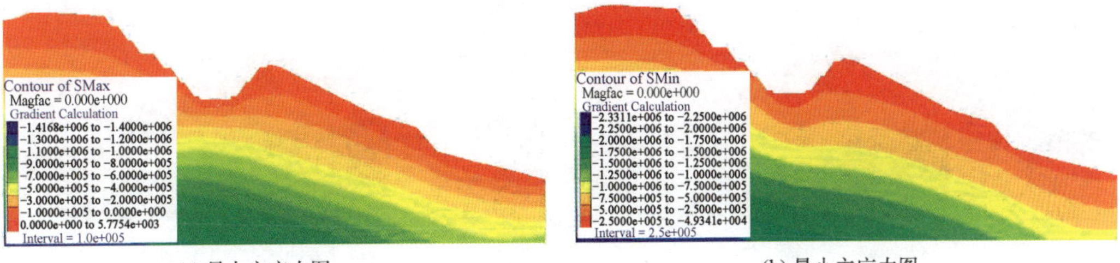

(a) 最大主应力图　　(b) 最小主应力图

图 6-24　DK39 +381 最大、最小主应力等值线图（坡比 1∶0.75）

(a) x方向应力等值线图

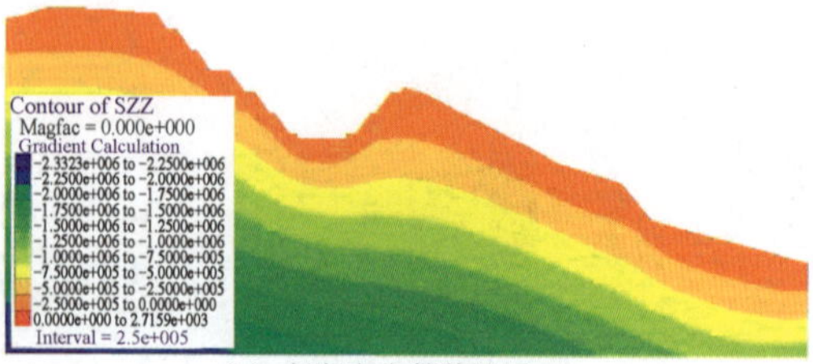

(b) z方向应力等值线图

图 6-25　DK39 +381 x、z 方向应力等值线图(坡比 1∶0.75)

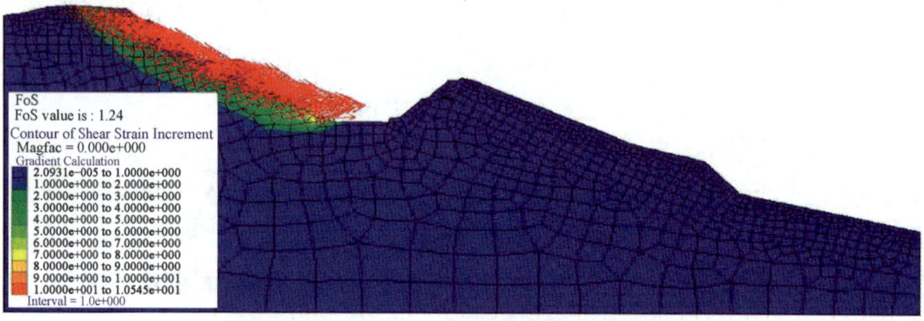

图 6-26　DK39 +381 天然工况计算结果(坡比 1∶1.0)

(a) 最大主应力图

(b) 最小主应力图

图 6-27　DK39 +381 最大、最小主应力等值线图(坡比 1∶1.0)

(a) x方向应力等值线图

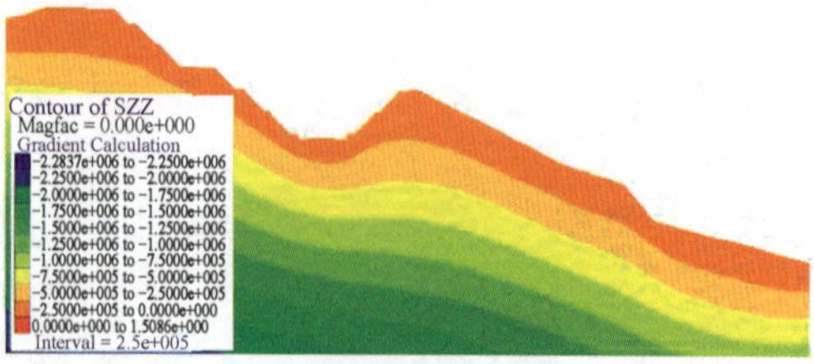

(b) z方向应力等值线图

图 6-28　DK39 +381 x、z 方向应力等值线图(坡比 1∶1.0)

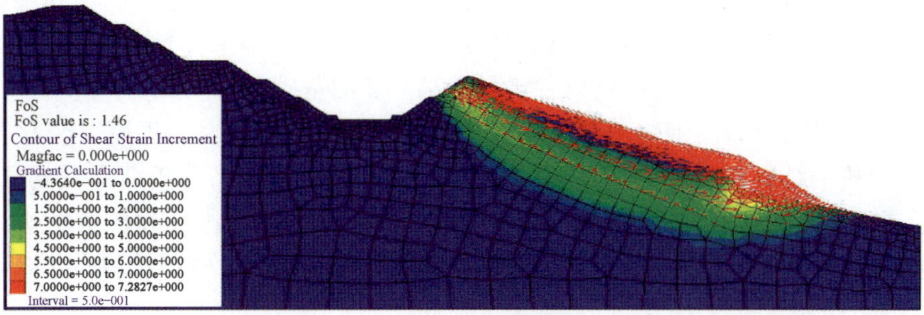

图 6-29　DK39 +381 天然工况计算结果(坡比 1∶1.25)

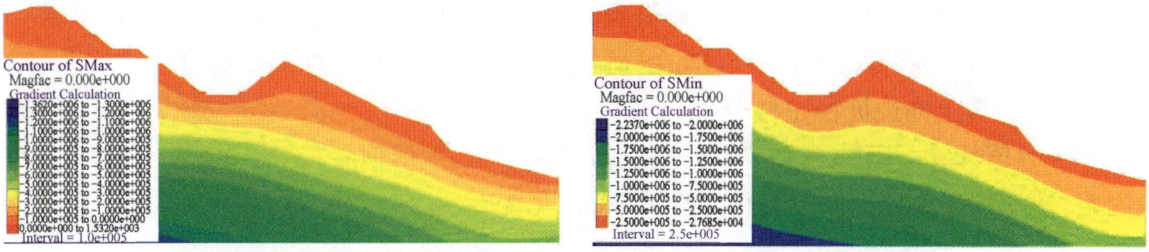

(a) 最大主应力图　　(b) 最小主应力图

图 6-30　DK39 +381 最大、最小主应力等值线图(坡比 1∶1.25)

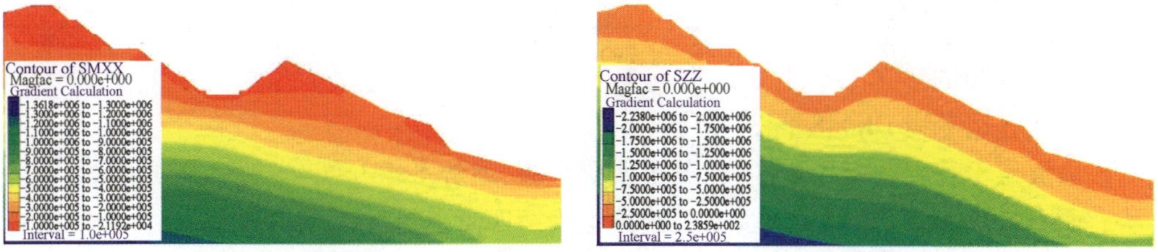

(a) *x*方向应力等值线图　　(b) *z*方向应力等值线图

图 6-31　DK39 +381.21 *x*、*z* 方向应力等值线图(坡比 1∶1.25)

综合分析以上数值计算结果可以看出,在自然工况下,原始边坡 *DK*221 +570 的安全系数小于 1.30,处于基本稳定状态;*DK*39 +381 的安全系数大于 1.30,处于稳定状态。不同坡比(1∶0.75、1∶1.0、1∶1.25)情况下, *DK*39 +381 的安全系数在坡比为 1∶1.25 时大于 1.30,当坡比为 1∶1.0 和1∶0.75 时均小于 1.30,处于基本稳定状态。

2. 地震作用下边坡稳定性数值分析

(1)原理与方法

地震作用是触发边坡失稳的重要原因之一,国内外工程界和学术界研究地震边坡稳定性的方法归纳起来主要有以下几种:拟静力法、滑块分析法、试验法、地震边坡的概率分析方法、数值方法。对边坡地震稳定性分析常采用的数值方法有:有限元法、离散元法和快速拉格朗日法。本研究采用 *FLAC 3D* 对沿线计算剖面进行动力数值分析。

动力数值分析过程一般分为以下两个步骤，一定地质条件下的静力计算和施加荷载后的动力反应分析。在第一步中，确定模型范围、初始条件、材料类型、本构模型以及模型的填筑等，即为静力平衡条件下的计算；第二步是在第一步的基础上，施加动荷载。

在动力问题中，模型周围边界条件的选取是一个主要内容，因为边界上会存在波的反射，对动力分析的结果产生影响。把分析模型的范围设置得越大，分析结果就越好，但较大的模型会导致巨大的计算负担。*FLAC 3D* 中提供了静态（黏性）边界和自由场边界两种边界条件来减少模型边界上的波的反射。*FLAC 3D* 中本研究采用静态边界（也称为黏性边界、吸收边界）条件来吸收边界上的入射波。

对于动力问题中的阻尼，需要在数值模拟中重现自然系统在动载荷作用下的阻尼大小。*FLAC 3D* 动力计算提供了多种阻尼形式供用户选择，分别是瑞利阻尼、局部阻尼和滞后阻尼。在这些阻尼形式中，瑞利阻尼计算得到的加速度响应规律比较符合实际，因此最易为大家所接受。根据软件操作数目及经验，本研究采用滞后阻尼与局部阻尼联合。

（2）典型黄土高边坡稳定性分析

本次数值计算剖面的选取是根据稳定性计算结果、地形地貌、地质条件与工点施工方案等因素，选择部分典型剖面进行稳定性分析，详见表 6-6。

表 6-6 动力数值计算选用剖面统计表

线　　路	剖面位置	模型分类	模拟类型	模拟工况
大西客运专线	DK448 +481	二维	自然边坡	地震工况
山西中南部铁路通道	DK29 +860	二维	自然边坡	地震工况

1）计算模型的建立

①大西客运专线 DK448 +481 边坡

该边坡位于黄土低山丘陵区，为黄土残塬地貌，地势平坦开阔，自然山体坡高 85 m。边坡从上而下依次出露新黄土、老黄土。新黄土为第四系上更新统风积黄土，老黄土为中更新统的洪积老黄土。地质剖面如图 6-32 所示。

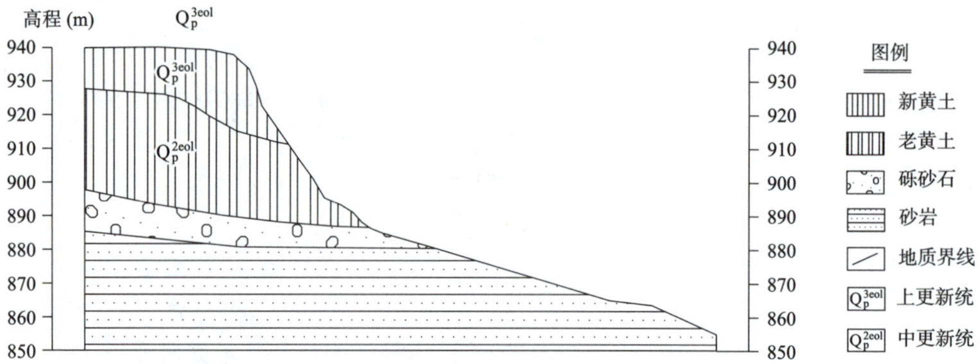

图 6-32 DK448 +481 边坡工程地质剖面图

为了研究地震作用下边坡稳定性，本研究采用 FLAC 3D 建立动力计算模型（如图 6-33 所示，动力模型与静力模型相同），模型长 195 m，高 90 m，模型共 2 289 个节点，718 个单元，四周边界采用水平约束,底部选择全固定约束。断面计算所用材料参数结合土工试验、设计方提供的资料、地区经验及试算确定,参数选择见表6-7。

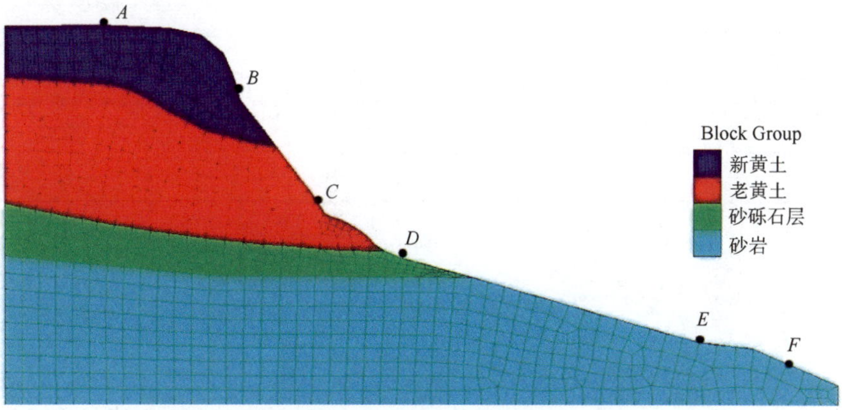

图6-33 DK448+481 地震工况计算模型(自然边坡)

表6-7 非线性动力计算所用参数表

线　路	里　程	剖面位置	土层名称	重度 (kN/m^3)	黏聚力 (kPa)	内摩擦角 (°)	弹性模量 (MPa)	泊松比
大西客运专线	DK448+481	DK448+481 自然边坡	新黄土	16.8	38.4	25.7	54.2	0.35
			老黄土	18.5	46.4	30	61.2	0.35
			砂砾石	22.4	2.8	43.7	700	0.3
			砂岩	26	1 600	40	3 000	0.28
山西中南部铁路通道	DK29+857~880	DK29+860 边坡	新黄土	15.1	24.8	24.3	50.6	0.35
			红黏土	19.5	34.7	22.6	67.4	0.38

地震作用下边坡稳定性一般采用两种方法进行分析,第一种是拟静力方法。据《建筑抗震设计规范》(GB 50011—2010)附录A,霍州、忻州、阳曲抗震设防烈度为8度,设计基本地震加速度值为0.2g,设计地震分组为第一组;闻喜抗震设防烈度为7度,设计基本地震加速度值为0.15g,设计地震分组为第二组。稳定性计算时从不考虑地震力的影响和考虑地震力影响两个方面考虑;考虑地震力影响时,霍州、忻州、阳曲的水平地震系数 $K_H=0.2$;闻喜的水平地震系数 $K_H=0.15$。第二种是采用非线性动力数值分析方法。获取地震波主要有三种方式:直接记录地震波、类似场地条件的实测地震记录修正、以一定原则生成人工地震波,即以场地基岩加速度峰值和基岩水平加速度反应谱作为目标谱,进行场地设计加速度时程的合成。由于本线路地震安评中未提供地震加速度时程曲线,所以本研究采用山西吕梁市人工合成地震波,结合安评成果,修正后输入模型进行计算。通常人工合成地震波不能直接输入,在施加之前有必要进行滤波和基线校正。经修正后的人工合成地震波如图6-34~图6-42所示。通常采用非线性动力数值分析方法研究边坡地震稳定性问题,是根据边坡上一些特征点的加速度、速度、位移等定性分析,边坡遭遇地震后的稳定性状况。因此,在边坡上设置6个监测点(图4-33),以模型左下角为坐标原点,A点坐标为(23,90.2),B点坐标

为(54.1,75.7),C 点坐标为(72.9,48.3),D 点坐标为(92.6,34.9),E 点坐标为(168.6,14.2),F 点坐标为(185,9.2)。

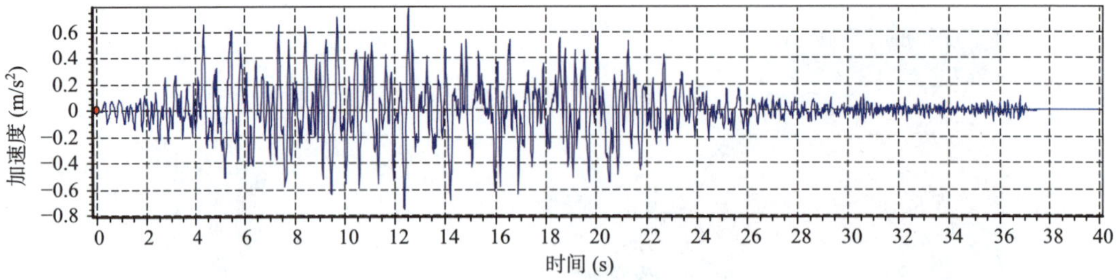

图 6-34　*X* 方向地震波加速度时程

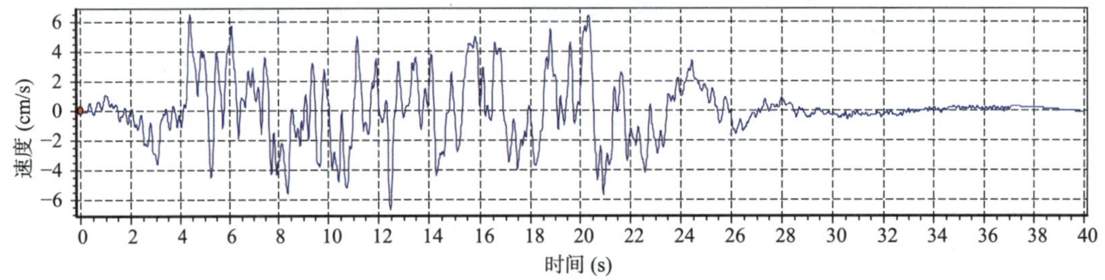

图 6-35　*X* 方向地震波速度时程

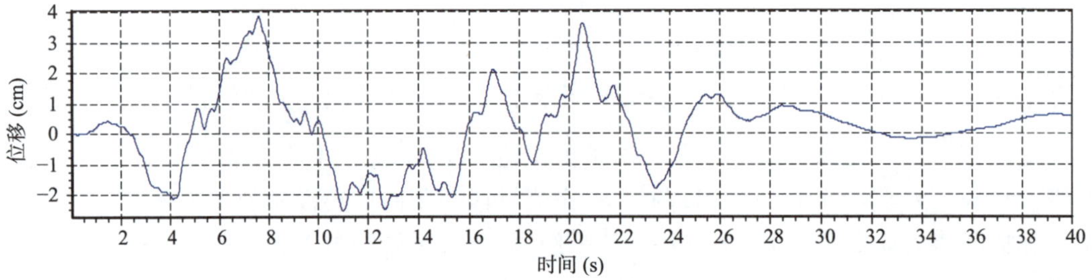

图 6-36　*X* 方向地震波位移时程

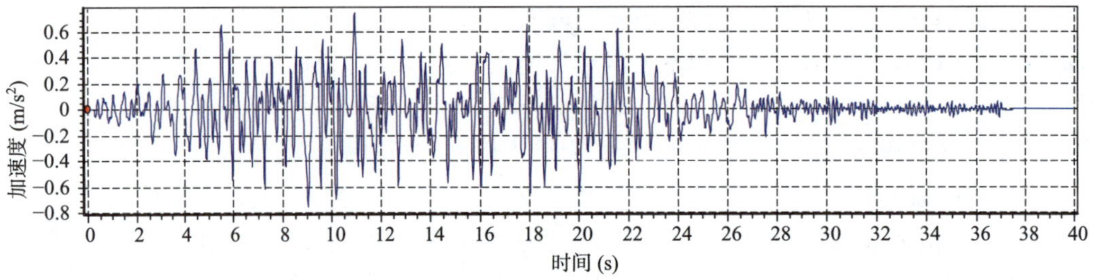

图 6-37　*Y* 方向地震波加速度时程

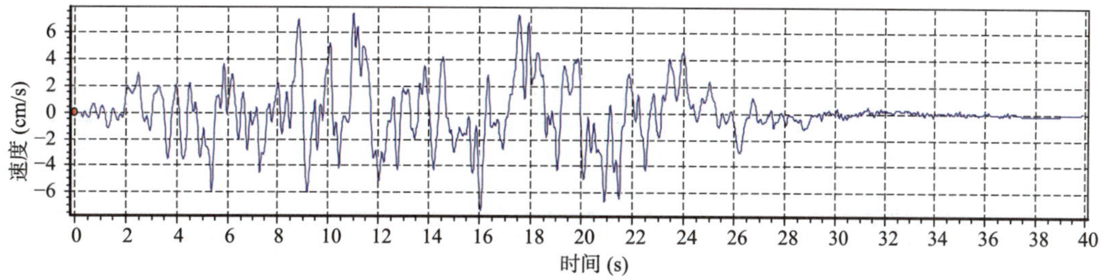

图 6-38　*Y* 方向地震波速度时程

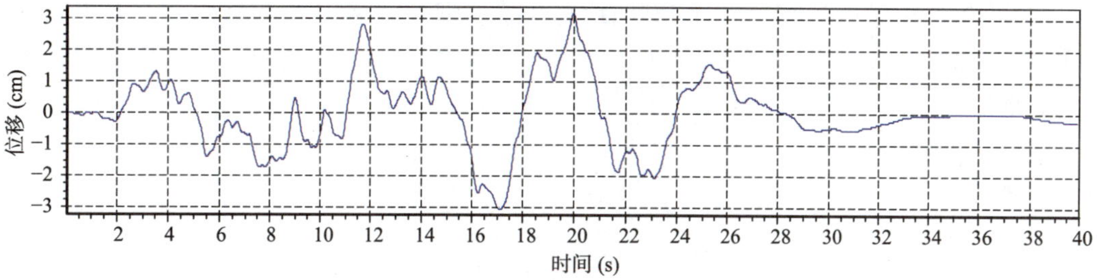

图 6-39　*Y* 方向地震波位移时程

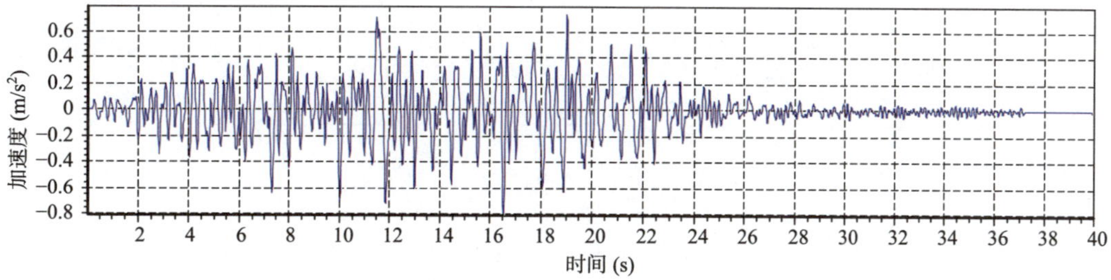

图 6-40　*Z* 方向地震波加速度时程

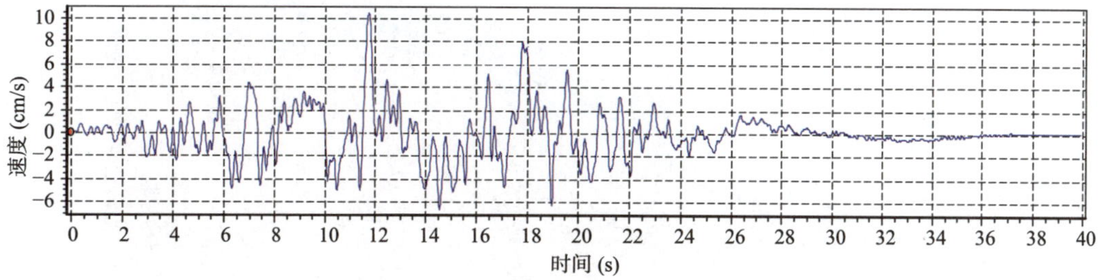

图 6-41　*Z* 方向地震波速度时程

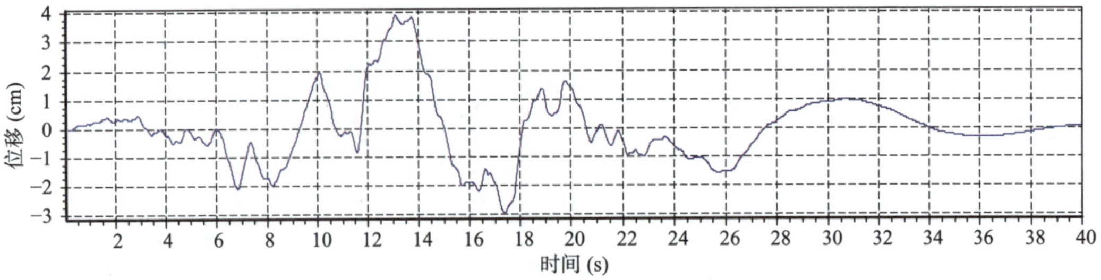

图 6-42　Z 方向地震波位移时程

②山西中南部铁路通道 DK29 +860 边坡

坡高 50. 5 m,坡度约 45°,坡向 184°,线路开挖坡脚,近垂直于坡向延伸。边坡从上而下依次出露新黄土、粉质黏土。新黄土为第四系上更新统风积黄土,粉质黏土为第三系上新统黏土。地质剖面如图 6-43 所示。

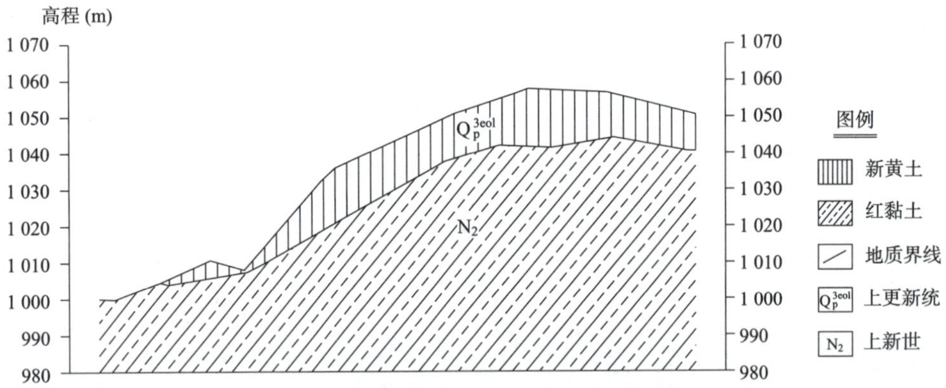

图 6-43　DK29 +860 工程地质剖面图

根据边坡的实际情况,结合设计资料,建立二维动力分析模型(图 6-44),模型长 200 m,高 78 m,模型共 1 465 个节点,460 个单元,四周边界采用水平约束,底部选择全固定约束。断面计算所用材料参数及地震动时程曲线见表 6-7 及图 6-34 ~ 图 6-42。

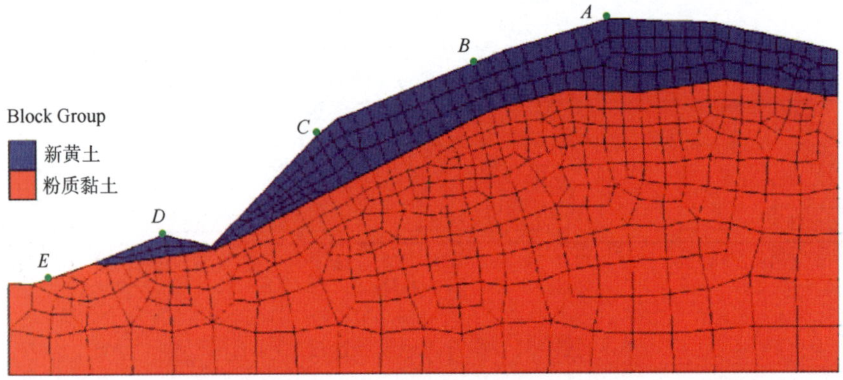

图 6-44　山西中南部铁路通道 DK29 +860 天然工况计算模型(自然边坡)

2）计算参数的选取

黄土的抗剪强度的测试结果较离散，且黄土的抗剪强度受含水率的影响较大，含水率较低时，土的强度较大，含水率增大，土的强度迅速降低，而边坡土体的含水率受外环境条件影响也不是一成不变的。因此，如何确定计算参数是一个公认的难题。本研究考虑工程长期使用以及各种不利条件，计算参数结合土工试验、设计方提供的资料、地区经验及试算确定，参数选择见表 6-7。

3）非线性动力分析结果

①大西客运专线 DK448 +481 边坡

将调整好的地震记录（图 6-45 ~ 图 6-47）输入计算模型，设定其持续时间为 30 s，对边坡进行地震动力反应分析。

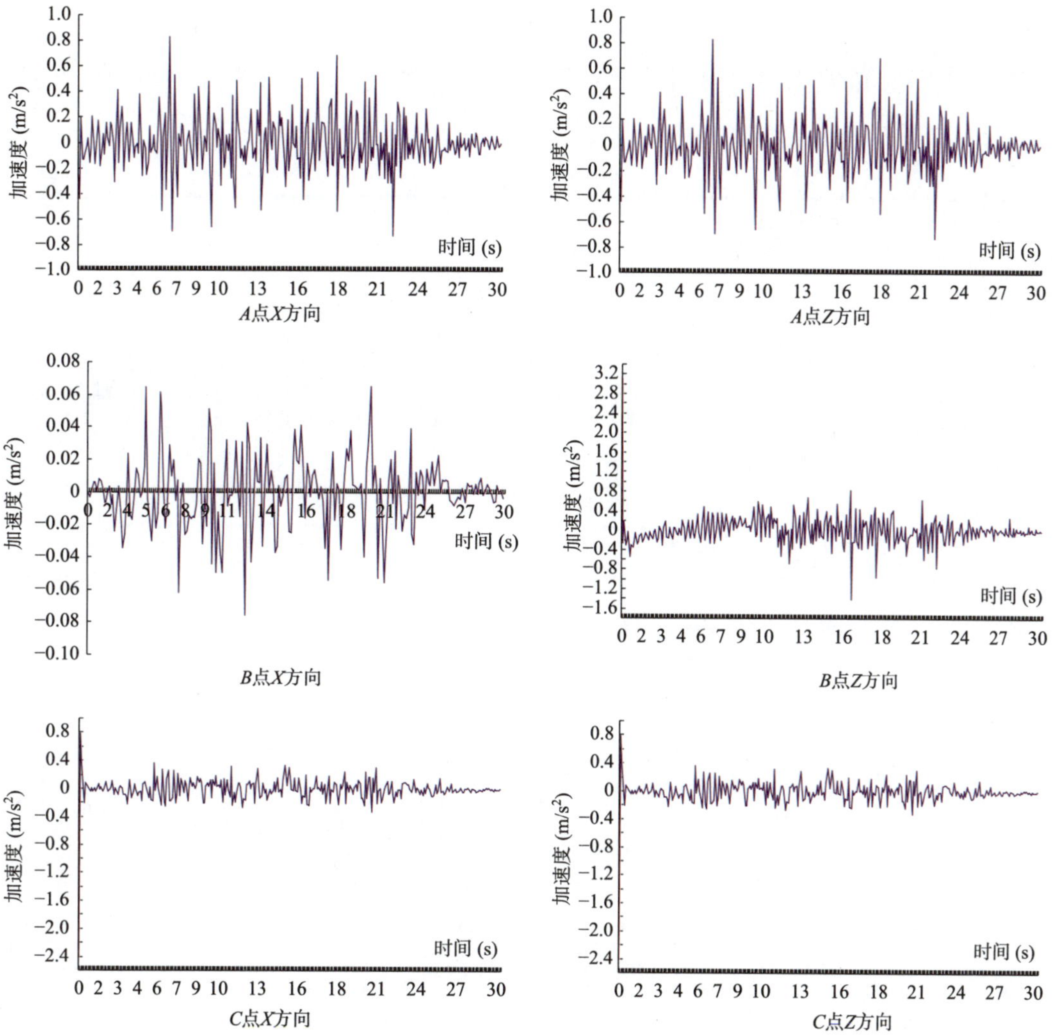

图 6-45

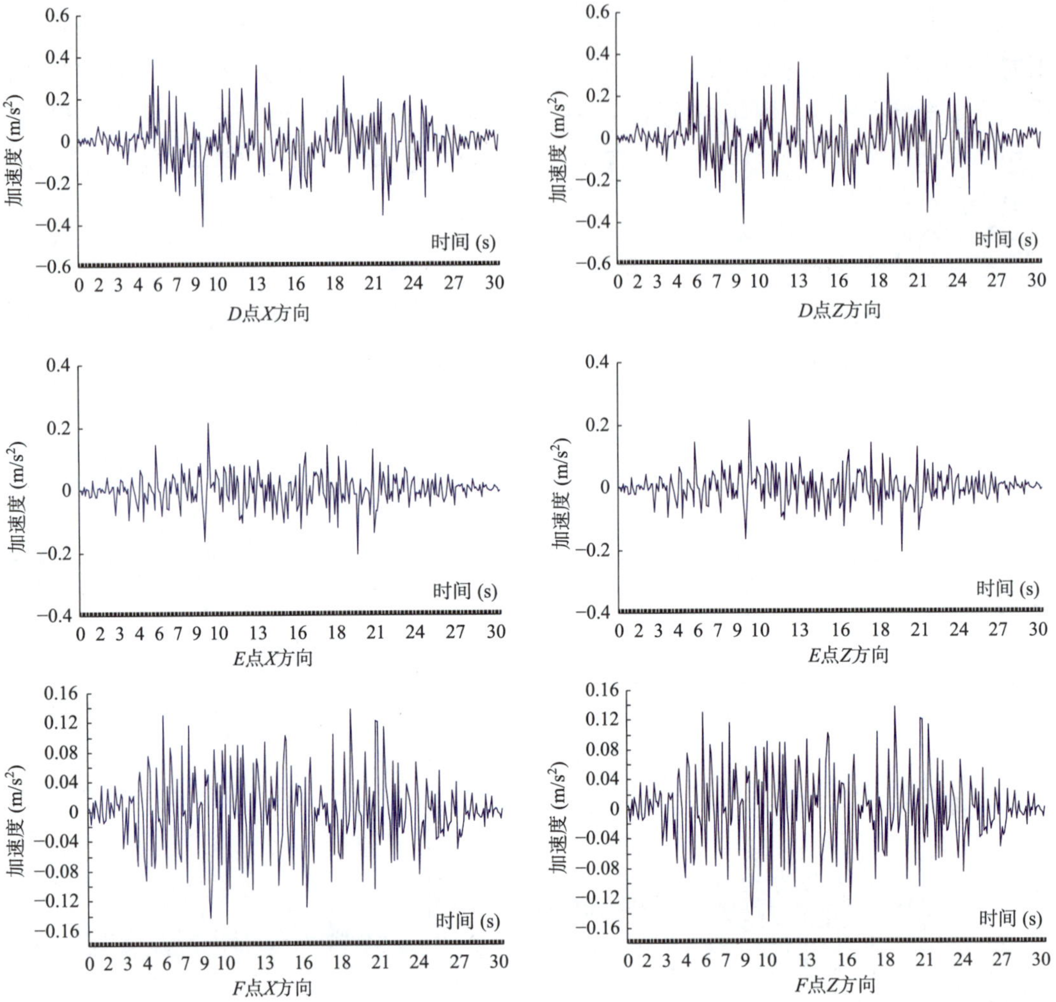

图 6-45　大西客运专线 DK448 +481 各监测点 X、Z 方向加速度时程曲线

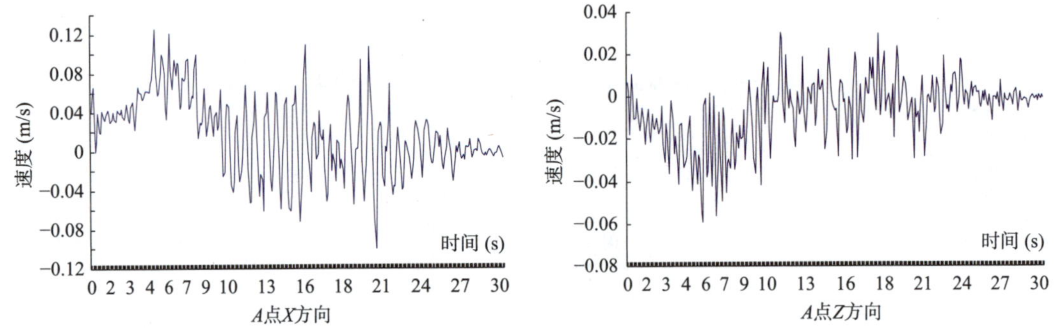

图　6-46

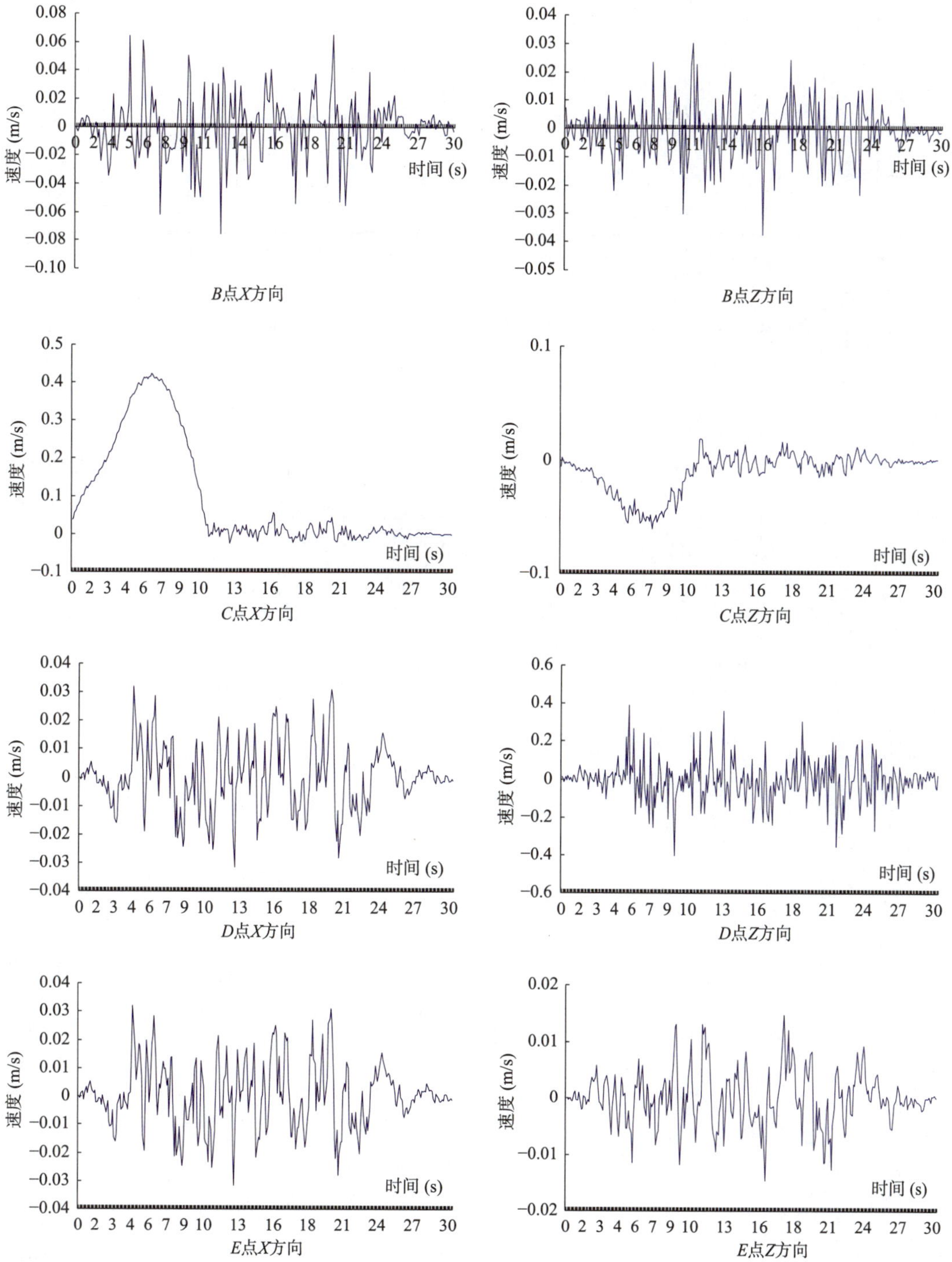

图 6-46

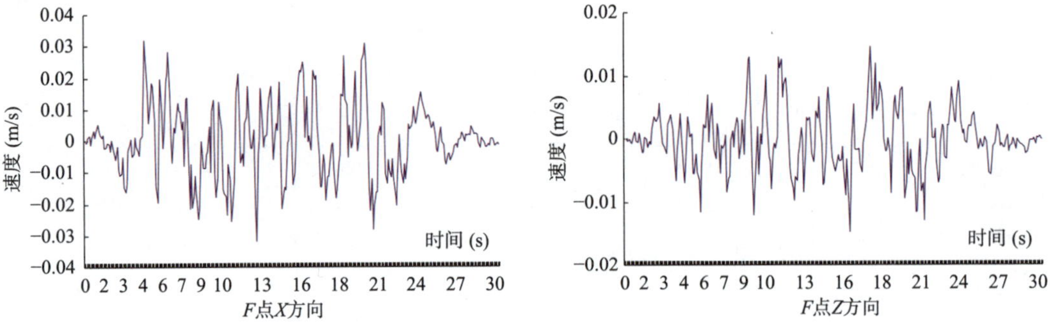

图 6-46　大西客运专线 DK448 + 481 边坡各监测点 X、Z 方向速度时程曲线

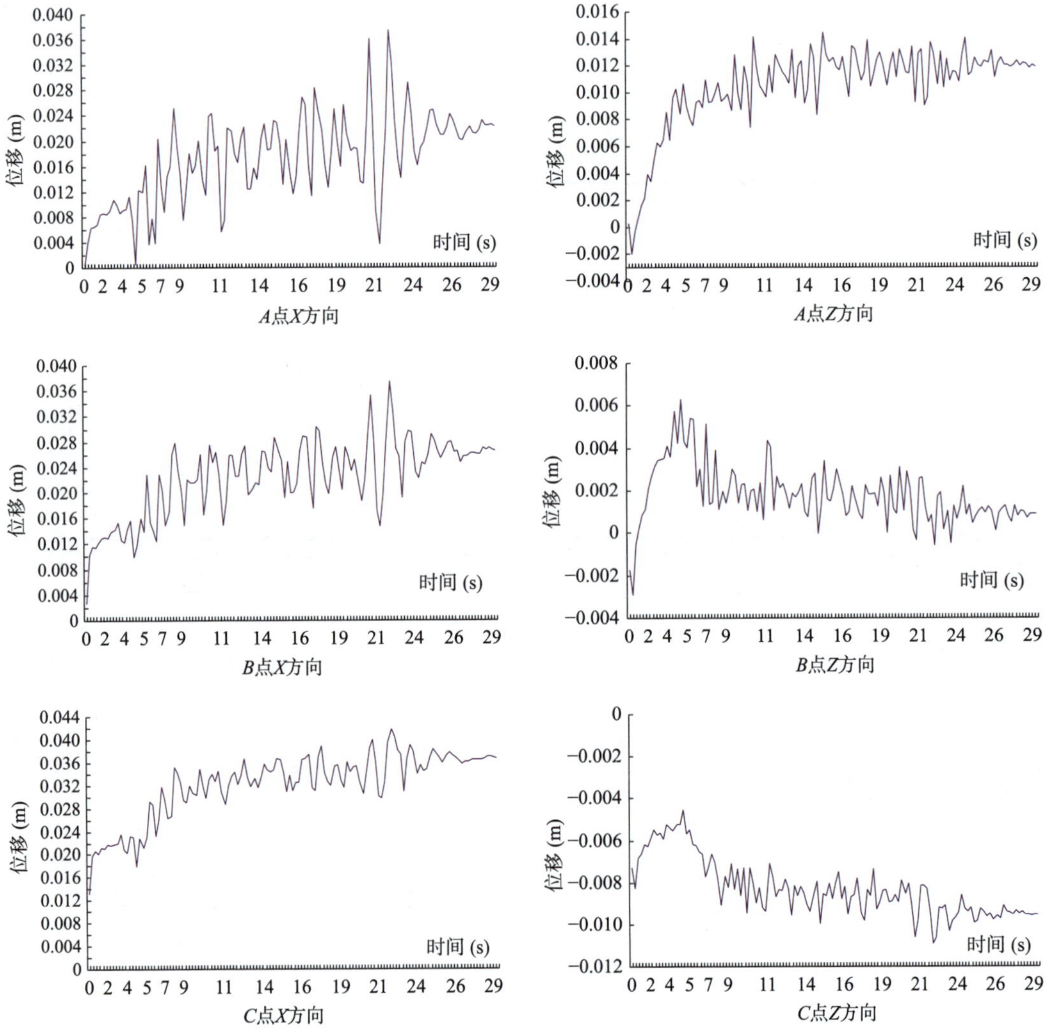

图　6-47

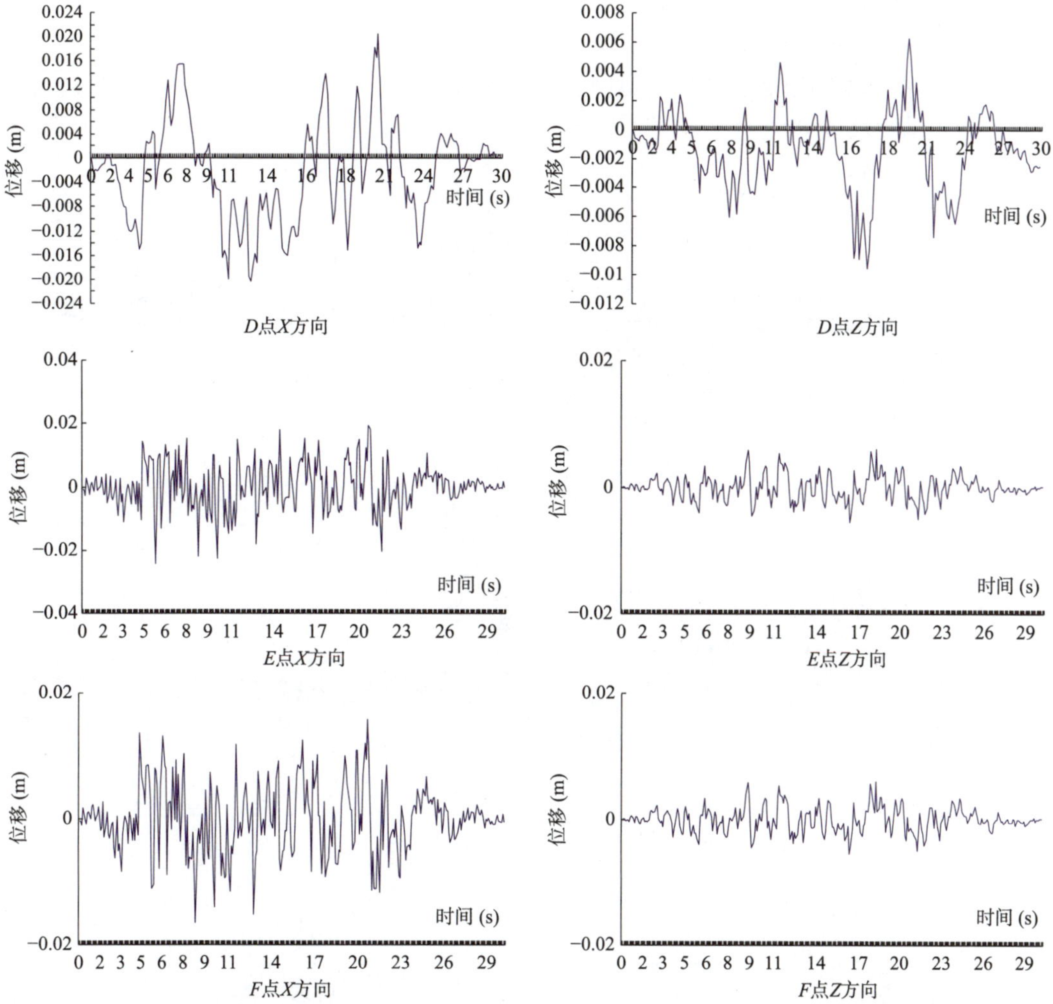

图 6-47 大西客运专线 DK448 + 481 边坡各监测点 X、Z 方向位移时程曲线

由 *A*、*B*、*C*、*D*、*E*、*F* 监测点对应的 *X*、*Z* 方向位移时程曲线、加速度时程曲线、速度时程曲线可以看出：在地震作用下，地形效应对地面加速度有明显影响，边坡对加速度有放大效应，不同测点对地震的响应随边坡高度的变化而变化。从速度曲线可以看出，在震动初期，*A* 点速度出现负向极值，说明土体变形主要集中在前几次震动中；*B*、*C*、*D*、*E*、*F* 点出现速度峰值的时间稍微滞后。从位移曲线可以看出，水平向位移和竖直向位移随地震波变动而变化，在时间上的变化表现为周期性与交变性（地震动力作用下斜坡的失稳破坏，就是在这样的交变应力场作用下，位移发生交变性的阶跃，从而导致累进性突破所致）。坡面监测点 *A* 水平位移在地震荷载加速度峰值附近累计到最大值达 3. 8 cm，竖向位移达到 1. 4 cm，在 30 s 时，水平位移为 2. 3 cm，竖直位移为 1. 21 cm；*B* ~ *F* 点水平位移最大值分别为：3. 8 cm、4. 2 cm、2. 1 cm、2. 0 cm、1. 7 cm，竖直位移分别为：0. 61 cm、1. 10 cm、0. 95 cm、0. 55 cm、0. 60 cm。水平方向位移远大于垂直方向，说明地震过程中起主要作用的是横波；各点位移时程曲线见突

变性阶跃，因此可以判断边坡稳定性已被破坏。

②山西中南部铁路通道 DK29 + 860 边坡

将调整好的地震记录(图 6-48 ~ 图 6-50)输入计算模型，设定其持续时间为 30 s，对边坡进行地震动力反应分析。

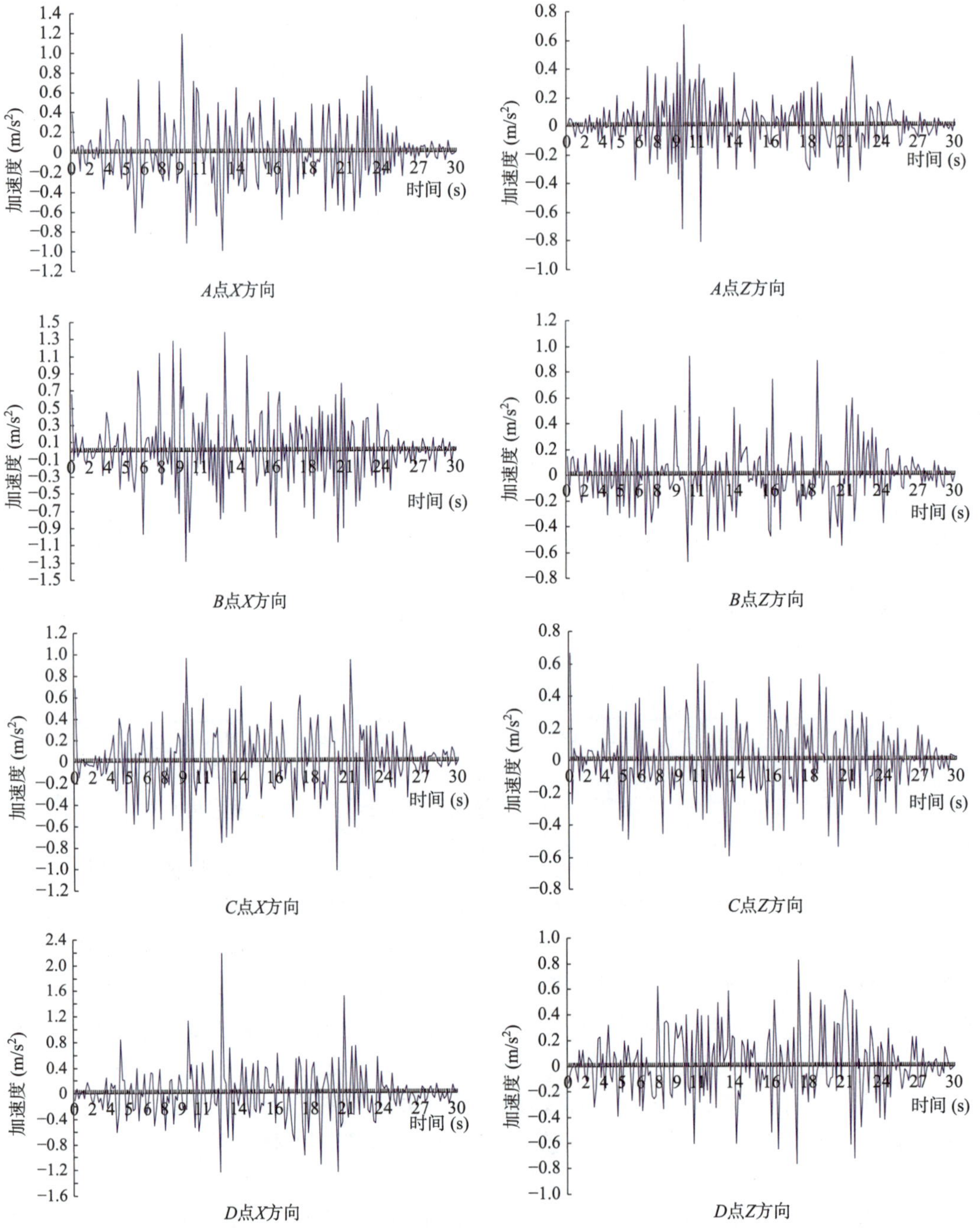

图 6-48

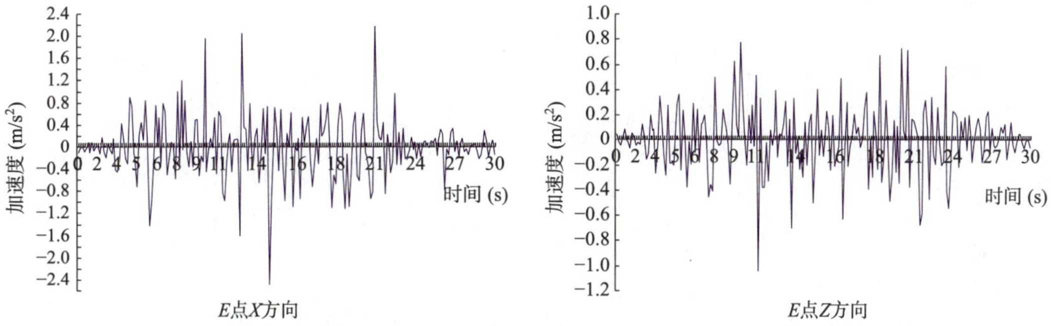

图 6-48 山西中南部铁路通道 DK29 +860 边坡各监测点 *X*、*Z* 方向加速度时程曲线

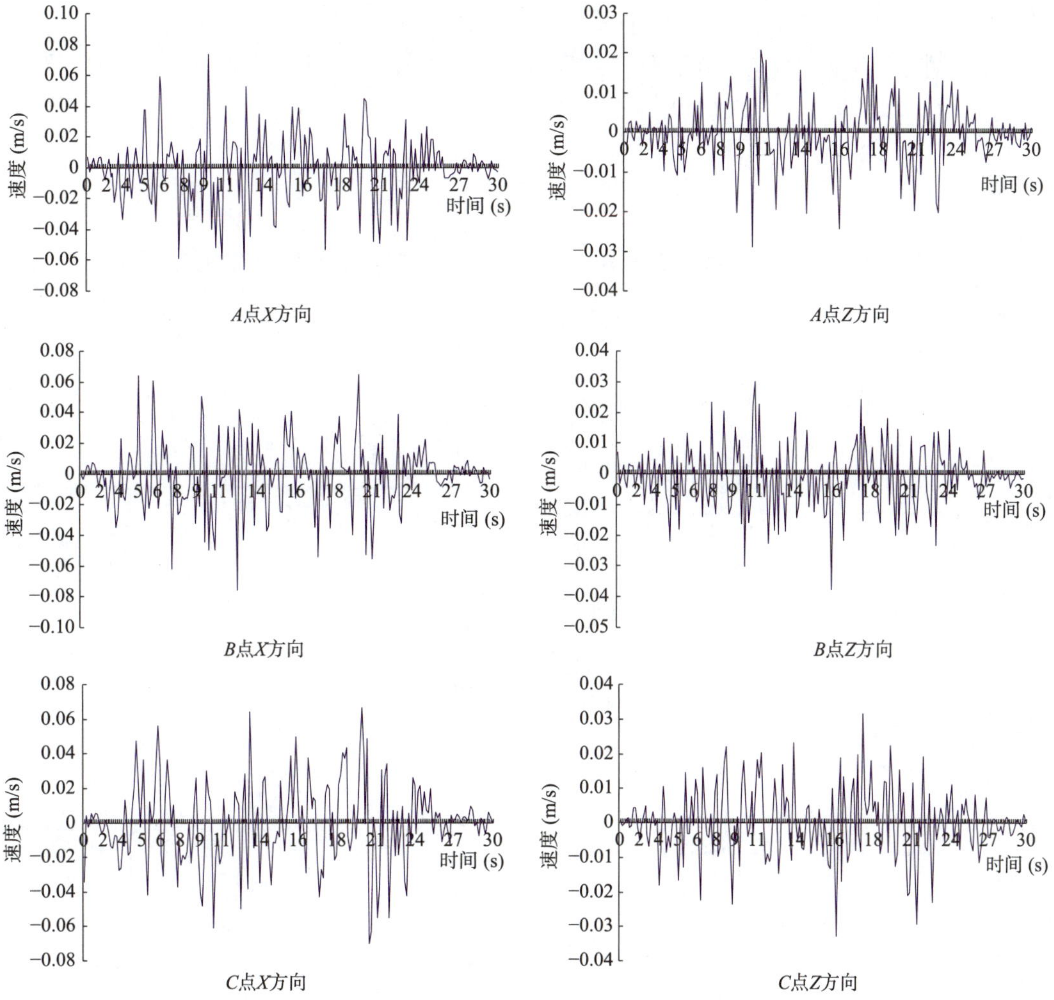

图 6-49

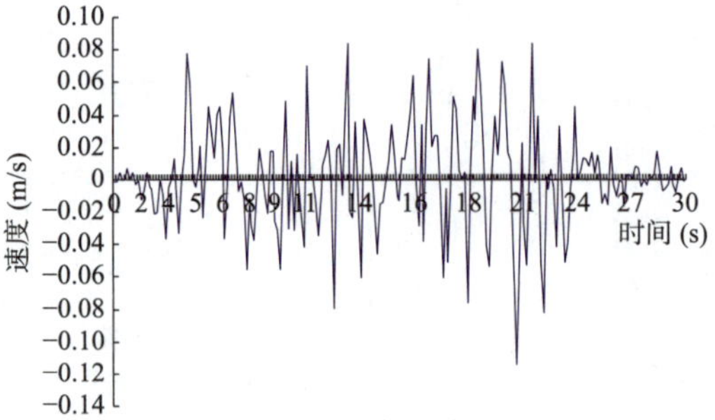

*D*点*X*方向

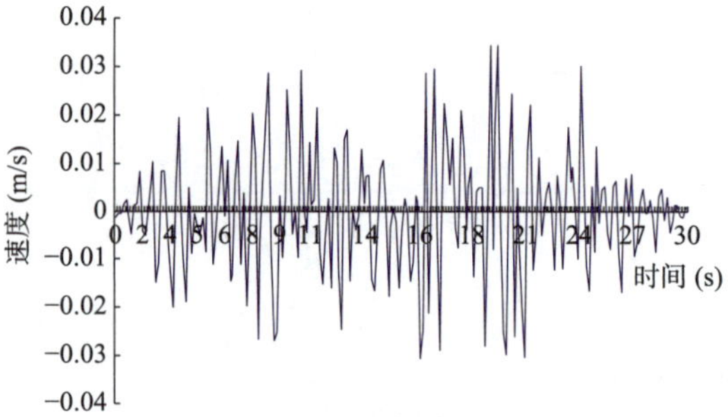

*D*点*Z*方向

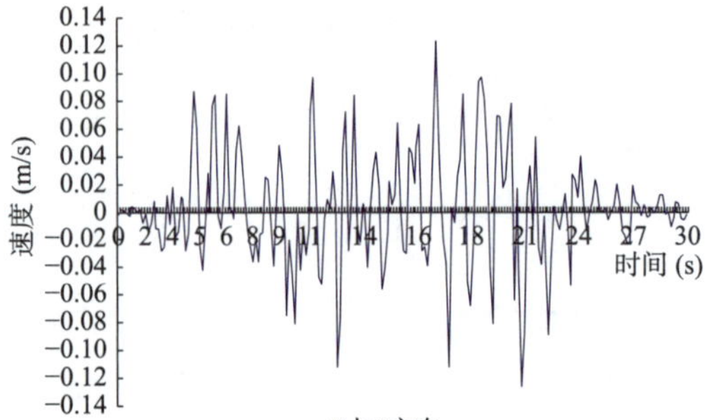

*E*点*X*方向

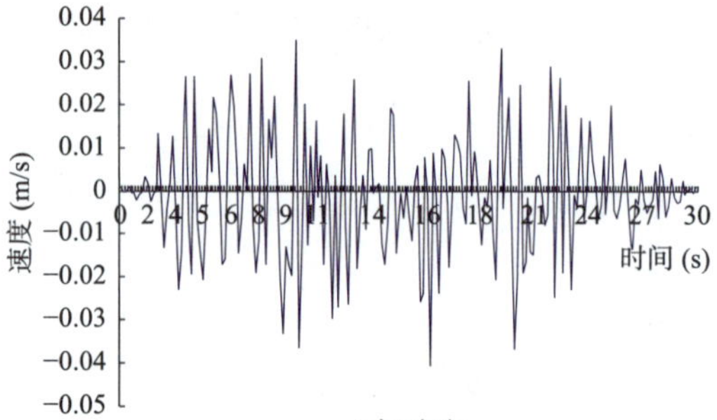

*E*点*Z*方向

图 6-49　山西中南部铁路通道 DK29 +860 边坡各监测点 *X*、*Z* 方向速度时程曲线

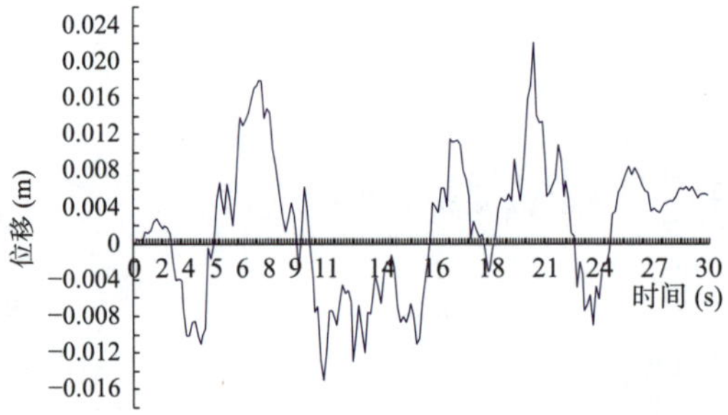

*A*点*X*方向

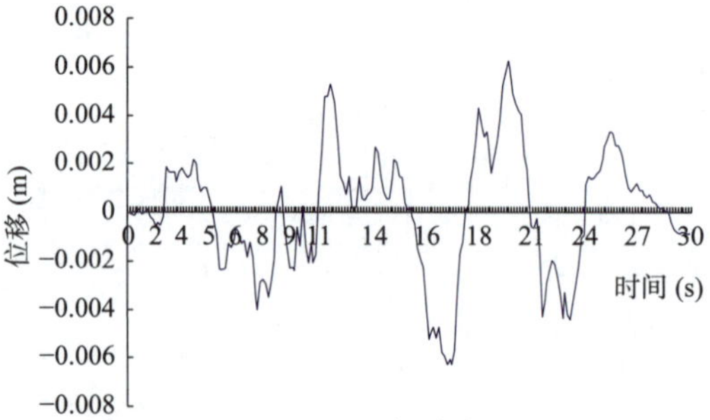

*A*点*Z*方向

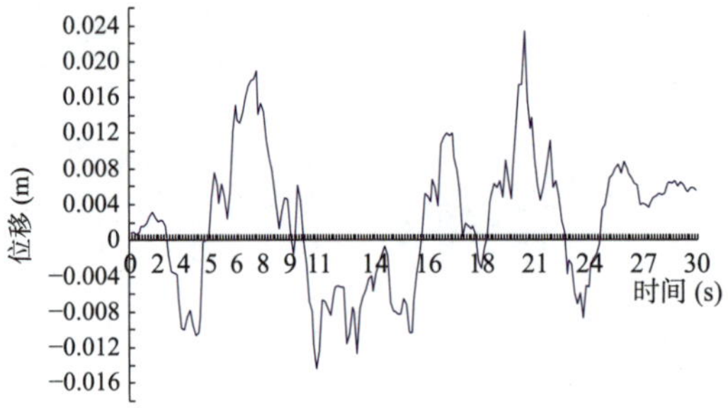

*B*点*X*方向

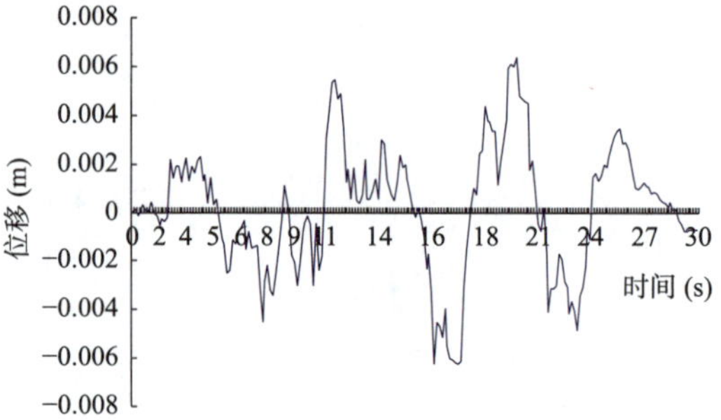

*B*点*Z*方向

图　6-50

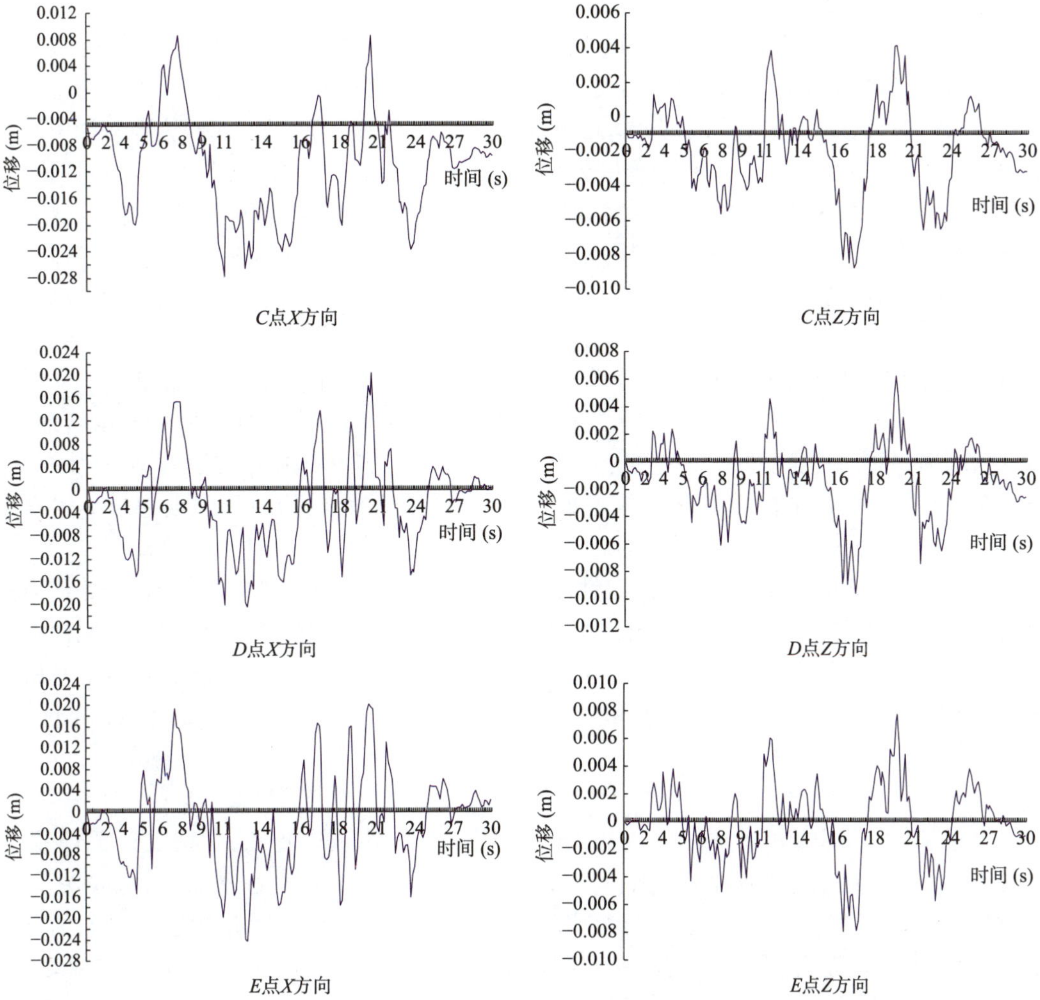

图 6-50　山西中南部铁路通道 DK29 +860 边坡各监测点 X、Z 方向位移时程曲线

由 A、B、C、D、E 监测点对应的 X、Z 方向位移时程曲线、加速度时程曲线、速度时程曲线可以看出：在地震作用下，地形效应对地面加速度有明显影响，边坡对加速度有放大效应，不同测点对地震的响应随边坡高度的变化而变化。从速度曲线可以看出，在震动初期，A 点速度出现负向极值，说明土体变形主要集中在前几次震动中；B、C、D、E 点出现速度峰值的时间稍微滞后。从位移曲线可以看出，水平向位移和竖直向位移随地震波变动而变化，在时间上的变化表现为周期性与交变性（地震动力作用下斜坡的失稳破坏，就是在这样的交变应力场作用下，位移发生交变性的阶跃，从而导致累进性突破所致）。坡面监测点 A 水平位移在地震荷载加速度峰值附近累计到最大值达 2. 2 cm，竖向位移达到 0. 6 cm，在 30 s 时，水平位移为 0. 48 cm，竖直位移为 0. 16 cm；B ~ E 点水平位移最大值分别为：2. 4 cm、2. 8 cm、2. 1 cm、2. 4 cm，竖直位移分别为：0. 61 cm、0. 83 cm、0. 92 cm、0. 8 cm。水平方向位移远大于垂直方向，说明地震过程中其主要作用的是横波；由各点位移时程曲线可以判断边坡稳定性未被破坏（未见突变性阶跃）；这点与拟静力法计算结果相同。

综合两处典型剖面非线性动力分析结果可知：

地震作用下，大西客运专线 DK448 +481 边坡的安全系数小于 1.0，处于不稳定状态；山西中南部铁路通道 DK29 +860 边坡小于 1.05，处于基本稳定状态。

由非线性动力分析结果可以看出，地形效应对地面加速度有明显影响，边坡对加速度有放大效应，不同测点对地震的响应随边坡高度的变化而变化。位移随地震波变动而变化，在时间上的变化表现为周期性与交变性（地震动力作用下斜坡的失稳破坏，就是在这样的交变应力场作用下，位移发生交变性的阶跃，从而导致累进性突破所致）；由各点的位移时程判断边坡在此点处的状态，以推断整体边坡是否稳定；与拟静力法计算结果进行比较后，结果一致。

3. 降雨作用下黄土边坡稳定性分析

调查研究表明，土坡失稳大多出现在雨季或暴雨之后，雨水入渗使土体饱和度增加，土体自重增加，同时吸力锐减，并引起抗剪强度大幅度下降。持续降雨还可引起地下水水位上升或在相对隔水层以上出现暂时性地下水。所以当持续降水的历时和强度超过一定程度时，则可导致土坡失稳。

为掌握降雨条件下黄土高边坡稳定性变化情况，以大西客运专线、山西中南部铁路通道铁路工程为依托，选取铁路沿线典型黄土高边坡，设计野外人工降雨模拟试验，测定不同雨强下的边坡浸水深度和坡体含水率，边坡不同深度的土压力及孔隙水压力，边坡不同深度的基质吸力。利用数值模拟软件模拟降雨入渗和边坡变形滑移特征，分析降雨条件下的边坡稳定性。

（1）野外人工模拟降雨试验

1）试验设计

山西省年平均降雨量为400 ~650 mm，集中于夏季，多阵雨，而边坡变形失稳主要是强降雨造成的，所以根据降雨量等级设计了中雨（45 mm/24 h）、大雨（65 mm/24 h）、暴雨（75 mm/24 h）三种雨型。降雨坡面面积为 25 m^2。设计每次降雨时间为 1 ~3 h，每次降雨量为 $Q = qst$，估算所需用水 1.125 ~1.785 m^3。试验过程中观测边坡一定深度的土压力、孔隙水压力、含水率、基质吸力。降雨结束后，连续观测一段时间，直至上述测量数据稳定、边坡恢复到干燥状态后，方能进行第二次模拟试验。

野外降雨模拟试验系统（图 6-51）包括三大部分，即动力系统、排水系统、测量系统。

本次试验主要的测量事项包括土压力、孔隙水压力、含水率、基质吸力，选用的仪器有 BX 系列电压式土压力传感器、BX 系列电压式孔隙压力传感器、霍尔式流量传感器、TRIMBLE 土壤水分探测仪、张力计。为了采集传感器信号，购置了 FLUKE 数据采集器。其中土压力传感器量程为 0.1 MPa 和 0.3 MPa，孔隙水压力传感器量程为 0.1 MPa 和 0.2 MPa，埋设深度为 15 cm、30 cm、60 cm、90 cm、120 cm。张力计选用管长规格为 15 cm、30 cm、60 cm、90 cm，埋置深度与管长一致。

2）试验过程

试验在大西客运专线、山西中南部铁路通道分别选取试验点：

①大西客运专线试验点

该试验点为大西客运专线东南张隧道东侧 100 m 的一处黄土高边坡（图 6-52），坐标为 N:35.535 33° E:111.287 48°，坡高约 80 m，坡度约 65°，坡向 82°。地层出露自上而下分别

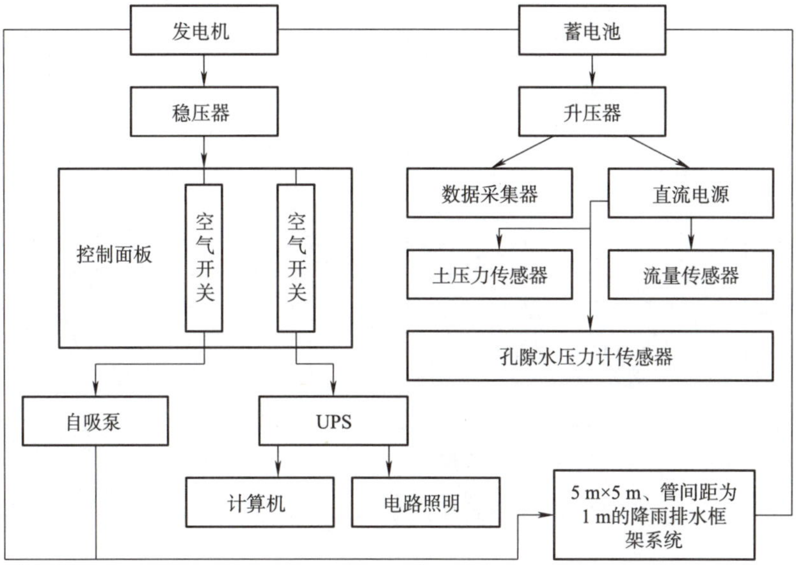

图 6-51　野外降雨模拟试验系统图

为新黄土、老黄土。新黄土为第四系上更新统风积黄土，浅黄色，结构致密，土质较干，含微小孔隙，夹有一定白云母，40 cm 之下含大量的钙质结核，核径为 2～10 cm；老黄土为中更新统的洪积老黄土，黄色，结构均匀致密，与上覆新黄土没有明确界线，夹有数层薄古土壤层，中下部含透镜体砂，砂径均匀，部分已经胶结，强度高。坡脚为古河道，东西走向，有生活积水。

图 6-52　大西客运专线试验边坡

试验区域传感器和张力计的布置如图 6-53 所示，共布设了 6 个土压力传感器、2 个孔隙水压力传感器和 12 支张力计。左图红色标记为土压力传感器，蓝色标记为孔隙水压力传感器，通道为数据采集器对应的采集通道。右图红色标记为张力计，编号自下而上，从左往右，所埋仪器的埋深见表 6-8。

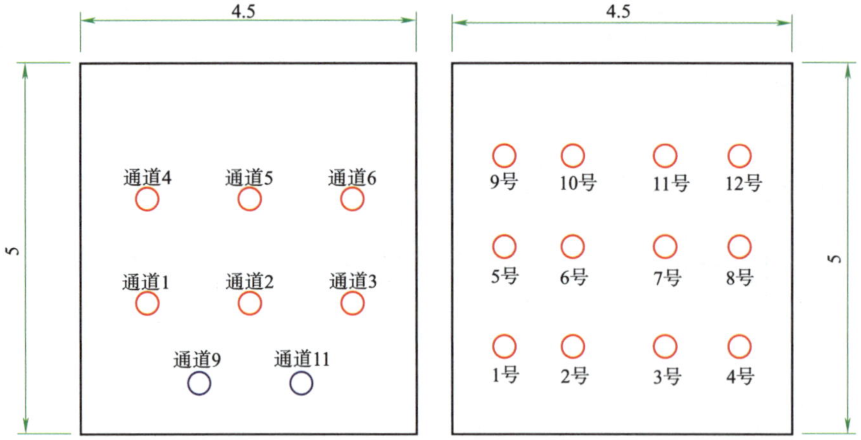

(a) 土压力传感器和孔隙水压力传感器　　(b) 张力计

图 6-53　传感器和张力计的布置图(单位:m)

表 6-8　传感器和张力计埋深表

序　号	埋深(cm)	序　号	埋深(cm)
通道 1	20	3 号	50
通道 2	40	4 号	80
通道 3	60	5 号	15
通道 4	60	6 号	30
通道 5	40	7 号	50
通道 6	20	8 号	80
通道 9	50	9 号	15
通道 11	80	10 号	30
1 号	15	11 号	50
2 号	30	12 号	80

试验开始前,先测出各传感器的初始信号值,由于外界干扰和多次转运,大多数传感器的初始值并不为 0,但我们需要的是信号差,因此不影响试验的数据结果。当电路接好,传感器铺设完毕,先把传感器平放在洞口,设置数据采集器每隔 20 s 采集一次,共采集 20 次后求平均值。初始值测定后,将土压力和孔隙水压力传感器埋入事先挖好的试孔中,尽量使传感器平放埋实。埋好待其稳定一天后,数据采集器再每隔 20 s 采集一次,采集 20 次后求平均值,便得到埋入后的信号值。

张力计的陶瓷头先用温水浸泡 1 h 后,埋入指定的试孔中,将玻璃管灌满晾过的开水。刚开始坡体较干,玻璃管中的水位下降很快,重复加水,直至管中水位变化不大,试验才能开始。

降雨过程中数据采集器每隔 1 min 采集一个轮回,张力计每 20 min 读一次数,水表开始读数为 9. 3 m^3,降雨持时 95 min,用于降雨的水量为 2. 1 m^3。降雨量为 89 mm,降雨等级为大暴雨。5 min 后开始有地表径流产生，26 min、39 min、54 min、63 min、74 min、84 min、96 min 各汇集一桶水，容积为 100 L，总的径流量为 700 L。入渗量为 1 400 L，入渗率为 67%。试验过程如图 6-54 所示。

图 6-54　大西客运专线降雨试验过程

②山西中南部铁路通道试验点

该试验点位为山西中南部重载铁路通道芦则沟 1 号隧道西侧 50 m 的黄土高边坡(图 6-55)。试验点坐标为 N:38.183 62° E:111.049 06°,坡高约 75 m,坡度约 63.2°,坡向 252°。地层出露自上而下分别为新黄土、老黄土和粉质黏土。新黄土为第四系上更新统风积黄土,浅黄色,结构疏松,小孔隙发育,颗粒极细,砂质含量高,夹有一定白云母,手搓具滑腻感,浸水具湿陷性;老黄土为中更新统的洪积老黄土,黄色,结构均匀、稍密,与上覆新黄土没有明确界线,夹有数层薄古土壤层;下部第三系粉质黏土,棕红色,结构致密,钙、硅质胶结,钙质结核较多,结核粒径为 0.5 ~ 2 cm,坚硬,局部半成岩,但表面风化严重,多呈团粒结构。坡脚为季节性河道,南北走向,无水。

图 6-55　山西中南部铁路通道试验边坡

试验区域传感器和张力计的布置如图 6-56 所示,共布设了 7 个土压力传感器、2 个孔隙水压力传感器和 12 支张力计。左图红色标记为土压力传感器,蓝色标记为孔隙水压力传感器,通道为数据采集器对应的采集通道。右图红色标记为张力计,编号自下而上,从左往右,所埋仪器的埋深见表 6-9。

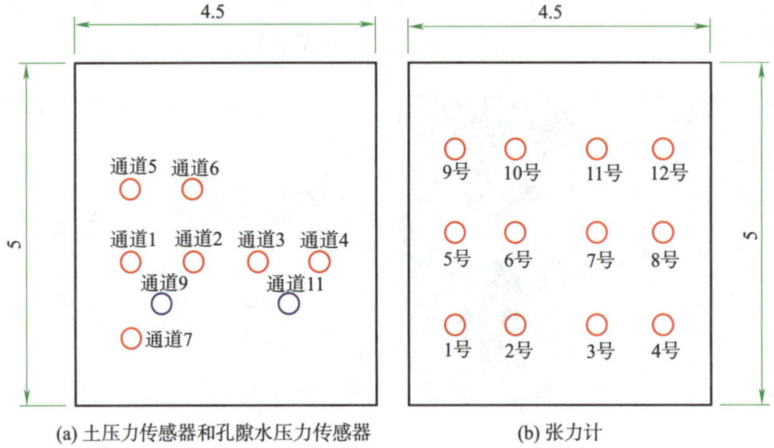

图 6-56　传感器和张力计的布置图(单位:m)

表 6-9　传感器和张力计埋深表

序　　号	埋深(cm)	序　　号	埋深(cm)
通道 1	90	3 号	60
通道 2	60	4 号	90
通道 3	30	5 号	15
通道 4	15	6 号	30
通道 5	60	7 号	60
通道 6	30	8 号	90
通道 7	100	9 号	15
通道 9	50	10 号	30
通道 11	100	11 号	60
1 号	15	12 号	90
2 号	30	—	—

试开始前,先测出各传感器的初始信号值,初始值测定后,将土压力和孔隙水压力传感器埋入事先挖好的试孔中,尽量使传感器平放埋实。埋好待其稳定一天后,数据采集器再每隔 20 s 采集一次,采集 20 次后求平均值,便得到埋入后的信号值。

张力计的陶瓷头先用温水浸泡 1 h 后,埋入指定的试孔中,将玻璃管灌满晾过的开水。刚开始坡体较干,玻璃管中的水位下降很快,重复加水,直至管中水位变化不大,试验才能开始,准备工作如图 6-57 所示。

图 6-57　山西中南部铁路通道降雨试验现场

准备就绪后,降雨开始,降雨试验强度由弱到强。降雨过程中数据采集器每隔 10 s 采集一个轮回,张力计每 10 min 读一次数,水表开始读数为 1.95 m^3,第一次降雨持时 70 min,

用于降雨的水量为 1 m^3。降雨量为 44 mm,降雨等级为大雨。6 min 后开始有地表径流产生,35 min、54 min、65 min 各汇集一桶水,容积为 100 L,70 min 时桶积水 40 L,总的径流量为 340 L。入渗量为 660 L,入渗率为 66%。造成大入渗的原因应该是边坡表面在搭建试验框架时,植被大量破坏,加上本区黄土土质极其疏松,所以第一次的降雨入渗相当大。同时地表径流也带走了大量坡面虚土,这可以从径流样品中看出。

3)试验结果

①大西客运专线降雨试验结果

土压力与孔隙水压力的降雨持时、雨后持时曲线如图 6-58 ~ 图 6-61 所示。降雨开始后,1 号、2 号、4 号、5 号土压力传感器的压力有明显的衰减,这是因为坡体表层大量泥沙被冲走;3 号和 6 号土压力传感器没有变小,是因为它的埋点位于试验区域的最右端,表面植被好,土体较坚硬,表面冲刷轻微。当降雨持续到 30 min 到 40 min 时,所有的传感器压力均上升,表明降雨入渗已经大于泥沙侵蚀,坡体负荷开始增加,这种动态加荷一直持续到降雨结束。半数传感器的雨后应力超过初始应力,表明降雨已造成大面积的水量入渗,坡体土层抗剪强度的减弱和孔隙水压力的增加对边坡稳定造成很大危害。降雨结束后,随着水分蒸发和下渗,所有土压传感器压力均减小,从图和表的数据来看,中午时段压力减幅较大,早晚较小。夜间压力值反而有所增加,特别是上午 3:00 ~ 6:00,增量较大,这和本地区昼夜温差大,晚间蒸发微弱,雾水补充有关。但从时间维度上来说整体上压力值还是变小的。

本区地下水埋深大,边坡土体孔隙发育,小孔隙贯通,所以边坡 50 cm、80 cm 处的初始孔隙水压力为负,1 号孔压为 -5.626 kPa、2 号孔压为 -7.250 kPa。降雨开始后,雨水入渗持续进行,2 路孔压传感器压力均稳定上升,但没有越过零位。说明埋点处土体没有达到饱和状态。降雨结束后,2 号孔压传感器压力,便开始缓慢下降,下午 2:00 ~ 5:00 下降幅度最大。孔压消散所需时间较长,观测 2 d 后,仍未达到试验前的初始状态。

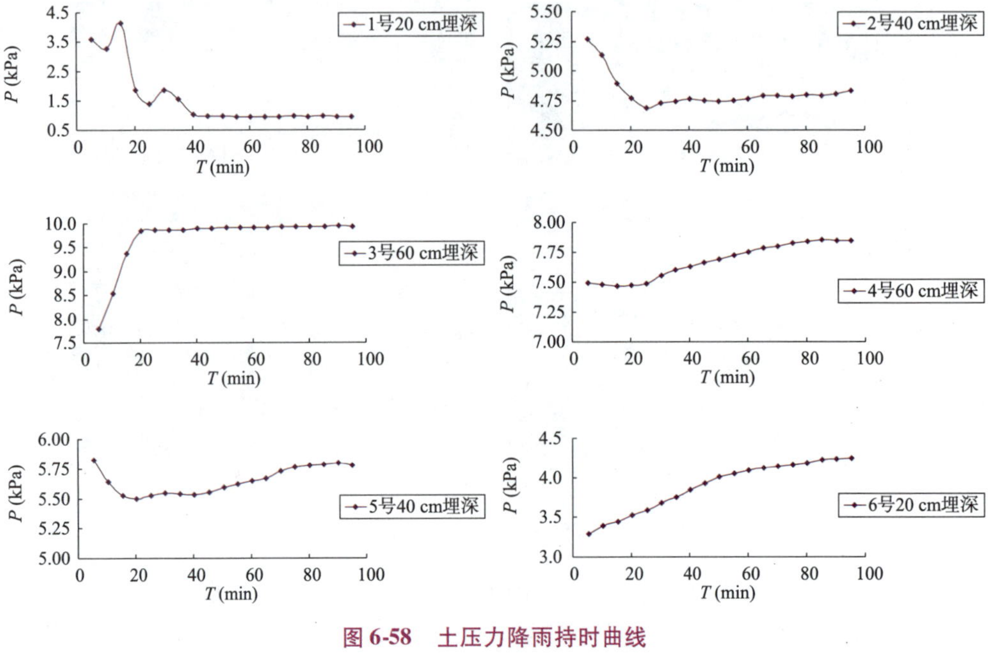

图 6-58　土压力降雨持时曲线

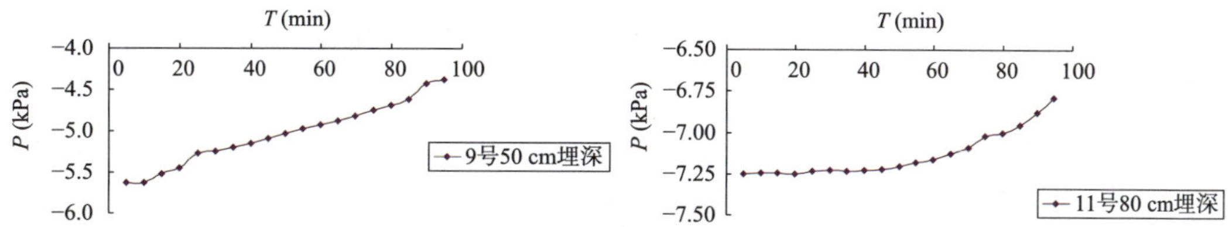

图 6-59　孔隙水压力降雨持时曲线

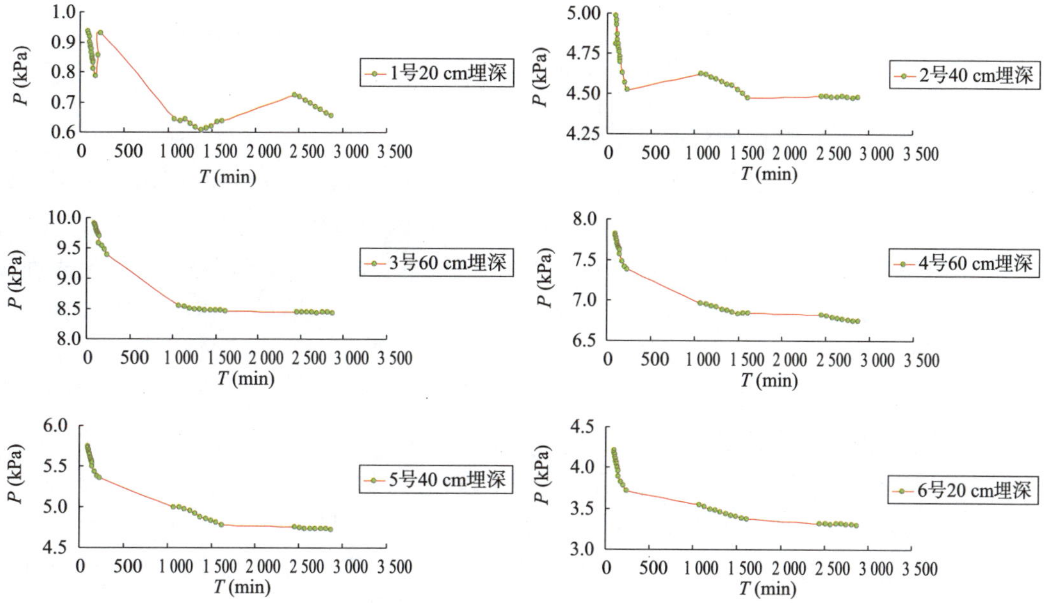

图 6-60　土压力雨后持时曲线

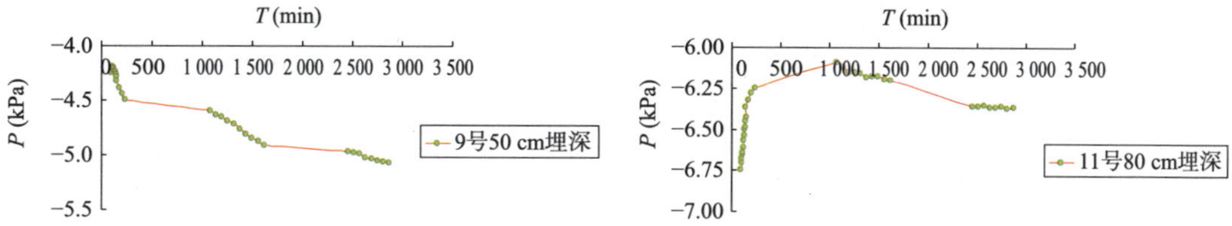

图 6-61　孔隙水压力雨后持时曲线

张力计根据真空度变化原理直接测量土壤基质吸力。人工降雨开始前读一次数；降雨过程中，每间隔 10 min 读一次数；降雨结束后，10 min 读一次数读满 1 h，20 min 读一次数读满 1 h，30 min 读一次数读满 1 h，之后每隔 1 h 读一次数。第一次试验观测 2 d，历时 48 h。

基质吸力随时间变化情况如图 6-62 所示，降雨开始后，基质吸力随即减小，降幅 2.3 ~ 13.1 kPa（8 号和 12 号稍微增加，是因为他们埋深为 80 cm，短时间浸润面无法达到这个位置），刚开始 20 min 降幅较大，后续缓慢下降。降雨停止后，吸力便开始大幅度变小，表明水分下渗到张力计的陶瓷头的测量范围内，首先下降的是浅层张力计，随后是深层张力计。但浅层下降幅度小，深层下降大。从第二天早上的测值可以看出，基质吸力在夜间某时间段降至最低点。而后水势变小，吸力回升，第二天的记录一直稳步上升，说明降雨对边坡的影响逐渐变小，上升速率越来越小。

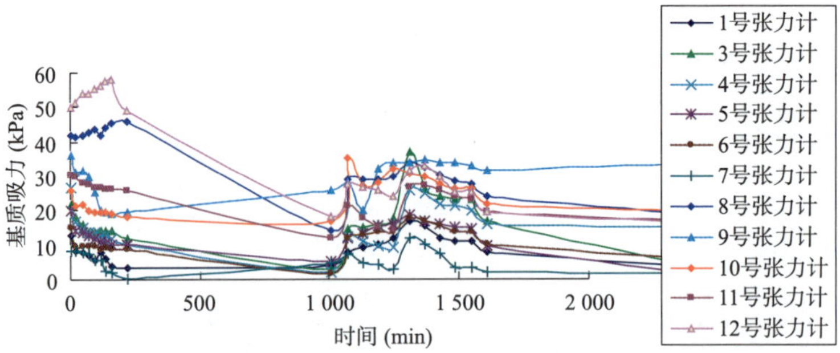

图 6-62　基质吸力随时间变化曲线

②山西中南部铁路通道降雨试验结果

土压力与孔隙水压力的降雨持时、雨后持时曲线如图 6-63 ~ 图 6-66 所示。降雨开始后,1 号 ~6 号土压力传感器的压力有明显的衰减,这是因为坡体表层大量泥沙被冲走;7 号土压力传感器没有变小,是因为它的埋点位于试验区域的最底端,前面有挡板,即使表面冲刷严重,对其影响也不大。当降雨持续到 30 min 到 40 min 时,所有的传感器压力均上升,表明降雨入渗已经大于泥沙侵蚀,坡体负荷开始增加,这种动态加荷一直持续到降雨结束。除了 2 号传感器和 7 号传感器的雨后应力超过初始应力外,其余点位的应力值均比初始应力小,可见本地区的降雨侵蚀之严重,从坡体卸荷方面来讲,有利于边坡稳定,但坡体土层抗剪强度的减弱和孔隙水压力的增加对边坡稳定却是致命的(后续会详细研究)。降雨结束后,随着水分蒸发和下渗,所有土压传感器压力均减小,从图和表的数据来看,中午时段压力减幅较大,早晚较小。夜间压力值反而有所增加,特别是上午 3:00 ~6:00,增量较大,这和本地区昼夜温差大,晚间蒸发微弱,雾水补充有关。但从时间维度上来说整体上压力值还是变小的。

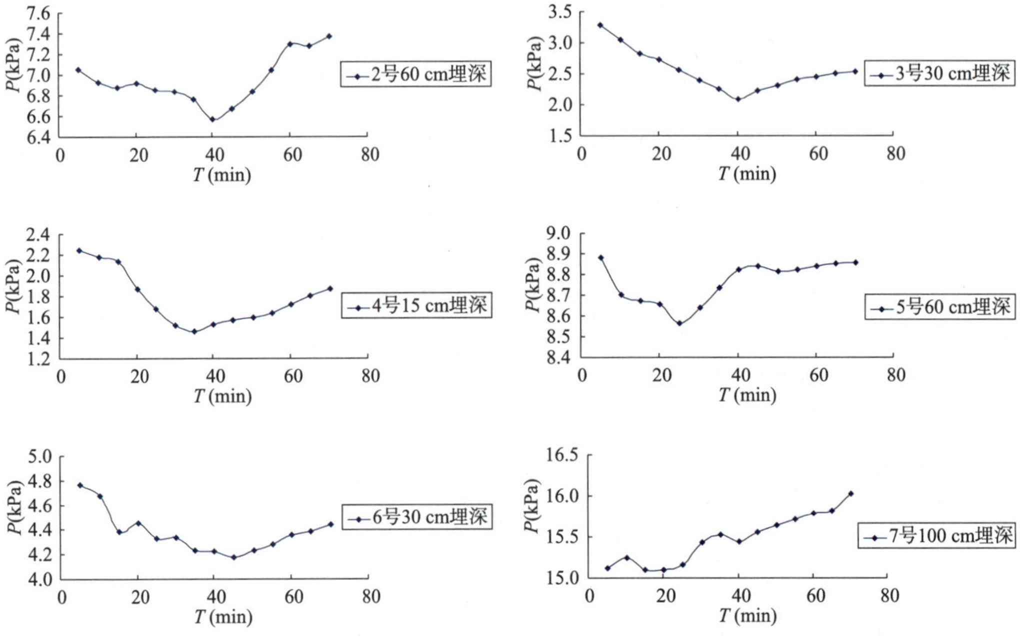

图 6-63　土压力降雨持时曲线

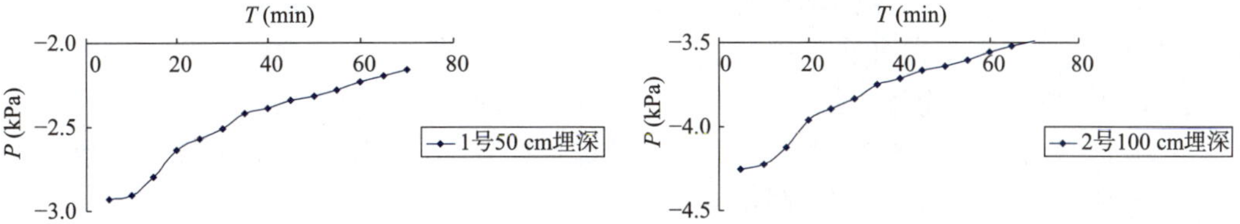

图 6-64　孔隙水压力降雨持时曲线

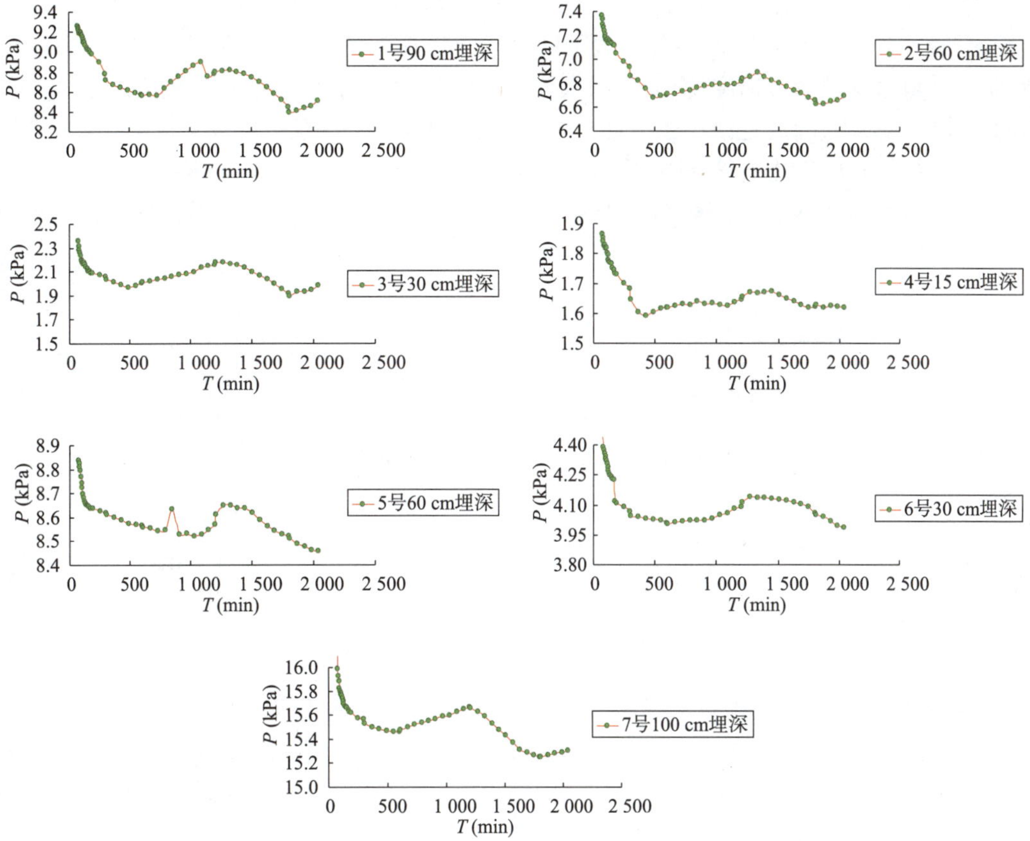

图 6-65　土压力雨后持时曲线

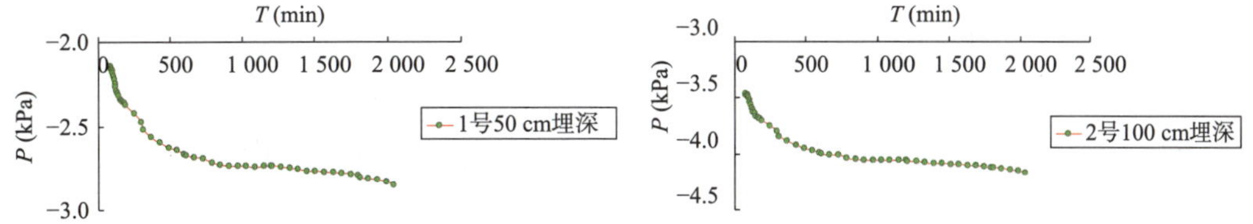

图 6-66　孔隙水压力雨后持时曲线

本区地下水埋深大，边坡土体孔隙发育，小孔隙贯通，所以边坡 50 cm、100 cm 处的初始孔隙水压力为负，1 号孔压为 −2. 934 kPa、2 号孔压为 −4. 257 kPa。降雨开始后，雨水入渗持续进行,2 路孔压传感器压力均稳定上升,但没有越过零位。说明埋点处土体没有达到饱和状态。降雨结束后,2 路孔压传感器压力便开始缓慢下降,下午 2:00 ~ 5:00 下降幅度最大。孔压消散所需时间较长,观测 2 d 后,仍未达到试验前的初始状态。

张力计根据真空度变化原理直接测量土壤基质吸力。人工降雨开始前读一次数;降雨过程中,每间隔 10 min 读一次数;降雨结束后,10 min 读一次数读满 1 h,20 min 读一次数读满 1 h,30 min 读一次数读满 1 h,之后每隔 1 h 读一次数。第一次试验,观测 2 d,历时 34 h。

基质吸力随时间变化情况如图 6-67 所示,降雨开始后,基质吸力随即减小,降幅 1 ~ 7 kPa(8 号和 12 号变化不明显是因为他们埋深为 90 cm,短时间浸润面无法达到这个位置),刚开始 20 min 降幅较大,后续缓慢下降。降雨停止后,吸力便立即缓慢回升,降雨 6 h 后,张力计数值均开始大幅度变小,表明水分下渗到张力计的陶瓷头的测量范围内,首先下降的是浅层张力计,随后是深层张力计。但浅层下降幅度小,深层下降大。从第二天早上的测值可以看出,基质吸力在夜间某时间段降至最低点(由于晚间没有观测,工作还有待完成)。而后水势变小,吸力回升,第二天的记录一直稳步上升,说明降雨对边坡的影响逐渐变小,上升速率越来越小。

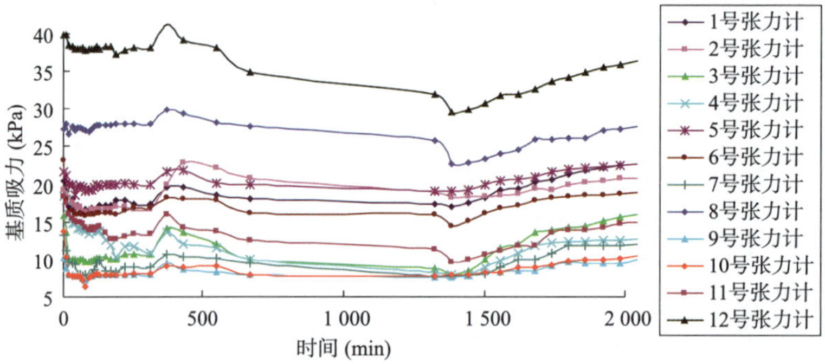

图 6-67　基质吸力随时间变化曲线

边坡不同埋深处的体积含水率如图 6-68 所示,降雨后距地表 75 cm 之下土体含水率与旱季同深度初始含水率基本一致,表明湿润锋达到 70 ~ 80 cm,既是本次降雨的主要影响深度,也是埋设张力计的理想层位。另外,降雨结束后,雨分蒸发和入渗在同时进行,降雨 24 h 和降雨 48 h 比较,表面含水率大,深部含水率小。

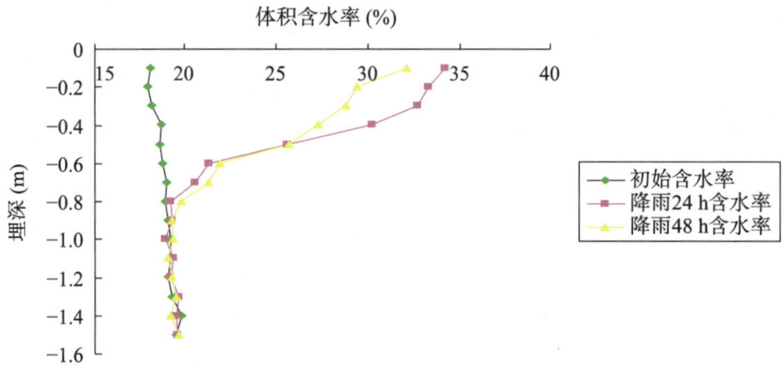

图 6-68　含水率与深度关系曲线

第二次降雨持时60 min,用于降雨的水量为1.42 m^3。降雨量为62 mm,降雨等级为暴雨。5 min后开始有地表径流产生,25 min、36 min、46 min、55 min各汇集一桶水,容积为100 L,60 min时桶积水60 L,总的径流量为460 L。入渗量为960 L,入渗率为67%。

第三次降雨持时90 min,用于降雨的水量为1.72 m^3。降雨量为76 mm,降雨等级为大暴雨。5 min开始有地表径流产生,12 min、18 min、23 min、28 min、33 min、38 min、43 min、48 min、53 min、58 min各汇集一桶水,容积为100 L,61 min时桶积水40 L,总的径流量为1 040 L。入渗量为680 L,入渗率为39.5%。

三次降雨结果说明降雨入渗是一个动态的、随时间和空间变化十分强烈的过程。雨水的入渗量受降雨强度、降雨历时、土壤物理性质、入渗面坡度、粗糙程度、植被情况等诸多因素的影响。当降雨强度超过土壤的入渗能力时,将在表面产生径流或积水,向土壤内部形成不断扩大的饱和区,此时,土壤中水分的运动为饱和—非饱和流动。一般降雨过程可分为两个阶段:开始时,地表的含水率梯度很大,入渗率也很高,一般而言大于降雨强度,这一阶段称为通量控制阶段,这一阶段属于无压入渗或自由入渗。随着入渗的进行,含水率梯度不断减小,入渗率也不断降低,当小于降雨强度时,开始形成地表径流或积水,这一阶段成为剖面控制阶段,为有压入渗。因此,实际上的入渗量取决于土壤的初始含水率、降雨强度及降雨持时。

三次降雨时间大致相等,但降雨强度相差较大(图6-69)。三次降雨很好地模拟了大雨、暴雨、大暴雨三种雨型。前两次的降雨入渗较大,第三次入渗却很小,原因主要有两点。一是前两次的连续降雨,已将表面虚土冲蚀殆尽;二是第三次的降雨强度远远大于土层的渗透系数。张力计记录和第一次差别不大,规律近似。

第1次　　第2次　　第3次

图6-69　试验现场三次不同强度降雨

降雨过后剖面小冲沟密布,局部有小陷坑。冲沟细长,宽2~8 cm,深5~10 cm,如图6-70所示。剖面侵蚀量大,三次降雨地表径流的泥沙含量都超过20%。

(2)降雨渗流数值模拟方法

1)降雨入渗理论

降雨入渗实质是土壤包气带中的水分运动,涉及两相流的相互转换,即水在下渗过程中

图 6-70　降雨过后试验现场

驱替空气的过程。雨水降至地面便开始入渗，若地表土层或岩层湿度不大，受分子力作用降水被地表介质吸收，转化为薄膜水。当薄膜水达到极值，入渗水便开始充填毛细裂缝形成毛细水，即所谓毛细下渗。如果裂缝开度不均匀，毛细水只能充填开度较小的那部分空间，开度较大的部分仍被空气所占据，介质处于非饱和状态，边坡形成非饱和渗流。

土壤水分入渗大体可以分为两种类型：一是降水从地表垂直向下进入土壤的垂直入渗问题；二是侧向入渗问题。根据 Coleman 和 Bodman 的研究，当均质土体地表有积水入渗时，典型含水率分布剖面可分为四个区：饱和区、过渡区、传导区和湿润区，湿润区的前缘称为湿润锋。

干土在积水入渗开始时，由于地表处的含水率梯度$\frac{\partial\theta}{\partial z}$的绝对值很大，入渗率 i 很高，理论上当 $t\to0$，$\frac{\partial\theta}{\partial z}\to\infty$。随着入渗的进行，$\frac{\partial\theta}{\partial z}$的绝对值不断减小，入渗率 i 也随之逐渐降低，当 t 足够大时，$\frac{\partial\theta}{\partial z}\to0$。也就是说，当入渗一段时间后，入渗率趋于一稳定值，该值相当于地表含水率 θ_0 的导水率 $k(\theta_0)$。假设地表形成饱和区时，导水率为 k_s，显然 $k(\theta_0)\leqslant k_s$。

在降雨条件下的入渗与干土在积水中的入渗情况不尽相同，图 6-71 给出了入渗随时间的变化过程，图中实线为降雨条件下的入渗规律（虚线为干土积水条件下的入渗规律），其主要特征为：

①当 $t<t'_p$时，由于供水为降雨，则入渗初期的供水强度就取决于降雨强度 $R(t)$，且令 $R(t)=R_0$。如图 6-71 所示的 ab'，表示开始入渗后的一段时间内，由于供水强度小于土壤的

入渗率,所以实际的入渗率即为供水强度 R_0。

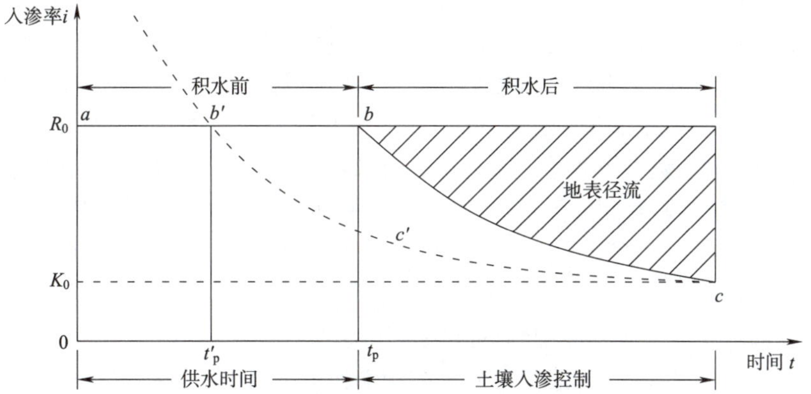

图 6-71 入渗率随时间变化曲线图

②当 $t \geq t'_p$,供水强度大于土壤的入渗率,即 $R(t) > i(t)$时,此时干土积水条下的入渗率即为 $i(t)$,如图 6-71 中的 $b'c'$所示,超过入渗率的供水则形成积水或地表径流。但是在降雨条件下,t'_p以前时段未达到积水入渗条件,因此 t'_p以后时段的入渗率不是 $i(t)$,入渗过程曲线也不是 $b'c'$,而是 bc,即积水点 b'后移至 b,实际入渗过程线为 abc。

所以降雨入渗过程可以分为两个阶段,第一阶段称为供水控制阶段,第二阶段称为土壤入渗率控制阶段。两个阶段的交点称为积水点。前一阶段称为无压入渗或自由入渗,后一阶段称为积水或有压入渗。

降雨入渗是一个复杂的过程,降雨本身就是由多方面因素组成的过程,如降雨强度、持时、降雨量、雨型等。另外,还要考虑雨水的入渗过程,并非所有降落到地表的雨水都能渗入到土体内,降雨一部分通过地表渗入地下,还有一部分可能在地表形成径流流向别处。而什么情况下雨水会渗入地下,什么情况下雨水会在地表形成径流流走,它们之间又有何关系,即入渗率的问题。国内外已有的对降雨条件下土体稳定性研究,一般在处理计算入渗量时进行如下假设:

a. 降雨全部渗入地下,以降雨强度作为流量边界条件计算入渗速率;

b. 按一定的比例将降雨强度降低,以降低后的降雨强度作为流量边界条件计算入渗速率;

c. 考虑降雨强度与土体渗透性的关系,计算入渗速率。当降雨强度高于饱和渗透系数 k_s 时,入渗速率按饱和渗透系数 k_s 计算,否则按降雨强度计算。

d. 当降雨强度小于土壤表面的入渗能力时,入渗速率按降雨强度计算,边界条件为第二类边界条件;当降雨强度大于土壤表面的入渗能力时,入渗的强度就等于土壤的入渗能力,边界条件转换为第一类边界条件。

其中方法四能较好地模拟降雨入渗不同阶段的变化情况,即考虑入渗率随土壤入渗能力的变化而改变,对坡面的流量以边界条件的形式加以控制。

2)GeoStudio 软件 SEEP/W 简介

GeoStudio 软件是一套功能强大、适用于岩土工程和岩土环境模拟的仿真软件。文中利用 SEEP/W 求解水位升降条件下非饱和土坡中孔隙水压力的分布,研究了负孔隙水压力(基质吸力）对滑坡非饱和土抗剪强度及滑坡稳定性的贡献。SEEP/W 是一款用于分析多孔渗水材料如土体和岩石的地下水渗流和超孔隙水压力消散问题的有限元软件。它可以分析从简单的稳定状态下的饱和渗流问题到复杂的、与时间相关的饱和—非饱和渗流问题。

在 SEEP/W 软件中，通过渗流有限元计算，可以分析斜坡在饱和条件、非饱和条件下的孔隙水压力，也可以对斜坡在稳态和瞬态条件下的孔隙水压力进行分析。通过瞬态分析，可以得出不同时刻不同点的孔隙水压力的分布情况。通过对孔隙水压力随时间变化的结果分析，可以研究斜坡等的稳定性与时间的关系。SEEP/W 软件可以采用连续性的渗透性函数和土水特征曲线，使得分析的结果与实际情况更加接近。SEEP/W 软件可以对以下问题进行建模分析：

①地下水位降低后超孔隙水压力的消散过程；

②土坡内部由于降雨入渗而引起的孔隙水压力的变化；

③对池塘底部的淤积层、储液池等储水结构下面地下水位上升的过程；

④地下水的排水和毛细效应；

⑤储水层被抽水而引起的水位降低；

⑥流入开挖基坑中的渗流量等。

（3）典型黄土高边坡降雨渗流数值分析

1）计算模型建立

选取大西客运专线与山西中南部铁路通道典型黄土高边坡进行降雨作用下稳定性分析研究，具体如下。

①大西客运专线 DK586 +285 边坡

研究边坡位于大西客运专线 DK586 +285 处。地层包括新黄土、老黄土，土层物理力学参数见表 6-10。初始地下水位线和整体边坡模型如图 6-72 所示。

表 6-10　大西客运专线各土层物理力学参数统计表

土　层	天然含水率 w(%)	密度 ρ(g/cm^3)	孔隙比 e	液限 w_L	塑限 w_P	饱和黏聚力 c(kPa)	饱和内摩擦角 φ'(°)
新黄土	6. 84	1. 55	0. 88	27. 5	17. 9	6. 1	10. 5
老黄土	10. 45	1. 64	0. 75	29. 7	18. 5	21. 13	17

本次模拟录入水理函数包括土的渗透系数函数和水土特征曲线，均采用试验数据散点通过软件拟合成试用函数。各种土的渗透系数函数和水土特征曲线如图 6-73 ~ 图 6-76 所示。

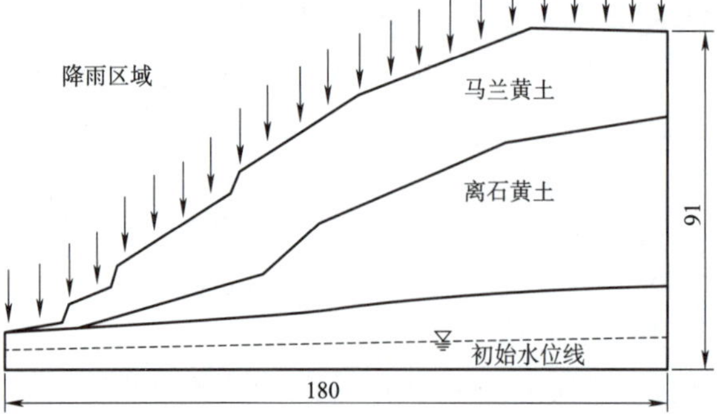

图 6-72　边坡断面示意图（单位：m）

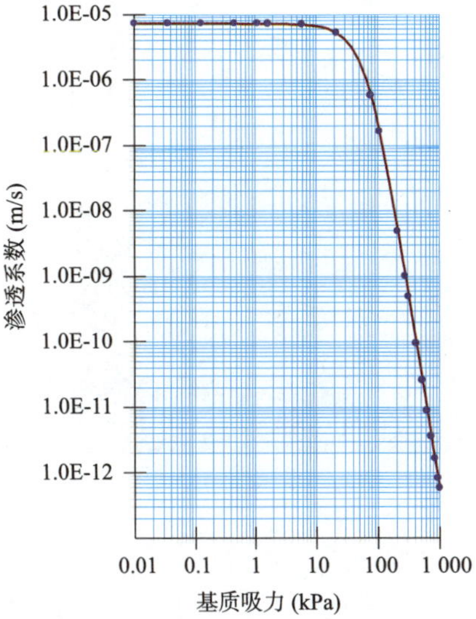

图 6-73　马兰黄土渗透函数曲线

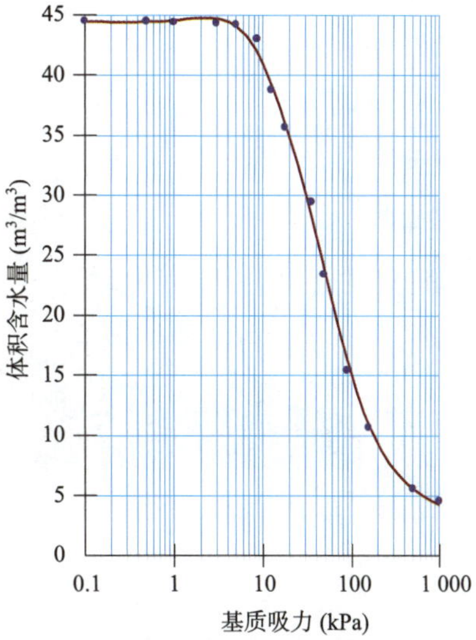

图 6-74　马兰黄土水土特征曲线

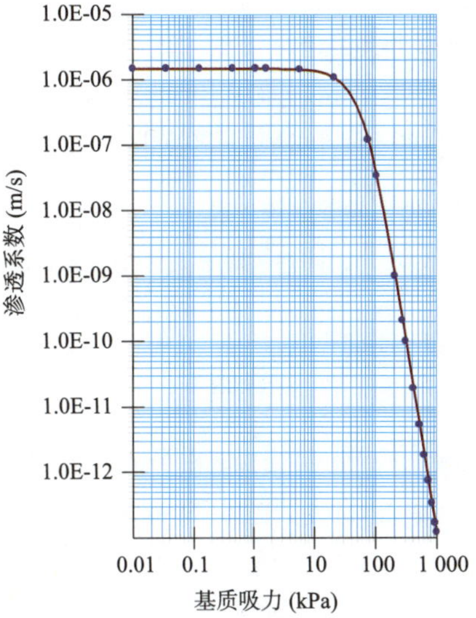

图 6-75　离石黄土渗透函数曲线

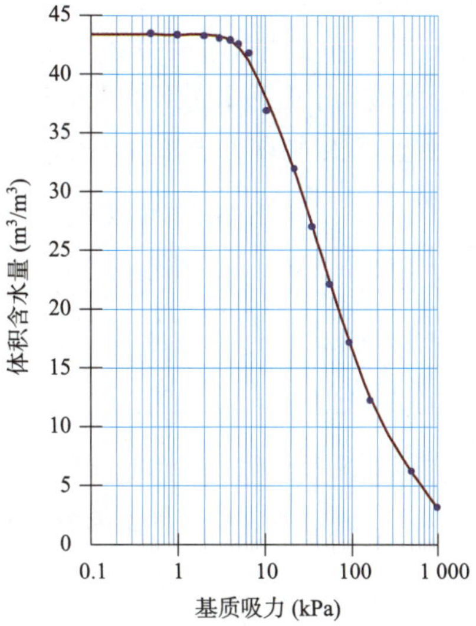

图 6-76　离石黄水土特征曲线

有限元网格划分设计主要是为了在精度要求下瞬态渗流问题的解能够稳定地收敛于某一数值近似解。综合考虑计算速度与精度的要求，在坡体表面降雨区域单元划分较密。具体的有限元网格划分为三角形，整个模型有 422 个单元，243 个节点，如图 6-77 所示。

模型初始条件和边界条件如下：

a. 初始地下水位如图 6-72 所示，左侧水位线高程为 8 m，右侧水位线高程为 5 m。

b. 模型计算时，先根据初始地下水位线得出边坡稳态情况下不同层位的水压力分布和体积含水率分布，瞬态分析时采用稳态分析结果作为初始条件。

c. 模型两侧边界，地下水位以上按零流量边界处理，地下水位线以下按定水头边界处理。

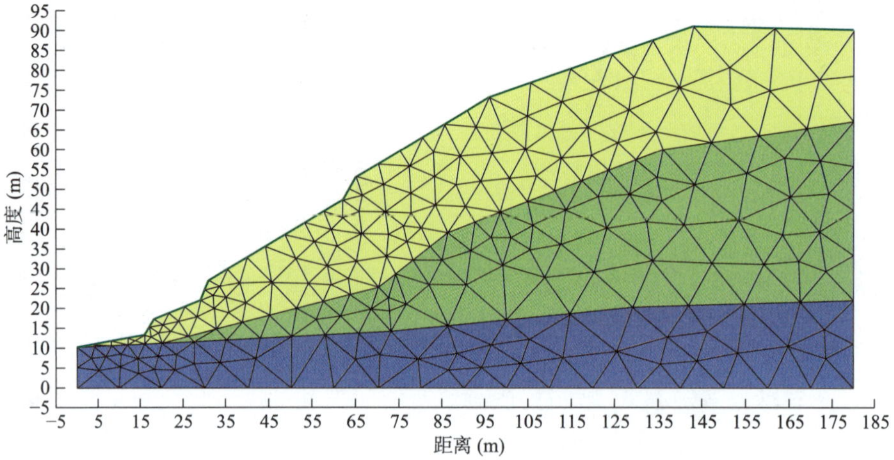

图 6-77　有限元网格划分图

d. 边坡地表线为降雨入渗边界。未饱和时，按流量边界处理，饱和时按水头边界处理。

e. 模型底面为粉质黏土层，半成岩，渗透系数很小，因此底部可设为不透水边界条件，即总流量为 0。

②山西中南部铁路通道 DK6 +600 芦则沟 1 号隧道西侧边坡

研究边坡位于山西中南部重载通道芦则沟 1 号隧道西侧 50 m。地层出露自上而下分别为新黄土、老黄土，土层物理力学参数见表 6-11。初始地下水位线和整体边坡模型如图 6-78 所示。

表 6-11　山西中南部铁路通道各土层物理力学参数统计表

土　层	天然含水率 w(%)	密度 ρ(g/cm^3)	孔隙比 e	液限 w_L	塑限 w_P	饱和黏聚力 c(kPa)	饱和内摩擦角 φ'(°)
新黄土	6.84	1.55	0.88	27.5	17.9	3.5	0.5
老黄土	10.45	1.64	0.75	29.7	18.5	21.13	17

本次模拟录入水理函数包括土的渗透系数函数和水土特征曲线，均采用试验数据散点通过软件拟合成试用函数。各种土的渗透系数函数和水土特征曲线如图 6-79 ~ 图 6-82 所示。

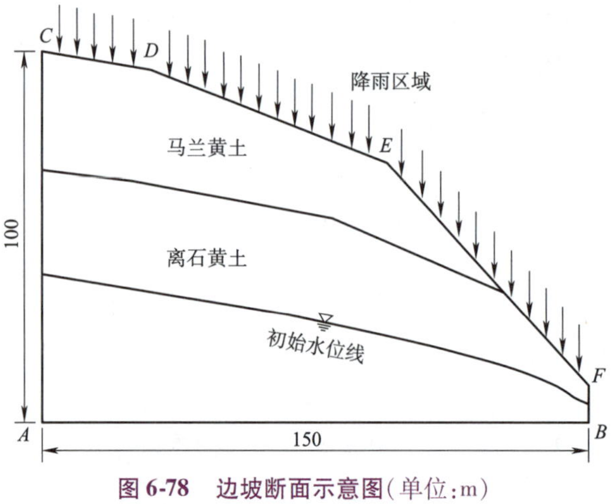

图 6-78　边坡断面示意图(单位:m)

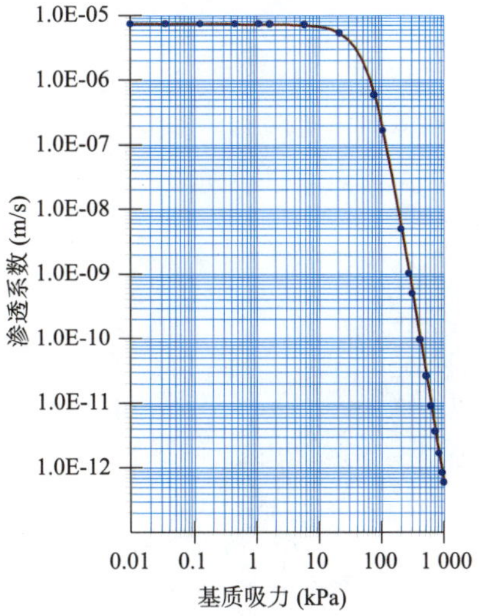

图 6-79　马兰黄土渗透函数曲线

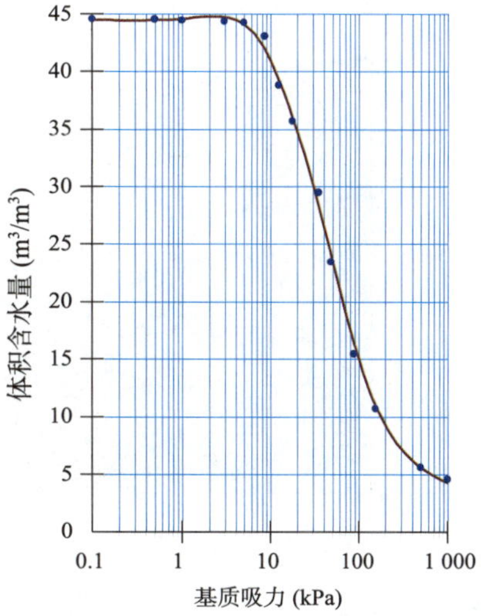

图 6-80　马兰黄土水土特征曲线

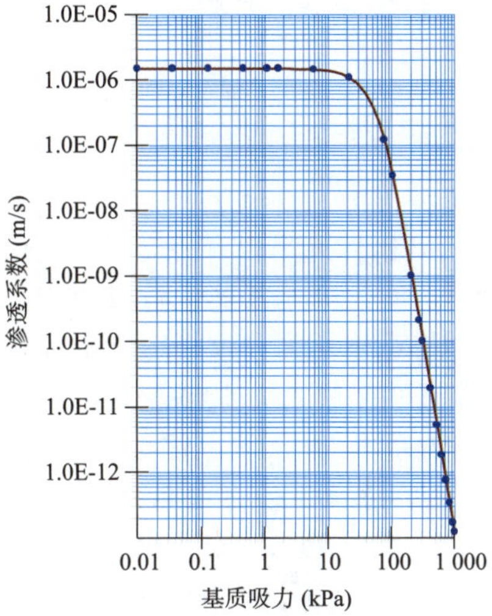

图 6-81　离石黄土渗透函数曲线

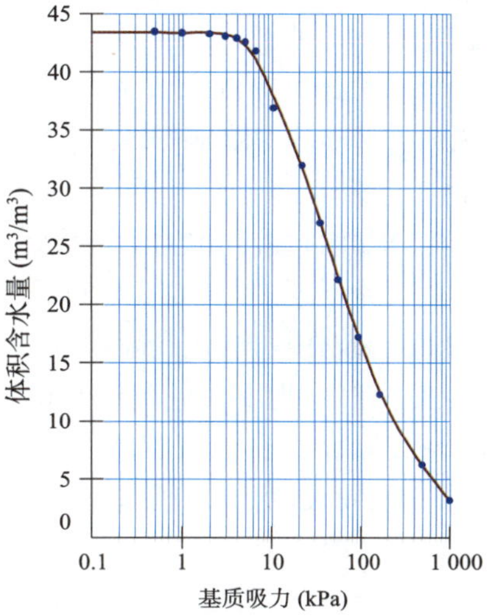

图 6-82　离石黄土水土特征曲线

有限元网格划分设计主要是为了在精度要求下瞬态渗流问题的解能够稳定地收敛于某一数值近似解。综合考虑计算速度与精度的要求，在坡体表面降雨区域单元划分较密。具体的有限元网格划分为三角形，整个模型有 1 620 个单元，900 个节点，如图 6-83 所示。

模型初始条件和边界条件如下：

a. 初始地下水位如图 6-78 所示，左侧水位线高程为 40 m，右侧水位线高程为 5 m。

b. 模型计算时，先根据初始地下水位线得出边坡稳态情况下不同层位的水压力分布和体积含水率分布，瞬态分析时采用稳态分析结果作为初始条件。

c. 模型两侧边界，地下水位以上按零流量边界处理，地下水位线以下按定水头边界处理。

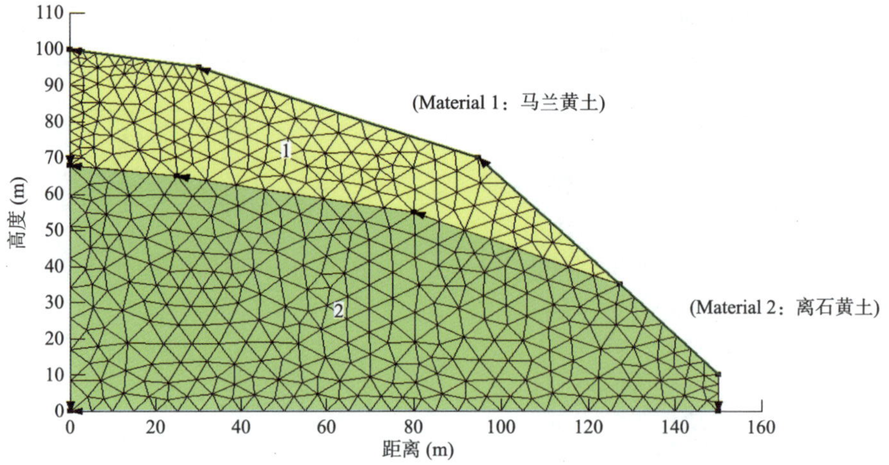

图 6-83　有限元网格划分图

d. 边坡地表线为降雨入渗边界。未饱和时，按流量边界处理，饱和时按水头边界处理。

e. 模型底面为粉质黏土层，半成岩，渗透系数很小，因此底部可设为不透水边界条件，即总流量为 0。

2）渗流模拟结果分析

①大西客运专线 DK586 +285 边坡

a. 稳态分析

在给定初始水位线和水力学函数情况下，根据边界条件，计算出边坡初始状态的孔隙水压力和体积含水率分布。如图 6-84 所示，初始状态下，负孔隙水压力（基质吸力）最大值 -811 kPa 出现在坡顶，正孔隙水压力 62 kPa 出现在坡底，水压力大致沿地下水位线垂直方向从上往下递增，地下水位附近及往下出现渗流，渗流速度最大为 1.09×10^{-7} m/s。如图 6-85 所示，初始状态下，坡体体积含水率和孔隙水压力基本对应，从上往下递增，但在地下水位线附近，梯度增加，等值线有起伏，与水位线不一致，坡顶体积含水率为 1.08%，底部体积含水率为 44%。

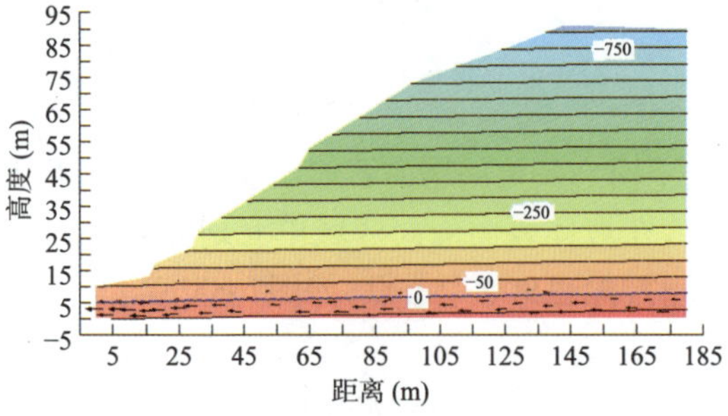

图 6-84　初始状态坡体孔隙水压力分布图

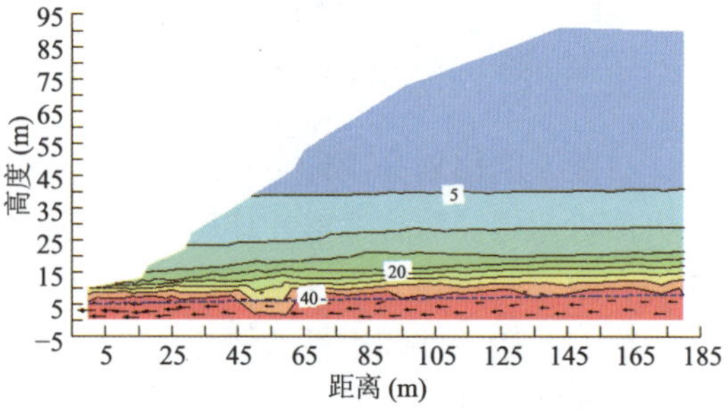

图 6-85　初始状态坡体体积含水率分布图

b. 降雨入渗条件下瞬态分析

根据野外人工降雨资料，本次模拟雨型为中雨、大雨、暴雨，对应雨强为 30 mm/d、

60 mm/d、75 mm/d。研究边坡地表线按坡度可分为九段，坡度从上到下分别为2°、20°、32°、67°、32°、72°、24°、68°、10°，换算成坡面单位流量雨强见表6-12。

表6-12 坡面单位流量雨强表

雨强(mm/d)	30	60	75
雨强(m/s)	3.47×10^{-7}	6.94×10^{-7}	8.68×10^{-7}
坡面2°雨强(m/s)	1.36×10^{-7}	2.71×10^{-7}	3.39×10^{-7}
坡面20°雨强(m/s)	3.26×10^{-7}	6.52×10^{-7}	8.15×10^{-7}
坡面32°雨强(m/s)	2.94×10^{-7}	5.88×10^{-7}	7.36×10^{-7}
坡面67°雨强(m/s)	1.35×10^{-7}	2.71×10^{-7}	3.39×10^{-7}
坡面32°雨强(m/s)	2.94×10^{-7}	5.88×10^{-7}	7.36×10^{-7}
坡面72°雨强(m/s)	1.07×10^{-7}	2.14×10^{-7}	2.68×10^{-7}
坡面24°雨强(m/s)	3.17×10^{-7}	6.34×10^{-7}	7.92×10^{-7}
坡面68°雨强(m/s)	1.22×10^{-7}	2.44×10^{-7}	3.05×10^{-7}
坡面10°雨强(m/s)	2.90×10^{-7}	5.80×10^{-7}	7.25×10^{-7}

如图6-86、图6-87所示，当降雨强度为30 mm/d时，降雨持时1 d后，坡体孔隙水压力和体积含水率改变较小，主要是坡顶部位孔压和含水率增加，影响深度仅在0.2 m范围内。当降雨持时10 d后，坡体孔隙水压力和体积含水率变化区域扩大，影响深度达到4.5 m。当降雨持时20 d后，坡体孔隙水压力和体积含水率变化区域扩大，影响深度达到6.0 m。当降雨持时50 d后，坡体孔隙水压力和体积含水率变化区域扩大，影响深度达到8.0 m；并且坡体地表两处出现饱和区，厚度仅为0.1～0.2 m。

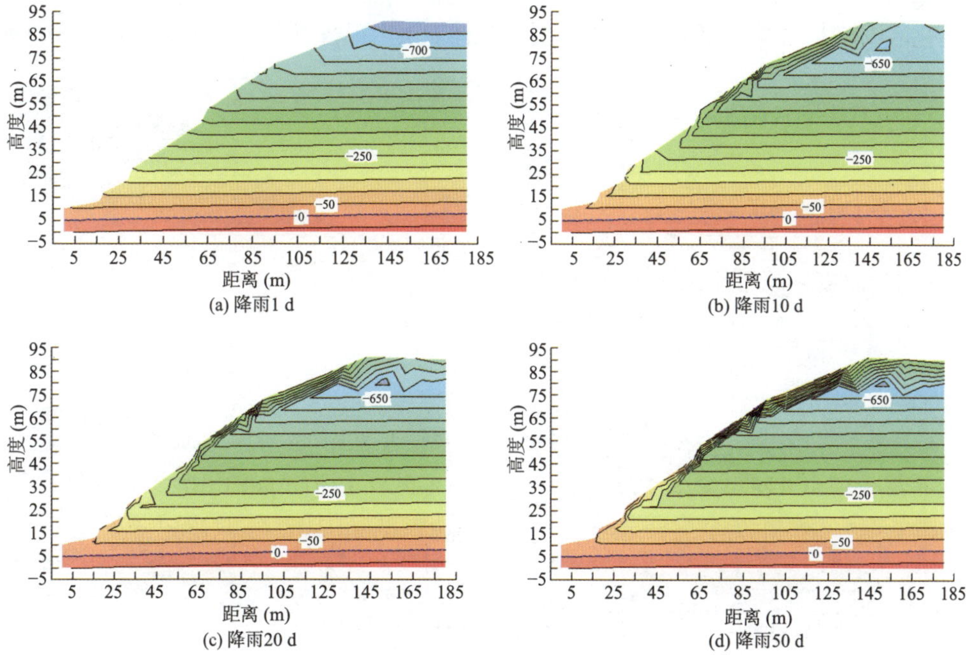

图6-86 雨强30 mm/d不同降雨持时坡体孔隙水压力分布图

如图6-88、图6-89所示，当降雨强度为60 mm/d时，降雨持时1 d后，坡体孔隙水压力和体积

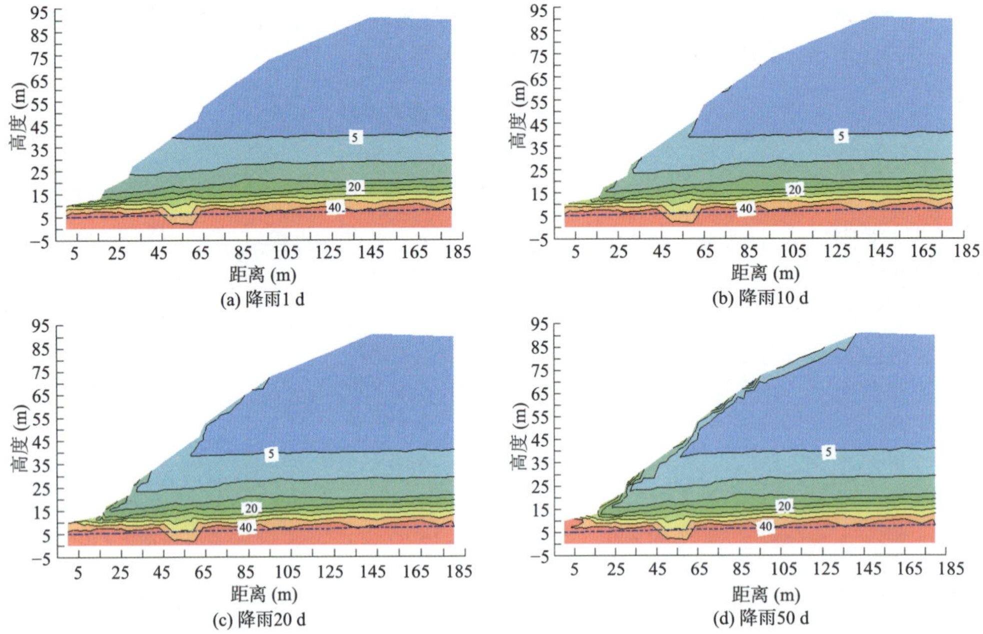

图 6-87　雨强 30 mm/d 不同降雨持时坡体体积含水率分布图

含水率改变依然较小，主要是坡体表层部位孔压和含水率增加，影响深度在 0.5 m 范围内，比较降雨强度为 30 mm/d 时的情况，影响范围程度和范围均有增加。当降雨持时 10 d 后，坡体孔隙水压力和体积含水率变化区域扩大，影响深度达到 8.3 m。当降雨持时 20 d 后，坡体孔隙水压力和体积含水率变化区域扩大，影响深度达到 10.0 m。当降雨持时 50 d 后，坡体孔隙水压力和体积含水率变化区域扩大，影响深度达到 12.5 m；并且坡体表层出现暂态饱和区，厚度为 0.1 ~ 0.3 m。

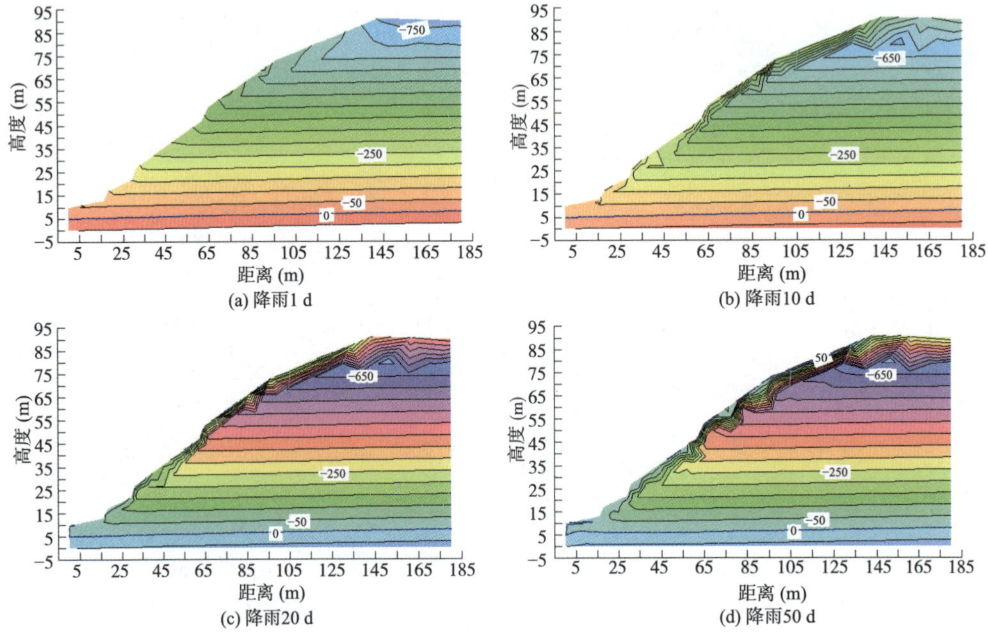

图 6-88　雨强 60 mm/d 不同降雨持时坡体孔隙水压力分布图

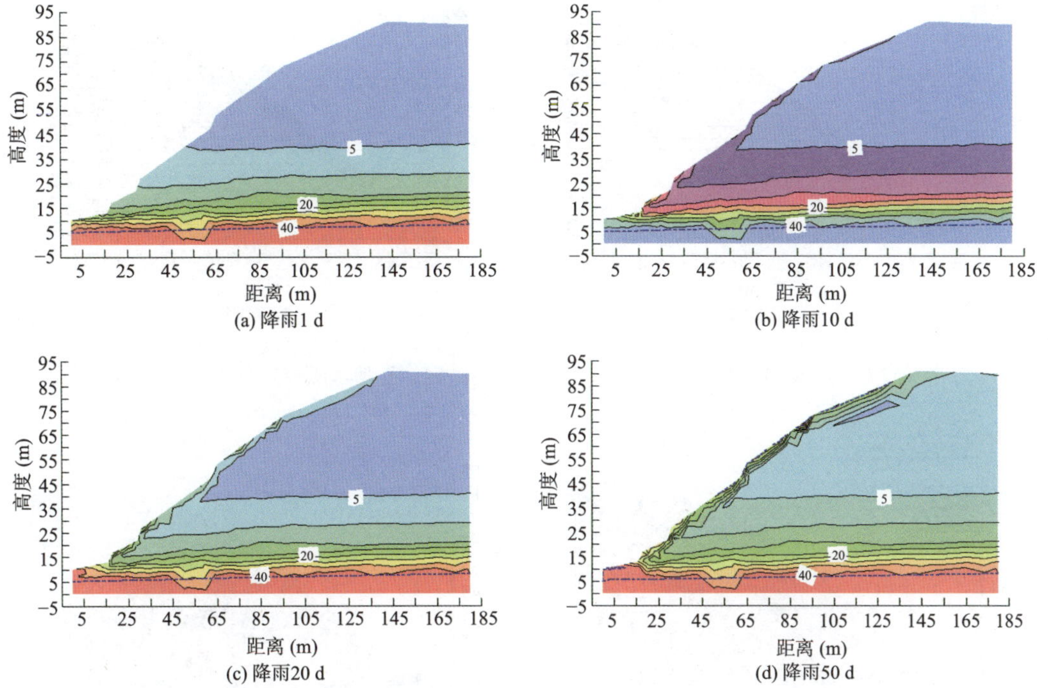

(a) 降雨1 d　(b) 降雨10 d

(c) 降雨20 d　(d) 降雨50 d

图 6-89　雨强 60 mm/d 不同降雨持时坡体体积含水率分布图

如图 6-90、图 6-91 所示，当降雨强度为 75 mm/d 时，降雨持时 1 d 后，坡体孔隙水压力和体积含水率改变比雨强为 30 mm/d 和 60 mm/d 时有小幅增加，坡体表层部位孔压增加至 −760 kPa，影响深度在 0.5 m 范围内。当降雨持时 10 d 后，坡体孔隙水压力和体积含水率变化区域扩大，影响深度达到 9.5 m。当降雨持时 20 d 后，坡体孔隙水压力和体积含水率变化区域扩大，影响深度达到 12.0 m；并且坡体表层出现两处暂态饱和区，厚度为 0.1～0.2 m。当降雨持时 50 d 后，坡体孔隙水压力和体积含水率变化区域扩大，影响深度达到 14.0 m；并且坡体表层出现连续的暂态饱和区，厚度为 0.1～0.9 m。

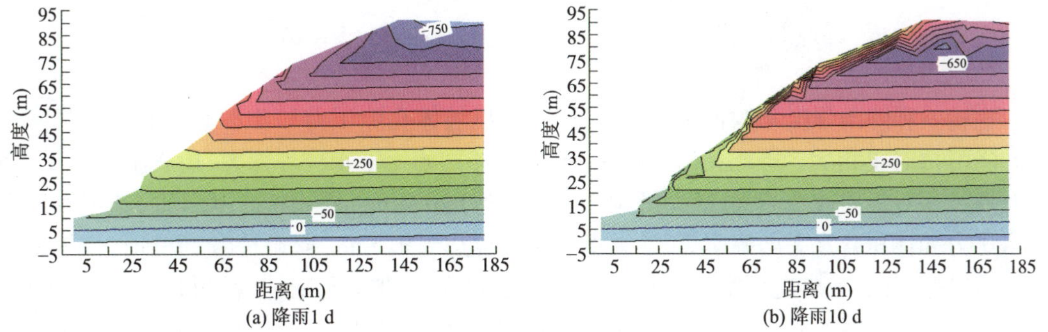

(a) 降雨1 d　(b) 降雨10 d

图　6-90

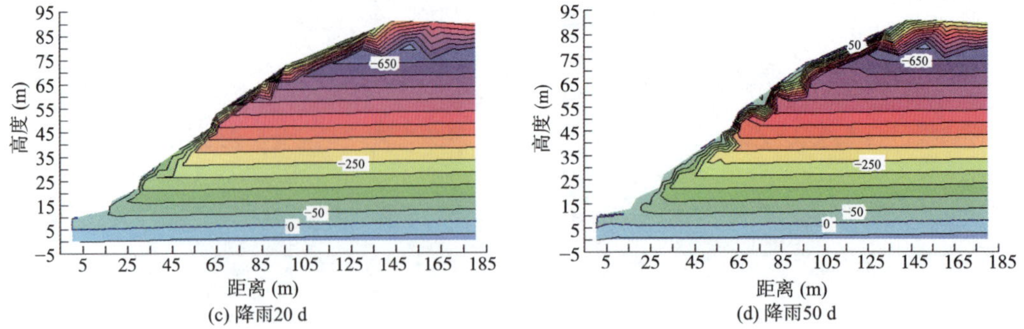

图 6-90　雨强 75 mm/d 不同降雨持时坡体孔隙水压力分布图

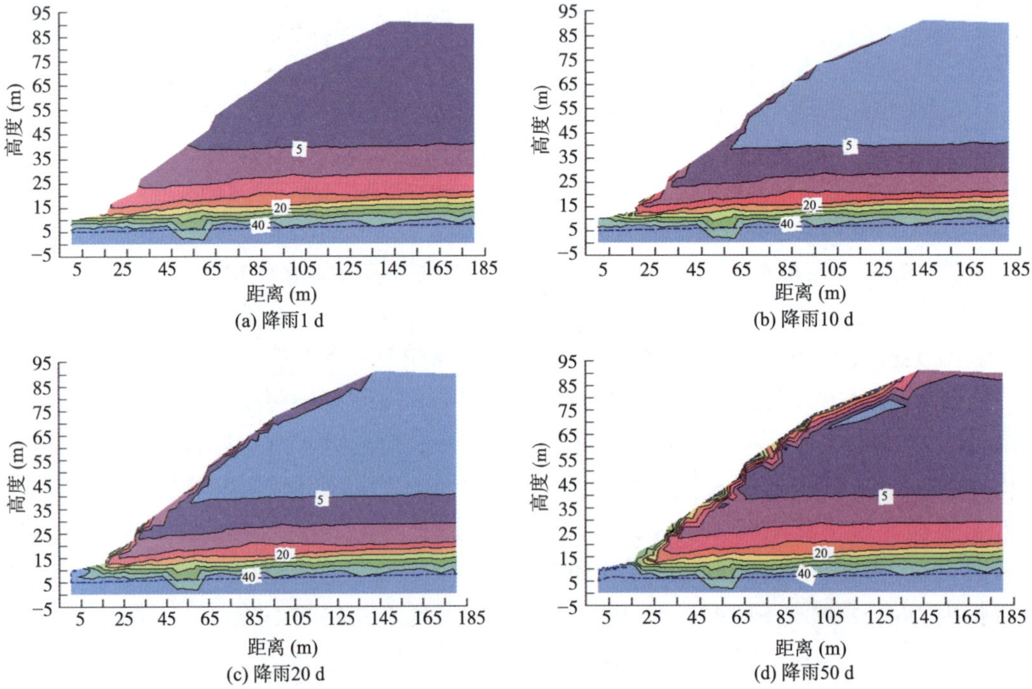

图 6-91　雨强 75 mm/d 不同降雨持时坡体体积含水率分布图

比较三种降雨强度和四种降雨持时，可以看出坡体孔隙压力和含水率的增加与降雨强度和降雨持时正相关。降雨持时 1 d 后，由于坡体初始地下水位埋深大，地表土体较干，降雨对坡体水理性质改变不大，最大影响深度也只达到 0.5 m。降雨持时 10 d 时，边坡表层孔隙水压力和体积含水率增幅明显，最大影响深度也达到 9.5 m。降雨持时 20 d 时，坡体表层出现零星饱和区，坡脚地下水位上升。降雨持时 50 d 时，地表形成连续饱和区，坡顶有稳定潜水水位线，在坡脚和地下水位线交汇，饱和深度为 0.1 ~ 0.9 m，最大影响深度为 14.0 m。

②山西中南部铁路通道 DK6 +600 芦则沟 1 号隧道西侧边坡

a. 稳态分析

在给定初始水位线和水力学函数情况下，根据边界条件，计算出边坡初始状态的孔隙水压力和体积含水率分布。如图 6-92 所示，初始状态下，负孔隙水压力（基质吸力）最大值 -604 kPa 出现在坡顶，正孔隙水压力 392.28 kPa 出现在坡底，水压力大致沿地下水位线垂直方向从上往下递增，地下水位附近及往下出现渗流，渗流速度最大为 4.34×10^{-7} m/s。

如图 6-93 所示，初始状态下，坡体体积含水率和孔隙水压力基本对应，从上往下递增，但在地下水位线附近，梯度增加，等值线有起伏，与水位线不一致，坡顶体积含水率为 1.59%，底部体积含水率为 44%。

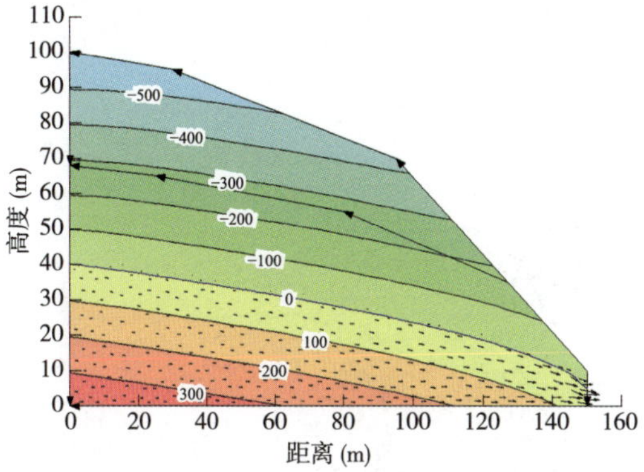

图 6-92　初始状态坡体孔隙水压力分布图

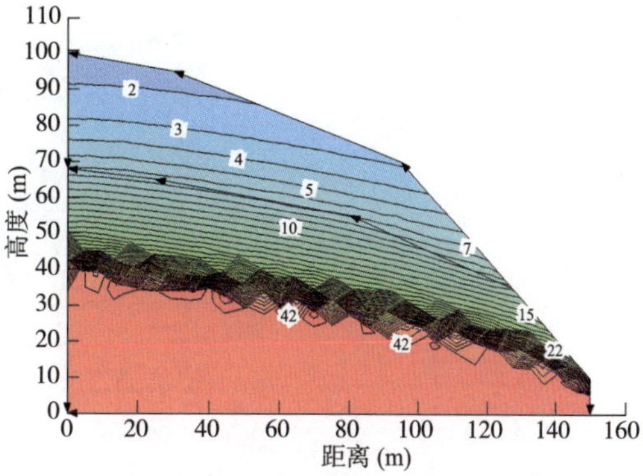

图 6-93　初始状态坡体体积含水率分布图

b. 降雨入渗条件下瞬态分析

根据野外人工降雨资料，本次模拟雨型为中雨、大雨、暴雨，对应雨强为 30 mm/d、60 mm/d、75 mm/d。研究边坡地表线按坡度可分为三段，坡度从上到下分别为 9°、21°、47°，换算成坡面单位流量雨强见表 6-13。

表 6-13　坡面单位流量表

雨强（mm/d）	雨强（m/s）	坡面 9°雨强（m/s）	坡面 21°雨强（m/s）	坡面 47°雨强（m/s）
30	3.47×10^{-7}	3.38×10^{-7}	3.24×10^{-7}	2.36×10^{-7}
60	6.94×10^{-7}	6.72×10^{-7}	6.48×10^{-7}	4.73×10^{-7}
75	8.68×10^{-7}	8.46×10^{-7}	8.10×10^{-7}	5.91×10^{-7}

如图 6-94、图 6-95 所示，当降雨强度为 30 mm/d 时，降雨持时 1 d 后，坡体孔隙水压力和体积含水率改变极小，主要是坡顶部位孔压和含水率增加，影响深度仅在 0.5 m 范围内。当降雨持时 10 d 后，坡顶部位孔压和含水率增加，影响深度在 3 m 左右。当降雨持时 100 d 后，坡体孔隙水压力和体积含水率变化区域扩大，影响深度达到 5.5 m，并且坡体地表三处出现饱和区，厚度为 0.1 ~ 0.3 m。

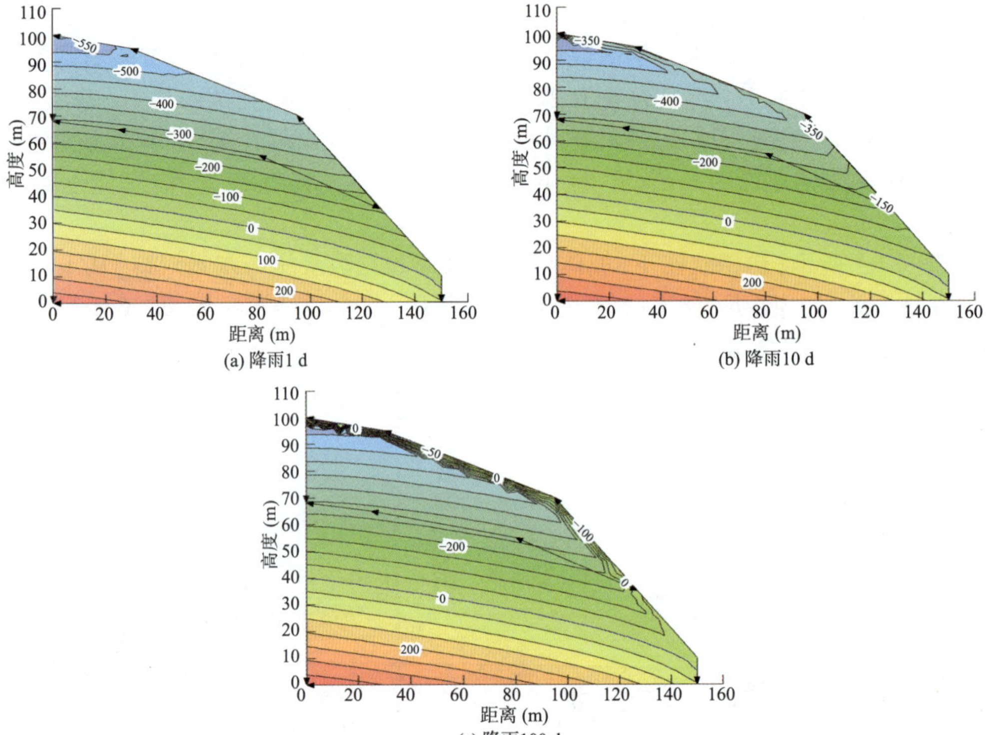

(a) 降雨1 d (b) 降雨10 d (c) 降雨100 d

图 6-94 雨强 30 mm/d 不同降雨持时坡体孔隙水压力分布图

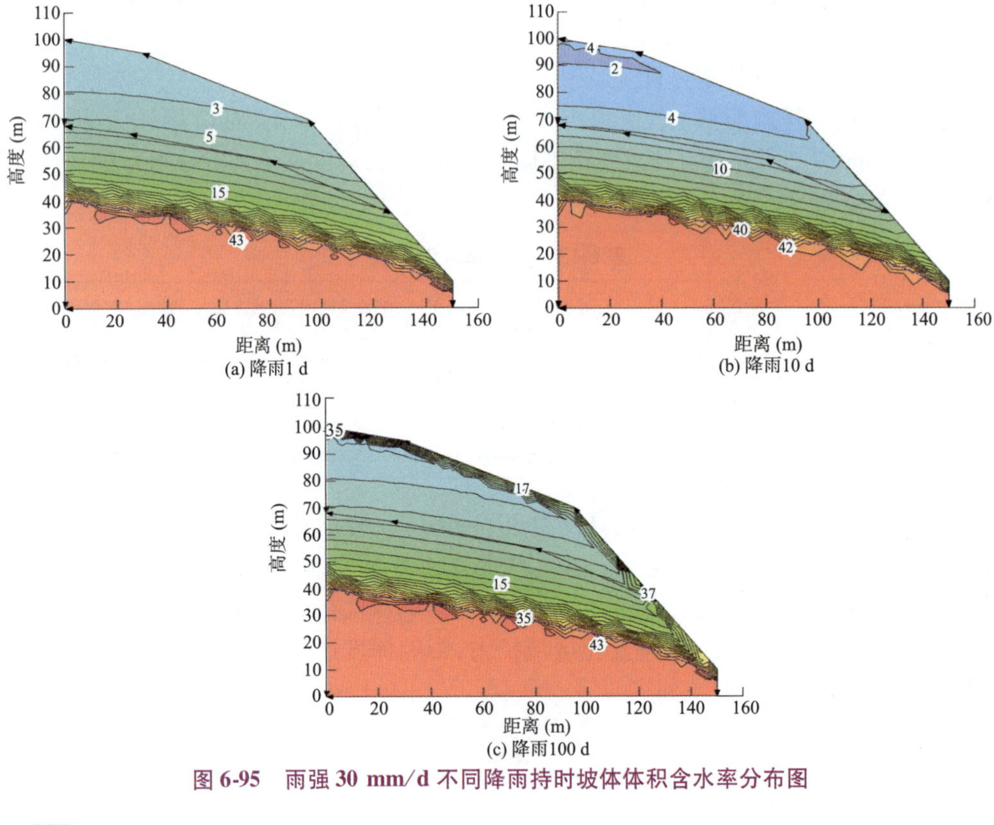

(a) 降雨1 d (b) 降雨10 d (c) 降雨100 d

图 6-95 雨强 30 mm/d 不同降雨持时坡体体积含水率分布图

如图 6-96、图 6-97 所示，当降雨强度为 60 mm/d 时，降雨持时 1 d 后，坡体孔隙水压力和体积含水率改变依然很小，影响深度仅在 0.5 m 范围内。当降雨持时 10 d 后，坡顶部位孔压和含水率增加，影响深度在 4 m 左右。当降雨持时 100 d 后，坡体孔隙水压力和体积含水率变化区域扩大，影响深度达到 7 m，并且坡体表层出现连续的暂态饱和区，厚度为 0.2～1.1 m。坡顶出现正孔隙水压力。

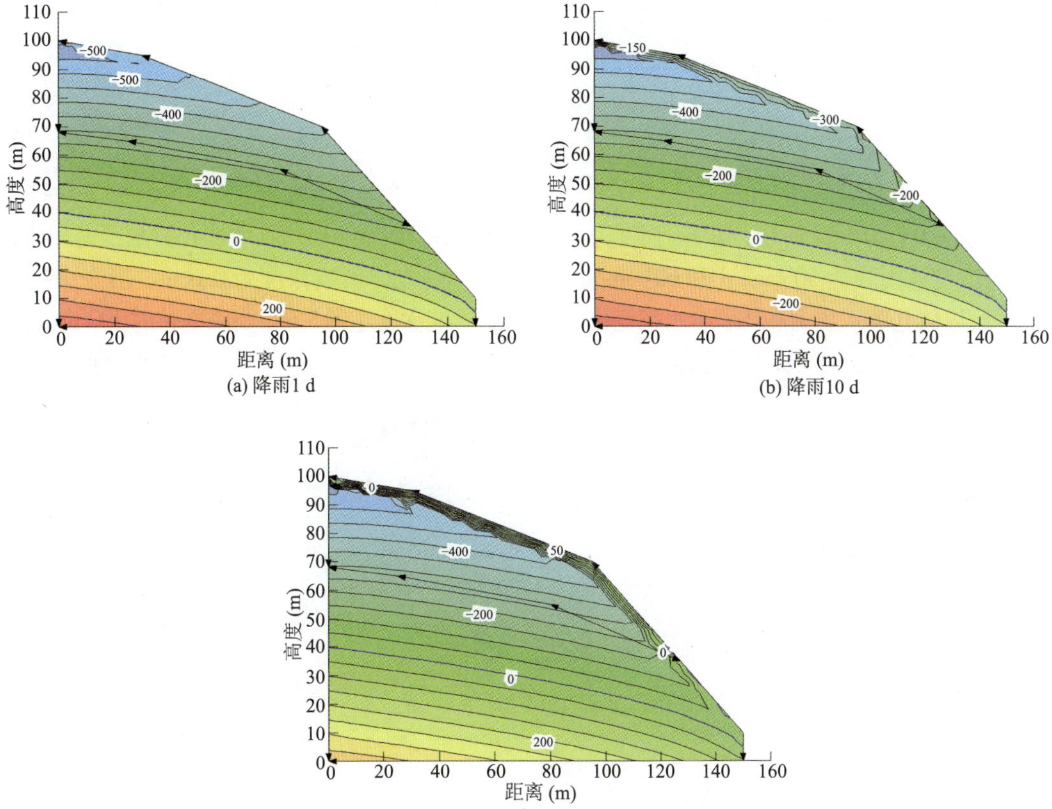

(a) 降雨1 d
(b) 降雨10 d
(c) 降雨100 d

图 6-96　雨强 60 mm/d 不同降雨持时坡体孔隙水压力分布图

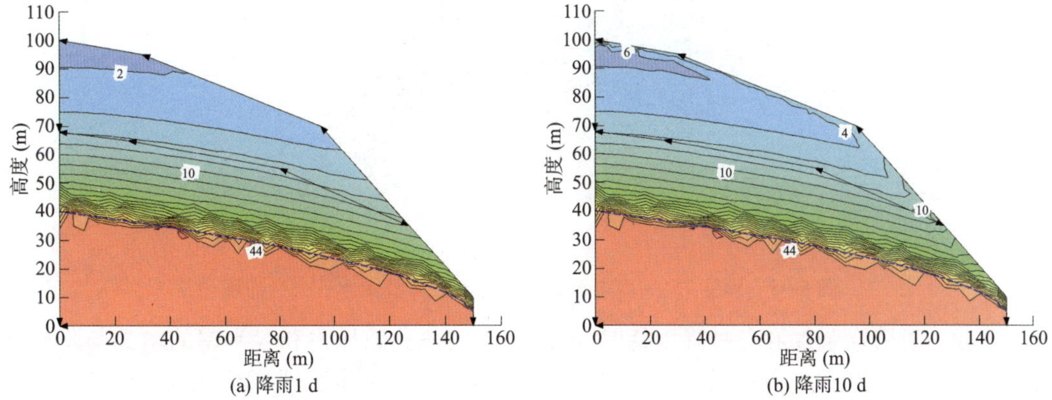

(a) 降雨1 d
(b) 降雨10 d

图　6-97

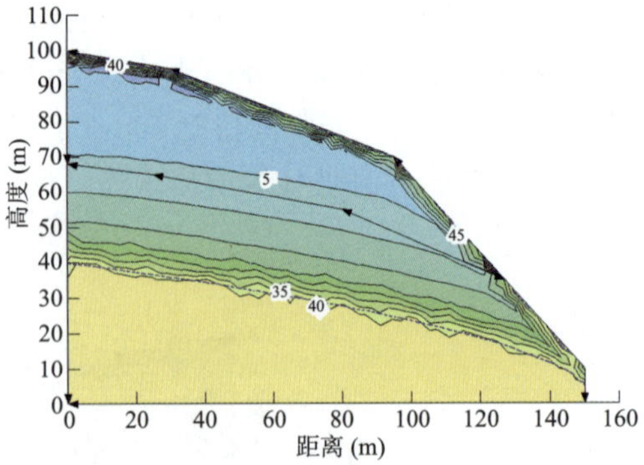

(c) 降雨100 d

图 6-97 雨强 60 mm/d 不同降雨持时坡体体积含水率分布图

如图6-98、图6-99所示，当降雨强度为75 mm/d时，降雨持时1 d后，坡体孔隙水压力和体积含水率改变比雨强为30 mm/d和60 mm/d时均有小幅增加，影响深度为0.6 m。当降雨持时10 d后，坡体孔隙水压力和体积含水率变化区域扩大，影响深度达到5 m。当降雨持时100 d后，边坡出现连续的地表水位线，暂态饱和区在表层贯通，厚度为0.3～1.5 m。坡脚饱和深度达到2.0 m。

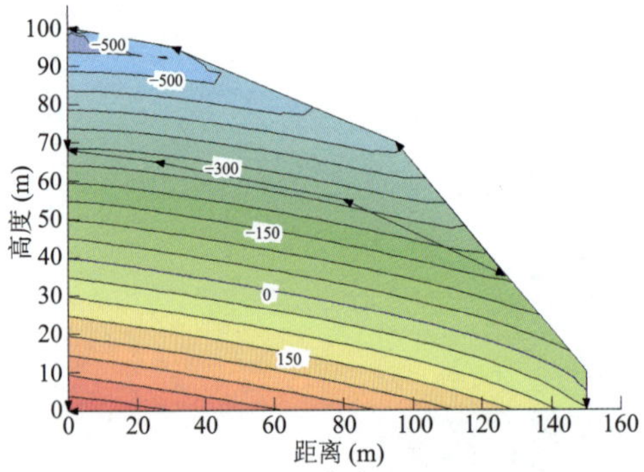

(a) 降雨1 d

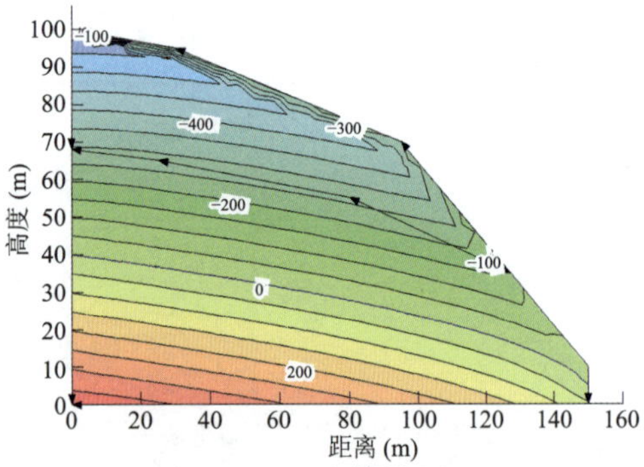

(b) 降雨10 d

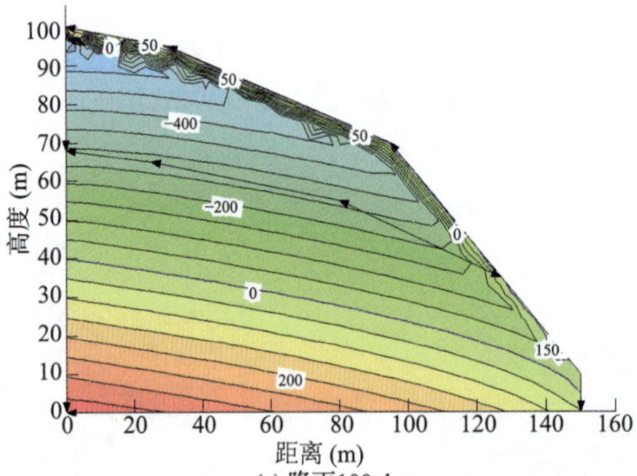

(c) 降雨100 d

图 6-98 雨强 75 mm/d 不同降雨持时坡体孔隙水压力分布图

比较三种降雨强度和三种降雨持时，可以看出坡体孔隙压力和含水率的增加与降雨强度和降雨持时正相关。降雨持时1 d时，由于坡体初始地下水线埋深大，地表土体较干，三种雨强对坡体水理性质改变不大，最大影响深度也只达到0.6 m。降雨持时10 d时，影响深度达到5 m，但没有出现饱和区。本次模拟未考虑其他源汇项，其实降雨过程中还有地表径

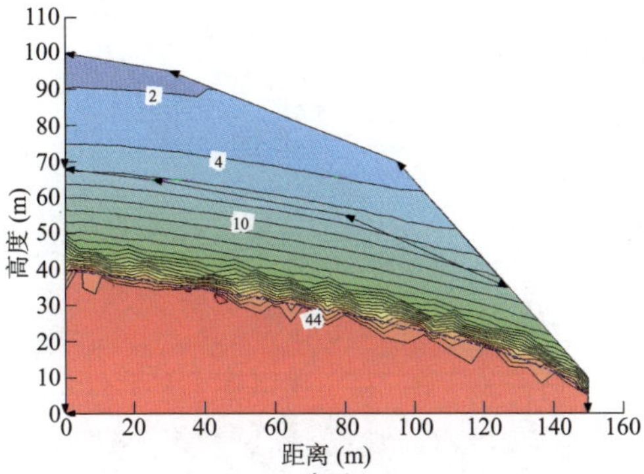

(a) 降雨1 d

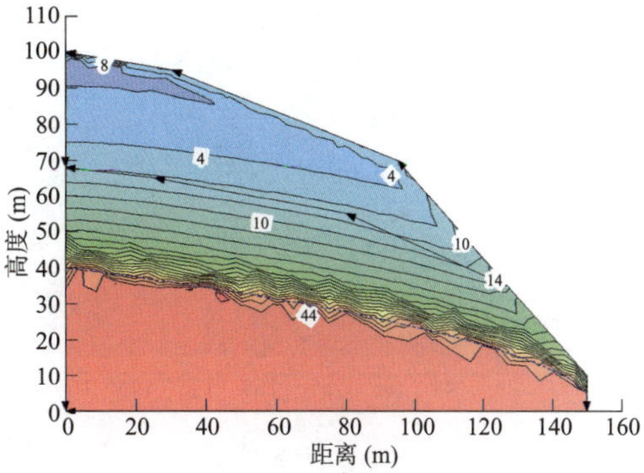

(b) 降雨10 d

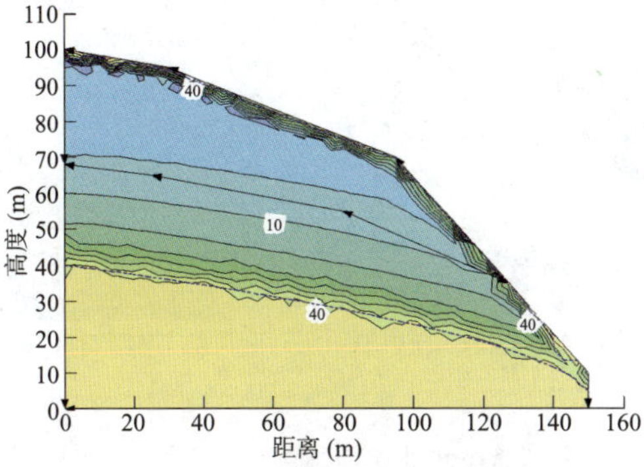

(c) 降雨100 d

图 6-99 雨强 75 mm/d 不同降雨持时坡体体积含水率分布图

流，所以影响范围会更小，因此只要降雨持续时间短，降雨强度均匀，黄土边坡稳定性下降并不大。降雨持时 100 d 时，边坡土体水理力学性质发生质变，边坡表层都出现或大或小的暂态饱和区。当雨强为 75 mm/d 时，形成了贯通稳定的潜水水位线，湿润锋更是下移到 9 m 左右。

3）降雨作用下边坡稳定性结果分析

将上述不同降雨强度和降雨持时的 SEEP/W 计算结果导入 SLOPE 中，得出不同工况下的边坡稳定性系数。

①大西客运专线 DK586 + 285 边坡

如图 6-100 ~ 图 6-103 所示，通过不同工况下的边坡稳定性计算分析，考虑基质吸力和第二内摩擦角 φ^b，采用四种极限平衡法得出相应的边坡安全系数。

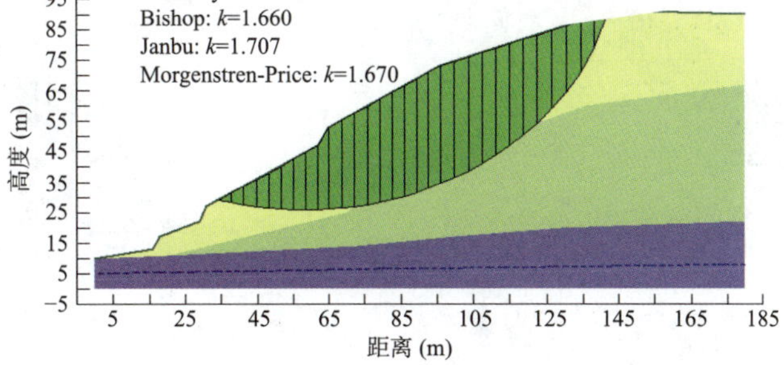

图 6-100 边坡初始状态稳定性计算结果图

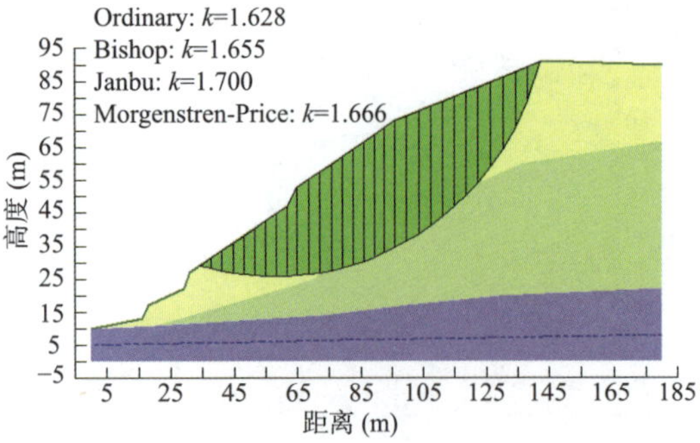

(a) 降雨1 d

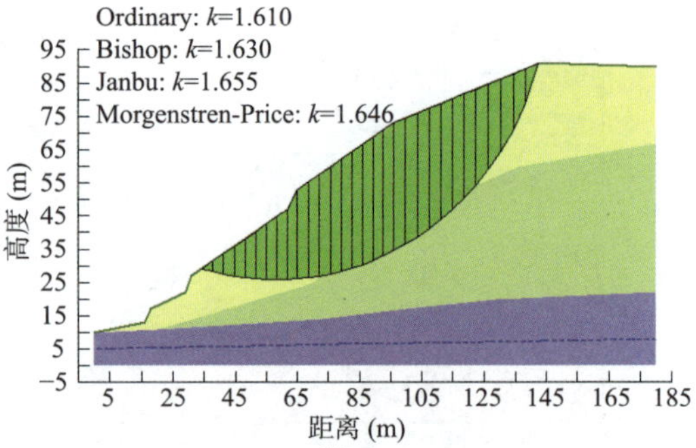

(b) 降雨10 d

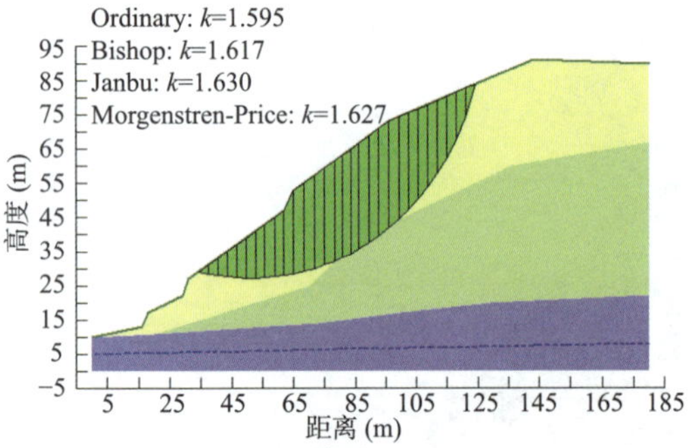

(c) 降雨20 d

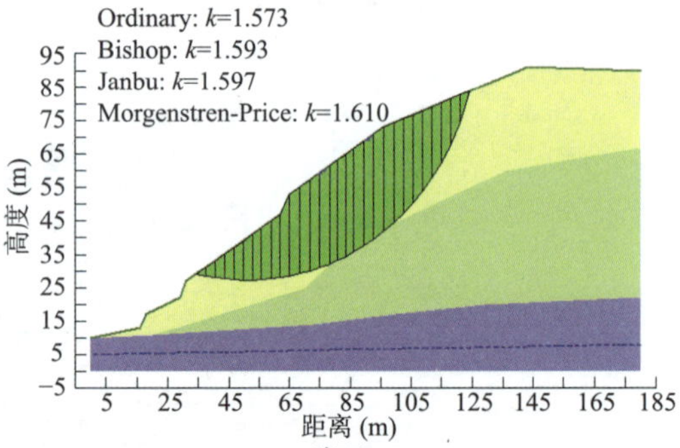

(d) 降雨50 d

图 6-101　雨强 30 mm/d 不同降雨持时边坡稳定性计算结果图

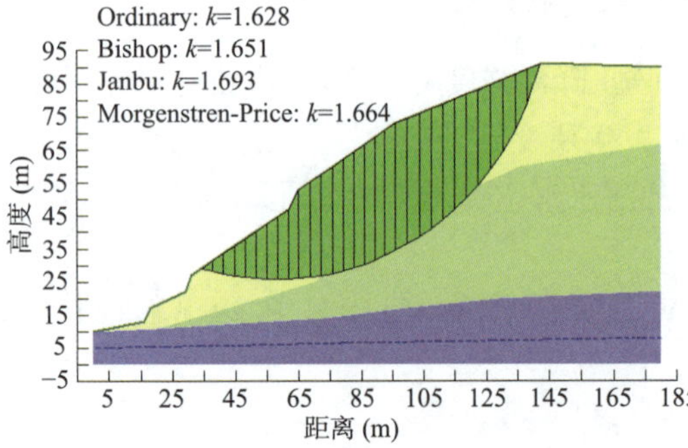

(a) 降雨1 d

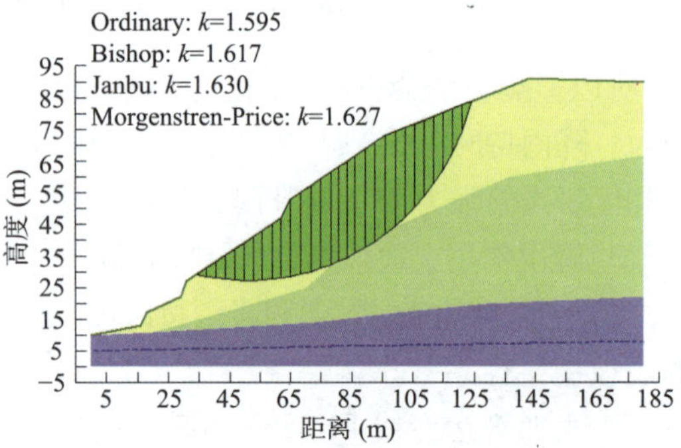

(b) 降雨10 d

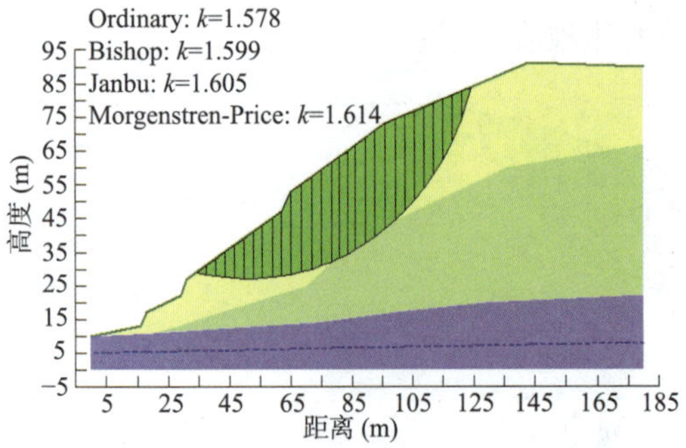

(c) 降雨20 d

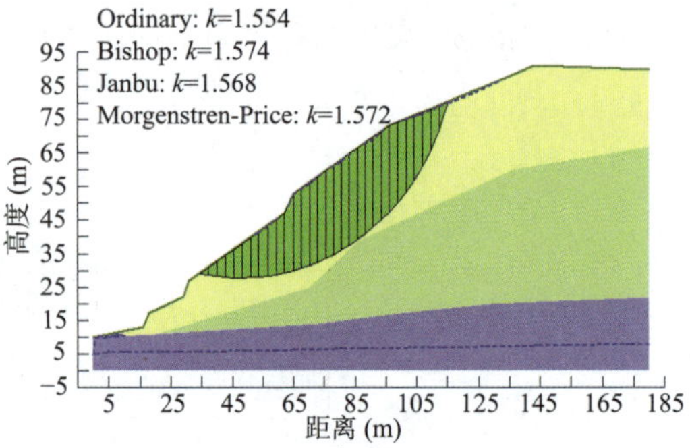

(d) 降雨50 d

图 6-102　雨强 60 mm/d 不同降雨持时边坡稳定性计算结果图

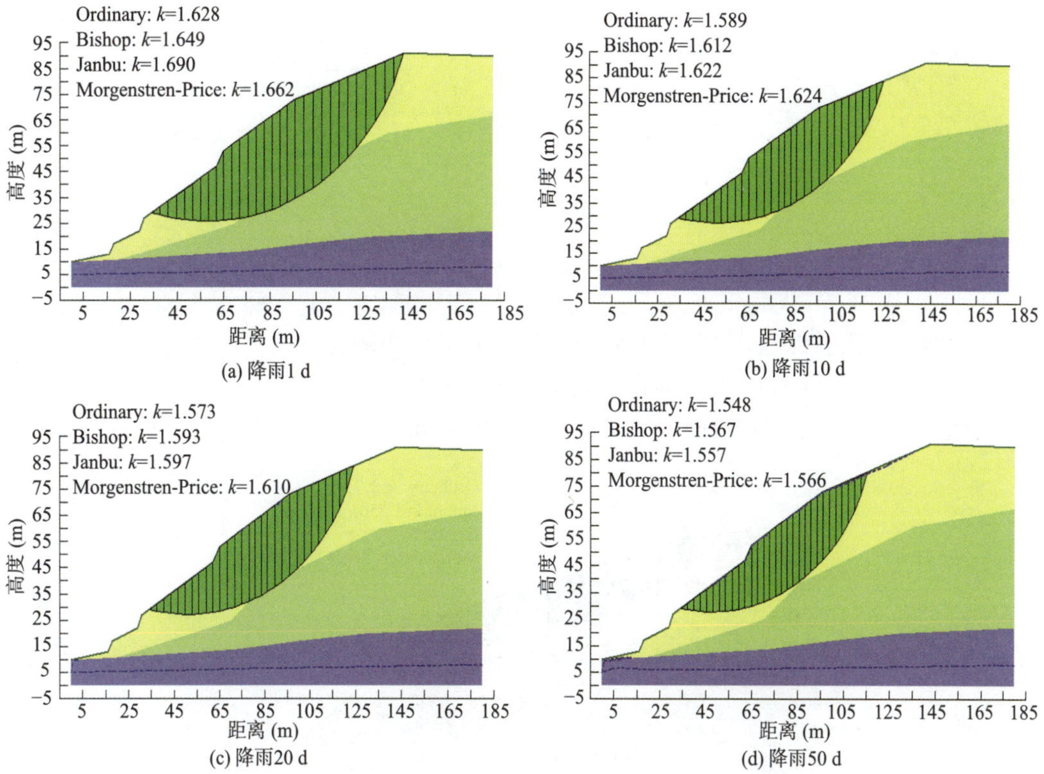

图 6-103 雨强 75 mm/d 不同降雨持时边坡稳定性计算结果图

如图 6-104 ~ 图 6-106 所示，降雨强度越大，降雨时间越长，越不利于边坡稳定。降雨持时1 ~ 10 d 时，边坡安全系数下降较快。当降雨强度为 30 mm/d，降雨持时 50 d 时的降幅在 0. 053 ~ 0. 103 之间；当降雨强度为 60 mm/d，降雨持时 50 d 时安全系数的降幅在 0. 074 ~ 0. 125 之间；当降雨强度为 75 mm/d，降雨持时 50 d 时安全系数的降幅在 0. 080 ~ 0. 133 之间。降雨持时 1 d 时，安全系数基本不发生变化；当降雨进行到 10 d 时安全系数下降速率加快，如果斜坡有裂缝或是水系通道，那么安全系数下降将会更大。

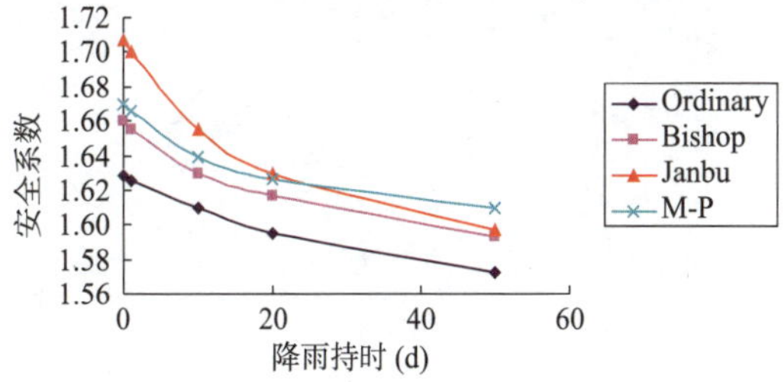

图6-104 雨强 30 mm/d 时安全系数随降雨持时变化

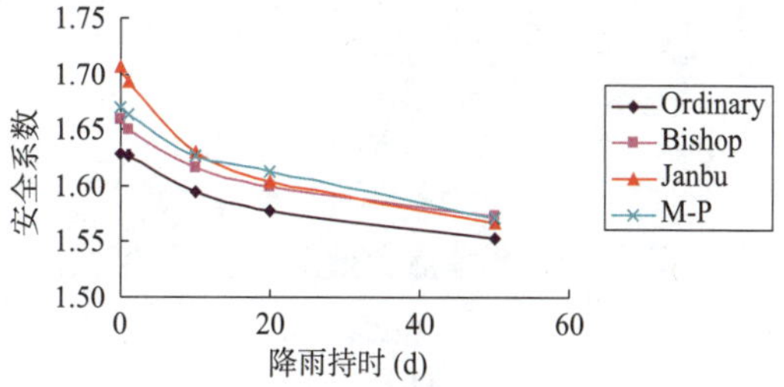

图6-105 雨强 60 mm/d 时安全系数随降雨持时变化

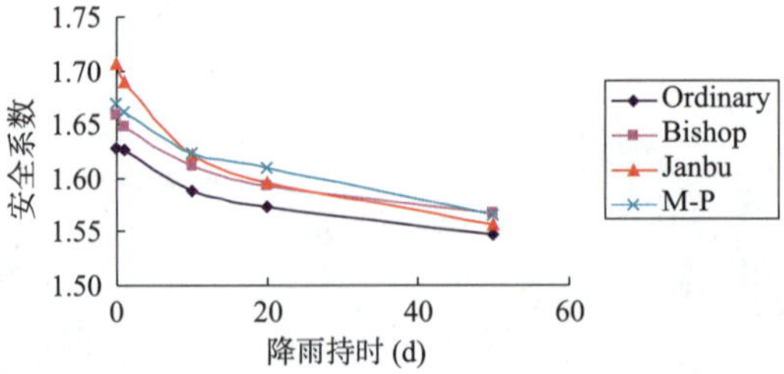

图 6-106　雨强 75 mm/d 时安全系数随降雨持时变化

②山西中南部铁路通道 DK6 +600 芦则沟 1 号隧道西侧边坡

如图 6-107 ~ 图 6-111 所示，通过不同工况下的边坡稳定性计算分析，考虑基质吸力和第二内摩擦角 φ^b，采用四种极限平衡法得出相应的边坡安全系数。

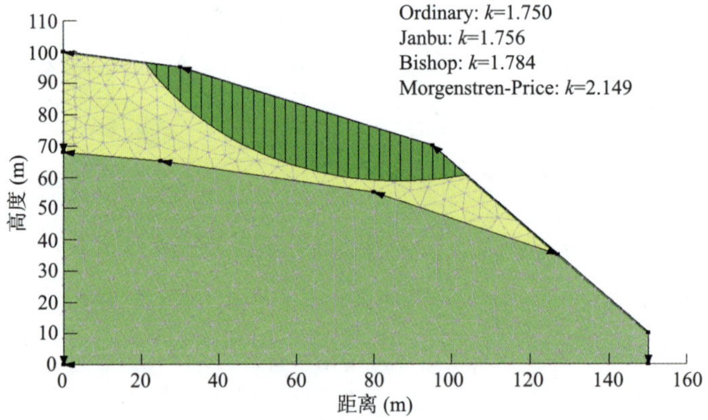

图 6-107　边坡初始状态稳定性计算结果图

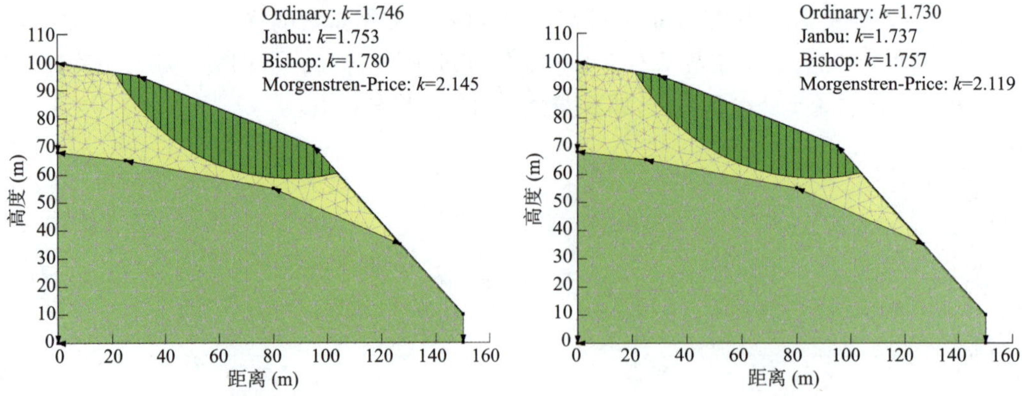

(a) 降雨1 d　　(b) 降雨10 d

图　6-108

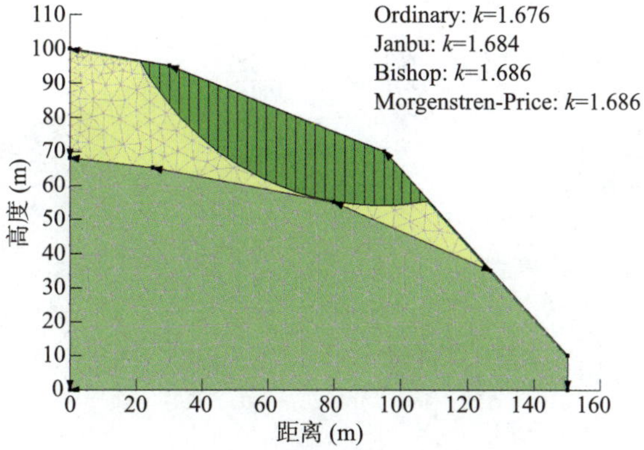

(c) 降雨100 d

图 6-108 雨强 60 mm/d 不同降雨持时边坡稳定性计算结果图

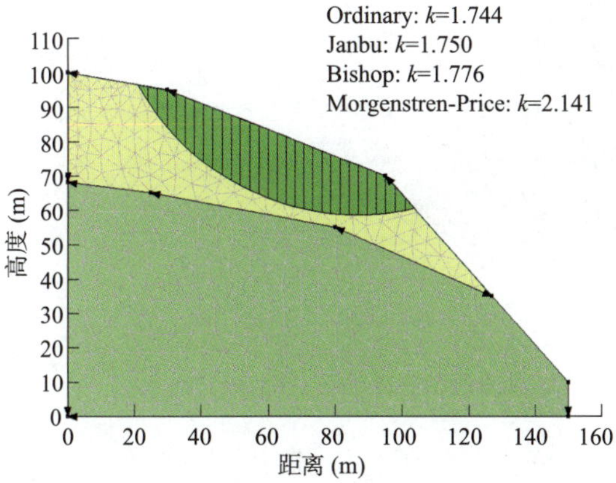

(a) 降雨1 d

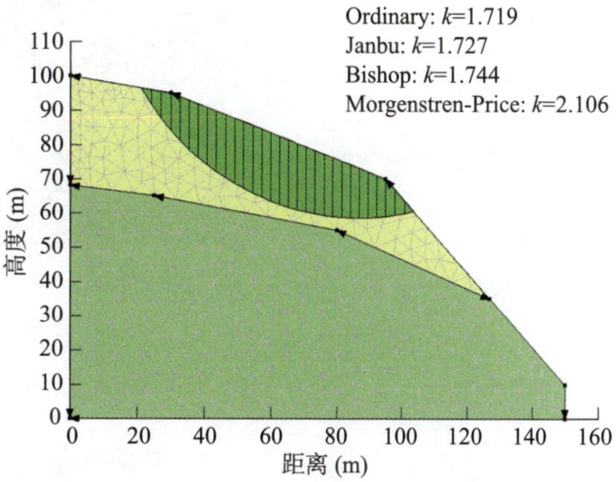

(b) 降雨10 d

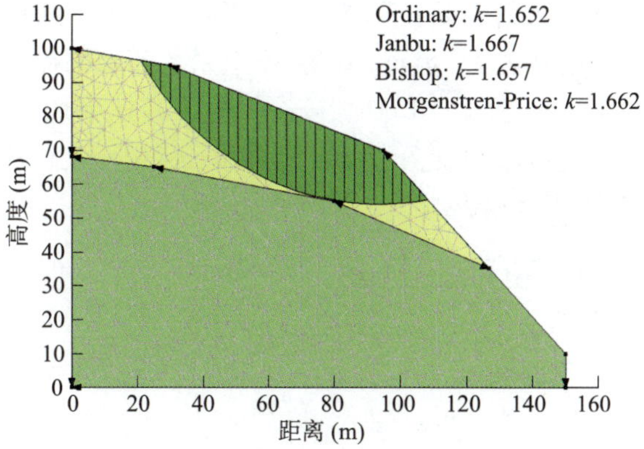

(c) 降雨100 d

图 6-109 雨强 60 mm/d 不同降雨持时边坡稳定性计算结果图

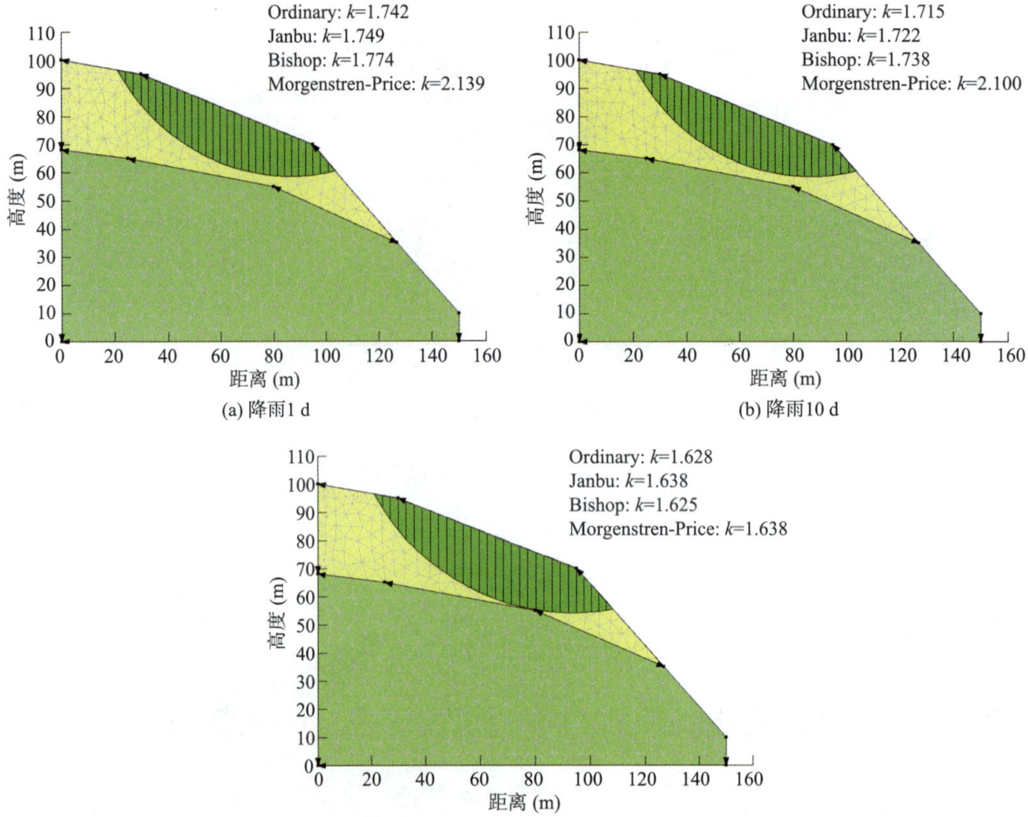

(a) 降雨1 d

(b) 降雨10 d

(c) 降雨100 d

图 6-110　雨强 75 mm/d 不同降雨持时边坡稳定性计算结果图

如图 6-111～图 6-113 所示，随降雨强度增大，降雨时间延长，边坡稳定性降低。降雨 1 d 时，安全系数下降 0.003～0.01，基本对边坡稳定不产生影响。降雨 100 d 情况下，降雨强度为 30 mm/d 时，安全系数的降幅在 0.074～0.098，降雨强度为 60 mm/d 时，安全系数的降幅在 0.089～0.127，降雨强度为 75 mm/d 时，安全系数的降幅在 0.118～0.159。降雨 1 d 时，安全系数基本不发生变化，降雨 10 d 时，安全系数下降速率加快，降雨 100 d 时，安全系数依然下降且未见平缓的趋势。由此可见，在无裂隙、无薄弱面工程地质条件下，持续降雨对黄土高边坡的稳定性依然存在影响。

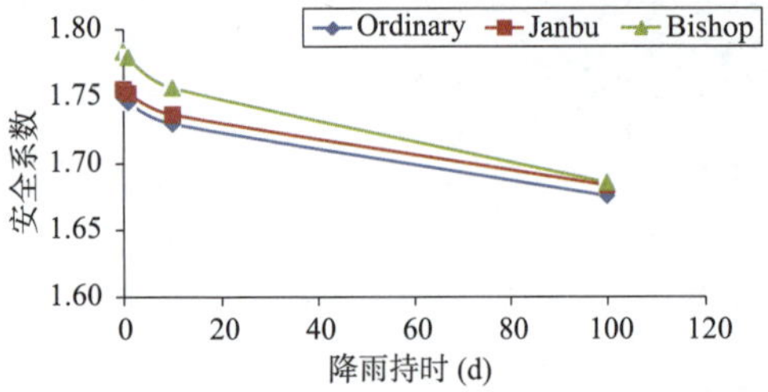

图 6-111　雨强 30 mm/d 时安全系数随降雨持时变化

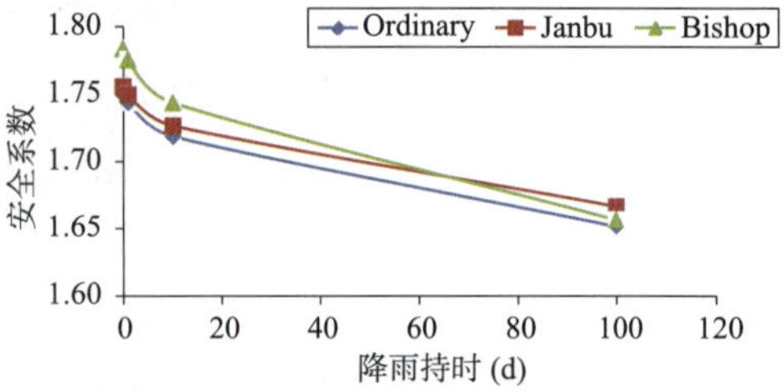

图 6-112　雨强 60 mm/d 时安全系数随降雨持时变化

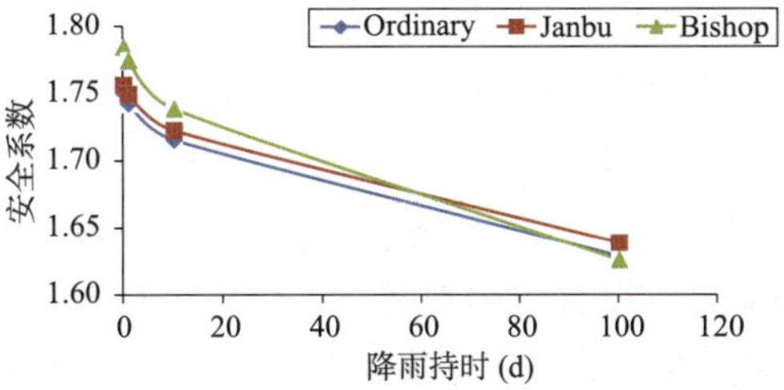

图 6-113　雨强 75 mm/d 时安全系数随降雨持时变化

(4)降雨作用下边坡稳定性研究小结

①本区黄土极其疏松,中小孔隙发育,模拟的三次降雨中,除大暴雨入渗量低于 40%,其余均超过 65%。因此,降雨入渗对于山西黄土高边坡稳定性分析显得尤为重要。

②降雨强度为 44 mm 时,山西中南部铁路通道黄土地区蒸发和入渗活动主要集中在地表 75 cm 范围之内;而降雨强度为 89 mm 时,大西客运专线黄土地区蒸发和入渗活动主要集中在地表 85 cm 范围之内,这分别是两者埋设张力计的理想层位。两种降雨强度的影响深度约为 2 m。主要影响时间为降雨 48 h 之内。

③降雨开始时,雨水冲刷带走剖面大量松软土层,当进行到半小时后,入渗量便超过泥沙冲蚀量。此时土压力和孔隙水压力上升,基质吸力持续下降,也就是说,降雨持续半小时后,边坡负荷增加,抗剪强度减小,此时便进入危险状态。降雨持时越长,失稳可能性越大。

④随着降雨强度的增加和降雨时间的延长,入渗影响范围增加,当累计降雨量达到 120 mm 时,降雨影响深度可达 4 m,这就表明,即使在没有裂缝、空洞或滑裂面的黄土地区,强降雨和持续降雨也可以诱发浅层滑坡。

⑤比较三种降雨强度和三种降雨持时,可以看出坡体孔隙压力和含水率的增加与降雨强度和降雨持时正相关。根据数值分析结果,降雨持时 1 d 时,由于坡体初始地下水线埋深大,地表土体较干,三种雨强对坡体水理性质改变不大,短时间降雨过程中雨水主要通过地表径流排出,对边坡土体入渗影响范围较小。因此只要降雨持续时间短,降雨强度均匀,黄土边坡稳定性下降并不大。

⑥边坡坡体孔隙水压力、含水率与降雨强度和降雨持时呈正相关关系。降雨强度越大,降雨时间越长,越不利于边坡稳定。

⑦根据试验段铁路边坡具体情况,黄土边坡防护宜采用孔窗式护墙与骨架护坡相结合的设计方案,既满足强度要求又绿化边坡;同时应加强排水措施,降低降雨入渗和冲刷对黄土边坡稳定性造成的危害。

6.3　黄土边坡加固防护技术研究

6.3.1　铁路黄土边坡加固防护原则

根据边坡的工程地质、水文地质及周边环境条件,确定安全经济的边坡加固防护方案,满足抗滑稳定性、抗倾覆稳定性、变形稳定性等要求,并起到稳定边坡、美化环境的作用。具体来说，边坡加固防护应遵循以下几个原则：

（1）黄土高边坡加固防护设计应按照“综合设计、就地取材、以防为主、经济安全、确保施工”基本原则来选择方案，并应充分考虑环境保护，美化环境。

（2）黄土高边坡加固防护应按照设计、施工与养护相结合的原则，深入调查研究，根据当地气候环境、工程地质和材料等情况，因地制宜，就地取材，选用适当的工程类或采取综合措施，以保证黄土高边坡的稳固。不要轻易取消或减少必要的防护工程措施，而给养护遗留繁重的工作量。

（3）针对各个边坡不同的地质条件、变形类型、稳定状态，采取不同的加固和防护工程措施。低边坡以设计稳定的坡形、坡率为主，只作排水和坡面防护工程，不作加固工程；高陡边坡整体稳定者，只作局部加固；对有整体失稳滑动和崩塌的边坡，包括顺层边坡，应采取强有力措施加固，确保边坡稳定。

（4）动态设计信息化施工。高陡边坡勘测和调查受到限制，变形范围和加固工程位置在施工中进行调整，以符合边坡实际情况。

（5）按照铁路部门对边坡稳定的要求，完善地表排水系统，边坡渗水处应增加必要的地下排水工程，减少水对边坡稳定的影响。

（6）坡面护坡方法应优先考虑采用植物防护，当土质不宜植物生长及难以保证边坡稳定时，要考虑经济性、施工及效果，采用工程防护或相应的辅助设施。

（7）对于存在不良地质因素的黄土高边坡，应加强边坡防护与支挡加固的综合设计，根据地形地质条件，因地制宜设计必要的边坡加固与防护措施。

6.3.2　常用黄土边坡加固防护技术

黄土高边坡防护技术主要包括坡型选择、坡面防护技术、坡体防护技术、排水措施四个部分，各种边坡防护技术的类型、使用范围、适用条件等均有所不同。

1. 坡型选择

根据大量调查分析可知，黄土高边坡的综合坡比、坡度和坡高（单级坡高）是边坡设计中需要重点考虑的问题，它直接关系到黄土高边坡的稳定性、经济性。因此，选择一个合理的坡型方案对黄土高边坡的稳定至关重要。

一般而言，设计坡率若太缓，不经济；若太陡，边坡稳定性差。而平台宽度也与边坡稳定性关系密切。相对于同样高度的边坡，平台宽度加大，稳定性相应增大；坡体中部设置大平台可将坡体分为两个相对独立的坡段（上、下段），上下段的应力分布特征相似。在大平台附近剪应力形成向坡里移动的曲线，使其剪应力发生偏转，难以形成圆弧状的剪应力轨迹，意味着坡体整体稳定性较大，发生破坏的可能性减小。同时，大平台还降低了坡脚处剪应力集中，并且合理改变了边坡的偏应力及偏应变的分布，因此有利于边坡的稳定。合理选择黄土高边坡坡型直接影响着边坡整体稳定性。

依据《铁路特殊路基设计规范》（TB 10035—2018），表 6-14 列出了推荐的黄土路堑边坡设计参考数值，表 6-15 列出了黄土路堑边坡形式及适用条件，针对不同时代及成因的黄土，考虑了当地年平均降水量的影响，对坡体上平台的设置以及排水沟及其加固等做出了具体的规定。

表 6-14 铁路系统推荐的黄土路堑边坡坡率

黄土名称	边坡坡率	
	$H \leqslant 10$ m	10 m $< H \leqslant 20$ m
全新世、晚更新世坡积黄土(Q_3^{dl},Q_4^{dl})	1:1～1:1.25	1:1.25～1:1.5
全新世、晚更新世冲积、洪积、风积黄土($Q_4^{al,pl}$,$Q_3^{al,pl,eol}$)	1:0.75～1:1	1:1～1:1.25
早更新世、中更新世黄土(Q_1,Q_2)	1:0.75～1:1	

注:1. 表列边坡坡率是指单一土层的综合边坡坡率,若为多种土层,可根据不同时代、成因土层性质的差异性及其在边坡中所占比例,综合考虑确定。
2. 阶梯形边坡的分级坡率,对均质土层可取同一坡率值,对非均质土层可选用不同坡率值。
3. 当堑顶地面横坡小于20°时,不计其对边坡坡率的影响;当为20°～35°时,Q_4黄土边坡高度大于12 m,$Q_3^{al,pl}$黄土边坡高度大于15 m,边坡坡率可放缓一级(按0.25计);当大于35°时,应通过稳定检算确定。
4. 对Q_2、Q_1黄土尚应考虑构造裂隙对边坡稳定性的影响。

表 6-15 工程中常用的黄土路堑边坡坡型

边坡形式	适用条件
直线形(一坡到顶)	(1)均质土层,Q_4、Q_3黄土边坡高度 $H \leqslant 12$ m,Q_2、Q_1黄土边坡高度 $H \leqslant 15$ m; (2)非均质土层,边坡高度 $H \leqslant 10$ m
折线形(上缓下陡)	非均质土层,边坡高度 $H \leqslant 15$ m
阶梯形(小平台)	(1)均质土层,Q_4、Q_3黄土边坡高度 12 m $< H \leqslant 25$ m,Q_2、Q_1黄土边坡高度 15 m $< H \leqslant 25$ m; (2)非均质土层,边坡高度 15 m $< H \leqslant 25$ m
阶梯形(大平台)	边坡高度 $H > 25$ m

黄土路堑边坡设计要考虑边坡的稳定性、耐久性和挖方断面的经济性,并兼顾施工和养护方便。边坡形式需根据黄土的时代成因、所处地貌单元、构造节理、边坡高度、地表水和地下水条件以及自然稳定边坡的形状等综合确定。上述表中所列边坡坡率设计参考值是根据有关研究和工程经验分析、汇总整理而成的,且适用于均质土、无不良地质现象情况。在实用取值时应根据边坡所在位置的具体情况分析选用。对黄土边坡稳定性的力学验算,主要是确保坡体不出现整体滑动失稳情况。因此,黄土边坡的工程设计中,还要根据多方面因素的综合分析,合理选择坡型,并采取必要的排水及防护措施。一般情况下,对于均质黄土,低矮边坡应采用较陡的分级坡率,在能采用植物防护的前提下,最大限度减少雨水对坡面的侵蚀;对于黄土高边坡,可采取分级设小平台,边坡中部设大平台的措施减缓综合坡率,保证高边坡稳定性。

2. 坡面防护技术

坡面防护的主要目的是保护边坡,防止边坡风化、冲刷,同时还具有美化、协调生态环境等作用。坡面破坏是指在边坡本身稳定性满足要求,由于边坡坡面常年暴露于自然环境中,在各种自然条件的影响下,使边坡表面土体失稳的现象。黄土路堤坡面可采取土工网垫、空心砖、截水骨架护坡等措施防护,路堑边坡可采用空心砖、截水骨架护坡、孔窗式护墙等进行防护加固和防排水处理。

(1)立体绿化植被垫护坡

黄土地区坡面防护应采用抗冲刷能力强、质量轻、绿色环保的防护措施。立体绿化植被垫护坡(图6-114)作为土工网垫护坡措施的一种,该技术具有固土效果显著、绿化效果优秀、保水性能好、施工运输方便、工厂化程度高、造型美观、实用性强等特点,能使立体绿化与护坡功能完美结合,符合低碳绿色环保设计理念。

(a) 植被垫铺设前期

(b) 植被垫铺设效果

图6-114　立体绿化植被垫护坡系统

新型立体绿化植被垫层主要由新型土工材料和绿化基材等组成,采用专用机械设备加工而成。产品呈多层结构,最外层为特制可降解塑料丝网,次外层为可降解无纺布,中间层为绿化基材。坡面植被形成前期,铺设植被垫,加之竹钉锚固,能起到削弱潜蚀、抑制地表径流、水土流失的作用;坡面植被形成后,土工材料、植被、土壤牢固地结合在一起,形成一种牢固的复合力学嵌锁体系。植被垫具有优异的“保温”、“保水”作用,发芽快、成坪时间短、护坡功效高,且施工基本不受季节限制,比传统铺草皮、喷播等护坡方式具有更高的抗冲刷、防水土流失的能力。

(2)骨架植草防护

骨架植草护坡是采用混凝土砌筑成拱形、人字形骨架等,骨架内种草绿化,骨架上可设置导水的镶边石,从而防止坡面的冲刷、剥蚀。一般用于缓于1∶1的土质坡面,在地层为新黄土的坡面中较常用。由于骨架护坡是工程措施与植物措施相结合的防护形式,一方面它避免了实体式护面墙的坡面封闭效应,另一方面又大大改善了路容景观,效果良好。一般适用于有放坡条件地段或高边坡上部,要求坡率缓于1∶1,在老黄土层中植草效果一般。常见的骨架护坡主要有混凝土块骨架植草防护和锚杆混凝土框架植草防护。混凝土块骨架形式多样,主要有拱形骨架(图6-115)、菱形骨架、人字形骨架、六边形(圆形、鱼鳞形)混凝土空心块等。黄土路堑骨架护坡实景如图6-116所示。

(3)孔窗式护坡(墙)

孔窗式护坡(墙)可采用片石或混凝土预制块砌筑、混凝土浇筑;护坡(墙)单级高度不宜超过12 m,超过时宜设平台、分级砌筑或浇筑;坡率不宜陡于1∶0.75,开孔尺寸宜选用

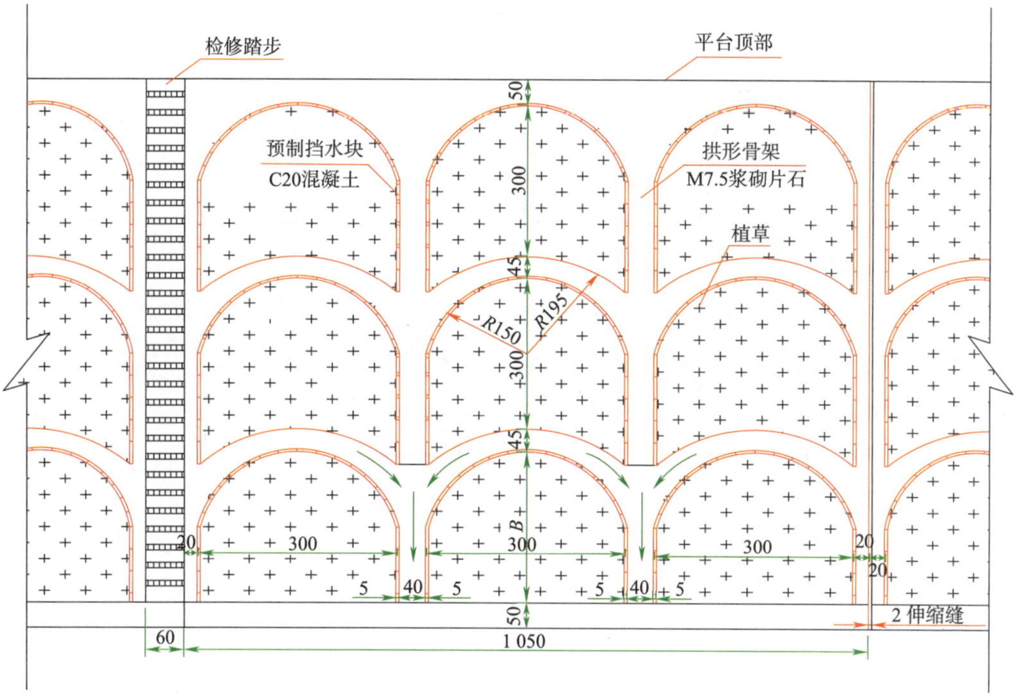

图 6-115 拱形骨架一般结构形式(单位:cm)

图 6-116 黄土路堑骨架护坡(坡率 1∶1.25,灌木为爬地柏)

2 ~4 m,窗孔内宜喷混植生或种植植物;孔窗式护墙的基础埋深应不小于 1 m。孔窗式护坡一般结构形式如图 6-117 所示。

3. 坡体加固技术

坡体加固是针对铁路黄土高边坡可能产生的整体或局部失稳而设置一定的支护结构物。对于不稳定的铁路黄土边坡,支护结构是一种可靠的防护手段,可从根本上解决边坡的稳定性问题,达到根治的目的。

(1)重力式挡土墙

挡土墙是防止坡体变形失稳而承受侧向土压力的结构物(图 6-118)。传统挡土墙是采

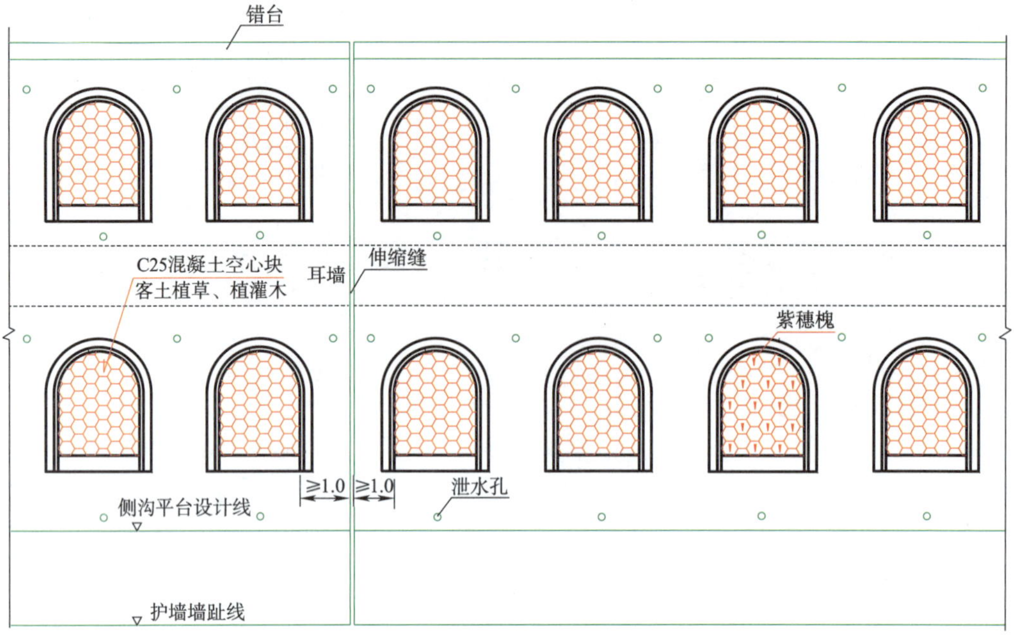

图 6-117　孔窗式护坡一般结构形式(单位:m)

用片石砌筑的重力式挡土墙,随着工程技术的发展,出现了锚杆、锚定板、加筋土等多种类型挡土墙。

黄土地区常用的重力式挡土墙为路堑挡土墙,一般采用片石混凝土或混凝土浇筑。重力式挡土墙一般应用于黄土深路堑坡脚加固或陡坡地段收坡,基础埋深范围内有稳定岩层时也可用做抗滑挡土墙。其优点是结构简单、施工便捷、经济效果好;缺点是与抗滑桩相比其抗滑能力较低,一般用于土压力或下滑力小于 500 kN/m,适宜高度为 2 ~ 8 m 的情况。此外,挡土墙基础开挖量较大,有可能因大范围开挖引起坡体失稳。

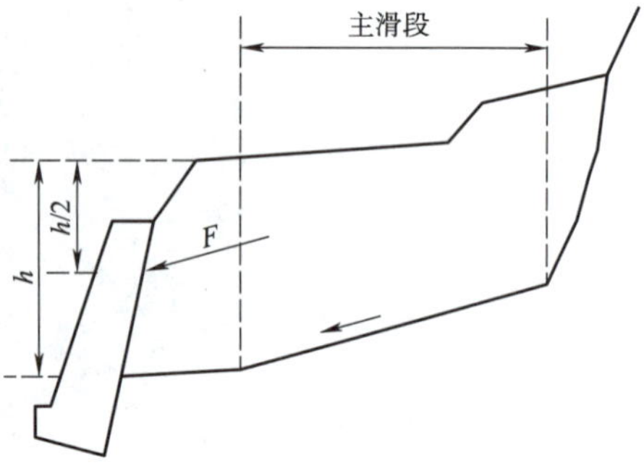

图 6-118　挡土墙示意图

(2)锚固桩或抗滑桩

锚固桩或抗滑桩是嵌入黄土高边坡或滑坡稳定岩土体中一定深度,将土压力或下滑力依靠桩身传递至稳定岩土体的结构物。一般成群布置,桩身材料多采用钢筋混凝土,借助桩受荷段及桩背土体与桩两侧土体间的摩阻力而形成的土拱效应,以稳定滑体。

它的优点是抗滑能力强、性能可靠、施工难度小,可广泛应用于各类黄土滑坡治理和黄土高边坡防护工程中。其缺点是对于滑坡主滑段或牵引段,由于滑坡推力大,设桩不经济,当滑面较陡时,不如锚固工程经济。

锚固桩和抗滑桩在黄土地区常应用于黄土滑坡整治、土石界面加固或土石界面处软弱土层加固。

①黄土滑坡

黄土地区的滑坡大致可划分为黄土层内滑坡、黄土接触面滑坡、黄土—基岩顺层滑坡、黄土—基岩切层滑坡4种基本类型。抗滑桩常用于黄土—基岩顺层滑坡、黄土—基岩切层滑坡整治，对于黄土层内滑坡、黄土接触面滑坡应首先考虑采用清方减载措施，必要时可采取抗滑桩抗滑。对于大型滑坡，可根据滑坡分段下滑力设置多排抗滑桩。黄土滑坡抗滑桩排示意如图6-119所示。

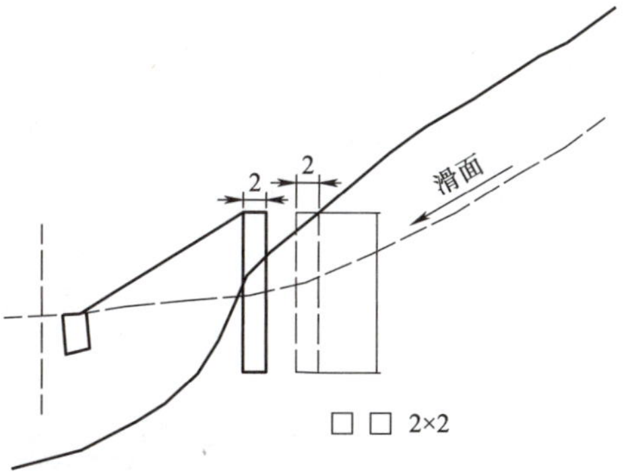

图6-119　黄土滑坡抗滑桩排示意图(单位:m)

②黄土与岩石界面加固

大西客运专线、山西中南部铁路通道、吕临支线所经黄土地区下伏基岩以砂岩夹泥岩或泥岩夹砂岩为主，土石界面倾角一般在5°～20°之间，由于黄土透水性好，下渗地表水积聚在土石界面，软化了土石界面附近岩土体，导致路堑开挖后易沿土石界面产生滑动，形成工程滑坡、滑塌等。在路堑开挖至土石界面以上一定深度(一般不小于5 m)，通过打设抗滑桩(图6-120)对土石界面提前进行预加固处理再开挖桩前土体，确保边坡稳定。当土石界面倾角较陡时应与锚索格梁进行经济比较。

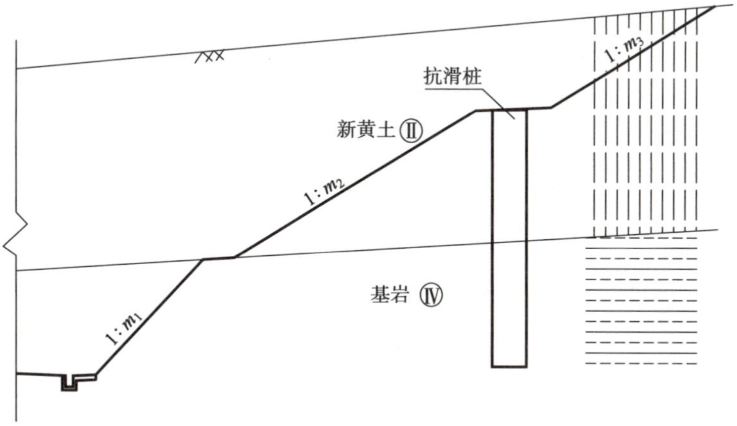

图6-120　边坡抗滑桩示意图

③软弱黄土层加固

新、老黄土下伏相对隔水的第三系粉质黏土、黏土或砂岩夹泥岩、泥岩夹砂岩地层，由于黄土透水性好，下渗地表水积聚在相对隔水层顶面，经过一定时间的积聚、软化，导致相对隔水层以上一定厚度的新、老黄土含水率增加，呈饱和软塑状态，抗剪强度急剧降低，当路堑开挖至软化层时，顶面边坡易沿此软层产生滑动，形成工程滑坡、滑塌等。在路堑开挖至软层界面以上一定深度(一般3～5 m，同时应通过检算确定)，通过打设锚固桩或抗滑桩对软层提前进行预加固处理再开挖桩前土体，确保边坡稳定。当软弱土层位于路基面附近时应采用桩板墙进行支挡加固(图6-121)，当软弱层位于堑坡中部时应采用抗滑桩进行支挡加固

（图 6-122），无论锚固桩还是抗滑桩，为防止桩孔开挖引起缩孔，应在开挖桩的桩周打设咬合搅拌桩或旋喷桩进行封闭加固（图 6-123）。同时抗滑桩或桩板墙支挡加固方案应与搅拌桩加固边坡方案进行经济技术比选，桩前软弱土体应放缓边坡并单独检算其稳定性，若稳定性差应对其进行加固处理。

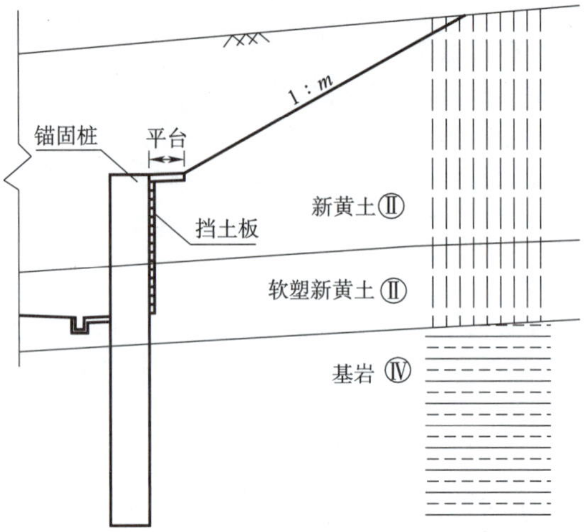

图 6-121　黄土软弱夹层桩板墙加固示意图

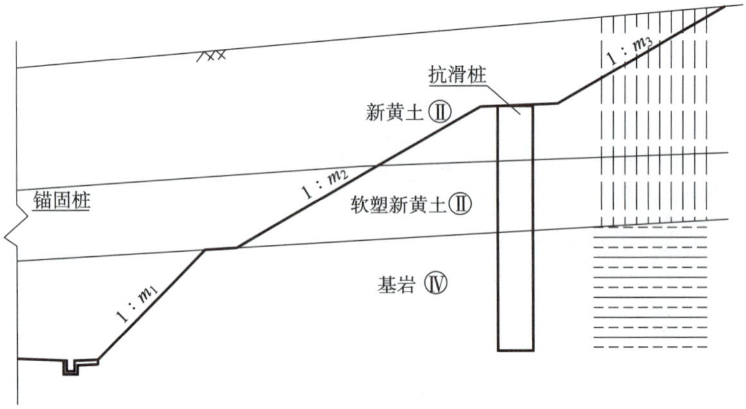

图 6-122　黄土边坡软弱夹层抗滑桩加固示意图

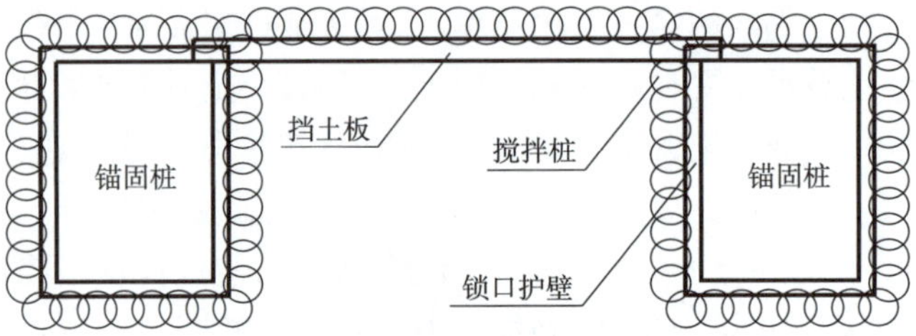

图 6-123　锚固桩、抗滑桩桩周加固示意图

(3)土钉墙

土钉墙是由被加固的土体,置于被加固土体中的细长金属杆件(土钉)及附着于坡面的混凝土面板组成,形成一个类似于重力式挡土墙,以此来抵抗墙后传来的土压力和其他作用力,从而使开挖坡面稳定。土钉及锚头设计、土钉墙面层配筋分别如图 6-124、图 6-125 所示。

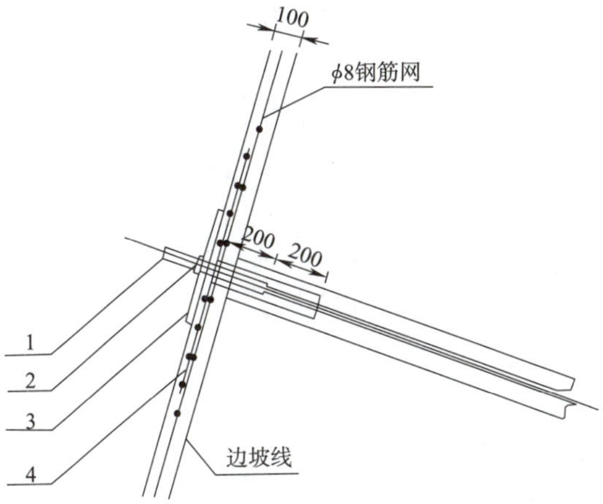

图 6-124 土钉及锚头设计图(单位:mm)

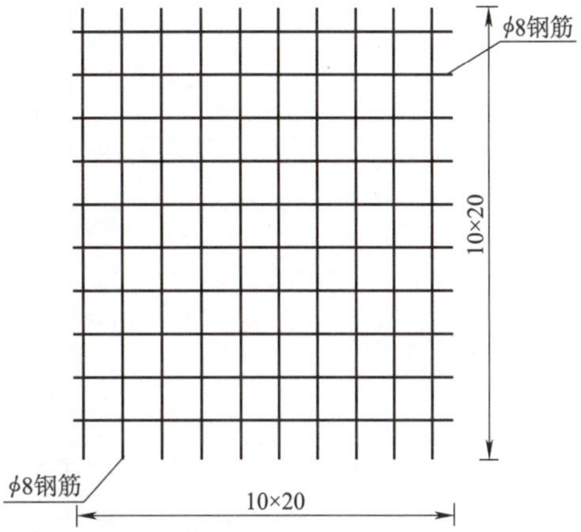

图 6-125 土钉墙面层配筋图(单位:cm)

其特点是能有效利用铁路边坡土体的自承能力,将土体作为支护结构不可分割的一部分;结构轻型,柔性大,有良好的抗震性和协调变形能力;施工工艺简单,土钉的制作与成孔不需要复杂的技术和大型施工机具,施工作业对坡体稳定性扰动小。可配合铁路黄土高边坡变形监测及时调整土钉长度和间距,一旦出现异常变形情况,能立即采取相应加固措施,从而提高工程的安全可靠性。工程造价相对经济,据国内外资料分析,土钉墙支护工程比其他支护类型的工程造价低 1/3 左右。防腐性能好,土钉由低强度钢材制作,与永久性锚杆相比,减少了防腐的工作量。施工速度快,可同时展开多个工作面,且与其他工序可交叉作业,基本不占用施工工期。但在寒冷地区采用土钉墙加固土质坡面易受冻胀影响引起墙面冻胀破裂等问题。

(4)锚杆(索)框架梁

锚杆(索)框架梁支护由锚杆(索)、框架梁和附属绿化工程组成,是一种工程措施与植物措施相结合的防护类型(图 6-126)。在铁路黄土高边坡的防护设计中,可采用非预应力锚杆。框架梁一般由钢筋混凝土或型钢制作,考虑到工程耐久性与绿化要求,设计中多采用钢筋混凝土框架。非预应力锚杆框架梁与土钉墙在支护机理和适用条件方面几乎一致。

工程实践表明,非预应力锚杆框架梁除具有土钉墙的大多数优点外,还有其不可比拟的优势,比如土钉墙面层的喷射混凝土完全将坡体内外的“水汽循环”阻止,可能引起坡体内部水的大量积聚,致使边坡稳定性降低。锚杆框架内可设置六棱空心砖或其他形式的格室进行填土绿化,而土钉墙无法施作绿化工程,景观效果亦不甚令人满意。

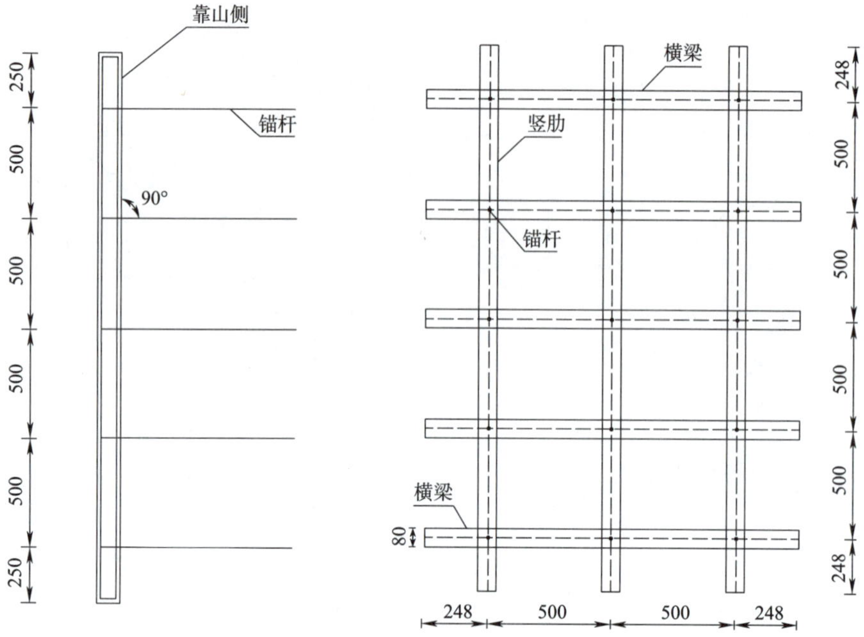

图 6-126　锚杆框架梁一般构造图(单位:cm)

两者造价不相上下,锚杆框架梁制作钢筋笼、浇筑混凝土、摆放空心砖及填土植草,施工工序较土钉墙略繁杂。

在黄土边坡中,高边坡坡脚应力集中区(图 6-127)、黄土与其他土质界面(图 6-128)、黄土与岩石界面加固(图 6-129)经常采用锚杆(索)框架梁处理。前两种一般采用锚杆框架梁加固,而黄土与岩石界面一般采用锚索框架梁加固,锚索锚固端置于稳定岩层内。采用锚杆(索)框架梁加固的边坡,施工工序必须做到开挖一级支护一级,以防大面积开挖后引起不同界面间顺界面滑动。

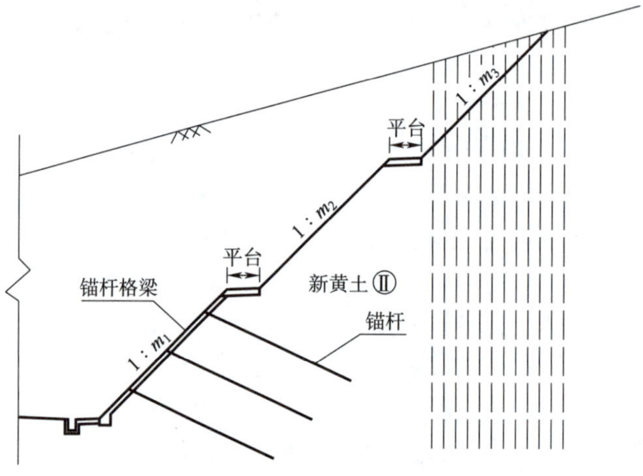

图 6-127　锚杆框架梁加固高边坡坡脚

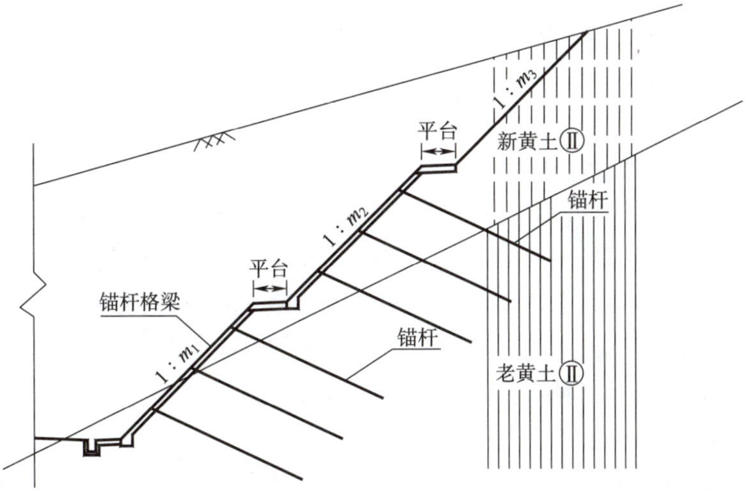

图 6-128　锚杆框架梁加固不同土质界面

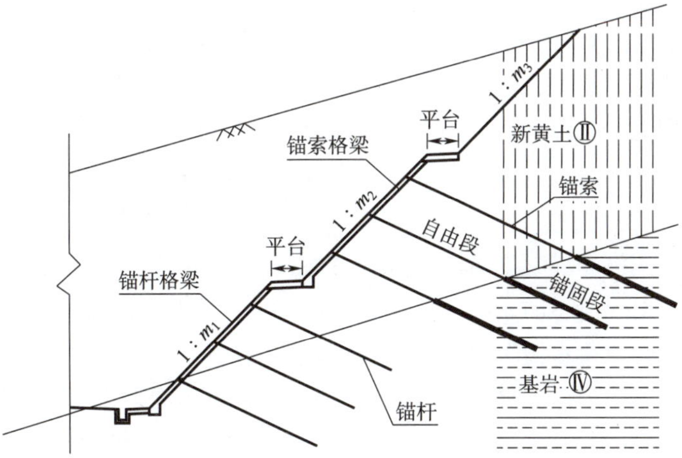

图 6-129　锚杆(索)框架梁加固土石界面

4. 排水措施

湿陷性黄土是一种非饱和的欠压密土,在天然条件下具有一定的结构强度,但当受水浸湿后结构性破坏,强度降低,产生湿陷变形。因此,黄土地区的防渗与排水措施直接影响了工程安全与质量。但地基防渗处理的范围以及排水设施的设置必须经济合理,针对不同场地情况采用不同设计形式。通过对黄土特性的一系列试验研究,提出了地基防渗处理的合理范围和排水设施的合理位置,并提出以下工程措施及设计建议。

(1)黄土地区排水设计主要目的是将流向路基本体的水尽快引排至路基本体外。黄土现场浸水试验表明,沉降或突降的发生一般是在土层含水率达到或接近饱和的时段。对于中等湿陷性(Ⅱ级)黄土地区,地基防渗处理的距离,应类比于试坑直径取其直径的1倍到1.5倍,随着黄土场地湿陷程度的增大,地基防渗处理的距离应随之增加。排水设施应设置在影响范围以外,天沟、排水沟的防护宜采用现浇混凝土,沟顶部与黄土结合部位宜采用圆形。

(2)线路位置应尽量选择在湿陷性黄土厚度较小、湿陷性较弱、湿陷等级较低和排水条件较好的地带,尽量减少半填半挖的段落长度。纵断面设计应追求填挖平衡,减少高填深挖,控制挖方边坡高度不宜大于30 m,填方高度不宜大于15 m。纵断面设计坡度路堑地段不小于2‰,对自然河沟应结合汇水面积及流量,做到一沟一涵。沿河谷选线时应结合路基横断面选线,补充排水问题的方案比选。

(3)黄土地区排水设计应结合不同标准的铁路以及地形和地质条件,经济合理地确定路基防护及排水的工程措施。

1)护肩应采用混凝土护肩,设置泄水孔并同电缆槽的泄水孔相衔接,护肩下采用铺设复合土工膜防水措施。

2)路堤

①骨架护坡一般应采用带截水槽的结构。对未采用骨架护坡防护的路堤,边坡每隔15 m左右设置一道排水槽,排水槽采用混凝土预制构件,同时在护肩之下设置挡水缘,其出水口同边坡排水槽的位置相对应,通过排水槽集中将水引排至路堤两侧排水沟。

②排水沟采用混凝土结构,现浇结构的厚度一般为0.15 m,预制结构的厚度一般为0.1 m,排水沟的断面形状推荐采用梯形。沟底及两侧换填0.3 m三七灰土。

3)路堑

①路堑侧沟采用钢筋混凝土结构(一般不设盖板),其结构厚度一般为0.2 m,侧沟平台设不小于0.1 m厚的混凝土防水层。底部用三七灰土封闭处理,厚0.3 m。

②路堑边坡平台及截水沟采用混凝土结构,厚度不小于0.2 m。

③路堑天沟根据地形情况可采用矩形沟或梯形沟,矩形沟采用0.2 m厚的钢筋混凝土结构;梯形沟现浇结构的厚度一般为0.15 m,预制结构的厚度一般为0.1 m。换填深0.3 m,三七灰土。

6.3.3 黄土高边坡加固防护措施组合模式探讨

综合边坡监测试验数据,考虑边坡变形破坏模式,参考铁路系统推荐的黄土路堑边坡坡率参考值(表6-16),结合太中银铁路沿线黄土边坡已有的加固防护措施,建立太中银铁路黄土高边坡防治工程组合模式。

表 6-16 铁路系统推荐的黄土路堑边坡坡率参考值

顺序	时代及成因	物理力学性质	分布地区及工程性质	年平均降水量(mm)	边坡形式及相应陡度								备 注
					$H\leqslant10$		$10<H\leqslant20$		$20<H\leqslant30$		$30<H\leqslant40$		
					陡度	形式	陡度	形式	陡度	形式	陡度	形式	
1	Q_1第四系下更新统(不分成因)	小于0.005 mm的黏土颗粒占20%~50%；干容重1.5~1.7 g/cm^3；孔隙度35%~45%；塑性指数11~17；碳酸钙含量0~20%；易溶盐含量0.04%~0.2%；无侧限强度100~400 kPa；水平剪切$c=60\sim250$ kPa，$\varphi=20°\sim25°$；45°剪切$c=60\sim150$ kPa，$\varphi=30°\sim40°$。（水平、45°剪切系指对剪切面而言）	分布在陇东、陕北及晋南地区，有些地区Q_1沉积泥灰岩、砂黏土、砂砾层缺失，所以出露较少。在甘肃庆阳、陕北延安、山西午城皆有发现，并且在塬底部较多。Q_1黄土节理发育，易受水冲刷，不能维持高陡边坡	300~500	1:0.3~1:0.5	一个坡	1:0.5~1:0.75	在10~12 m处设平台，平台上设排水沟并加固	1. 本地层以上为Q_2^1黄土，如Q_2^1黄土边坡陡度陡于Q_1黄土时，则采用Q_1黄土边坡陡度；或在Q_1黄土上部加平台，加设排水沟，避免上陡下缓凹形坡。 2. 上覆土层较厚且边坡过高时，Q_1黄土边坡可采用1:0.75。 3. 已有线路很少通过Q_1黄土，Q_1黄土厚度不大，露地表后易风化坍塌及受水冲刷，宜采用防护				
				500~750	1:0.3~1:0.5	一个坡	1:0.5~1:0.75	在8~10 m处设平台，平台上设排水沟并加固					
2	Q_2^1第四系中更新统下组(不分成因)	小于0.005 mm的黏土颗粒占10%~40%；干容重1.4~1.7 g/cm^3；孔隙度35%~50%；塑性指数7~14；碳酸钙含量0~15%；易溶盐含量0.04%~0.2%；无侧限强度50~400 kPa；水平剪切$c=40\sim150$ kPa，$\varphi=25°\sim40°$；45°剪切$c=20\sim150$ kPa，$\varphi=25°\sim40°$	陇东、陕北、晋西、豫西地区Q_2^1黄土大面积分布，深切沟谷有大量露头。已通车线路中陇海、咸铜、南同蒲铁路等线，皆部分通过Q_2^1黄土地区。Q_2^1黄土结构密实，可维持陡边坡，由于古土壤层易受水冲刷，一般坡面不光滑	300~500	1:0.3~1:0.5	一个坡	1:0.3~1:0.5	在12 m处设平台，平台上设排水沟并加固	1:0.5	在12 m及24 m处设平台，平台上设排水沟并加固	1:0.5~1:0.75	每10~12 m设一级平台，平台上设排水沟并加固	石质黄土斜节理发育，遇水易崩解，不能维持高陡边坡。已有线路未见通过石质黄土层，该层厚度小，边坡不会高，宜采用防护，坡度可采用上层土边坡坡度
				500~750	1:0.3~1:0.5	一个坡	1:0.3~1:0.5	在10 m处设平台，平台上设排水沟并加固	1:0.5	在10 m及20 m处设平台，平台上设排水沟并加固	1:0.5~1:0.75	每8~10 m设一级平台，平台上设排水沟并加固	
3	Q_2^2第四系中更新统中组(不分成因)	小于0.005 mm的黏土颗粒占10%~30%；干容重1.4~1.7 g/cm^3；孔隙度40%~50%；塑性指数7~14；碳酸钙含量0~15%；易溶盐含量0.04%~0.2%；无侧限强度30~300 kPa；水平剪切$c=20\sim150$ kPa，$\varphi=20°\sim40°$；45°剪切$c=20\sim100$ kPa，$\varphi=25°\sim40°$	陇东、关中、陕北、晋西、晋南、豫西地区Q_2^2黄土大面积分布，深切沟谷及陡壁大量露头。已通车线路中陇海、咸铜、铜王、南北同蒲及石太铁路等，皆较大地段通过Q_2^2黄土地区。Q_2^2黄土结构密实，可维持陡边坡，古土壤层易受水冲刷，一般坡面不光滑	300~500	1:0.3~1:0.5	一个坡	1:0.5~1:0.75	在10~12 m处设平台，平台上设排水沟并加固	1:0.5~1:0.75	每10~12 m设一级平台，平台上设排水沟并加固	1:0.5~1:0.75	每10~12 m设一级平台，平台上设排水沟并加固	
				500~750	1:0.3~1:0.5	一个坡	1:0.5~1:0.75	在8~10 m处设平台，平台上设排水沟并加固	1:0.5~1:0.75	每8~10 m设一级平台，平台上设排水沟并加固	1:0.5~1:0.75	每8~10 m设一级平台，平台上设排水沟并加固	

续上表

顺序	时代及成因	物理力学性质	分布地区及工程性质	年平均降水量(mm)	边坡形式及相应陡度								备注
					$H\leqslant10$		$10<H\leqslant20$		$20<H\leqslant30$		$30<H\leqslant40$		
					陡度	形式	陡度	形式	陡度	形式	陡度	形式	
4	Q_3^{eol}第四系上更新统风积	小于0.005 mm的黏土颗粒占10%~30%;干容重1.2~1.5 g/cm^3;孔隙度45%~55%;塑性指数7~14;碳酸钙含量5%~15%;易溶盐含量0.04%~0.2%;无侧限强度30~200 kPa;水平剪切$c=10\sim60$ kPa,$\varphi=25°\sim40°$;45°剪切$c=10\sim60$ kPa,$\varphi=20°\sim40°$	甘、陕、豫、晋、青五省皆大面积分布,在河谷阶地及塬梁、峁上部大面积覆盖。已通车线路中以天兰、兰青、包兰等线通过Q_3风积黄土地区较多,地层较厚。Q_3风积黄土,岩性较松软,不能维持陡边坡,一般坡面整齐	小于300	1:0.5	一个坡	1:0.75	在12 m处设平台,不设排水沟	1:0.75	在12 m及24 m处设平台,平台上设排水沟不加固	1:0.75~1:1	每12 m设一级平台,平台上设排水沟不加固	
				300~500	1:0.5	一个坡	1:0.75	在10 m处设平台,平台上设排水并加固	1:0.75	在10 m及20 m处设平台,平台上设排水沟并加固	1:0.75~1:1	每10 m设一级平台,平台上设排水沟并加固	
				500~700	1:0.5	一个坡	1:0.75	每8 m设一级平台,平台上设排水沟并加固	1:0.75	每8 m设一级平台,平台上设排水沟并加固	1:0.75~1:1	每8 m设一级平台,平台上设排水沟并加固	
5	Q_3^{al}第四系上更新统冲积	小于0.005 mm的黏土颗粒占10%~30%;干容重1.3~1.6 g/cm^3;孔隙度40%~50%;塑性指数7~14;碳酸钙含量0~15%;易溶盐含量0.04%~0.12%;无侧限强度50~200 kPa;水平剪切$c=10\sim80$ kPa,$\varphi=20°\sim40°$;45°剪切$c=10\sim60$ kPa,$\varphi=25°\sim40°$	甘、陕、豫、晋、青五省皆大面积分布,以河谷阶地为主,对铁路路堑关系密切。已通车线路陇海、天兰、包兰、兰青、南北同蒲及石太铁路等,皆通过Q_3冲积黄土地区,地层较厚。 Q_3冲积黄土,岩性较密实,能维持不太高的陡边坡。受水冲刷易形成水平冲沟	小于300	1:0.3~1:0.5	一个坡	1:0.5~1:0.75	在12 m处设平台,不设排水沟	1:0.75	在12 m及24 m处设平台,平台上设排水沟不加固	1:0.75	在12 m处设一级平台,平台上设排水沟不加固	冲积黄土中常夹砂砾石层
				300~500	1:0.3~1:0.5	一个坡	1:0.5~1:0.75	在10~12 m处设平台,平台上设排水沟并加固	1:0.75	在10 m及20 m处设平台,平台上设排水沟并加固	1:0.75	每10 m设一级平台,平台上设排水沟并加固	
				500~750	1:0.3~1:0.5	一个坡	1:0.5~1:0.75	在8~10 m处设平台,平台上设排水沟并加固	1:0.75	每8 m设一级平台,平台上设排水沟并加固	1:0.75	每8 m设一级平台,平台上设排水沟并加固	
6	Q_3^{pl}第四系上更新统洪积	小于0.005 mm的黏土颗粒占10%~30%;干容重1.3~1.6 g/cm^3;孔隙度40%~50%;塑性指数7~14;碳酸钙含量0~15%;易溶盐含量0.04%~0.2%;无侧限强度50~150 kPa;水平剪切$c=10\sim80$ kPa,$\varphi=20°\sim40°$;45°剪切$c=20\sim60$ kPa,$\varphi=25°\sim40°$	甘、陕、豫、晋、青五省皆大面积分布,挖方路堑多遇到Q_3洪积黄土。已通车线路陇海、天兰、包兰、兰青、南北同蒲及石太铁路等,皆通过大面积Q_3洪积黄土地区,一般与冲积、风积黄土在同一坡面出现,层厚较大。 Q_3洪积黄土岩性较密实,不能维持陡边坡,古土壤层易受水冲刷	小于300	1:0.5	一个坡	1:0.75	在12 m设平台,不设排水沟	1:0.75	在12 m及24 m处设平台,平台上设排水沟不加固	1:0.75~1:1	每12 m设一级平台,平台上设排水沟不加固	1. 洪积黄土包括坡积、洪积黄土在内。 2. 洪积黄土中常夹漂石、块石及砾石等,一般多为黏性土胶结,可不考虑加固。但呈透镜体松散者需作防护
				300~500	1:0.5	一个坡	1:0.75	在10 m处设平台,平台上设排水沟并加固	1:0.75	在10 m及20 m处设平台,平台上设排水沟并加固	1:0.75~1:1	每10 m设一级平台,平台上设排水沟并加固	
				500~750	1:0.5	一个坡	1:0.75	每8 m设一级平台,平台上设排水沟并加固	1:0.75	每8 m设一级平台,平台上设排水沟并加固	1:0.75~1:1	每8 m设一级平台,平台上设排水沟并加固	

续上表

顺序	时代及成因	物理力学性质	分布地区及工程性质	年平均降水量(mm)	边坡形式及相应陡度								备　注
					$H \leqslant 10$		$10 < H \leqslant 20$		$20 < H \leqslant 30$		$30 < H \leqslant 40$		
					陡度	形式	陡度	形式	陡度	形式	陡度	形式	
7	Q_3^{dl}第四系上更新统坡积		坡积黄土在黄土地区广泛分布，虽然高度大，但覆盖在山坡，一般深路堑边坡遇到并不太多。在路堑两端及边坡顶部常遇见。 Q_3坡积黄土岩性较松软，不能维持陡边坡	小于300	1:0.75~1:1	一个坡	1:1~1:1.25	在12 m处设平台，不设排水沟					1. 坡积黄土包括残积坡积黄土在内。 2. 坡积黄土在边坡顶部时可采用1:1~1:1.25边坡。 3. 坡积黄土在边坡中部时宜在下部加平台并清除松散层，否则造成坡面滑坍
				300~500	1:0.75~1:1	一个坡	1:1~1:1.25	在10 m处设平台，平台上设排水沟并加固					
				500~750	1:0.75~1:1	一个坡	1:1~1:1.25	在8 m处设平台，平台上设排水沟并加固					
8	Q_3^{el}第四系上更新统残积		完整的Q_3残积黄土分布在岩石的山坡上部，对铁路影响不大；一般皆为残积坡积。 Q_3残积黄土只有数米，岩性松软，不能维持陡边坡	小于300	1:0.75~1:1	一个坡							
				300~500	1:0.75~1:1	一个坡							
				500~750	1:0.75~1:1	一个坡							

注：1. 表列边坡陡度为按单一土层考虑；如边坡出现几种土层时，可参考不同时代成因之边坡陡度拟定边坡。高度应连同边坡出露之上层土层合并计算。

2. 边坡上自然坡面20°以下的，可不考虑；20°~35°拟定边坡时，上级陡度放缓一级(0.25)；大于35°时须作边坡考虑，必要时进行检算。

3. 边坡超过40 m时，则宜检算拟定边坡；亦可在40 m处加5 m以上大平台，以减轻土体压力，以上按工程地质法拟定边坡。

4. 在拟定边坡时，尚须注意路堑设计地区自然陡坡和人工陡坡稳定情况，及有无不良地质现象。

5. 本表未考虑高烈度地震区及地下水影响，这些根据具体情况另作处理。

6. Q_4(近代)黄土对路堑影响不大，可参照Q_3(新第四纪)黄土拟定边坡。

6.4 黄土边坡防护典型工程实例

结合太中银铁路沿线黄土高边坡类型及特征,按照边坡加固防护的原则、方法以及一般思路,对绥德火车站左侧边坡进行预应力锚索抗滑桩以及锚索框架加固防护设计,通过工程措施监测,获得不同类型的边坡加固防护模式对边坡所起的支护作用程度,探究各抑制条件下,边坡变形特征、受力特征,抑制结构形变特征、受力特征,选择适合黄土高边坡的有效加固措施。

6.4.1 试验工点概况

以绥德火车站 DK262 + 700 ~ DK262 + 800 段(图 6-130)、DK262 + 862 ~ DK262 + 910 段(图 6-131)为边坡加固工程试验点,分别为边坡野外调查的第 64、65 号坡。64 号边坡坡高21 m,宽100 m;65 号坡坡高 57 m,宽 48 m。边坡所依山体走向 70°,呈阶梯状山梁,坡度在40° ~60°间,相对高差 80 m;主要植被为草灌和农田,植被覆盖率约 60%。坡体两侧沟见较多小型崩塌,崩塌体积大多为 80 ~100 m^3,属中型崩塌;DK262 +720 处(64 号坡)坡顶见“人”形裂缝,裂缝宽约 30 cm,深 10 cm,长 7 m。改 DK263 +095 ~ DK263 +100 处(65 号坡)坡面见“马刀树”林,且见民房墙面有裂缝,长约 1. 8 m、宽 10 cm。自然斜坡与线路走向基本平行,分别为 310°和 328°。边坡位于绥德车站内,路堑边坡最大挖深 39. 6 m,现状处于欠稳定。

图 6-130 DK262 +700 ~ DK262 +800 段(64 号坡)边坡全貌

图 6-131 DK262 +862 ~ DK262 +910 段(65 号坡)边坡全貌

6.4.2 工程地质条件概述

1. 地形地貌

该区地貌属黄土梁峁沟壑地貌,地势总体西高东低,海拔高程为 880 ~1 400 m。场地山体峁多梁窄,峁梁起伏,峁呈馒头状。梁峁间 V 形及 U 形冲沟十分发育,切割深度为 30 ~100 m 不等,多数切入基岩,两侧沟坡坡度为 15° ~50°。沟壑密度为 4 ~6 km/km^2。地形破碎,流水侵蚀活跃,水土流失严重,崩塌、滑坡发育。

2. 岩性

该边坡主要分布第四系和三叠系上统两时代地层。

①第四系马兰黄土和离石黄土

全新统冲积物(Q_4^{al}):主要分布于工程沿线的河床、漫滩及阶地,沉积物为粉土、粉质黏土、黄土泥砾及砂砾石。

晚更新统马兰黄土(Q_3^{eol}):马兰黄土呈灰白~土黄色,质纯,疏松。上部含大量植物根系及少量蜗牛壳,见白色菌丝、虫孔,有砂感,垂直节理发育。马兰黄土厚约 3~5 m。

中更新统离石黄土(Q_2^{eol}):离石黄土呈黄褐~棕红色,稍湿中密、局部硬塑,含少量姜石。离石黄土厚约 7~15 m。

②三叠系上统(T_3)

三叠系上统的铜川组(T_3t)、胡家村组(T_3h)、永坪组(T_3y)及瓦窑堡组(T_3w)地层,岩性为灰、灰绿、灰黑的砂岩、泥岩等,呈互层状,局部含煤层或煤线。该工点出露砂泥岩互层。砂岩,灰白色,强~中风化,致密坚硬,节理发育。泥岩,灰绿色,强~中风化,层理较清晰,近水平。单层厚度为 10 cm,岩层产状 245°∠2°~3°。砂泥岩互层与上覆离石成黄土平行不整合接触关系。

3. 地质构造

区域的大地构造部位属鄂尔多斯向斜之陕北台拗,构造简单,褶皱及断层稀少。区域内未见岩浆侵入活动,中部盆地内堆积了数千米厚的中生代陆相碎屑岩。晚白垩世盆地结束沉积转为缓慢上升,第三纪早、中期夷为准平原,第四纪隆升形成高原,堆积了中晚更新世黄土和晚更新世河湖相萨拉乌苏组和全新统风积砂。陕北黄土高原拱起地块新构造运动整体表现为间歇性缓慢上升,中、新生代地壳垂直形变不明显,地震活动水平低。现场地震动峰值加速度为 0.05g。

4. 气象与水文

工点支沟属无定河的一条支流,位于无定河南面。无定河为黄河的一级支流,流向 120°,高差 20~25 m,平面形态呈弯曲状,立面形态呈 U 形。场地内仍有小里程和大里程两条支沟。小里程支沟走向 75°,下切深度为 20~25 m,河谷宽 20~30 m;大里程支沟走向 35°,下切深度为 10~15 m,河谷宽 8~15 m。两支沟立面形态均呈 U 形。

区域气候属温带半干旱大陆性季风气候,总的气候特点是春季风大沙多,夏季炎热多雨,秋季凉爽多霜,冬季干燥寒冷。工程沿线各县市的年平均气温为 10.3~11.8 ℃,年温差为 61.5~63.9 ℃,昼夜温差大,最大达 30 ℃左右。年平均风速一般在 2.6 m/s 以上,最大风速为 21.0 m/s。风以春季居多,夏季次之,风向季节变化明显,冬春盛行西北风。因大风日数多,逢春夏之交,风沙蔽日,沙尘暴频繁。沿线冬季严寒期达 60~70 d,平均气温在 11.3 ℃以下,极端最低气温多在 -20 ℃左右,形成季节性冻土。一般 10 月下旬开始结冻,次年 3 月开始解冻,工程沿线平均最大冻结深度为 120 cm。

5. 工程特性

该段新黄土具有湿陷性,DK262+450~DK262+550 段湿陷系数 $\delta=0.015\sim0.056$,为Ⅲ级(严重)自重湿陷场地;DK262+550~DK263+100 段湿陷系数 $\delta=0.020\sim0.090$,为Ⅳ级(很严重)自重湿陷场地。

6.4.3　试验边坡破坏模式分析

处于天然状态下的黄土地貌经过开挖后形成高陡边坡，由于其应力调整，将发生一系列的变形，如果边坡设计合理，则变形向趋于稳定方向发展，即减速变形；如果其设计值不能满足黄土自稳要求，或边坡中存在诸如不利结构面、地下水等因素，则变形进一步发展，将会使边坡处于不稳定状态，甚至破坏。

进行现场调查时边坡尚未开挖，但根据现场调查结果，山体整体蠕滑较为明显；调查周围类似条件的边坡发现，存在大量朝两侧沟方向的黄土坍塌（图 6-132 ~ 图 6-134），应加强变形监测，可能产生类似的黄土坍塌。同时开挖过程中也需要注意支护，否则极易诱发黄土滑坡（调查发现，在 DK262 +585 ~ +680 处有一黄土切层滑坡，滑向 35°，后壁近直立，长约 70 m，宽 70 ~ 80 m，厚 15 ~ 20 m，为坡脚挖方诱发）。边坡整体处于欠稳定状态。绥德车站若不进行边坡加固工程防护，边坡易发生滑坡，局部产生崩塌、坡面剥落的概率较高，因此，结合边坡开挖工况（图 6-135），对该边坡发生崩塌以及滑坡的变形模式进行探讨。

图 6-132　边坡全景图

图 6-133　“马刀树”

图 6-134　黄土坍塌

图 6-135　试验工点所在边坡开挖全景

1. 滑塌、滑坡破坏模式

此边坡可能发生滑塌、滑坡的破坏模式可分为：蠕动变形——后缘拉裂、黄土边坡的渐进破坏、剪出口形成——坡体突滑、地下水入渗相对隔水下卧层四类，概括如下：

（1）黄土高边坡开挖过程中的蠕动变形——后缘拉裂

黄土中的天然应力场主要为自重应力，开挖形成高陡临空面，其应力要进行调整，调整的结果是应力的偏转，最大主应力的偏转程度与坡高和坡型有着直接关系，其坡越高越明显，则剪应力在坡脚越集中，同时在坡脚形成较高的压应力集中。

如果坡高较大又较陡，则在坡面上部和坡肩部位形成拉应力。据试验研究，黄土的极限抗拉强度变化较大，且一般较低。特别是在坡顶如存在原生节理和风化裂隙，则抗拉强度为0，所以在坡顶及坡肩易产生张裂。

(2)黄土边坡的渐进破坏

黄土高边坡的失稳现象并不是在同一时间内滑动面上各点一起达到极限状态，一般是在应力高、强度低的部位首先破裂，而一旦发生局部破坏，必然发生应力释放、应力转移和应力重新调整，在不断地发生应力释放、转移和调整过程中，破坏面也在不断地延伸。最后将有两种可能：一种是破坏面完全贯穿；一种是破坏面没有贯穿，不会发生整体滑动。

(3)剪出口形成——坡体突滑

滑带不断发展，最终在剪出口贯通，边坡变形过程中积蓄的能量坡体前突然释放，导致滑体前部破碎，后部结构、形态相对完整。

(4)地下水入渗相对隔水下卧层

下卧层相对隔水，地表水入渗或沿裂隙灌入产生滑移破坏。这种模式仅为滑坡的一个模式。

2. 崩塌破坏模式

(1)高边坡形成后暴露地表，受到各种外部营力的作用，使坡形产生改变，最终下部形成反坡。形成反坡的原因如下：①边坡坡脚附近为古土壤层；②剪应力在坡脚集中，同时在坡脚形成较高的压应力集中；③在坡脚附近，由于其处于饱水带或潮湿带，在冬季冻结，春季消融，反复进行，在坡脚形成凹进的反坡；④地表水的冲刷作用；⑤风化作用等。反坡形成后，下部失去支撑，坡体应力会进一步调整，加快变形，后缘裂隙张开，如果组合的块体一旦形成，将产生崩塌。

(2)新黄土单一结构黄土高边坡，当地表水没有排水设施的，大气降水或灌溉等地表水沿黄土垂直裂隙入渗，久而久之，形成黄土洞穴，造成上部失稳，产生边坡崩塌破坏。

3. 坡面破坏模式

坡面破坏主要表现为冲刷、湿陷和剥落。冲刷受坡比控制，一般情况下，坡面越大，其汇流水的厚度越大，冲刷力越强，而坡面越陡，其水流流速越大，因此，适当的坡比是决定坡面冲刷的关键。

坡面破坏与坡体的岩土性质、降雨量、坡面形态有着密不可分的关系。组成坡体的黄土上部一般为Q_3马兰黄土，疏松、欠压密、具中等湿陷性，因此，在连阴雨和强降雨时，由于溅击作用，会使土粒与坡面失去联系。随集中水流一起带走，更为重要的是坡顶如无排水措施，形成的面流就会沿着节理、裂隙冲蚀或潜蚀，形成小型冲沟。对于Q_3黄土或新近堆积黄土，由于其具有湿陷性，在水的作用下，坡面上形成了陷穴和整体下沉，破坏了坡面的整体性。

6.4.4 边坡加固设计方案及其稳定性验算

由于铁路工程建设造成该段黄土边坡多处开挖，形成高陡堑坡，存在着边坡深层稳定性不足问题，同时，因该段地表覆新黄土具较大的湿陷性，边坡浅层土体易于坍塌、溜坍，综合考虑该段高陡路堑边坡存在严重的浅层稳定性问题和深层加固需求，经方案论证及验算满足边坡稳定性要求后，确定采用预应力锚索抗滑桩和预应力锚索框架加固边坡。具体边坡加固工程及稳定性验算如下：

1. 锚索抗滑桩设计

（1）锚索抗滑桩设计方案

在 DK262 +700 ~ DK262 +800 段范围内，路基左侧设置一排共 17 根锚索抗滑桩，抗滑桩桩长 21 m，截面尺寸为 2 m×3 m，间距 6 m。桩头设置 2 孔锚索，锚索长 40 m，锚孔下倾角 30°，每束锚索均采用 7ϕ15.2 mm 高强度、低松弛预应力钢绞线组成，锚固段长均为12 m。锚索的锚孔外偏角为 2°。抗滑桩顶部留有 3 m 平台，按坡率 1∶1、坡高 6 m 向上刷两级坡，分级处设置 3 m 平台，二、三级边坡采用浆砌块石护面墙防护（图 6-136）。

（2）设计方案稳定性检算

检算原则：采用圆弧滑动法中的瑞典条分法进行的稳定性检算，根据《建筑边坡工程技术规范》（GB 50330—2013）确定边坡稳定安全系数不小于 1.30，对于边坡稳定安全系数不小于 1.30 的，应该采取边坡支护措施。

参数选取：新黄土的黏聚力 c = 26.41 kPa，内摩擦角 φ = 29.48°，地震峰值加速度为 0.05g，土壤最大冻结深度为 1.2 m，湿陷系数为 δ_s = 0.018 ~ 0.079，场地为严重自重湿陷场地，湿陷等级为Ⅳ级。锚索钢材为 ϕ15.2 mm 钢绞线，每孔锚索由三束钢绞线组成；锚固体直径为 ϕ150 mm 钻孔；锚固段长度为 10 m；孔壁摩阻力取 60 kPa，考虑永久性锚固抗拔安全系数取 2.5，实际计算采用孔壁摩阻力为 24 kPa。

经检算自然边坡稳定安全系数为 1.23，不满足要求。通过对以上设计方案进行稳定性验算（图 6-137），得出稳定系数为 1.32，满足要求。

图 6-136　DK262 +700 ~ DK262 +800 边坡加固

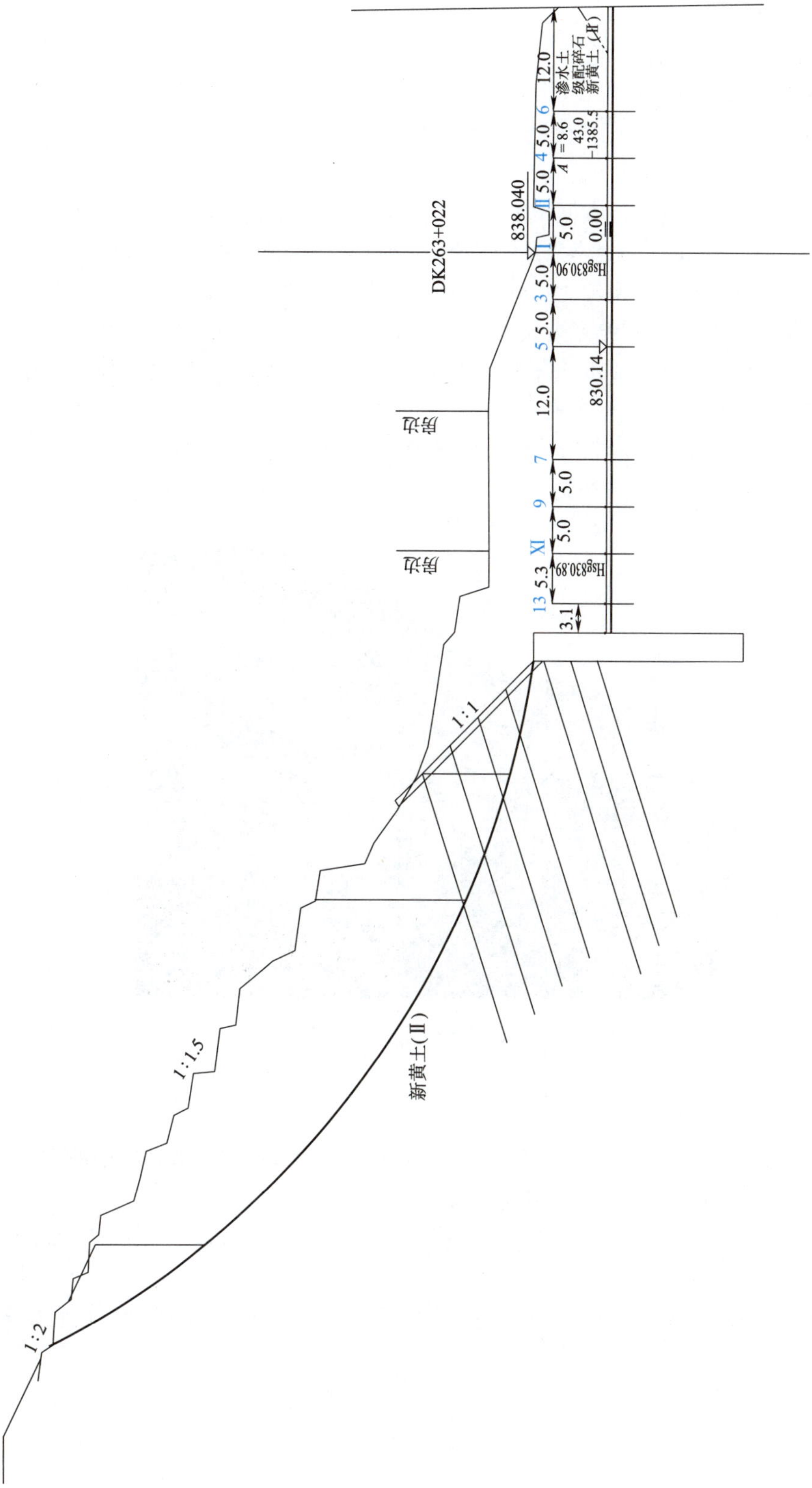

图 6-137 预应力锚索抗滑桩设计稳定性检算断面图

2. 锚索框架加固设计

(1)锚索框架加固设计方案

在 DK262 +862 ~ DK262 +910 段从自然坡坡脚按 1∶1 坡率向山侧刷方,刷到 8.0 m 高处,留 2.0 m 平台,再按 1∶1 刷坡,刷到原自然边坡,刷方后原边坡呈三级坡并留有两级平台。

第一级边坡采用预应力锚索框架加固(共设置 8 片),坡率为 1∶1,其中,DK262 +862 ~ DK262 +886 段 4 片锚索框架锚索采用拉力集中型锚索,DK262 +886 ~ DK262 +910 段 4 片锚索框架锚索采用压力分散型锚索,每种四片,共 48 m。预应力锚索框架每片框架由 2 根横梁和 2 根肋柱连接组成,在结点处设置预应力锚索。每片框架设置上、下两排锚索,锚索长度自下而上分别为 18 m、23 m,每孔由 4 根 ϕ15.2 mm 的高强度、低松弛预应力钢绞线组成,锚索下倾角为 25°。

第二级、第三级边坡分别高 8 m、6 m,坡率为 1∶1,分级处设置 2 m 平台,二、三级边坡采用浆砌块石护面墙防护(图 6-138)。

图 6-138　DK262 +862 ~ DK262 +910 边坡加固

(2)设计方案稳定性验算

为保证检算标准相同,且由于检算边坡为同一边坡,均采用圆弧滑动法中的瑞典条分法进行的稳定性检算,边坡稳定性计算参数选取同预应力抗滑桩设计中一致。

通过对以上设计方案进行稳定性验算(图 6-139),得出稳定系数为 1.31,满足要求。

综上分析,边坡设计的两处加固方案均满足抗滑、抗倾覆计算,论证此方案技术可行。

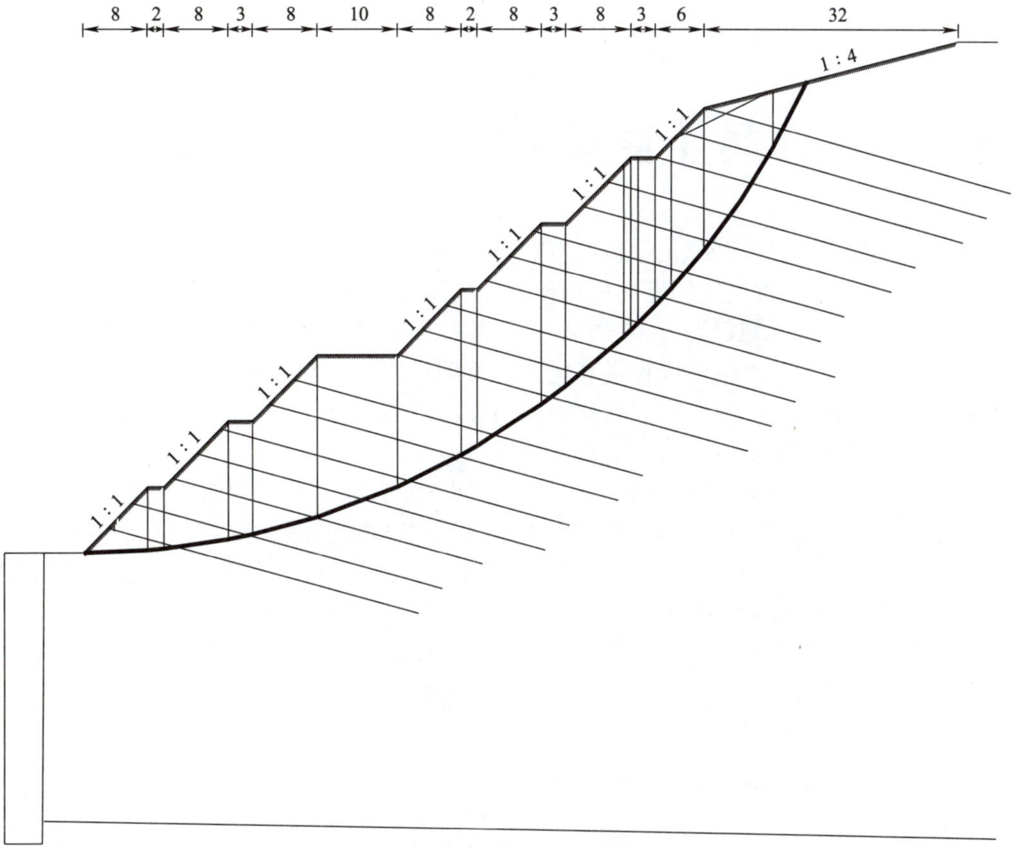

图 6-139 锚索框架设计稳定性检算断面图(单位:m)

7　黄土路基填料试验与改良

高速铁路列车的高速、安全、平稳运行对路基变形提出了更高的要求，路基工后沉降不宜超过 15 mm，填料工程性质的好坏将直接关系到路基的最终质量。就湿陷性黄土而言，其颗粒松散，不易压实，水稳定性差，渗透性差，均不符合作为高速铁路路基填料的要求。加上目前我国西部大开发战略的深入推进和国家中长期铁路路网规划的逐步实施，在黄土地区修建高速铁路、城际铁路、重载铁路的建设项目亦将不断展开。因此，在优质填料十分缺乏的情况下，充分利用当地资源，对其进行改良也显得尤为重要。

结合大同—西安客运专线铁路工程，选取大同—西安客运专线铁路阳曲段、太原段、运城段及山西中南部重载通道石楼段等四个典型路基填料场地，进行重塑黄土试验和水泥改良黄土试验，以不同的含水率和改良配比填料为基础，对击实黄土填料和改良黄土填料在浸水、振动等条件下的沉降变形特性进行系统试验研究。研究成果将对大同—西安客运专线铁路填料设计原则及改良工艺等提供可靠的科学依据，并对黄土地区客运专线黄土路基填料设计提供经验参考。

7.1　重塑黄土物理力学特性及沉降变形特性试验

重塑黄土室内试验内容主要包括击实试验、压缩与浸水试验、无侧限抗压强度试验以及动三轴试验。试验方法严格按照《铁路工程土工试验规程》(TB 10102—2010)进行。

土体的液塑限主要反映土颗粒与水之间相互作用的程度，从而间接地反映土的工程性质。黄土本身对水具有较强的敏感性，对扰动黄土进行液塑限试验，测定土样的液、塑限及塑性指数，以判定此类土体与水结合程度及稳定性。四个取土场地土的液、塑限及塑性指数试验结果具体见表 7-1。

表 7-1　各取土场地土的液、塑限及塑性指数

工程编号	液　限	塑　限	塑性指数
	w_L	w_P	I_P
	%	%	—
sh(神柏取土场)	24.7	15.4	9.3
xm(小马坊取土场)	24.3	12.9	11.4
lj(流江取土场)	25.2	16.5	8.6
qz(渠子村取土场)	26.3	17.3	9.0

7.1.1　击实试验

土体密实度和含水率是影响路基填料压实效果的重要因素，也是控制路基填筑质量的重要条件。土体处于最大干密度及最优含水率状态下,其压实效果最好。由于高速铁路客运专线对路基填筑质量要求越来越高,本次试验采用重型击实标准对黄土进行击实,绘制其含水率—干容重关系曲线,从而确定其的最佳含水率和最大干容重。

试验中根据实测塑限含水率,用风干土样配制 7%、9%、11%、13%、15%、17%、19% 几种含水率扰动样品,根据《铁路工程土工试验规程》(TB 10102—2010)规定,采用重 1 型击实试验确定四个取土场的最优含水率 w_{op} 和最大干密度 ρ_{dmax}。重型击实试验单位体积击实功约为 2 700 kJ/m^3。每个含水率下需扰动样品约 2. 3 kg。

经过试验,得到四个取土场的击实曲线,以小马坊与渠子村取土场为例,击实曲线分别如图 7-1、图 7-2 所示。

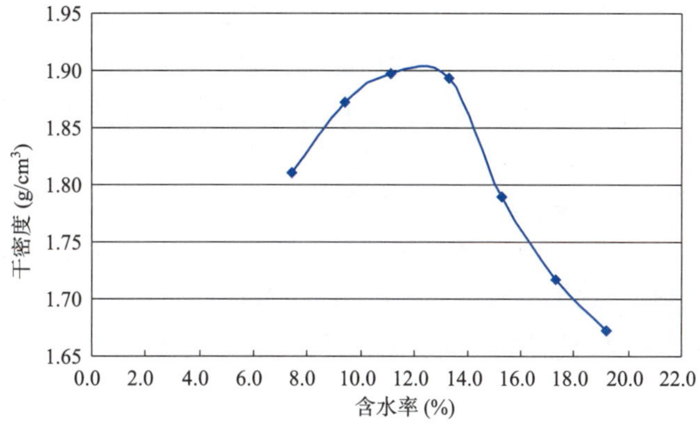

图 7-1　小马坊击实曲线

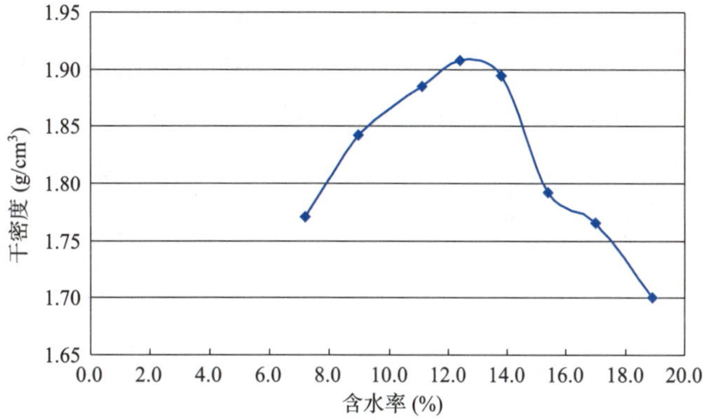

图 7-2　渠子村击实曲线

从击实曲线图中可以得到各个取土场的最优含水率 w_{op} 和最大干密度 ρ_{dmax},具体可见表 7-2。

表 7-2　各个取土场的最优含水率 w_{op} 和最大干密度 ρ_{dmax}

工 程 编 号	最优含水率(%)	最大干密度(g/cm^3)
sh(神柏取土场)	11.9	1.93
xm(小马坊取土场)	12.3	1.91
lj(流江取土场)	11.5	1.98
qz(渠子村取土场)	12.5	1.91

7.1.2　固结压缩试验

压缩性(刚度)是路基填料一个重要力学性质指标之一,适当的路基刚度在上部荷载作用下既不会产生过量的动态变形,也不会产生过大的瞬时变形。同时,高速铁路对路基的变形要求严格,利用压缩试验研究路基填料的压缩特性是十分必要的。重塑黄土固结试验主要是测试改良前黄土在重塑后,在不同等级垂直压力下压缩特性,判定其压缩特性是否满足作为路基填料的要求。

考虑到工程实际中含水率控制在实际要求的 ±3% 范围内,因此试验中分别配制最优含水率 -3%(w_{op} -3%)、最优含水率 +3%(w_{op} +3%)及最优含水率(w_{op})状态的重塑土样。又根据《高速铁路设计规范》(TB 10621—2014)规定:基床以下路堤压实系数 $K \geqslant 0.92$;基床底层压实系数 $K \geqslant 0.95$。因此试验中分别配制压实系数为 $K < 0.92$、$0.92 \leqslant K < 0.95$、$K \geqslant 0.95$ 的重塑土样。

固结试验按照《铁路工程土工试验规程》(TB 10102—2010)规定,测定样品的压缩特性。试验采用环刀对重塑土样切取试样,试样尺寸为 ϕ79.8 mm ×h20 mm。采用 12 h 快速固结试验在标准固结仪中进行,加荷等级分别为 50, 100, 150, 200 kPa。

经过试验,得到四个取土场重塑黄土试样的压实系数 K 介于 0.92 ~ 0.95 时压缩系数 $\alpha_{0.1-0.2}$ 和压缩模量 $E_{s0.1-0.2}$ 随含水率变化(在最优含水率 ±3% 范围内)规律,以及在最优含水率 w_{op} 下压缩系数和压缩模量随压实系数 K 变化规律,以小马坊与渠子村取土场为例,变化趋势如图 7-3 ~ 图 7-10 所示。

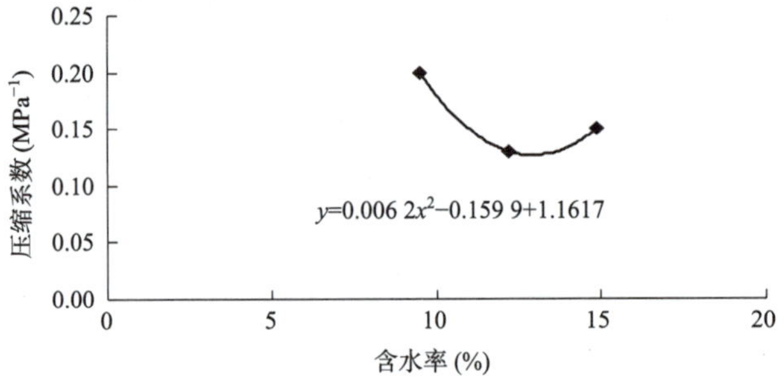

图 7-3　小马坊取土场压实系数 K 均介于 0.92 ~ 0.95 时 $\alpha_{0.1-0.2}$ 随含水率变化趋势图

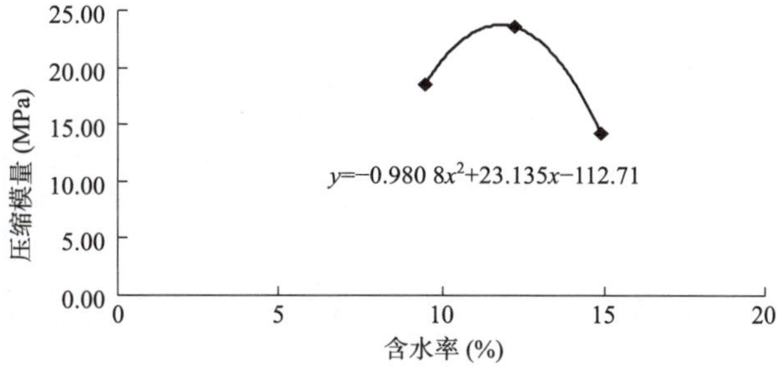

图 7-4 小马坊取土场压实系数 K 均介于 0.92～0.95 时 $E_{s0.1-0.2}$ 随含水率变化趋势图

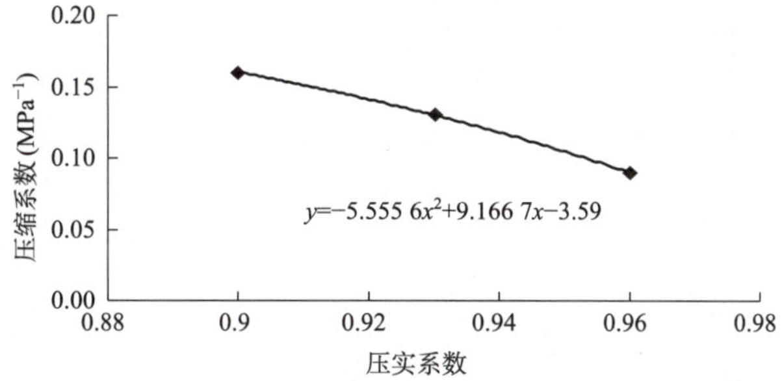

图 7-5 小马坊取土场最优含水率 w_{op} 下 $\alpha_{0.1-0.2}$ 随压实系数 K 变化趋势图

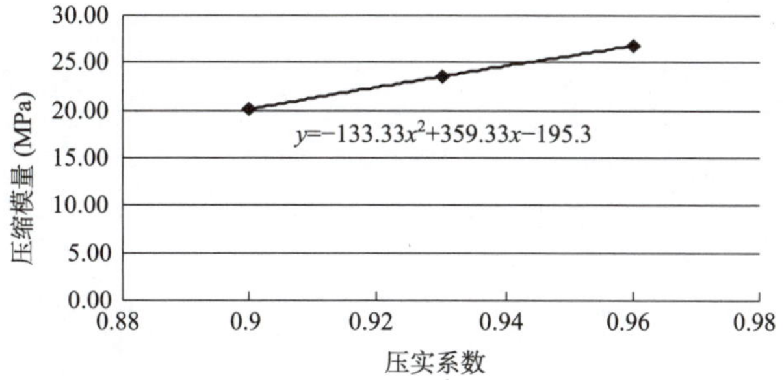

图 7-6 小马坊取土场最优含水率 w_{op} 下 $E_{s0.1-0.2}$ 随压实系数 K 变化趋势图

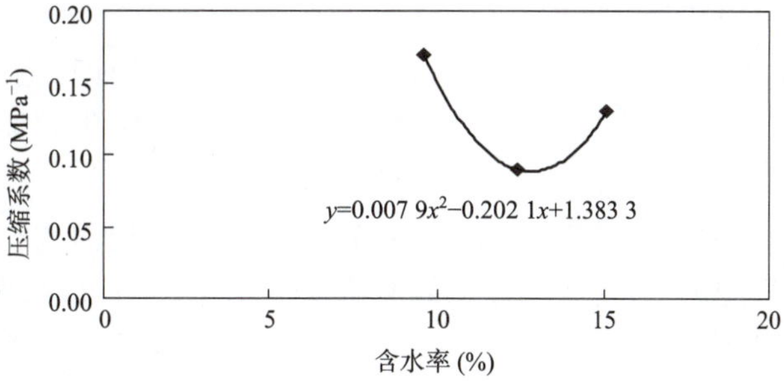

图 7-7 渠子村取土场压实系数 K 均介于 0.92～0.95 时 $\alpha_{0.1-0.2}$ 随含水率变化趋势图

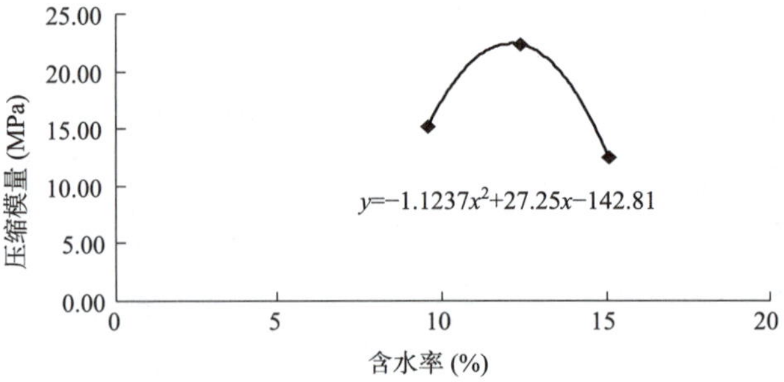

图 7-8　渠子村取土场压实系数 K 均介于 0.92 ~ 0.95 时 $E_{s0.1-0.2}$ 随含水率变化趋势图

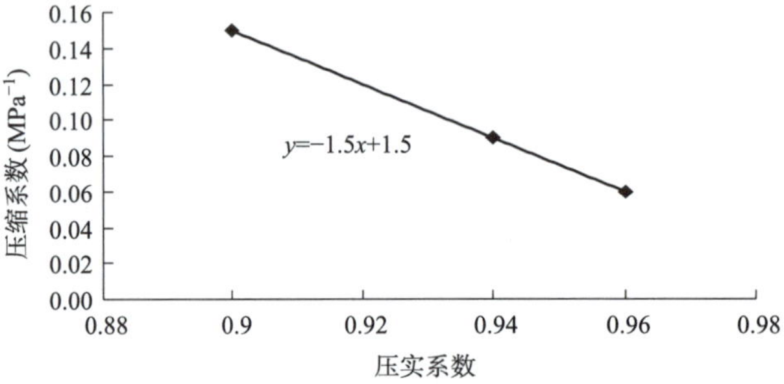

图 7-9　渠子村取土场最优含水率 w_{op} 下 $\alpha_{0.1-0.2}$ 随压实系数 K 变化趋势图

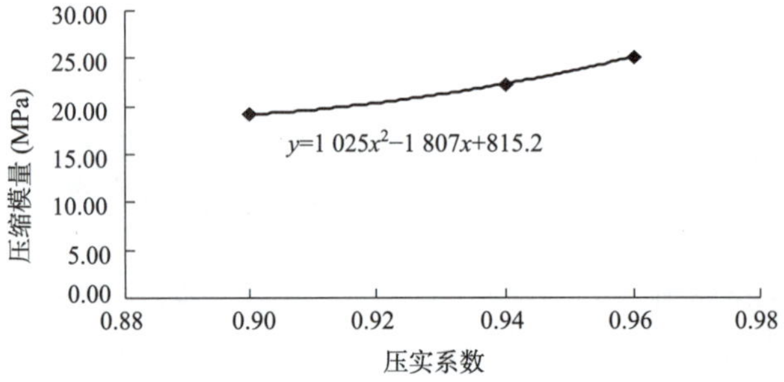

图 7-10　渠子村取土场最优含水率 w_{op} 下 $E_{s0.1-0.2}$ 随压实系数 K 变化趋势图

通过分析对比,可以初步得出如下结论:

(1)重塑黄土的含水率在最优含水率 ±3%(工程施工允许范围)内,压实系数 $K \geqslant 0.90$ 时,其压缩系数 $\alpha_{0.1-0.2}$ 和压缩模量 $E_{s0.1-0.2}$ 变化幅度均较小,分别介于 0.06 ~ 0.20 MPa^{-1} 和 12.45 ~ 25.31 MPa,属于中等压缩性土与低压缩性土。

(2)在最优含水率 w_{op} 下压缩系数 $\alpha_{0.1-0.2}$ 随压实系数 K 增加而减小,压缩模量 $E_{s0.1-0.2}$ 随压实系数 K 增加而增加。且此时当压实系数 $K \geqslant 0.92$ 时,重塑试样属于低压缩性土,而其余情况则属于中等压缩性土。

(3)在压实系数 K 均介于 0.92 ~ 0.95 时,压缩系数 $\alpha_{0.1-0.2}$ 随含水率增加至最优含水率 w_{op} 时减小至最小值,当含水率超过最优含水率后压缩系数又逐渐增大,压缩模量 $E_{s0.1-0.2}$ 则恰好相反。

7.1.3 湿陷性试验

黄土的湿陷性试验主要用于测定黄土在施加不同压力过程中遇水土体结构迅速破坏，并产生显著附加下沉的程度，即黄土的湿陷性。它是评价黄土湿陷类型及湿陷等级的重要依据。本次试验内容主要测定重塑黄土的湿陷性系数，通过测定值换算出重塑黄土的湿陷性系数，来评价黄土湿陷性大小，从而进一步评价重塑黄土遇水发生压缩塌陷的程度及在高铁路基应用中造成的危害。

重塑黄土湿陷性试验按照四个取土场分别试验，试样与固结压缩试验制作的重塑土样相同。经过试验，得到四个取土场重塑黄土试样在最优含水率 w_{op} 下湿陷系数随压实系数 K 变化规律和在压实系数 K 均介于 0.92～0.95 时湿陷系数随含水率变化（在最优含水率 ±3% 范围内）规律，以小马坊与渠子村取土场为例，变化趋势如图 7-11～图 7-14 所示。

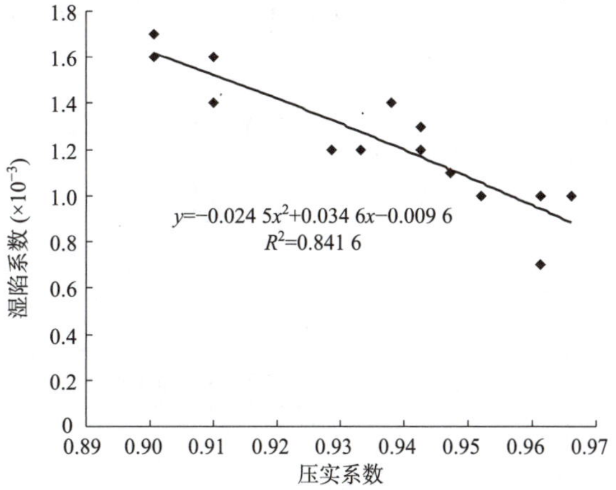

图 7-11 小马坊取土场最优含水率 w_{op} 下湿陷系数随压实系数 K 变化趋势图

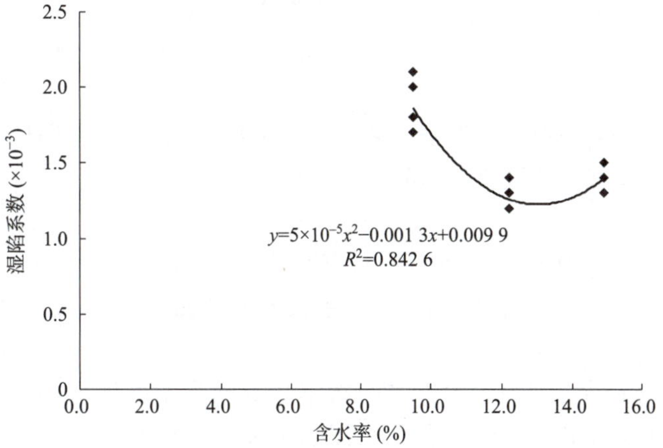

图 7-12 小马坊取土场压实系数 K 均介于 0.92～0.95 时湿陷系数随含水率变化趋势图

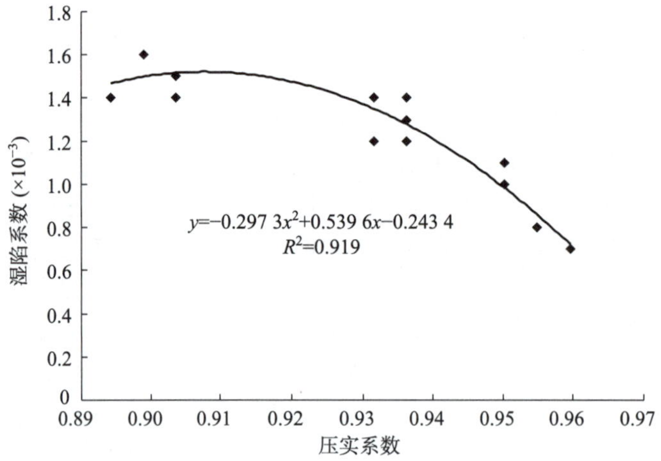

图 7-13 渠子村取土场最优含水率 w_{op} 下湿陷系数随压实系数 K 变化趋势图

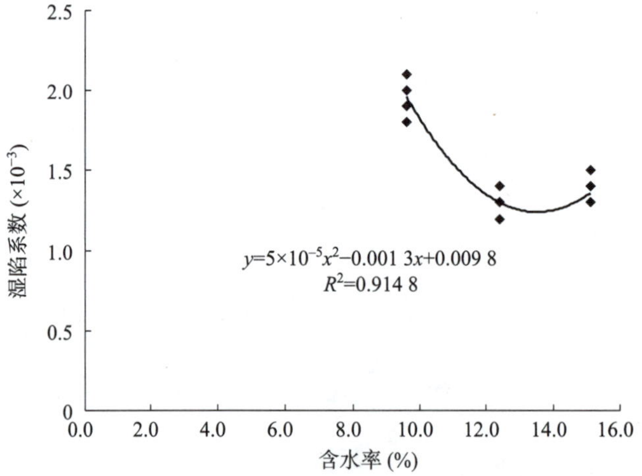

图 7-14 渠子村取土场压实系数 K 均介于 0.92 ~ 0.95 时湿陷系数随含水率变化趋势图

通过湿陷性试验,重塑黄土的湿陷系数均远小于 0.015,因此其不具有湿陷性。

通过击实试验、固结压缩试验、湿陷性试验,可以得出如下结论:

(1)重塑黄土的含水率在最优含水率 ±3%(工程施工允许范围)内,压实系数 $K \geqslant 0.90$ 时,其湿陷系数 δ_s 远小于 0.015,因此其不具有湿陷性。

(2)在最优含水率 w_{op} 下湿陷系数随压实系数 K 增加而减小,其变化规律可用二次函数拟合。

(3)当压实系数 K 介于 0.92 ~ 0.95 时,湿陷系数随含水率增加而降低,至最优含水率 w_{op} 时降低至最小值,之后随着含水率的增大湿陷系数又逐渐增大。

7.2 水泥改良黄土沉降变形特性试验

7.2.1 固结试验

水泥改良黄土固结试验主要是测试加不同水泥配比改良后，在不同等级垂直压力下压缩特性，判定其压缩特性是否满足作为路基填料的要求。

水泥改良黄土固结试验按照四个取土场分别试验，配制水泥配比为3%、4%和6%的，最优含水率 w_{op} 状态的改良土样。又根据《高速铁路设计规范》(TB 10621—2014)规定：基床以下路堤压实系数为 $K \geqslant 0.92$；基床底层压实系数 $K \geqslant 0.95$。因此试验中配制压实系数为 $0.92 \leqslant K < 0.95$ 范围内的改良土样。

经过试验，得到四个取土场水泥改良黄土试样在最优含水率 w_{op} 下，压缩系数 $\alpha_{0.1-0.2}$ 和压缩模量 $E_{s0.1-0.2}$ 随水泥配比的变化规律，以小马坊与渠子村取土场为例，变化趋势如图7-15～图7-18所示。

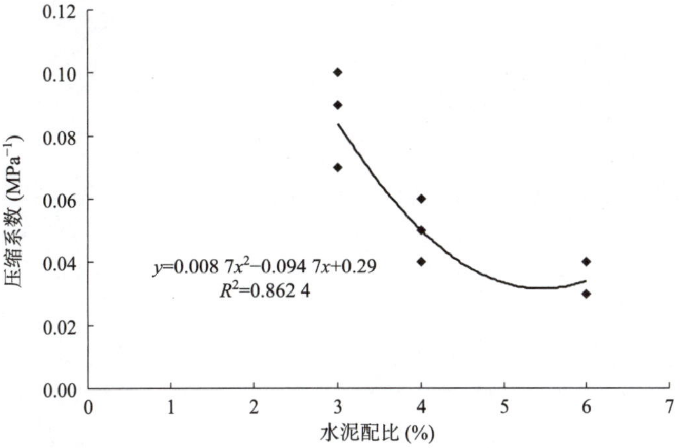

图7-15 小马坊取土场最优含水率 w_{op} 下 $\alpha_{0.1-0.2}$ 随水泥配比变化趋势图

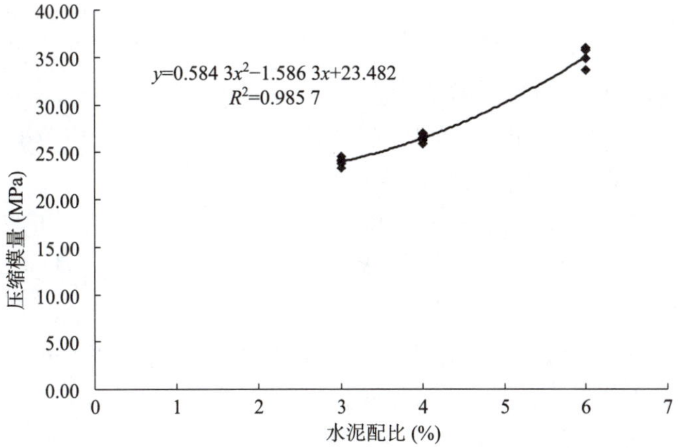

图7-16 小马坊取土场最优含水率 w_{op} 下 $E_{s0.1-0.2}$ 随水泥配比变化趋势图

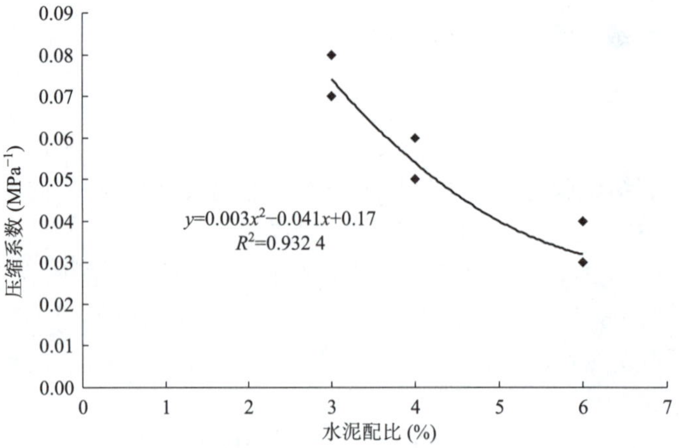

图 7-17　渠子村取土场最优含水率 w_{op} 下 $\alpha_{0.1-0.2}$ 随水泥配比变化趋势图

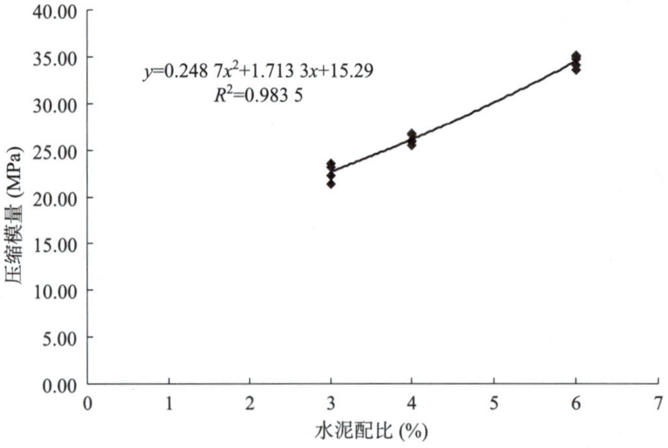

图 7-18　渠子村取土场最优含水率 w_{op} 下 $E_{s0.1-0.2}$ 随水泥配比变化趋势图

通过分析对比,可以得出如下结论:

(1)在最优含水率 w_{op},压实系数 K 满足 $0.92 \leqslant K < 0.95$ 条件下,水泥改良黄土在水泥配比为3%以上时,其压缩系数 $\alpha_{0.1-0.2}$ 和压缩模量 $E_{s0.1-0.2}$ 变化幅度均较小,分别介于0.03~0.09 MPa^{-1} 和21.21~37.56 MPa,属于低压缩性土。

(2)在最优含水率 w_{op},压实系数 K 满足 $0.92 \leqslant K < 0.95$ 条件下,压缩系数 $\alpha_{0.1-0.2}$ 随水泥配比的增加而增大,压缩模量 $E_{s0.1-0.2}$ 随水泥配比的增加而减小,且在水泥配比为6%时其压缩性最优。

如图7-19、图7-20所示,水泥配比为0%的重塑黄土(不加水泥)的压缩系数 $\alpha_{0.1-0.2}$、压缩模量 $E_{s0.1-0.2}$ 各取土场有一定差异,水泥改良后则差异性减小,$\alpha_{0.1-0.2}$ 均得到不同程度的下降,$E_{s0.1-0.2}$ 均得到不同程度的增长,下降或增长幅度见表7-3~表7-6。

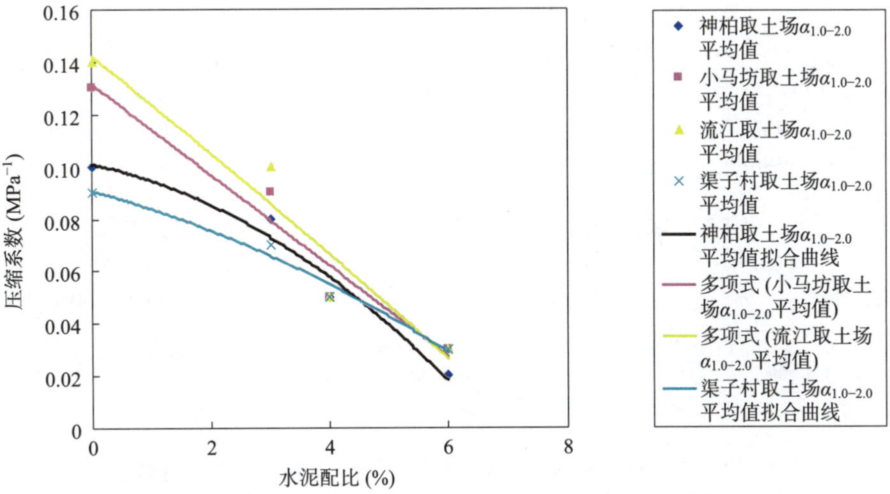

图 7-19　各取土场最优含水率 w_{op} 下 $\alpha_{0.1-0.2}$ 平均值随水泥配比变化趋势图

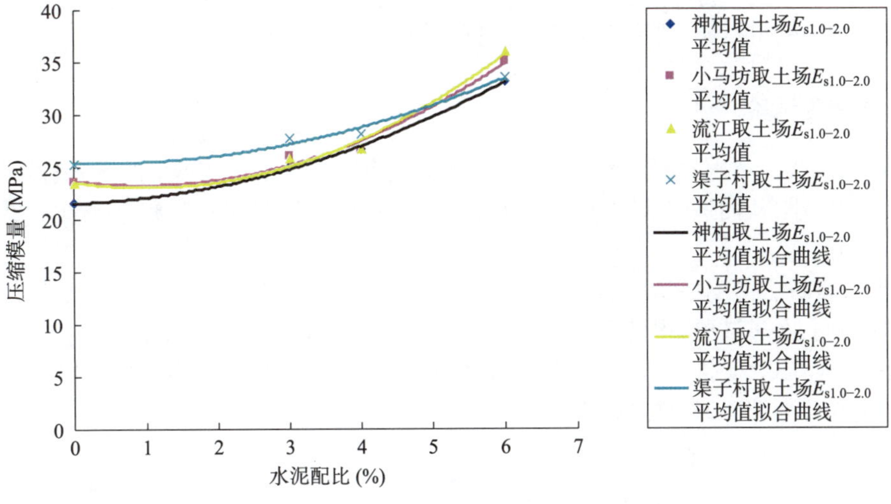

图 7-20　各取土场最优含水率 w_{op} 下 $E_{s0.1-0.2}$ 平均值随水泥配比变化趋势图

表 7-3　神柏取土场水泥改良黄土 $\alpha_{0.1-0.2}$ 和 $E_{s0.1-0.2}$ 变化幅度表

物理指标＼水泥配比	0%		3%		4%		6%	
	平均值	百分比	平均值	百分比	平均值	百分比	平均值	百分比
$\alpha_{0.1-0.2}$ (MPa^{-1})	0.10	—	0.08	20%	0.05	50%	0.02	80%
$E_{s0.1-0.2}$ (MPa)	21.50	—	25.06	17%	26.68	24%	33.11	54%

注：表中百分比指相比不加水泥时 $\alpha_{0.1-0.2}$ 的下降幅度和 $E_{s0.1-0.2}$ 的增长幅度。

表 7-4　小马坊取土场水泥改良黄土 $\alpha_{0.1-0.2}$ 和 $E_{s0.1-0.2}$ 变化幅度表

水泥配比 / 物理指标	0%		3%		4%		6%	
	平均值	百分比	平均值	百分比	平均值	百分比	平均值	百分比
$\alpha_{0.1-0.2}$(MPa^{-1})	0.13	—	0.09	31%	0.05	62%	0.03	77%
$E_{s0.1-0.2}$(MPa)	23.56	—	25.98	10%	26.49	12%	35.00	49%

注:表中百分比指相比不加水泥时 $\alpha_{0.1-0.2}$ 的下降幅度和 $E_{s0.1-0.2}$ 的增长幅度。

表 7-5　流江取土场水泥改良黄土 $\alpha_{0.1-0.2}$ 和 $E_{s0.1-0.2}$ 变化幅度表

水泥配比 / 物理指标	0%		3%		4%		6%	
	平均值	百分比	平均值	百分比	平均值	百分比	平均值	百分比
$\alpha_{0.1-0.2}$(MPa^{-1})	0.14	—	0.10	29%	0.05	64%	0.03	79%
$E_{s0.1-0.2}$(MPa)	23.43	—	25.83	10%	26.68	14%	35.87	53%

注:表中百分比指相比不加水泥时 $\alpha_{0.1-0.2}$ 的下降幅度和 $E_{s0.1-0.2}$ 的增长幅度。

表 7-6　渠子村取土场水泥改良黄土 $\alpha_{0.1-0.2}$ 和 $E_{s0.1-0.2}$ 变化幅度表

水泥配比 / 物理指标	0%		3%		4%		6%	
	平均值	百分比	平均值	百分比	平均值	百分比	平均值	百分比
$\alpha_{0.1-0.2}$(MPa^{-1})	0.09	—	0.07	22%	0.05	44%	0.03	67%
$E_{s0.1-0.2}$(MPa)	25.31	—	27.67	9%	28.12	11%	33.52	32%

注:表中百分比指相比不加水泥时 $\alpha_{0.1-0.2}$ 的下降幅度和 $E_{s0.1-0.2}$ 的增长幅度。

7.2.2　湿陷性试验

测定水泥改良黄土的湿陷性系数,通过测定值换算出水泥改良黄土的湿陷性系数,来评价其湿陷性大小,从而进一步评价水泥改良黄土遇水发生压缩塌陷的程度及在高铁路基应用中造成的危害。

水泥改良黄土湿陷性试验按照四个取土场分别试验,试样与水泥改良黄土固结试验配置的试样相同,经过试验,得到四个取土场水泥改良黄土试样在最优含水率 w_{op},压实系数 K 满足 $0.92 \leqslant K_1 < 0.95$ 条件下,湿陷系数随水泥配比的变化规律,以小马坊与渠子村取土场为例,变化趋势如图 7-21、图 7-22 所示。

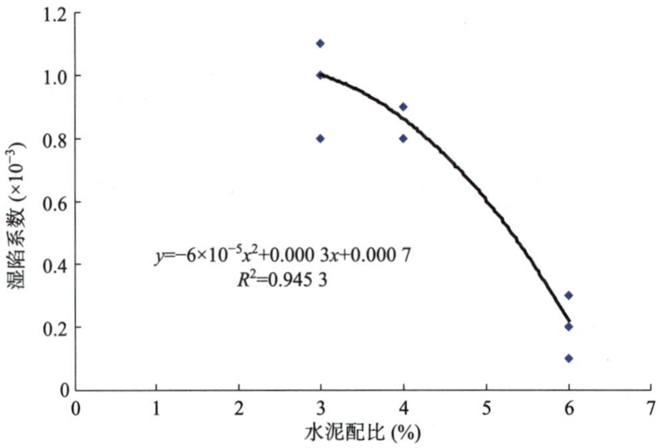

图 7-21　小马坊取土场湿陷系数随水泥配比变化趋势图

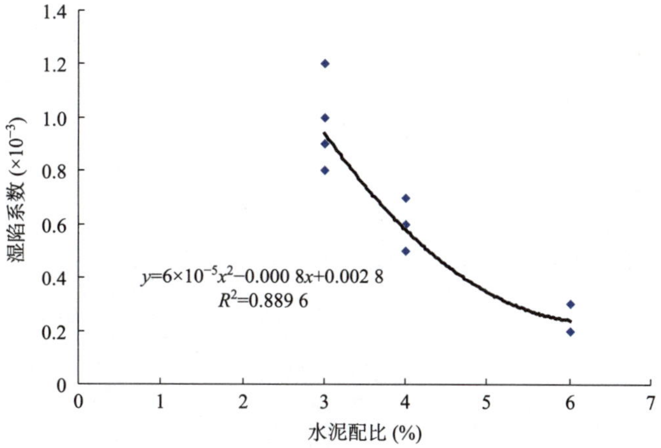

图 7-22　渠子村取土场湿陷系数随水泥配比变化趋势图

通过湿陷性试验，水泥改良黄土的湿陷系数均远小于 0.015，因此其不具有湿陷性。

通过分析对比，可以得出如下结论：

（1）在最优含水率 w_{op}，压实系数 K 满足 $0.92 \leqslant K < 0.95$ 条件下，水泥改良黄土在水泥配比为 3% 以上时，其湿陷系数 δ_s 远小于 0.015，因此其不具有湿陷性。

（2）在最优含水率 w_{op}，压实系数 K 满足 $0.92 \leqslant K < 0.95$ 条件下，湿陷系数随水泥配比的增加而减小，且在水泥配比为 6% 时其压缩性最小。各取土场湿陷平均值拟合曲线详见图 7-23。

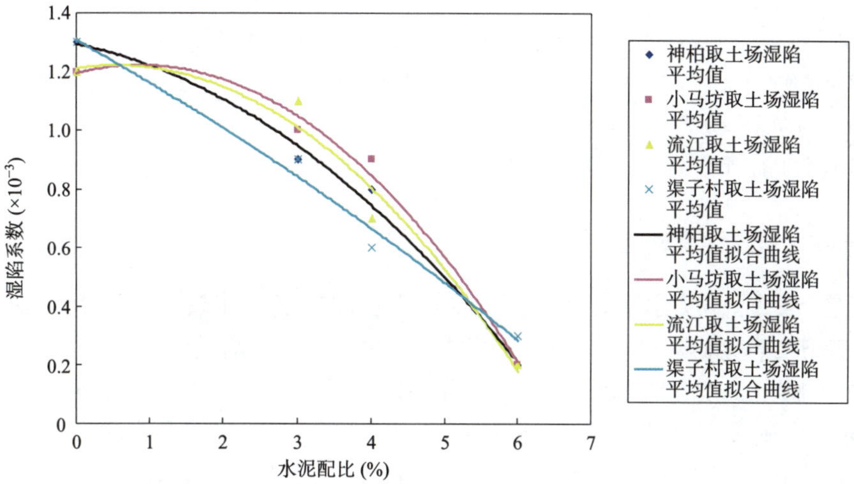

图 7-23　各取土场最优含水率 w_{op} 下湿陷系数平均值随水泥配比变化趋势图

水泥改良后黄土的湿陷系数明显减小，当水泥含量为 6% 时湿陷系数最小，下降幅度见表 7-7 ~ 表 7-10。

表 7-7 神柏取土场水泥改良黄土湿陷量变化幅度表

物理指标 \ 水泥配比	0%		3%		4%		6%	
	平均值	百分比	平均值	百分比	平均值	百分比	平均值	百分比
湿陷系数	0.001 3	—	0.000 9	31%	0.000 8	38%	0.000 2	85%
湿陷量(3 m 厚度/mm)	3.9		2.7		2.4		0.6	

注:百分比指相比不加水泥时湿陷系数和湿陷量(3 m 厚度)的减小幅度。

表 7-8 小马坊取土场水泥改良黄土湿陷量变化幅度表

物理指标 \ 水泥配比	0%		3%		4%		6%	
	平均值	百分比	平均值	百分比	平均值	百分比	平均值	百分比
湿陷系数	0.001 2	—	0.001 0	17%	0.000 9	25%	0.000 2	83%
湿陷量(3 m 厚度/mm)	3.6		3.0		2.7		0.6	

注:百分比指相比不加水泥时湿陷系数和湿陷量(3 m 厚度)的减小幅度。

表 7-9 流江取土场水泥改良黄土湿陷量变化幅度表

物理指标 \ 水泥配比	0%		3%		4%		6%	
	平均值	百分比	平均值	百分比	平均值	百分比	平均值	百分比
湿陷系数	0.001 2	—	0.001 1	8%	0.000 7	42%	0.000 2	83%
湿陷量(3 m 厚度/mm)	3.6		3.3		2.1		0.6	

注:表中百分比指相比不加水泥时湿陷系数和湿陷量(3 m 厚度)的减小幅度。

表 7-10 渠子村取土场水泥改良黄土湿陷量变化幅度表

物理指标 \ 水泥配比	0%		3%		4%		6%	
	平均值	百分比	平均值	百分比	平均值	百分比	平均值	百分比
湿陷系数	0.001 3	—	0.000 9	31%	0.000 6	54%	0.000 3	77%
湿陷量(3 m 厚度/mm)	3.9		2.7		1.8		0.9	

注:表中百分比指相比不加水泥时湿陷系数和湿陷量(3 m 厚度)的减小幅度。

7.2.3 无侧限抗压强度试验

强度是土最重要的力学性质指标,是土质加固的控制条件。未改良黄土由于土体强度不能达到高速铁路路基基床设计要求,不适用于直接作为填料使用。通过试验,研究不同配比方案的改良后黄土的强度变化情况及改良效果。常用的改良土强度有 7 d 强度和 28 d 强度两种方法。7 d 强度是适应施工质量检测的需要,28 d 强度是衡量混合料加固后强度形成的发展趋势。

水泥改良黄土无侧限抗压强度试验按照四个取土场分别进行,分别配制水泥配比为 0%(即重塑黄土)、3%、4% 和 6%,最优含水率 w_{op}状态的改良土样。又根据《高速铁路设计规范》(TB 10621—2014)规定:基床以下路堤压实系数 $K \geqslant 0.92$;基床底层压实系数 $K \geqslant 0.95$。因此试验中分别配制压实系数 $0.92 \leqslant K < 0.95$、$K \geqslant 0.95$ 的不同水泥配比改良土样。

经过试验,得到四个取土场水泥改良黄土试样在最优含水率 w_{op}下无侧限抗压强度,以及浸水条件下的无侧限抗压强度。

通过分析对比,可以得出如下结论:

1. 浸水前各试样无侧限抗压强度分析

(1)当压实系数 K 满足 $0.92 \leqslant K \leqslant 0.95$ 条件时,0% 水泥配比(即不含水泥的重塑黄土)的未浸水试样,四个取土场试样的无侧限抗压强度为 0.31 ~0.70 MPa。当压实系数 K 满足 $K \geqslant 0.95$ 条件时,其无侧限抗压强度为 0.36 ~0.71 MPa。

(2)当压实系数 K 满足 $0.92 \leqslant K \leqslant 0.95$ 条件时,3%、4% 水泥配比的未浸水试样,四个取土场试样的 7 d 无侧限抗压强度为 0.86 ~1.71 MPa,28 d 无侧限抗压强度为 1.39 ~3.23 MPa。当压实系数 K 满足 $K \geqslant 0.95$ 条件时,其 7 d 无侧限抗压强度为 1.40 ~2.55 MPa,28 d 无侧限抗压强度为 1.78 ~3.84 MPa。

(3)当压实系数 K 满足 $0.92 \leqslant K \leqslant 0.95$ 条件时,6% 水泥配比的未浸水试样,四个取土场试样的 7 d 无侧限抗压强度为 1.49 ~2.56 MPa,28 d 无侧限抗压强度为 2.56 ~3.06 MPa。当压实系数 K 满足 $K \geqslant 0.95$ 条件时,其 7 d 无侧限抗压强度为 2.24 ~3.75 MPa,28 d 无侧限抗压强度为 2.78 ~4.76 MPa。

2. 浸水后各试样无侧限抗压强度分析

(1)当压实系数 K 满足 $0.92 \leqslant K \leqslant 0.95$ 条件时,0% 水泥配比(即不含水泥的重塑黄土)的浸水试样,四个取土场试样的无侧限抗压强度为 0.04 ~0.06 MPa。当压实系数 K 满足 $K \geqslant 0.95$ 条件时,其无侧限抗压强度为 0.04 ~0.06 MPa。

(2)当压实系数 K 满足 $0.92 \leqslant K \leqslant 0.95$ 条件时,3%、4% 水泥配比的浸水试样,四个取土场试样的 7 d 无侧限抗压强度为 0.21 ~0.33 MPa,28 d 无侧限抗压强度为 0.30 ~0.42 MPa。当压实系数 K 满足 $K \geqslant 0.95$ 条件时,其 7 d 无侧限抗压强度为 0.24 ~0.35 MPa,28 d 无侧限抗压强度为 0.30 ~0.45 MPa,但其提高后的无侧限抗压强度最小值仍不能满足《高速铁路设计规范》(TB 10621—2014)规定的大于等于 350 kPa 的要求。

(3)当压实系数 K 满足 $0.92 \leqslant K \leqslant 0.95$ 条件时,6% 水泥配比的浸水试样,四个取土场试样的 7 d 无侧限抗压强度为 0.35 ~0.41 MPa,28 d 无侧限抗压强度为 0.44 ~0.51 MPa。当压实系数 K 满足 $K \geqslant 0.95$ 条件时,其 7 d 无侧限抗压强度为 0.37 ~0.43 MPa,28 d 无侧限抗压强度为 0.48 ~0.57 MPa,其提高后的无侧限抗压强度最小值可以满足《高速铁路设计规范》(TB 10621—2014)规定的大于等于 350 kPa 的要求。

7.2.4　振陷试验

使用 GDS 高级动态三轴测试系统进行试验。试验样品取自大同—西安客运专线铁路阳曲段、太原段、运城段及山西中南部重载通道石楼段等四个典型路基填料场地的重塑土。四个取土场地分别为小马坊、神柏、流江和渠子村;每个取土场地配置最优含水率 w_{op} 状态,压实系数 K 分别取 0.92 和 0.95,水泥配比分别取 0%(即重塑黄土)、3%、4%、6% 的改良黄土。

1. 初始压力加载

根据试样埋深、密度计算出水泥改良黄土的竖向荷载,围压根据固结比 k_0($k_0 = 1 -$

$\sin\varphi$)计算。试验过程中先加围压,在控制应变条件下施加竖向荷载,直至竖向荷载不再随应变增加为止。

2. 动荷载确定

(1)大西客运专线

根据日本东海道新干线动荷载计算公式以及铁科院关于无砟轨道动荷载计算的系数取值有如下公式:

$$P_d = P_s(1 + 0.3v/100)$$

式中 P_s——中活载,取值为 220×5 kN;

v——列车时速,大西客运专线设计行车速度为 250 km/h。

则 $$P_d = 220 \times 5 \times (1 + 0.3 \times 250/100) = 1\,925(\text{kN})$$

假定动荷载在基础板上均匀分布,路基板宽 3.2 m,长 7.5 m,乘以小于 1 的扩散系数(考虑荷载扩散的影响),故作用在路基面上的动应力为

$$0.98 \times 1\,925 \div (7.5 \times 3.2)\text{kPa} = 78.6\ \text{kPa} \approx 80\ \text{kPa}$$

(2)山西中南部铁路通道

根据铁科院关于有砟轨道动应力计算的公式:

$$\sigma_d = 0.26 \times P \times (1 + 0.004v)$$

式中 P——净轴重,取值为 30 t,即 300 kN;

v——列车时速,山西中南部铁路通道设计行车速度为 120 km/h。

则 $$\sigma_d = 0.26 \times 300 \times (1 + 0.004 \times 120) = 115.4(\text{kPa})$$

以往研究结果表明地面动荷载随着深度增加呈衰减趋势,拟合方程为 $\lambda = 0.97e^{\frac{-H}{1.13}} + 0.013$。由此推算出试样在不同埋深处的动荷载,详见表 7-11、表 7-12。

表 7-11 大西客运专线试样不同埋深处动荷载的衰减系数及动应力

埋深(m)	衰减系数	地面振动荷载(kPa)	试样动荷载(kPa)
-1	0.413 4	80	33.07
-2	0.178 2	80	14.26
-3	0.081 2	80	6.49
-4	0.041 1	80	3.28
-5	0.024 6	80	1.97
-6	0.017 8	80	1.42
-7	0.014 9	80	1.19
-8	0.013 8	80	1.11
-9	0.013 3	80	1.07
-10	0.013 3	80	1.05

表 7-12　山西中南部铁路通道试样不同埋深处动荷载的衰减系数及动应力

埋深(m)	衰减系数	地面振动荷载(kPa)	试样动荷载(kPa)
-1	0.413 4	115.4	47.71
-2	0.178 2	115.4	20.56
-3	0.081 2	115.4	9.37
-4	0.041 1	115.4	4.74
-5	0.024 6	115.4	2.84
-6	0.017 8	115.4	2.05
-7	0.014 9	115.4	1.72

3. 动荷载加载

加压变形稳定后，不同深度(3 m、6 m)处的试样按表 7-11、表 7-12 施加动荷载，分别模拟基床底层和基床以下路堤的动荷载情况。动荷载形式为正弦波。

4. 加载频率

本次试验只进行了频率为 1 Hz 时的动三轴振陷试验。

5. 具体方案

水泥改良黄土动三轴试验按照四个取土场分别试验，配制水泥配比为 0%(即重塑黄土)、3%、4% 和 6%，最优含水率 w_{op} 状态的改良土样。根据《高速铁路设计规范》(TB 10621—2014)规定：基床以下路堤压实系数 $K\geqslant0.92$；基床底层压实系数 $K\geqslant0.95$。因此试验中分别配制压实系数为 $0.92\leqslant K<0.95$、$K\geqslant0.95$ 的重塑土样。

以神柏取土场为例，取土场水泥改良黄土试样在最优含水率 w_{op}，分别满足压实系数 $0.92\leqslant K<0.95$ 和 $K\geqslant0.95$ 条件下，当振动频率为 1 Hz 时，3 m 深度试样不同振次下的振陷量变化规律如图 7-24 ~ 图 7-39 所示。

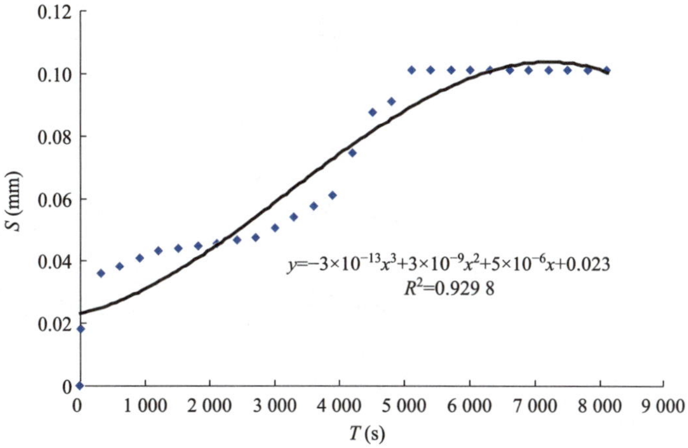

图 7-24　神柏取土场 0% 水泥配比(不含水泥)、压实系数 $0.92\leqslant K<0.95$ 的非饱和试样，不同振次下累积振陷量曲线图及其拟合函数

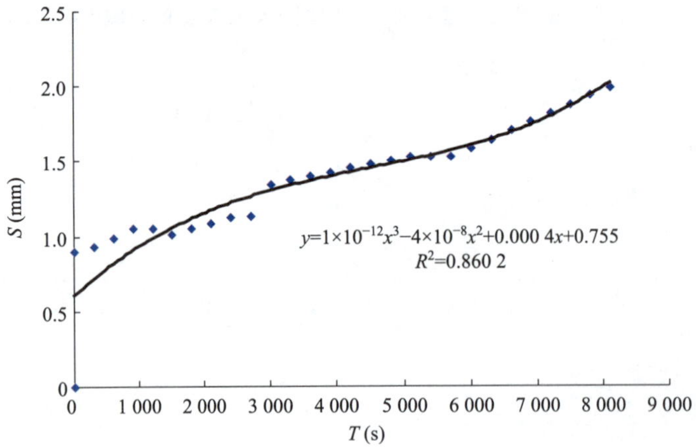

图 7-25　神柏取土场 0% 水泥配比（不含水泥）、压实系数 $0.92 \leqslant K < 0.95$ 的饱和试样，不同振次下累积振陷量曲线图及其拟合函数

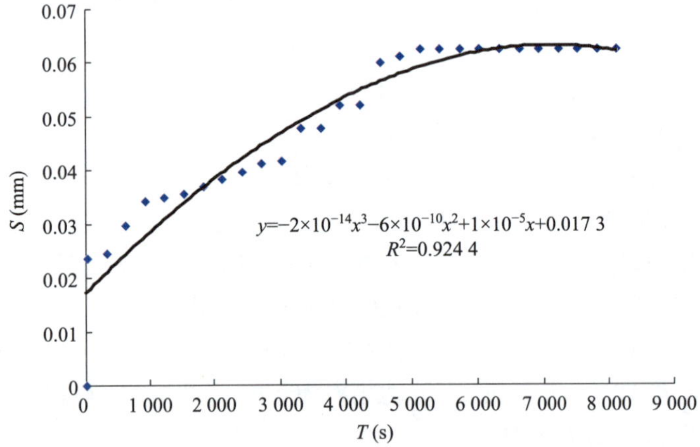

图 7-26　神柏取土场 0% 水泥配比（不含水泥）、压实系数 $K \geqslant 0.95$ 的非饱和试样，不同振次下累积振陷量曲线图及其拟合函数

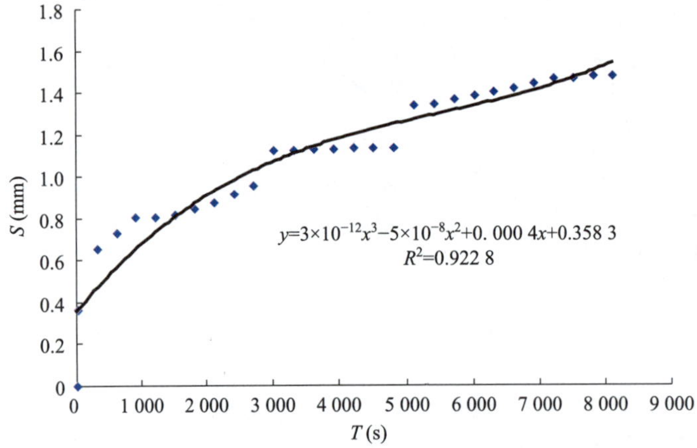

图 7-27　神柏取土场 0% 水泥配比（不含水泥）、压实系数 $K \geqslant 0.95$ 的饱和试样，不同振次下累积振陷量曲线图及其拟合函数

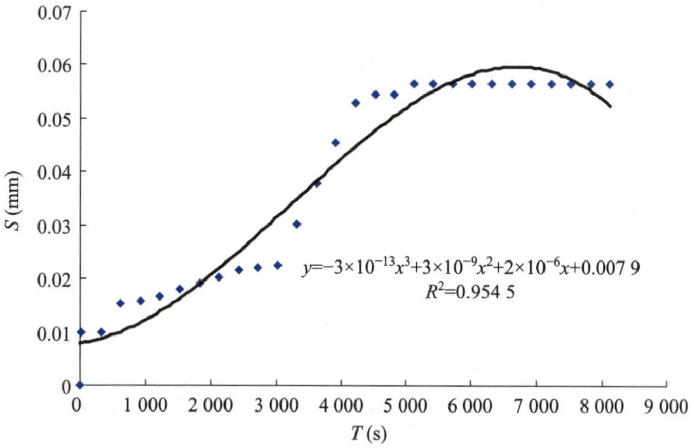

图 7-28　神柏取土场 3% 水泥配比、压实系数 0. 92≤K<0. 95 的非饱和试样，不同振次下累积振陷量曲线图及其拟合函数

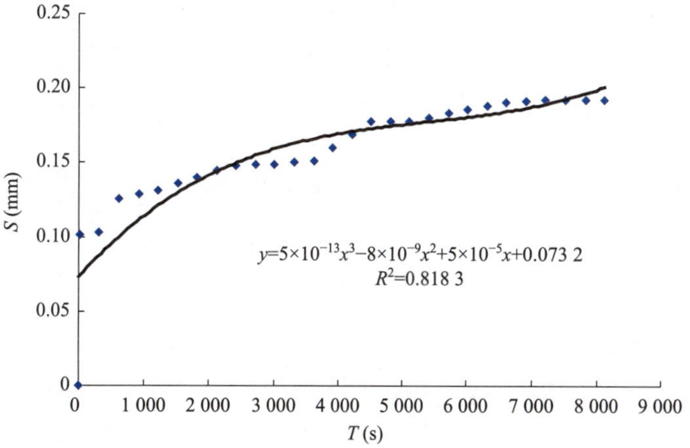

图 7-29　神柏取土场 3% 水泥配比、压实系数 0. 92≤K<0. 95 的饱和试样，不同振次下累积振陷量曲线图及其拟合函数

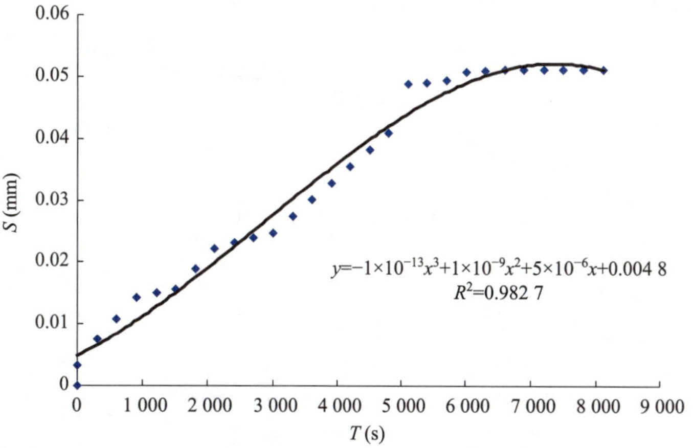

图 7-30　神柏取土场 3% 水泥配比、压实系数 K≥0. 95 的非饱和试样，不同振次下累积振陷量曲线图及其拟合函数

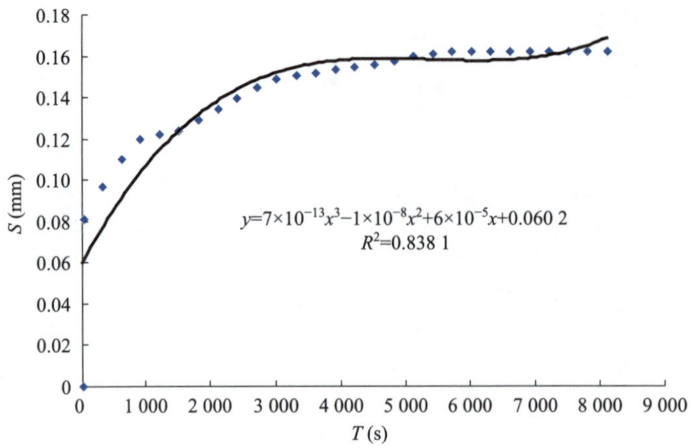

图 7-31　神柏取土场 3% 水泥配比、压实系数 $K \geq 0.95$ 的饱和试样，不同振次下累积振陷量曲线图及其拟合函数

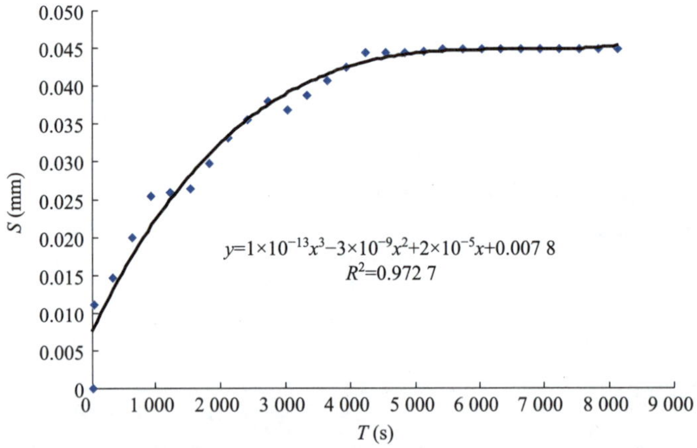

图 7-32　神柏取土场 4% 水泥配比、压实系数 $0.92 \leq K < 0.95$ 的非饱和试样，不同振次下累积振陷量曲线图及其拟合函数

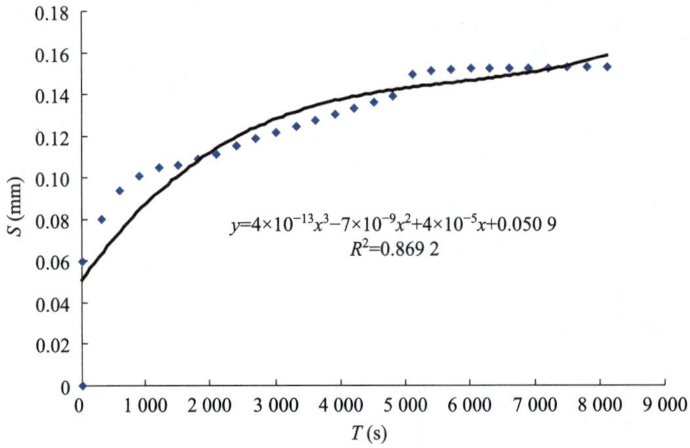

图 7-33　神柏取土场 4% 水泥配比、压实系数 $0.92 \leq K < 0.95$ 的饱和试样，不同振次下累积振陷量曲线图及其拟合函数

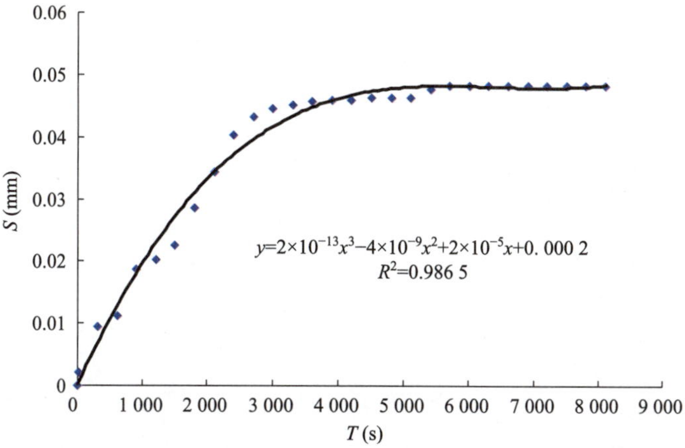

图 7-34　神柏取土场 4% 水泥配比、压实系数 $K \geqslant 0.95$ 的非饱和试样，不同振次下累积振陷量曲线图及其拟合函数

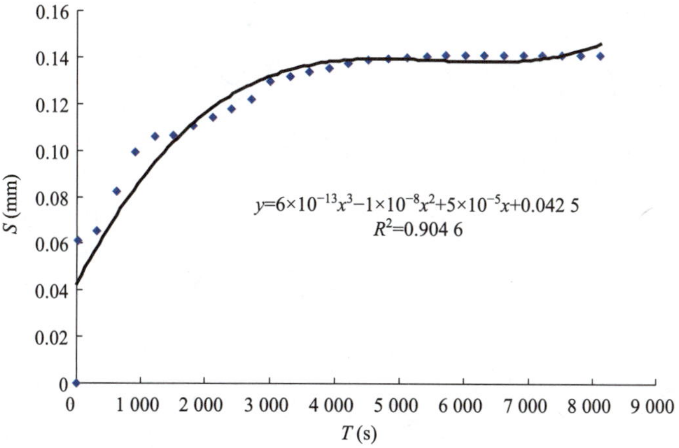

图 7-35　神柏取土场 4% 水泥配比、压实系数 $K \geqslant 0.95$ 的饱和试样，不同振次下累积振陷量曲线图及其拟合函数

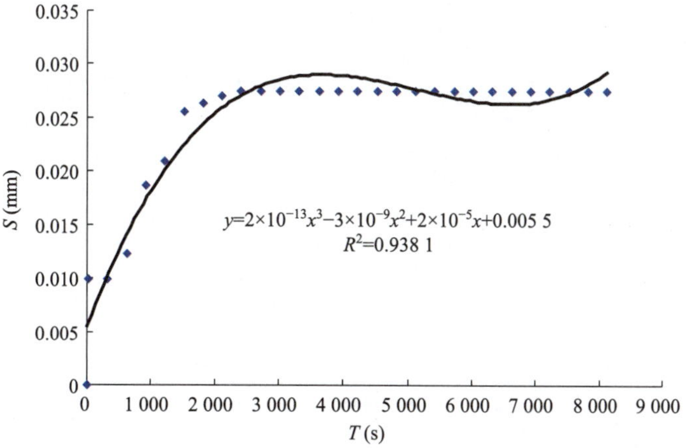

图 7-36　神柏取土场 6% 水泥配比、压实系数 $0.92 \leqslant K < 0.95$ 的非饱和试样，不同振次下累积振陷量曲线图及其拟合函数

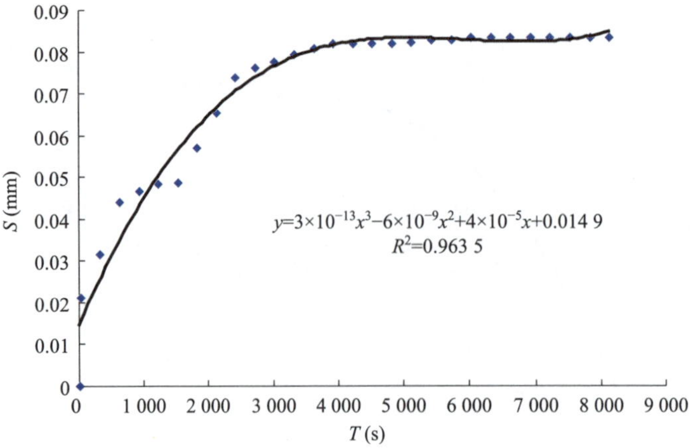

图 7-37　神柏取土场 6% 水泥配比、压实系数 0.92≤K<0.95 的饱和试样，不同振次下累积振陷量曲线图及其拟合函数

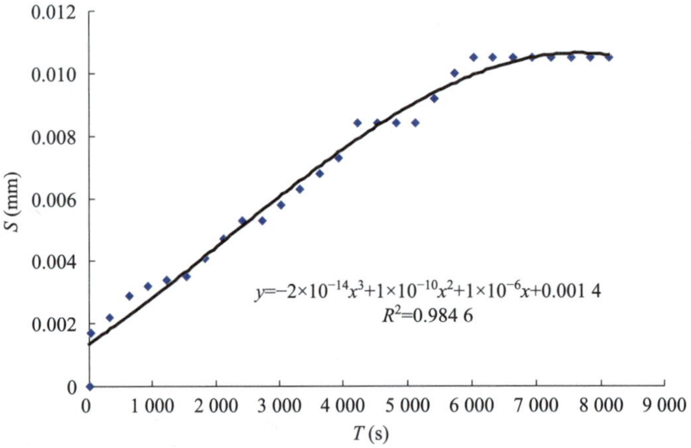

图 7-38　神柏取土场 6% 水泥配比、压实系数 K≥0.95 的非饱和试样，不同振次下累积振陷量曲线图及其拟合函数

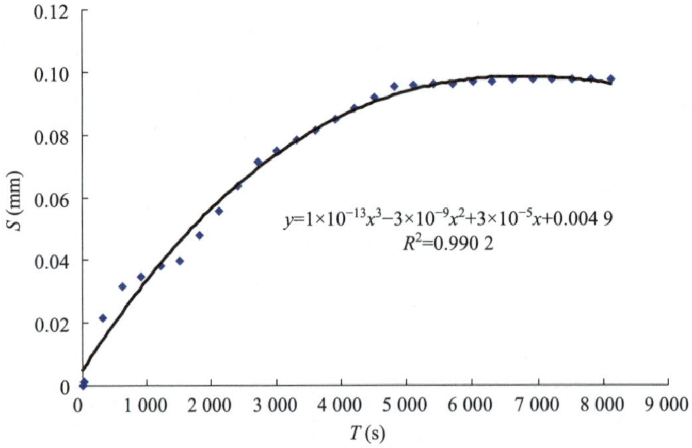

图 7-39　神柏取土场 6% 水泥配比、压实系数 K≥0.95 的饱和试样，不同振次下累积振陷量曲线图及其拟合函数

根据《土工试验规程》(SL 237—1999),当弹性应变和塑性应变之和 $E=5\%$ 时,认为试样破坏。但由于水泥改良黄土试样结构致密、力学强度高,在外界动荷载作用下,不易产生破坏,据多数学者研究结果认为:当弹性应变和塑性应变之和 $E=2\% \sim 3\%$ 时,试样产生振陷。

通过分析对比,可以得出如下结论:

(1)浸水前各试样振陷情况分析

①当压实系数 K 满足 $0.92 \leqslant K < 0.95$ 条件时,四个取土场0%水泥配比(即不含水泥的重塑黄土)的未浸水试样,在振动约5 000次以后振陷量趋于稳定;当振动8 000次时,3 m深度试样累积振陷量为2.06~2.19 mm。当压实系数 K 满足 $K \geqslant 0.95$ 条件时,在振动约5 000次以后振陷量趋于稳定;当振动8 000次时,3 m深度试样累积振陷量为0.91~1.10 mm。

②当压实系数 K 满足 $0.92 \leqslant K < 0.95$ 条件时,四个取土场3%、4%、6%水泥配比的浸水试样,在振动约5 000次以后振陷量趋于稳定;当振动8 000次时,3 m深度试样累积振陷量为0.59~1.21 mm。当压实系数 K 满足 $K \geqslant 0.95$ 条件时,在振动约5 000次以后振陷量趋于稳定;当振动8 000次时,3 m深度试样累积振陷量为0.20~1.03 mm。

水泥改良后振陷量与不含水泥的重塑土相比有所下降。

(2)浸水后各试样振陷情况分析

①当压实系数 K 满足 $0.92 \leqslant K < 0.95$ 条件时,四个取土场0%水泥配比(即不含水泥的重塑黄土)的浸水试样,振动5 000次以后振陷量仍有持续增长;当振动8 000次时,3 m深度试样累积振陷量为42.62~44.09 mm。当压实系数 K 满足 $K \geqslant 0.95$ 条件时,振动5 000次以后振陷量仍有持续增长;当振动8 000次时,3 m深度试样累积振陷量为30.38~33.95 mm。

②当压实系数 K 满足 $0.92 \leqslant K < 0.95$ 条件时,四个取土场3%、4%、6%水泥配比的浸水试样,在振动约5 000次以后振陷量趋于稳定;当振动8 000次时,3 m深度试样累积振陷量为1.74~4.33 mm。当压实系数 K 满足 $K \geqslant 0.95$ 条件时,在振动约5 000次以后振陷量趋于稳定;当振动8 000次时,3 m深度试样累积振陷量为1.63~3.69 mm。

如表7-13~表7-16所示,水泥改良后振陷量与不含水泥的重塑土相比显著下降。

表7-13　神柏取土场水泥改良黄土振陷量变化幅度表

是否饱和	压实系数	物理指标	水泥配比							
			0%		3%		4%		6%	
			平均值	百分比	平均值	百分比	平均值	百分比	平均值	百分比
否	0.92	8 000次累积振陷量(mm)	0.101 1	—	0.056 4	44%	0.044 9	56%	0.027 5	73%
		总振陷量(3 m厚度)(mm)	2.17		1.21		0.96		0.59	
是	0.92	8 000次累积振陷量(mm)	1.988 9	—	0.192 3	90%	0.152 6	92%	0.097 6	95%
		总振陷量(3 m厚度)(mm)	42.62		4.12		3.27		2.09	
否	0.95	8 000次累积振陷量(mm)	0.042 3	—	0.039 6	6.4%	0.035	17%	0.008 8	79%
		总振陷量(3 m厚度)(mm)	1.10		1.03		0.91		0.23	
是	0.95	8 000次累积振陷量(mm)	1.476 5	—	0.162 1	89%	0.141 2	90%	0.083 3	94%
		总振陷量(3 m厚度)(mm)	31.64		3.47		3.03		1.79	

注:表中百分比指相比不加水泥时振陷量(3 m厚度)的减小幅度。

表 7-14　小马坊取土场水泥改良黄土振陷量变化幅度表

是否饱和	压实系数	物理指标	水泥配比							
			0%		3%		4%		6%	
			平均值	百分比	平均值	百分比	平均值	百分比	平均值	百分比
否	0.92	8 000 次累积振陷量(mm)	0.102 1	—	0.048 8	52%	0.046 5	54%	0.037 7	63%
		总振陷量(3 m 厚度)(mm)	2.19		1.05		1.00		0.81	
是	0.92	8 000 次累积振陷量(mm)	1.997 4	—	0.202 2	90%	0.164 4	92%	0.081 4	96%
		总振陷量(3 m 厚度)(mm)	42.80		4.33		3.52		1.74	
否	0.95	8 000 次累积振陷量(mm)	0.048 9	—	0.040 3	18%	0.039 9	18%	0.010 0	80%
		总振陷量(3 m 厚度)(mm)	1.05		0.86		0.86		0.21	
是	0.95	8 000 次累积振陷量(mm)	1.584 1	—	0.172 2	89%	0.151 5	90%	0.075 9	95%
		总振陷量(3 m 厚度)(mm)	33.95		3.69		3.25		1.63	

注：表中百分比指相比不加水泥时振陷量(3 m 厚度)的减小幅度。

表 7-15　流江取土场水泥改良黄土振陷量变化幅度表

是否饱和	压实系数	物理指标	水泥配比							
			0%		3%		4%		6%	
			平均值	百分比	平均值	百分比	平均值	百分比	平均值	百分比
否	0.92	8 000 次累积振陷量(mm)	0.097 7	—	0.041 3	58%	0.040 0	59%	0.038 5	60%
		总振陷量(3 m 厚度)(mm)	2.09		0.89		0.86		0.83	
是	0.92	8 000 次累积振陷量(mm)	2.056 4	—	0.189 7	91%	0.155 2	92%	0.098 5	95%
		总振陷量(3m 厚度)(mm)	44.07		4.07		3.33		2.11	
否	0.95	8 000 次累积振陷量(mm)	0.045 6	—	0.039 5	13%	0.038 6	15%	0.009 6	79%
		总振陷量(3 m 厚度)(mm)	0.98		0.85		0.83		0.20	
是	0.95	8 000 次累积振陷量(mm)	1.418 4	—	0.168 6	88%	0.149 2	89%	0.099 2	93%
		总振陷量(3 m 厚度)(mm)	30.39		3.61		3.20		1.91	

注：表中百分比指相比不加水泥时振陷量(3 m 厚度)的减小幅度。

表 7-16　渠子村取土场水泥改良黄土振陷量变化幅度表

是否饱和	压实系数	物理指标	水泥配比							
			0%		3%		4%		6%	
			平均值	百分比	平均值	百分比	平均值	百分比	平均值	百分比
否	0.92	8 000 次累积振陷量(mm)	0.096 3	—	0.041 3	57%	0.040 2	58%	0.036 1	63%
		总振陷量(3 m 厚度)(mm)	2.06		0.88		0.86		0.77	
是	0.92	8 000 次累积振陷量(mm)	2.057 5	—	0.187 1	91%	0.154 4	92%	0.096 8	95%
		总振陷量(3 m 厚度)(mm)	44.09		4.01		3.31		2.07	
否	0.95	8 000 次累积振陷量(mm)	0.047 6	—	0.039 8	17%	0.038 6	19%	0.009 9	79%
		总振陷量(3 m 厚度)(mm)	1.02		0.85		0.83		0.21	

续上表

是否饱和	压实系数	物理指标	水泥配比							
			0%		3%		4%		6%	
			平均值	百分比	平均值	百分比	平均值	百分比	平均值	百分比
是	0.95	8 000 次累积振陷量(mm)	1.417 6	—	0.168 6	88%	0.148 8	90%	0.088 9	94%
		总振陷量(3 m 厚度)(mm)	30.38		3.61		3.19		1.91	

注:表中百分比指相比不加水泥时振陷量(3 m 厚度)的减小幅度。

7.2.5　动弹性模量、动阻尼试验

水泥改良黄土动弹性模量和阻尼比试验的初始压力、静荷载、动荷载等各项试验参数与振陷试验的试验参数保持一致。

试验按照各取土场分别试验,配制水泥配比为0%(即重塑黄土)、3%、4%和6%,最优含水率 w_{op} 状态的改良土样。根据《高速铁路设计规范》(TB 10621—2014)规定:基床以下路堤压实系数 $K \geqslant 0.92$;基床底层压实系数 $K \geqslant 0.95$。因此试验中分别配制压实系数为 $0.92 \leqslant K < 0.95$、$K \geqslant 0.95$ 的改良土样。

试验测得各取土场水泥改良黄土试样在最优含水率 w_{op} 下动弹性模量 E_d 和阻尼比 λ 随振次的变化规律。以小马坊取土场为例,变化趋势如图7-40～图7-43所示。

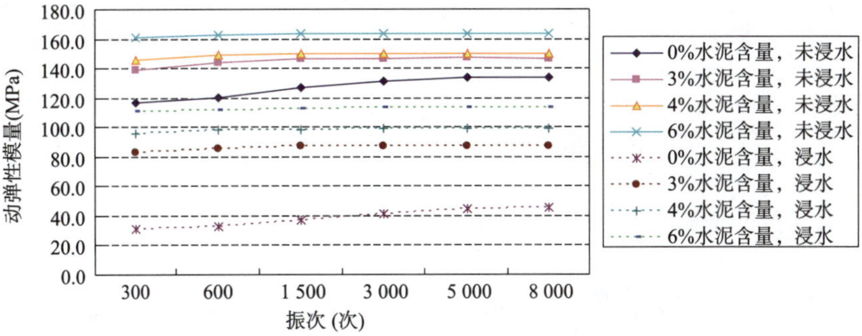

图7-40　小马坊取土场压实系数 $0.92 \leqslant K < 0.95$ 的试样(3 m 深度),不同水泥含量水泥改良黄土动弹性模量 E_d 随振次变化图

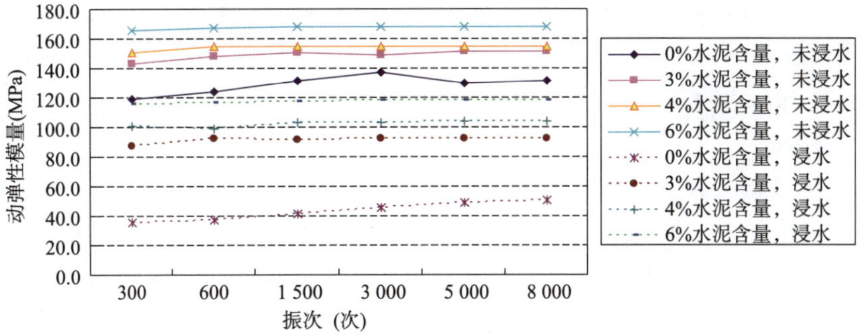

图7-41　小马坊取土场压实系数 $K \geqslant 0.95$ 的试样(3 m 深度),不同水泥含量水泥改良黄土动弹性模量 E_d 随振次变化图

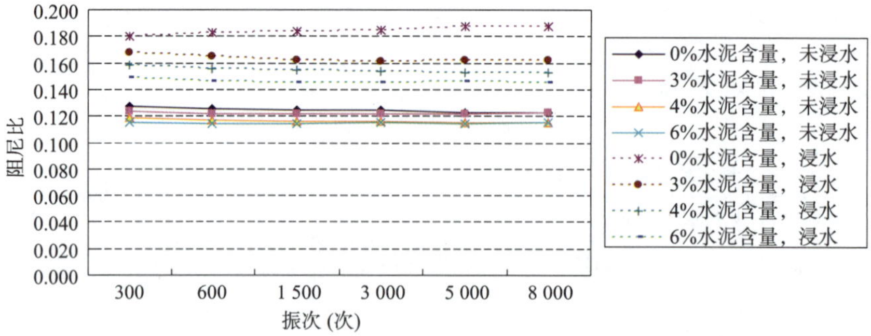

图 7-42　小马坊取土场压实系数 0.92≤*K*<0.95 的试样(3 m 深度)，不同水泥含量水泥改良黄土阻尼比 λ 随振次变化图

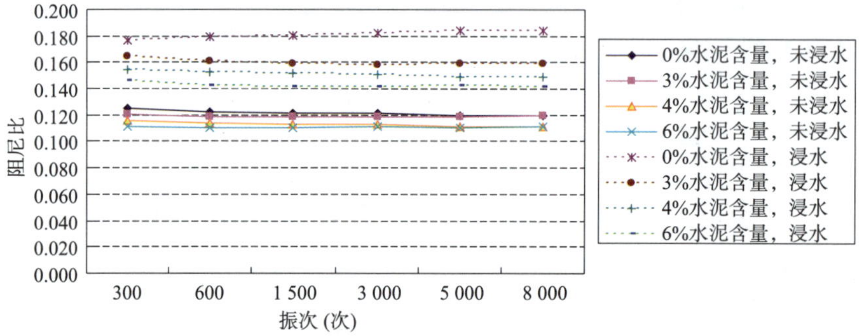

图 7-43　小马坊取土场压实系数 *K*≥0.95 的试样(3 m 深度)，不同水泥含量水泥改良黄土阻尼比 λ 随振次变化图

随着水泥含量的增高，水泥改良黄土的动弹性模量大幅度提高，阻尼比则逐渐变小，但变化较小。

同时，表 7-17 ~ 表 7-20 给出了不同水泥配比水泥改良黄土动弹性模量和阻尼比的增长率及降低率。通过分析对比，可以得出如下结论：

1. 浸水前各试样动弹性模量和阻尼比变化情况分析

(1)当压实系数 *K* 满足 0.92≤*K*<0.95 条件时，四个取土场 0% 水泥配比(即不含水泥的重塑黄土)的未浸水试样，在振动约 5 000 次以后动弹性模量趋于稳定；当振动 8 000 次时，3 m 深度试样动弹性模量为 113.4 ~ 134.1 MPa。当压实系数 *K* 满足 *K*≥0.95 条件时，在振动约 5 000 次以后动弹性模量趋于稳定；当振动 8 000 次时，3 m 深度试样动弹性模量为 110.9 ~ 131.4 MPa。

(2)当压实系数 *K* 满足 0.92≤*K*<0.95 条件时，四个取土场 0% 水泥配比(即不含水泥的重塑黄土)的未浸水试样，在振动约 5 000 次以后阻尼比 λ 趋于稳定；当振动 8 000 次时，3 m 深度试样阻尼比 λ 为 0.093 ~ 0.144。当压实系数 *K* 满足 *K*≥0.95 条件时，在振动约 5 000 次以后阻尼比 λ 趋于稳定；当振动 8 000 次时，3 m 深度试样阻尼比 λ 为 0.090 ~ 0.139。

(3)当压实系数 *K* 满足 0.92≤*K*<0.95 条件时，四个取土场 3%、4%、6% 水泥配比的未

浸水试样，在振动约5 000次以后动弹性模量趋于稳定；当振动8 000次时，3 m深度试样动弹性模量为114.2～163.8 MPa。当压实系数K满足$K \geqslant 0.95$条件时，在振动约5 000次以后动弹性模量趋于稳定；当振动8 000次时，3 m深度试样动弹性模量为118.2～168.1 MPa。

(4)当压实系数K满足$0.92 \leqslant K < 0.95$条件时，四个取土场3%、4%、6%水泥配比的未浸水试样，在振动约5 000次以后阻尼比λ趋于稳定；当振动8 000次时，3 m深度试样阻尼比λ为0.085～0.136。当压实系数K满足$K \geqslant 0.95$条件时，在振动约5 000次以后动弹性模量趋于稳定；当振动8 000次时，3 m深度试样阻尼比λ为0.082～0.131。

(5)当压实系数K满足$0.92 \leqslant K < 0.95$条件时，各种水泥配比(即不含水泥的重塑黄土)的未浸水试样，其动弹性模量随着振动次数的增加逐渐增加，阻尼比则随着振动次数的增加逐渐减小，振动约5 000次以后动弹性模量趋于稳定；当压实系数K满足$K \geqslant 0.95$时也有同样的规律。

2. 浸水后各试样动弹性模量和阻尼比变化情况分析

(1)当压实系数K满足$0.92 \leqslant K < 0.95$条件时，四个取土场0%水泥配比(即不含水泥的重塑黄土)的浸水后试样，在振动约5 000次以后动弹性模量趋于稳定；当振动8 000次时，3 m深度试样动弹性模量为36.9～46.2 MPa。当压实系数K满足$K \geqslant 0.95$条件时，在振动约5 000次以后动弹性模量趋于稳定；当振动8 000次时，3 m深度试样动弹性模量为41.1～50.8 MPa。

(2)当压实系数K满足$0.92 \leqslant K < 0.95$条件时，四个取土场0%水泥配比(即不含水泥的重塑黄土)的浸水后试样，在振动约5 000次以后阻尼比λ趋于稳定；当振动8 000次时，3 m深度试样阻尼比λ为0.132～0.188。当压实系数K满足$K \geqslant 0.95$条件时，在振动约5 000次以后阻尼比λ趋于稳定；当振动8 000次时，3 m深度试样阻尼比λ为0.128～0.184。

(3)当压实系数K满足$0.92 \leqslant K < 0.95$条件时，四个取土场3%、4%、6%水泥配比的浸水后试样，在振动约5 000次以后动弹性模量趋于稳定；当振动8 000次时，3 m深度试样动弹性模量为83.2～113.5 MPa。当压实系数K满足$K \geqslant 0.95$条件时，在振动约5 000次以后动弹性模量趋于稳定；当振动8 000次时，3 m深度试样动弹性模量为87.4～118.0 MPa。

(4)当压实系数K满足$0.92 \leqslant K < 0.95$条件时，四个取土场3%、4%、6%水泥配比的浸水后试样，在振动约5 000次以后阻尼比λ趋于稳定；当振动8 000次时，3 m深度试样阻尼比λ为0.101～0.163。当压实系数K满足$K \geqslant 0.95$条件时，在振动约5 000次以后动弹性模量趋于稳定；当振动8 000次时，3 m深度试样阻尼比λ为0.098～0.159。

(5)当压实系数K满足$0.92 \leqslant K < 0.95$条件时，各种水泥配比(即不含水泥的重塑黄土)的浸水试样，其动弹性模量随着振动次数的增加逐渐增加，其阻尼比则随着振动次数的增加逐渐减小，振动约5 000次以后动弹性模量趋于稳定；当压实系数K满足$K \geqslant 0.95$条件时也有同样的规律。

表 7-17　神柏取土场水泥改良黄土振陷量变化幅度表

是否浸水	压实系数	模拟深度	物理指标（8 000 振次）	水泥配比							
				0%		3%		4%		6%	
				稳定值	百分比	稳定值	百分比	稳定值	百分比	稳定值	百分比
否	0.92	3 m	E_d(MPa)	125.2	—	135.3	8%	139.4	11%	151.7	21%
		3 m	λ	0.093		0.092	-1%	0.085	-9%	0.085	-9%
是	0.92	3 m	E_d(MPa)	44.8	—	83.2	86%	91.9	105%	105.1	135%
		3 m	λ	0.152		0.129	-15%	0.12	-21%	0.113	-26%
否	0.95	3 m	E_d(MPa)	122.7	—	139.3	14%	143.4	17%	155.7	27%
		3 m	λ	0.09		0.089	-1%	0.082	-9%	0.082	-9%
是	0.95	3 m	E_d(MPa)	49.0	—	87.4	78%	96.1	96%	109.3	123%
		3 m	λ	0.149		0.126	-15%	0.117	-21%	0.11	-26%

注：表中动弹性模量 E_d 和阻尼比 λ 为 8 000 振次时的稳定值。

表 7-18　流江取土场水泥改良黄土振陷量变化幅度表

是否浸水	压实系数	模拟深度	物理指标（8 000 振次）	水泥配比							
				0%		3%		4%		6%	
				稳定值	百分比	稳定值	百分比	稳定值	百分比	稳定值	百分比
否	0.92	3 m	E_d(MPa)	118.1	—	118.9	1%	125.5	6%	148.9	26%
		3 m	λ	0.144		0.136	-6%	0.121	-16%	0.091	-37%
是	0.92	3 m	E_d(MPa)	38.7	—	90.6	134%	97.5	152%	105.5	173%
		3 m	λ	0.136		0.110	-19%	0.109	-20%	0.102	-25%
否	0.95	3 m	E_d(MPa)	115.5	—	123.1	7%	129.6	12%	153.1	33%
		3 m	λ	0.139		0.131	-6%	0.118	-15%	0.087	-37%
是	0.95	3 m	E_d(MPa)	43.0	—	95.0	121%	101.9	137%	109.9	156%
		3 m	λ	0.132		0.106	-20%	0.106	-20%	0.099	-25%

注：表中动弹性模量 E_d 和阻尼比 λ 为 8 000 振次时的稳定值。

表 7-19　小马坊取土场水泥改良黄土振陷量变化幅度表

是否浸水	压实系数	模拟深度	物理指标（8 000 振次）	水泥配比							
				0%		3%		4%		6%	
				稳定值	百分比	稳定值	百分比	稳定值	百分比	稳定值	百分比
否	0.92	3 m	E_d(MPa)	134.1	—	147.2	10%	150.5	12%	163.8	22%
		3 m	λ	0.123		0.123	0%	0.115	-7%	0.115	-7%
是	0.92	3 m	E_d(MPa)	46.2	—	87.7	90%	99.2	115%	113.5	146%
		3 m	λ	0.188		0.163	-13%	0.153	-19%	0.145	-23%
否	0.95	3 m	E_d(MPa)	131.4	—	151.5	15%	154.9	18%	168.1	28%
		3 m	λ	0.12		0.12	0%	0.112	-7%	0.112	-7%
是	0.95	3 m	E_d(MPa)	50.8	—	92.2	81%	103.8	104%	118	132%
		3 m	λ	0.184		0.159	-14%	0.15	-18%	0.142	-23%

注：表中动弹性模量 E_d 和阻尼比 λ 为 8 000 振次时的稳定值。

表 7-20　渠子村取土场水泥改良黄土振陷量变化幅度表

是否浸水	压实系数	模拟深度	物理指标（8 000 振次）	水泥配比							
				0%		3%		4%		6%	
				稳定值	百分比	稳定值	百分比	稳定值	百分比	稳定值	百分比
否	0.92	3 m	E_d(MPa)	113.4	—	114.2	1%	120.5	6%	143.1	26%
		3 m	λ	0.139		0.132	-5%	0.118	-15%	0.09	-35%
是	0.92	3 m	E_d(MPa)	36.9	—	86.9	136%	93.6	154%	101.3	175%
		3 m	λ	0.132		0.108	-18%	0.107	-19%	0.101	-23%
否	0.95	3 m	E_d(MPa)	110.9	—	118.2	7%	124.5	12%	147.1	33%
		3 m	λ	0.135		0.127	-6%	0.115	-15%	0.087	-36%
是	0.95	3 m	E_d(MPa)	41.1	—	91.1	122%	97.8	138%	105.5	157%
		3 m	λ	0.128		0.104	-19%	0.104	-19%	0.098	-23%

注：表中动弹性模量 E_d 和阻尼比 λ 为 8 000 振次时的稳定值。

7.3　黄土改良水泥配比

7.3.1　改良试验结果

通过重塑黄土和水泥改良黄土的固结压缩试验、湿陷性试验、无侧限抗压强度试验、振陷试验、动弹性模量和动阻尼试验，得出如下结论：

（1）水泥改良黄土在最优含水率 w_{op}，压实系数满足 $0.92 \leqslant K < 0.95$、$K \geqslant 0.95$ 条件下，压缩系数 $\alpha_{0.1-0.2}$ 随水泥配比的增加而增大，压缩模量 $E_{s0.1-0.2}$ 随水泥配比的增加而减小，且在水泥配比为 6% 时其压缩性最小。

（2）水泥改良黄土在最优含水率 w_{op}，压实系数满足 $0.92 \leqslant K < 0.95$、$K \geqslant 0.95$ 条件下，湿陷系数随水泥配比的增加而明显减小，在水泥配比为 6% 时其湿陷性最小。

（3）浸水前水泥改良黄土的无侧限抗压强度，随着水泥含量的增高而大幅度提高，不同水泥配比（3%、4%、6%）下养护一定龄期后抗压强度均大于 350 kPa，但浸水后只有水泥配比达到 6% 时，才满足《高速铁路设计规范》（TB 10621—2014）7 d 饱和无侧限抗压强度大于等于 350 kPa 的要求。

（4）水泥改良黄土的振陷量，随着水泥含量（3%、4%、6%）的增高而减小，不论是否浸水，不同水泥配比改良土养护 28 d 后 3 m 厚度内总振陷量均小于 15 mm，满足铺设无砟轨道路基设计要求。

7.3.2　水泥配比方案

根据《铁路路基设计规范》（TB 10001—2016）与《高速铁路设计规范》（TB 10621—2014）要求，高速铁路与重载铁路基床底层采用改良土填料时应满足压实系数 $K \geqslant 0.95$，7 d

饱和无侧限抗压强度≥350 kPa；高速铁路与重载铁路基床以下路基填料采用改良土时应满足压实系数 $K \geq 0.92$，7 d 饱和无侧限抗压强度≥250 kPa。

依据黄土改良试验结果，为达到规范要求的改良黄土标准，大西客运专线与山西中南部重载铁路在基床底层应采用水泥配比为 6% 的改良黄土，基床以下路基填料可采用水泥配比为 3% 的改良黄土。

8 黄土区防排水系统研究

无论黄土的潜蚀或湿陷特征都与地表水、地下水息息相关，防止黄土区地基受水浸湿以及合理有效地设置排水措施，是保证建筑物的安全和正常使用的重要条件。

铁路路基防排水工程是路基工程不可或缺的重要组成部分，路基排水工程的质量缺陷可能导致路基主体工程出现质量缺陷甚至质量事故。路基排水应结合地形、地貌及地质条件和路、桥、涵、隧工点分布，系统开展设计。

8.1 路基排水系统设计原则

黄土地区路基防排水最重要的问题是防冲、防渗，为此，除应遵循一般地区路基防排水的设计原则，还应遵循拦截、分散、防冲、防渗、远接远送的原则。

(1)加大铁路工程地质勘察、水文调查等工作力度，铁路选线和总体设计中，应从系统工程角度统筹考虑防洪、排水工程，合理选择工程类型，宜桥则桥，宜隧则隧，宜路则路，避免高填、深挖和长路堑，为路基排水设计创造良好条件。

(2)铁路路基排水系统应根据铁路设计方案及线路平纵断面、地区年降雨量、区域汇水面积、路基填料种类、路基横断面和排水出口等因素，结合地形、地质、水文、气象、城镇规划等条件进行总体规划。黄土地区挖方地段应考虑黄土的特性，避免路堑堵塞自然排洪沟。

(3)黄土地区排水设施设计应考虑集中水流冲刷对局部微地貌改变以及淤积的影响，采用设计径流量的 1.1 倍确定过水断面尺寸。

(4)铁路路基排水设施应系统完整，排水通畅，排水系统径流区域地基应保持长期稳定。原则上轨面以上的地表水要通过天沟、吊沟等设施将其引排至路基范围以外，引排水不得冲刷路基及路基边坡，确保排水系统完整通畅；轨面以下对路基、道床有影响的地下水必须设置合理有效的构筑物，将水引排至路基外侧。所选用的排水设备，应具有足够的排水能力，将拦截或汇集的水流能及时排出，不致外溢；并具有足够的防冲、防渗性能，以防止水流冲毁水沟及产生下渗而破坏路基的整体稳定性，以及可能产生新的陷穴。

(5)设计应系统考虑线路、站场、路基、桥梁、隧道、给排水、房建等专业排水设备间的衔接关系，与所在区域地形、地貌、江河、沟渠间的衔接关系，与市政、厂矿、农村排水、排灌系统的现状和规划协调配合，利用地方排水系统时，对接口点的位置、高程和流量应密切配合，使其形成完整的排水系统。

(6)铁路路基排水系统应尽量不占良田、少占耕地。铁路排水系统的出口应远离路基本体。

(7)对于桥涵等过水建筑物的布置,线、站、路基专业应与桥梁专业密切配合,切实遵循“一沟一涵”的原则,不要勉强改沟或合并天然沟。在天然沟槽不甚明显的漫流地段,应布置足够数量的过水建筑物,并在其上游设置必要的束流设施,以防发生水害。

(8)路基排水设施应采取防止冲刷或渗漏的加固措施,可选用混凝土或其他措施进行加固。

(9)排水设施应按照结构工程的要求进行设计,符合《铁路混凝土结构耐久性设计规范》(TB 10005)的要求。

(10)高度关注施工过程中地形、地貌的变化,如有变化并对排水系统造成影响的,应及时调整排水方案。

(11)黄土路堑基床应加强防排水设计,避免路基面的水下渗至基床及地基,产生路基病害。

(12)基底为湿陷性黄土时,应采取拦截、排除地表水的措施,设置防冲刷、防渗漏和有利于水土保持的综合排水设施及防护工程,防止地表水下渗,减少地基湿陷性下沉,其地下排水构造物与地面排水沟渠必须采取防渗措施。

(13)路堤坡脚受水浸泡、冲刷时,应采取防冲、防渗的防护加固措施。

(14)对影响路基安全的黄土陷穴应进行地质调查,查清陷穴水的供给来源、水量、发展方向及对路基可能产生的危害,然后根据不同情况提出处理措施。

(15)路基附近的冲沟危及路基安全时,应采取排水或防护措施。

(16)黄土路基宜在旱季施工。当雨季施工时,应集中力量快速施工;工作面应随时保持不小于4%的排水坡,路堤、路堑边坡脚不得受水浸泡、冲刷。

8.2 路基排水设计内容

8.2.1 黄土路堑基床防排水

黄土路堑基床应加强防排水设计,应进行以下处理:

(1)基床表层应进行换填处理,填料应符合相关规范规定,基床底层厚度范围换填石灰改良土或水泥改良土;

(2)基床表层底部应采用复合土工膜进行封闭、隔水处理。

具体基床换填形式如图8-1和图8-2所示。

(3)侧沟的设置应符合下列要求:

①挖方及零填挖地段路肩两侧应设置侧沟,用以汇集和排除路堑范围内的地面水。

②路堑侧沟的水不得流经隧道排出。当排水困难且隧道长度小于300 m,洞外路堑的水量较小,含泥量少时,经研究比较确定。

③侧沟可根据需要采用梯形或矩形截面形式。梯形侧沟靠线路一侧沟壁的边坡坡率可采用1∶1,外侧边坡与路堑边坡相同。当有侧沟平台时,外侧沟壁的边坡坡率可采用1∶1。在砂类土中两侧沟壁的边坡坡率可采用1∶1~1∶1.5。

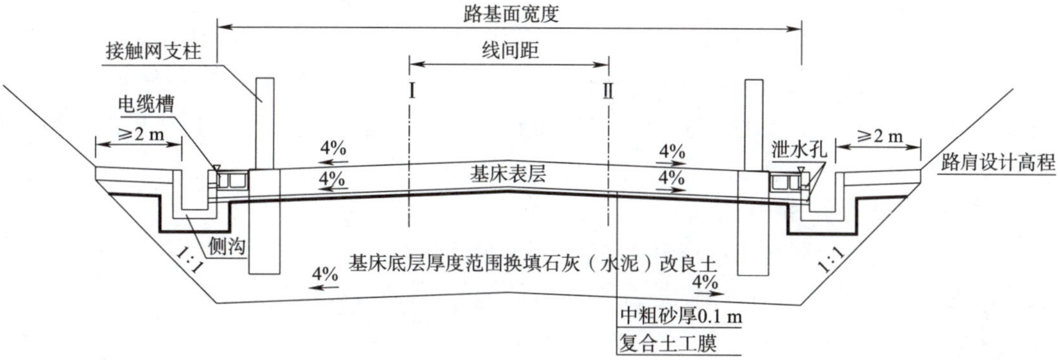

图 8-1　路堑基床换填形式

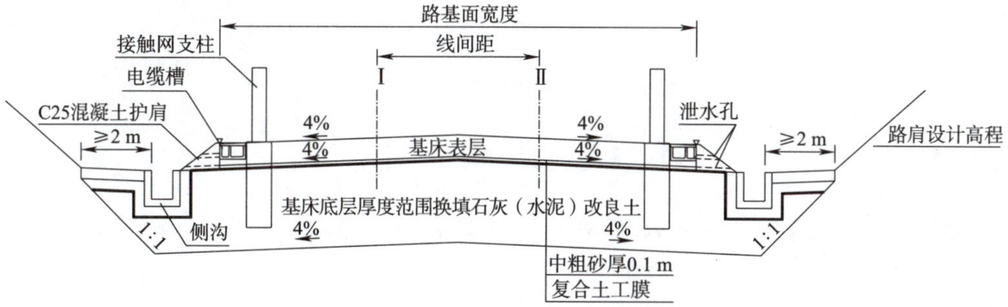

图 8-2　路堤式路堑基床换填形式

8. 2. 2　坡脚、堑顶及边坡平台防排水

1. 路堤坡脚防排水

路堤两侧排水沟以内的坑洼和松散地面应整平压实至干重度不小于 15 kN/m^3，不得积水；湿陷性黄土地段，路堤应设坡脚排水沟，坡脚至水沟间应进行封闭防渗加固，一般采用 3∶7（或2∶8）灰土、浆砌片石封闭，厚度不小于 30 cm，并伸入坡脚 1. 5 ~ 2 m。具体形式如图 8-3 所示。当农田灌溉可能造成黄土地基湿陷时，可对路堤两侧坡脚外 5 ~ 10 m 范围内作表层加固防渗或设侧向防渗墙。

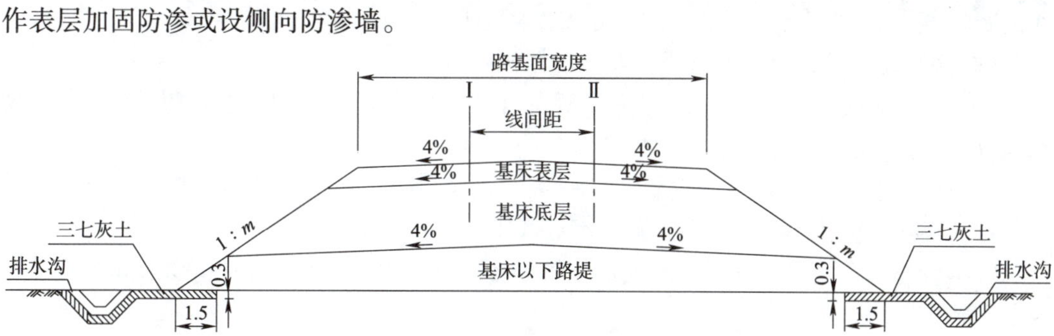

图 8-3　路堤坡脚防排水（单位：m）

2. 路堑堑顶防排水

堑顶地表水应及时排出，天沟内边缘至堑顶距离不宜小于 5 m；堑顶边缘外相当边坡高度加 5 m 范围内的洼地、裂缝应用土填平并压实至干重度不小于 15 kN/m³；堑顶至天沟间可采用厚度不小于 30 cm 的 3∶7（或 2∶8）灰土封闭，以加强防渗效果。具体形式如图 8-4 所示。

3. 边坡平台防排水

边坡平台上设置截水沟，并将水引排至路基外指定地点；边坡平台采用浆砌片石加固，其下设置 3∶7（或 2∶8）灰土垫层，厚度不小于 30 cm。具体形式如图 8-4 所示。

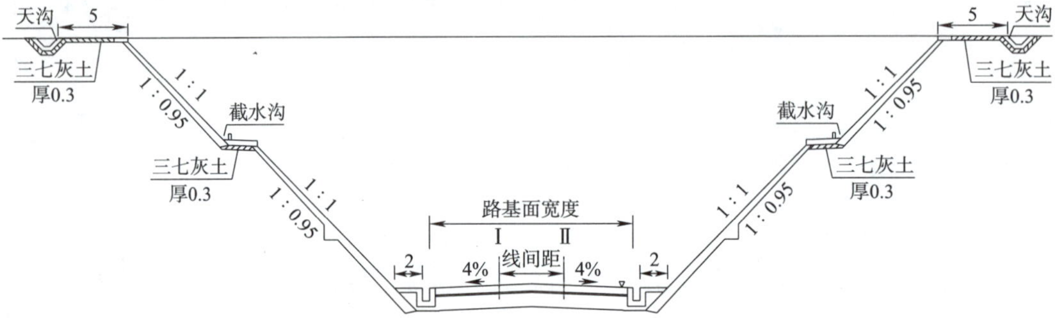

图 8-4　边坡平台防排水（单位：m）

8.2.3　地面排水设备的设置

（1）地面排水设备应包括侧沟、排水沟、天沟、截水沟、跌水与急流槽、渗水池等。

（2）地面排水设施的纵向坡度不应小于 2‰，单面排水坡段长度不宜大于 400 m。不同纵坡组合的地面排水设备，其下游纵坡不宜小于上游纵坡。

（3）天沟、排水沟断面宜为梯形或矩形，除按流量计算者外，底部宽度可采用 0.6 m，深度可采用 0.6 m，干旱少雨地区，深度可减少至 0.4 m。当基床表层换填 A、B 组填料时，其侧沟深度不应小于 0.8 m（含困难地段）。

（4）需按流量设计的侧沟、天沟、排水沟，其横断面应按设计流量计算确定，沟顶应高出设计水位 0.2 m。易冲刷地区排水设施设计应考虑集中水流冲刷对局部微地貌改造以及淤积的影响，采用设计径流量的 1.1 倍确定过水断面尺寸。

（5）各种排水设备位置的选择应符合的原则

①基本上顺线路方向布置，尽量适应所在地段的地形，以最大限度地发挥其效用和节省用地，但不得影响路基边坡的稳定性。

②大体上沿等高线布置，设计为一段一段的直线，其转向处尽可能采用较大半径（不小于 5 m）的圆曲线连接，以保证不致引起水流性质的急骤变化。

③尽量选择在地质上较稳定和地形上较平缓的地带设置水沟，以防止变形和节省工程及养护费用。

④务必使水流沿最短通路迅速排出路基范围以外，以免增加养护困难。

（6）排水沟的设置应符合的要求

①在路堤护道外应设置单侧或双侧排水沟，用以排除路堤范围内的地面水和截排自田野方向流向路堤的地面水。当地面横坡明显时，可仅在线路上方一侧设置，但应考虑路基排水对线路下方农田、房屋等的影响。在横坡不明显的平坦地带，宜在两侧设置排水沟。在地质不良地段，应根据路堤稳定性的要求考虑排水沟位置。

②排水沟的边坡坡度应根据土质和边坡高度确定，可采用 1∶1～1∶1.5。

（7）天沟及天沟上方截水沟的设置应符合的规定

①路堑堑顶外应设置单侧或双侧天沟。地面横坡不明显地段，应在堑顶外两侧设置天沟；当地面横坡明显时，仅在上方设置。若堑顶以上地面为反向斜坡或堑顶边缘已接近分水岭时，可不设天沟。

②路堑顶部无弃土堆时，天沟边缘至堑顶距离不宜小于 5 m，沟内应加固防渗。在个别设计地段，应结合边坡稳定分析选择天沟位置。

③天沟沟壁坡率应根据土质及边坡高度确定，可采用 1∶1～1∶1.5。

④因地形或其他条件限制，天沟与天沟可用急流槽连接，以减少工程，节省用地。

⑤天沟不应向路堑侧沟排水。如受地形限制，很难找到出口位置且无其他措施时，方可考虑修建急流槽将天沟水引向侧沟，但应对侧沟断面加大，长度控制在 50 m。在急流槽的进口处进行加固，出口处应设置挡水墙以防止水流冲刷路基。急流槽下游的侧沟断面应按流量计算确定。

⑥当水沟经过不宽的凹地，沿等高线布置将增加过多的转弯造成水流不畅时，可在凹地横坡不太陡的地方采用设置集水坑，设置位置距堑顶不小于 10 m，集水坑尺寸结合汇水面积计算确定。应尽量避免以路堑形式经过积水凹地，困难条件下可采用埋设暗管将凹地积水排除。埋设暗管地段应绘制排水纵断面。

⑦新黄土地段由于排水需要采用填筑土时，应对填筑土采用不低于路基填筑的压实标准。并对靠铁路主体侧采用三七灰土进行封闭。

⑧天沟的分水点应根据地形选定，在分界点处可以错开。

⑨天沟与堑顶间有较小低洼处，汇水量少，通过回填夯实水可通过天沟顺利排出的，可采用夯填，压实系数不小于 0.9，并做成 2%～4% 向天沟排水的横坡。天沟与路堑间洼地处理示意如图 8-5 所示。

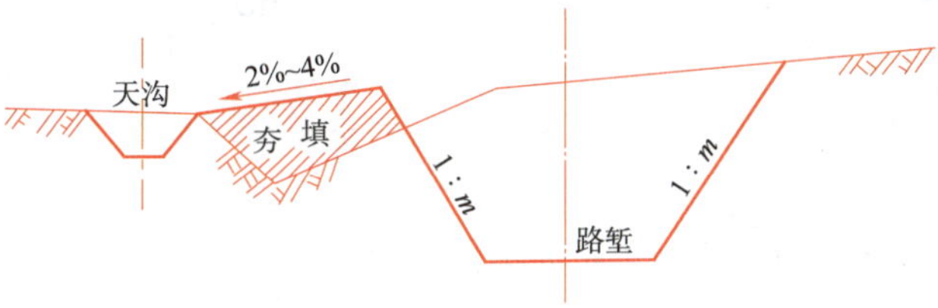

图 8-5 天沟与路堑间洼地处理示意图

⑩天沟、截水沟的设计应尽量适应所在地段的地形地势，避免过深的挖方。

⑪天沟及天沟上方截水沟的纵坡设计要注意以下问题：

a. 避免由较缓的纵坡急剧地变为较陡的纵坡，以免突然形成急流现象。

b. 避免由较陡的纵坡急剧地变为较缓的纵坡，以免形成水跃现象。

c. 沟的纵坡坡段宜设计为自上游向下游逐渐增加陡度，以利迅速排水和避免淤积，但相邻坡段的坡度差不宜太大。对纵坡大于 3% 的沟槽底部应采取基础加固措施（缓流槽或消能池），防止冲刷破坏。

（8）堑边坡平台截水沟的设置应符合的规定

①较深的土质路堑宜在边坡中部或不同地层分界处设置平台，并在平台上设置截水沟或挡水墙，平台宽度不宜小于 3.5 m（主要考虑施工机械的施工作业需要）。在年平均降水量小于 400 mm 地区，边坡平台上可不设截水沟，但应设置向坡脚方向不小于 4% 的排水横坡。

②路堑边坡平台截水沟可采用梯形、三角形、矩形或弧形横断面形式。可采用现浇混凝土或预制构件拼装，其沟壁厚度为 10 ~ 20 cm。

③截水沟水流不应引入侧沟，当必须引入时，应按流量计算增大侧沟横断面尺寸。

（9）跌水和急流槽的设置应符合的规定

①水流通过陡坡地段时可设置跌水和急流槽。

②跌水和急流槽各部分的断面一般采用矩形，槽底应做成粗糙面，较陡的跌水和急流槽槽底采用混凝土桩加固，稳定跌水和急流槽。进水处应予防护，出水处应防止冲刷。对于较高的跌水和较复杂的急流槽，其各部分的结构尺寸及其与上下游的连接，应根据水力计算确定。在计算急流槽下游的侧沟断面时，流量采用本侧沟和急流槽引入的二者流量之和，侧沟深度不宜大于 1.5 m 。

③跌水和急流槽一般采用浆砌片石或混凝土修筑。其结构尺寸须符合下列要求：

a. 进口部分始端和出口部分终端的裙墙，其埋深应在冻结线以下，其厚度不小于 0.4 m（浆砌片石）或 0.2 m（混凝土）。主体部分和消力部分的槽底厚度应按流量和水流冲击力的大小进行设计。

b. 各部分断面的高度应高出槽中计算水位至少 0.2 m 。槽壁顶面厚度不小于 0.3 m（浆砌片石）或 0.2 m（混凝土）。

c. 急流槽的主体部分应每隔 2 ~ 5 m 设置一个防滑平台，嵌入基底内，其高度可采用 0.8 ~ 1.0 m。或采用钢筋混凝土桩对急流槽进行固定，桩长采用 1.5 m，桩径 0.2 m，桩距 1.0 ~ 1.5 m。

d. 跌水的台阶高度可采用 0.3 ~ 0.6 m，台面坡度应为 2% ~ 3%。

e. 急流槽过长时应分段修筑，每段长度不宜超过 10 m。

（10）排水设备的连接

①排水沟、天沟的转弯半径，可采用不小于沟底宽度的 10 倍，且不小于 5 m，转角不宜大于 45°。

②两条梯形水沟交汇时，应避免垂直连接，一般可按顺水流方向的偏角 35° ~ 60°连接。

③不同沟底宽度相连时，应设沟底宽度渐变率为 1/20 的过渡段。不同底宽的两段水沟连接示意如图 8-6 所示。

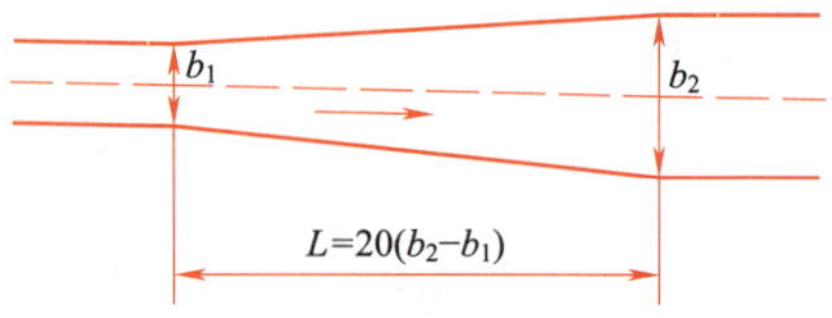

图 8-6　不同底宽的两段水沟连接示意图

④排水沟排向桥涵入口或地方排水系统入口时，沟底高程应不低于上述入口泄水面高程。

(11)地面排水设备加固

①水沟的加固,要根据地质情况、水沟纵坡、水流流速等因素,本着防渗漏、防冲刷的原则确定,为防止新黄土遇水湿陷,应采用混凝土浇筑或预制构件拼装。

②对于客运专线和时速 200 km 客货共线Ⅰ级铁路,水沟的加固措施应采用混凝土浇筑或预制构件拼装。

③天沟、侧沟、排水沟等地面排水设备应进行基础、接缝和防渗设计。基底压实系数一般不小于 0.9。

(12)排水设备末端设计

①排水建筑物的下游出水口部分应与自然沟或桥涵上下游沟床顺接,不使水流冲刷路基边坡,也不得损害农田、水利设施或不利于水土保持。

②排入自然沟、渠的天沟、排水沟,其末端应设置消能、沉淀设施,避免集中水流对地表冲蚀。末端设置 2.5 m×2.5 m×0.5 m(长×宽×高)的消能沉淀池,采用厚 0.3 m 的 M10 浆砌片石砌筑,缓冲池位于地面以下,四周与地面平齐。

③路桥分界地段,应改变过去水沟出口引离路基后漫流的设计方法,而应将两侧排水沟、侧沟及边坡平台截水沟绕开桥台锥体后,在桥下合并为一条排水沟后继续就近引排至桥涵或河槽、沟床,以免冲刷桥台锥体。路桥分界段水沟连接示意如图 8-7 所示。

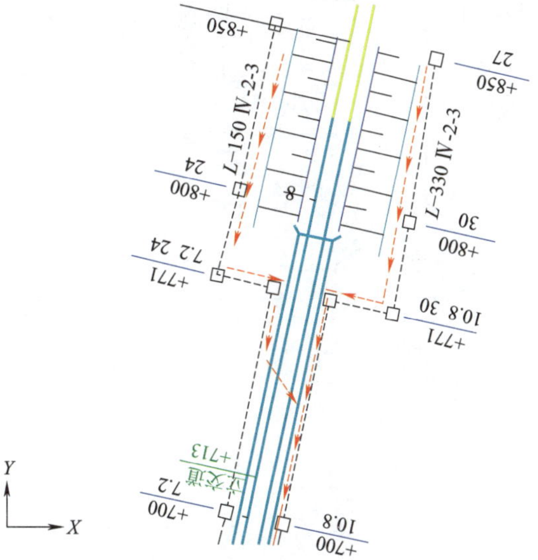

图 8-7 路桥分界段水沟连接示意图

④隧道口与路堑的排水衔接。

隧道洞口及洞内排水沟,应与线路天沟、侧沟衔接,线路排水沟断面应加大(深度和宽度按加大 0.2 m 考虑)。

(13)平原地区排水

①平原地区排水困难地段,推荐采用路堤边坡坡脚处设护脚墙,护脚墙外设排水沟的设计形式。排水沟应进行护砌和防渗处理,排水沟基底应夯实(压实系数不小于 0.9)。排水沟无出口时应设计为平坡。平原区排水设计如图 8-8 所示。

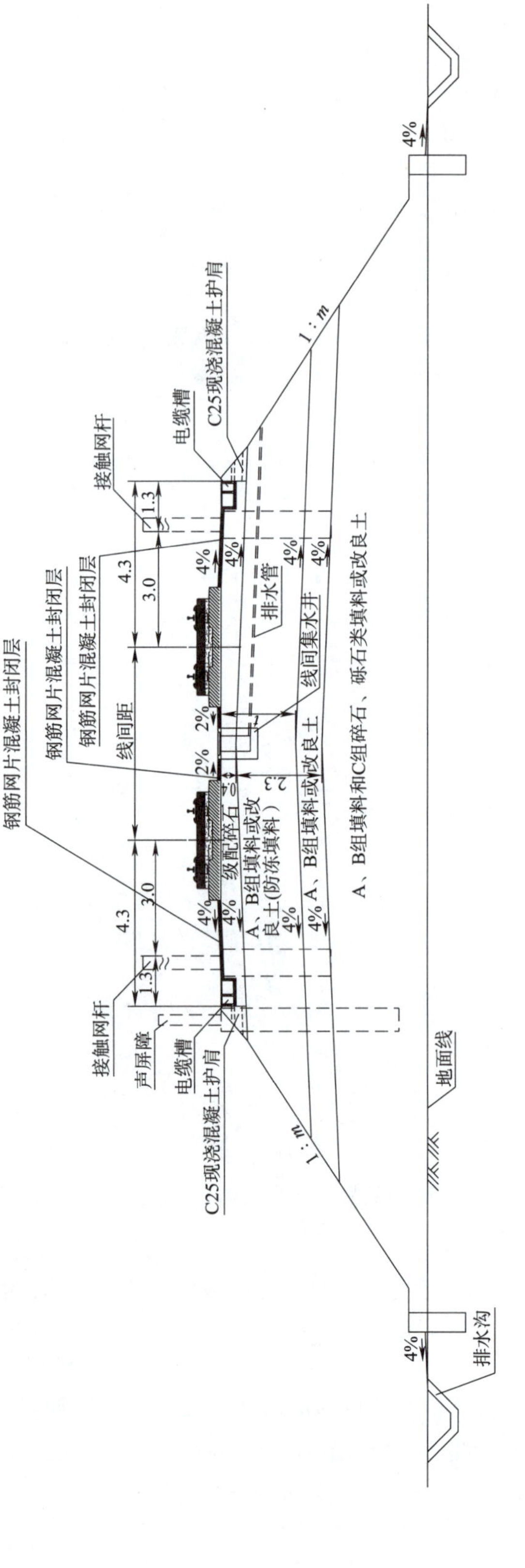

图8-8 平原区排水设计图(单位：m)

护脚墙尺寸及坡脚墙与排水沟的相对关系如图 8-9 所示。

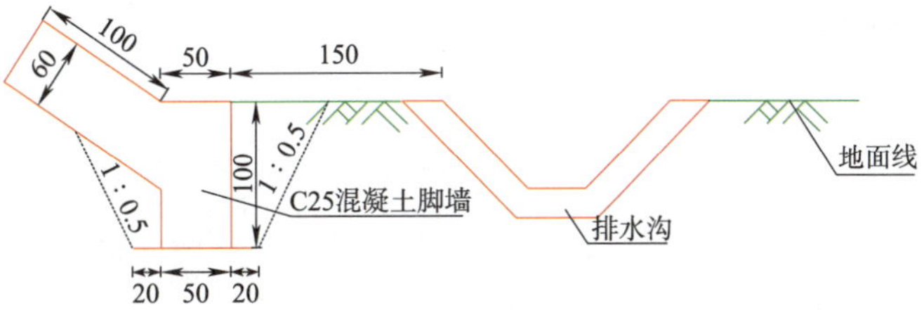

(a) 坡脚墙 (无拱形骨架护坡)

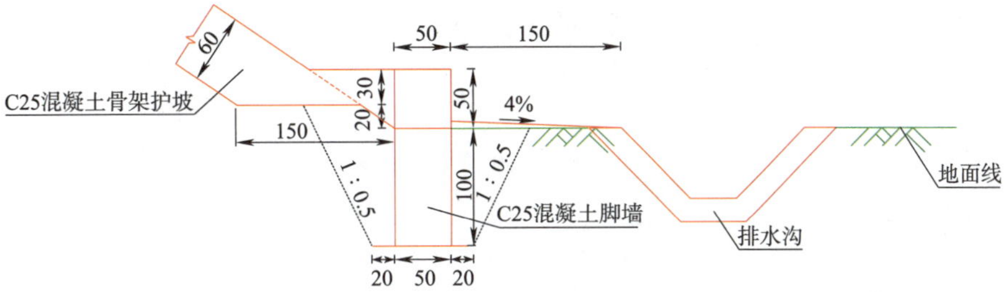

(b) 坡脚墙 (拱形骨架护坡)

图 8-9 护脚墙、坡脚墙与排水沟的相对关系图(单位:cm)

②平原地区排水困难地段,应专门设置晾晒池排除地面水。

晾晒池边缘距路基侧沟距离不应小于 5 m,较大的晾晒池不得小于 20 m。池中水位应低于排水设备的泄水面高程。

晾晒池的容量应以一个月内路基汇流入池的雨水能及时完成渗透或蒸发作为设计依据,但每个池的容量不宜超过 200 ~300 m^3。晾晒池的设置不应使附近地面形成盐渍化或沼泽化。

晾晒池边坡坡率一般可采用 1∶1.0 ~1∶2.5,深度不宜大于 2.0 m,并用护栏封闭,防止人、畜坠入。渗水池边坡可护砌,底部不护砌。晾晒池布设位置如图 8-10 所示。

(14)黄土地区地面排水设计重点关注的问题

①堑顶地表水应及时排出,天沟内边缘至堑顶距离不宜小于 5 m,天沟内外侧的积水洼地应回填夯实整平。

②黄土地段水沟应进行防冲防渗加固,加固措施宜采用混凝土浇筑或预制拼装。

③路堤坡脚受水浸泡、冲刷时,应采取防冲、防渗的防护加固措施。

④湿陷性黄土地段,路堤应设坡脚排水沟,坡脚至水沟间应进行封闭防渗加固(三七灰土厚 0.3 m)。堑顶护墙(挡墙)背后应进行封闭防渗加固,防止雨水沿墙背后渗入。

8.2.4 特殊情况排水设计

1. 路堑顶有冲沟时排水设计

路堑顶有冲沟时,根据冲沟位置、冲沟大小及冲沟汇水量采取横向排水措施或纵向排水措施。横向排水措施主要有渡槽(困难时采用),纵向排水措施主要有急流槽(管)、排水隧洞、顶排水管、排水渠、天沟等。

图 8-10　晾晒池位置示意图

2. 路堤跨越冲沟时排水设计

路堤跨越冲沟时，冲沟处设置排水涵洞。路堤坡脚排水沟的水可通过设置在路堤边坡上的急流槽排入涵洞或自然沟渠。

3. 半堤半堑切断冲沟时排水设计

半堤半堑切断冲沟时，宜设置排水涵洞，在涵洞进口设置竖井将冲沟汇水排入涵洞。汇水量较小时，冲沟中通过填土将冲沟两端的侧沟连通，但应加强侧沟防渗处理。

8.2.5　排水沟防冲防渗加固

由于黄土存在遇水易崩解、冲蚀、湿陷等工程特性，黄土地区路基的水沟（包括侧沟、排水沟、平台截水沟、天沟等）要进行防冲防渗加固，特别是防渗要求应比一般地区适当提高。设计时主要从以下几方面考虑：

1. 水沟的加固类型

由于水沟采用浆砌片石砌筑，工程质量不易保证，易开裂漏水，因此，在对水敏感的黄土地区的水沟不宜采用浆砌片石砌筑，宜采用混凝土现浇或预制拼装，混凝土强度等级不应低于 C25，且应满足耐久性要求。当采用预制拼装时，接缝处水泥砂浆强度等级不应低于 M15。

2. 伸缩缝(或沉降缝)封缝处理

在实际工程中,发现水经常是沿水沟间的伸缩缝或沉降缝发生渗漏,伸缩缝或沉降缝成为水沟的主要渗水通道,这主要由于在水沟设计中,往往不太重视伸缩缝或沉降缝防渗加固。水沟的伸缩缝或沉降缝一般多采用沥青麻筋、沥青木板等沥青类填充料填塞,但沥青类填充料易老化,低温延伸性稍差,往往不能满足黄土地区路基水沟防渗的要求,因此提高伸缩缝(或沉降缝)封缝处理后的防渗效果是非常必要的。针对此种情况,本次研究提出了多种伸缩缝(或沉降缝)封缝方法以提高防渗效果,设计时可根据工程具体情况、防渗要求、经济因素等条件综合选用。

(1)伸缩缝(或沉降缝)外侧填塞沥青麻筋、沥青木板等沥青类填充料,内侧采用 M15 水泥砂浆塞缝,塞缝深度为 10 cm,如图 8-11(a)所示。

(2)采用聚氯乙烯类填缝料填塞伸缩缝(或沉降缝),此类材料耐热度高,低温塑性好,不易脆裂,适合北方气候,价格略高于沥青类,但防水性能大为改善。

(3)在伸缩缝(或沉降缝)外侧填塞填缝板,内侧采用嵌缝密封料填塞。填缝板材料较多,一般可选用沥青木丝板、沥青木板、聚苯乙烯泡沫塑料板、聚乙烯泡沫塑料板、纤维板等。嵌缝密封料应为有止水密封作用、有足够的变形能力、与混凝土具有良好黏结性能的柔性材料,一般选用聚氨酯或聚硫密封膏。如图 8-11(b)所示。

当防渗要求比较高时,可在嵌缝密封料与填缝板间设置遇水膨胀止水条增加一道止水防线,进一步加强防渗。如图 8-11(c)所示。

(4)防渗要求特别高时,可在伸缩缝(或沉降缝)设置防渗止水片,即把防渗止水片的两边浇筑在伸缩缝(或沉降缝)两侧的混凝土中。防渗止水片采用铜、铝、镀锌铁皮、橡胶等耐腐蚀材料制成可伸缩形状。防渗止水片形式如图 8-12 所示。伸缩缝设置形式如图 8-13 所示。

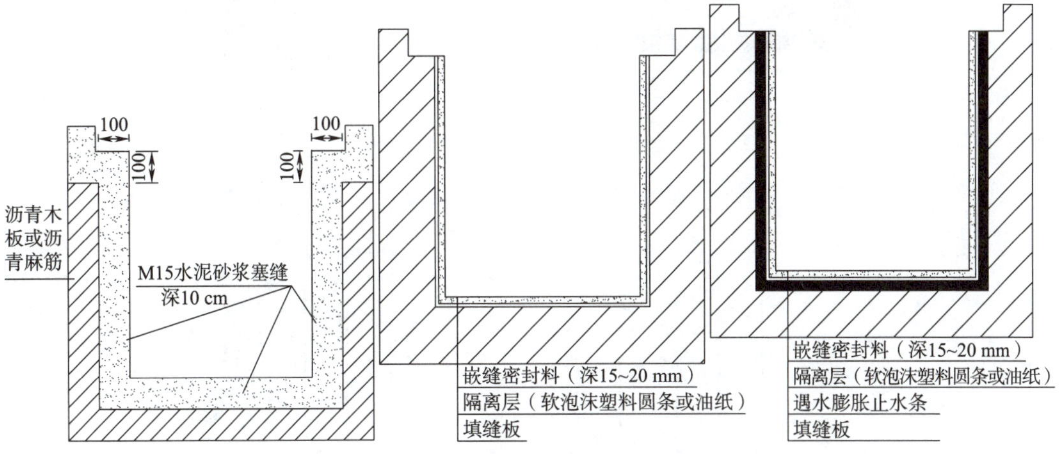

图 8-11 水沟伸缩缝设置图(单位:mm)

3. 防渗垫层

为加强黄土地区路基水沟的防渗效果,可在水沟周边设置防渗垫层,防渗垫层一般采用 3∶7 或 2∶8 灰土填筑夯实,厚度不宜小于 30 cm,压实系数 K 不小于 95%。也可在垫层中间铺设一层复合土工膜,增加防渗效果。如图 8-14 所示。

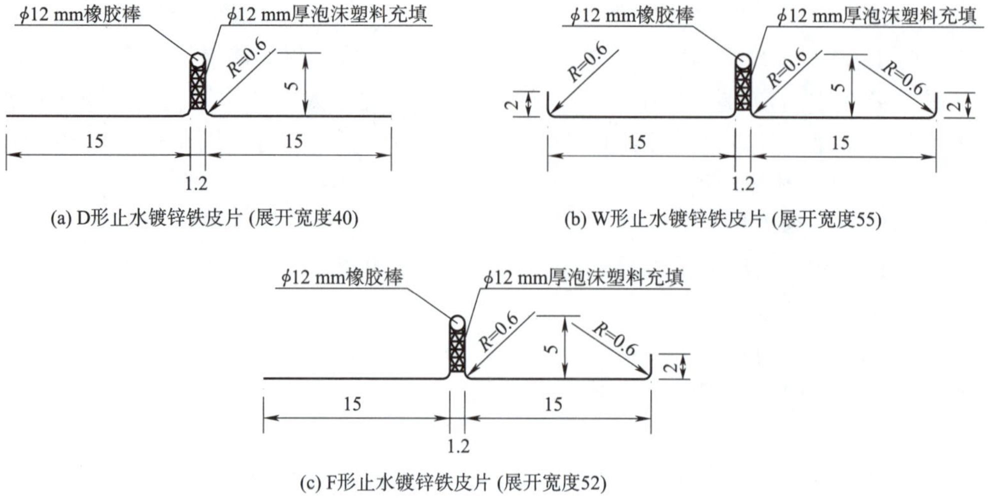

图 8-12　防渗止水片(单位:cm)

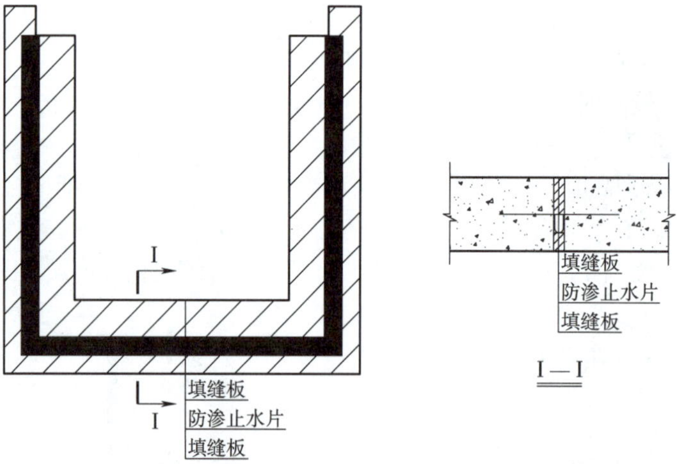

图 8-13　水沟伸缩缝设置图二

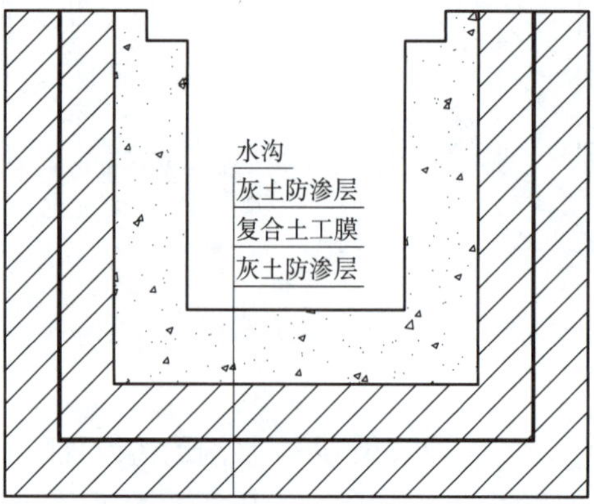

图 8-14　防渗垫层

8.3 路基排水研究总结

通过对山西、陕西地区黄土特性的研究。在黄土地区修建铁路应从项目前期开始，注重黄土地区的排水工作。通过本次研究得出以下结论意见：

(1)选线：结合地质条件，对经过黄土地区的铁路线路应尽量避免半填半挖。沿河谷选线时应结合路基横断面选线。并注意排水问题的方案比选。

(2)纵断面设计：纵断面设计应填挖平衡，在黄土地区应控制挖方边坡高度不大于 30 m，填方高度不大于 15 m。纵断面设计坡度路堑地段不小于 2‰。对自然河沟应结合汇水面积及流量，做到一沟一涵。

(3)排水方案的确定：黄土地区排水设计主要目的是将流向路基本体的水，尽快引排至路基本体外。根据试验，山西地区积水形成饱和状态的黄土，其湿陷影响范围在 5 ~ 10 m；沉降范围在 10 ~ 15 m。排水设施的设置应在影响范围以外。天沟、排水沟的防护宜采用现浇混凝土，沟顶部与黄土结合部位。

(4)黄土地区排水设计，应结合不同标准的铁路，不同地形、地质条件，经济合理地确定路基防护及排水的工程措施。

①护肩

护肩采用混凝土护肩，护肩按《铁路路基电缆槽》通用参考图设置泄水孔并同电缆槽的泄水孔相衔接。护肩下采用铺设复合土工膜防水措施。

②路堤

骨架护坡一般应采用带截水槽的结构。对未采用骨架护坡防护的路堤，边坡每隔 15 m 左右设置一道排水槽，排水槽采用混凝土预制构件，同时在护肩之下设置挡水缘，其出水口同边坡排水槽的位置相对应，通过排水槽集中将水引排至路堤两侧排水沟。

排水沟采用混凝土结构，现浇结构的厚度一般为 0.15 m，预制结构的厚度一般为 0.1 m，排水沟的断面形状推荐采用梯形，换填深 0.3 m 厚三七灰土。

③路堑

a. 路堑侧沟及平台

侧沟采用钢筋混凝土结构(一般不设盖板)，其结构厚度一般为 0.2 m，侧沟平台设不小于 0.1 m 厚的混凝土防水层。底部用 0.3 m 厚三七灰土封闭处理。

b. 边坡平台及截水沟

路堑边坡平台及截水沟采用混凝土结构，厚度不小于 0.2 m。

c. 天沟

路堑天沟根据地形情况可采用矩形沟或梯形沟。矩形沟采用 0.2 m 厚的钢筋混凝土结构；梯形沟现浇结构的厚度一般为 0.15 m，预制结构的厚度一般为 0.1 m。换填深 0.3 m 三七灰土。

参 考 文 献

[1] 俞展猷.日本新干线高速列车的发展历程[J].机车电传动,2003(2):1-7.

[2] Francois Bressy.法国TGV高速列车的社会经济效益[J].中国铁路,1998(10):7-13.

[3] Martin Muller,Wofgang D. Henn,Eberhard K. Jansch.对德国高速铁路各发展阶段的评价[J].郑雅文,译.中国铁路,1998(10):19-27.

[4] 陈海.世界各国高速列车的比较[J].国外铁道车辆,1998(6):42-45.

[5] 伊藤淳一,等.以285 km/h运行的新干线列车[J].张健,译.国外铁道车辆,2000,37(1):22-23.

[6] 欧洲高速列车的发展趋势[J].倪逢春,编译.电气化铁道,2001(4):49-52.

[7] 吴玉树,谢贤良.国外高速铁路发展状况及社会经济效益综述[J].中国铁路,1999(6):18-23.

[8] 何华武.快速发展的中国高速铁路[J].中国铁路,2006(7):23-31.

[9] 李喜安,彭建兵,郑书彦,等.湿陷性黄土地区土壤洞穴侵蚀模式研究[J].水土保持研究,2005,12(6):25-27.

[10] 李喜安,彭建兵,马润勇,等.黄土洞穴危害及其形成演化机制[J].西安科技大学学报,2009, 29(6):737-741.

[11] 孙广忠.中国西北几个地区黄土性质的初步研究[J].水文地质工程地质,1957(5):1-7,13.

[12] 孙建中.黄土的湿陷性及其与湿度的关系[J].水文地质工程地质,1957(11):18-21.

[13] 郭见扬.关于湿陷原因的研究[J].水文地质工程地质,1958(4):8-11.

[14] 林崇义.黄土的结构特性[M].北京:科学出版社,1962.

[15] 高国瑞.兰州黄土显微结构和湿陷机理的探讨[J].兰州大学学报(自然科学版),1972(2):123-134.

[16] 高国瑞.中国黄土的微结构[J].科学通报,1980(20):945-948.

[17] 高国瑞.中国黄土的微结构与地理、地质环境的关系[J].地质学报,1984(3):265-272.

[18] 高国瑞.黄土湿陷变形的结构理论[J].岩土工程学报,1990,12(4):1-10.

[19] 杨运来.黄土湿陷机理的研究[J].中国科学(B辑),1988(7):756-765.

[20] 雷祥义.黄土显微结构类型与物理力学性质指标之间的关系[J].地质学报,1989(2):182-191.

[21] 郁寿松,石兆吉.土壤震陷试验研究[J].岩土工程学报,1989,11(4):35-44.

[22] 何光,朱鸿博.黄土震陷研究[J].岩土工程学报,1990,12(6):99-103.

[23] 石玉成,李兰.黄土震陷变形特征的细观分析[J].岩石力学与工程学报,2003,22(S2):2829-2833.

[24] 孙广忠.西北黄土的工程地质力学特性及地质工作问题研究[M].兰州:兰州大学出版

社,1989.
[25] Fellenius W. Erdstatische Berechnungen mit Reibungund und Kohäsion (Adhäsion) und unter Annahme kreiszylindrischer Gleitflächen[M]. Berlin:Ernst & Sohn, 1927.
[26] Bishop A W, Morgenstern N. Stability coefficients for earth slopes[J]. Géotechnique,1960, 10(4): 129-153.
[27] Janbu N. Earth pressure and bearing capacity calculations by generalized procedure of slices [C]//Proceedings of the fourth international conference on soil mechanics and foundation engineering. London:Butterworths,1957(2): 108-111.
[28] Morgenstern N R and Price V E. The analysis of the stability of embankments assuming parallelinterslice forces[J]. Geotechnique, 1967, 17(1):11-26.
[29] Sarma S K. Stability analysis of embankments and slopes [J]. Journal of geotechnical engineering division, ASCE, 1979, 105, 1511-1524
[30] 陈祖煜. 土质边坡稳定分析——原理·方法·程序[M]. 中国水利水电出版社,2003.
[31] Leshchinsky D and Huang C. Generalized three-dimensional slope stability analysis[J]. Journal of geotechnical engineering. ASCE, 1992, 118(11):1748-1764.
[32] 陈祖煜,弥宏亮,汪小刚. 边坡稳定三维分析的极限平衡方法[J]. 岩土工程学报, 2001, 23(5):525-529.
[33] 李同录, 王艳霞, 邓宏科. 一种改进的三维边坡稳定性分析方法[J]. 岩土工程学报, 2003, 25(5):611-614.
[34] 李同录, 郑书彦, 邓宏科, 等. 黄土边坡滑坡侵蚀稳定性计算方法探讨[J]. 公路, 2004(10):37-41.
[35] 李同录,邓宏科, 李萍. 对边坡稳定性分析圆弧条分法的改进[J]. 工程地质学报, 2004,12(增刊):433-438.
[36] 邵龙潭, 唐洪祥, 韩国城. 有限元边坡稳定分析方法及其应用[J]. 计算力学学报, 2001, 18(1):81-87.
[37] 邹启新, 邓家林, 薛维成. 邛山黄土高边坡稳定静力有限元分析计算[J]. 水利水电快报, 2001, 22(9):24-27.
[38] 连镇营, 韩国城, 孔宪京. 强度折减有限元法研究开挖边坡的稳定性[J]. 岩土工程学报, 2001,23(4):407-411.
[39] 张鲁渝, 郑颖人,赵尚毅,等. 有限元强度折减系数法计算土坡稳定安全系数的精度研究[J]. 水利学报, 2003(1):21-27.
[40] 关立军. 基于强度折减的土坡稳定分析方法研究[D]. 大连:大连理工大学, 2003.
[41] 贾厚华, 贺怀建. 边坡稳定模糊随机可靠度分析[J]. 岩土力学, 2003, 24(4): 657-660.
[42] 孙祥, 杨子荣, 朴春德. 黄土边坡稳定性分析的神经网络方法[J]. 辽宁工程技术大学学报, 2003, 22(S1):117-118.
[43] 王艳红, 王秀丽. 运用神经网络估算黄土边坡的安全系数[J]. 兰州理工大学学报, 2004, 30(3):96-98.

[44] 郭社峰，毛彦龙，高德彬，等.基于人工神经网络的公路黄土高边坡稳定性预测研究[J].公路交通科技，2005，22(9):59-62.
[45] 柴贺军，王忠，刘浩吾.土质边坡稳定性评价进化遗传算法[J].山地学报，2001，19(2):180-184.
[46] 李靖，周欣华，党进谦.黄土边坡稳定性图解法[J].岩土工程学报，1998，20(4):40-43.
[47] 朱海之.黄土的显微结构及埋藏土壤中的光性方位粘土[J].中国第四纪研究，1965，4(1):62-76.
[48] 王永焱，林在贯，等.中国黄土的结构特征及物理力学性质[M].北京：科学出版社，1990.
[49] 雷祥义.中国黄土的孔隙类型与湿陷性[J].中国科学(B辑)，1987 (12)：1309-1318.
[50] 张宗祜.我国黄土类土显微结构的研究[J].地质学报，1964(3):357-364.
[51] 高国瑞.近代土质学[M].南京：东南大学出版社，1990.
[52] 巫志辉，刘保健.黄土地基抗震承载力调整系数的试验论证[J].工业建筑，1993(4):27-31.
[53] 李启鹞，程显尧，蔡东艳.地震荷载下黄土的动力特性[J].西安冶金建筑学院学报(自然科学版)，1985(3):9-18.
[54] 王兰民，袁中夏，等.干密度对击实黄土震陷性影响的试验研究[J].地震工程与工程振动，2000，20(1):75-80.